陳萬鼐科技史論著選集

陳萬鼐 著

文史哲學集成
文史哲出版社印行

國家圖書館出版品預行編目資料

陳萬鼐科技史論著選集 / 陳萬鼐著. -- 初版. --
臺北市：文史哲, 民 91
　　面： 公分. -- (文史哲學集成 ；448)
含參考書目
ISBN 957-549-406-6(平裝)

1.科技 – 中國 – 歷史

327.3　　　　　　　　　　　　90023158

文史哲學集成 ㊽

陳萬鼐科技史論著選集

著　　者：陳　　　萬　　　鼐
出 版 者：文　史　哲　出　版　社
http://www.lapen.com.tw
登記證字號：行政院新聞局版臺業字五三三七號
發 行 人：彭　　　　正　　　　雄
發 行 所：文　史　哲　出　版　社
印 刷 者：文　史　哲　出　版　社
臺北市羅斯福路一段七十二巷四號
郵政劃撥帳號：一六一八〇一七五
電話 886-2-23511028・傳真 886-2-23965656
實價新臺幣五四〇元

中華民國九十一年 (2002) 一月初版

陳萬鼐科技史論著選集
目　　　錄

陳萬鼐學術著作目錄

陳萬鼐科技史論著選集
圖版目錄

本書敘錄

　　「敘錄」是中國目錄學中的專業名辭，起源於漢朝劉向（前七七～前六年）。漢成帝劉驁於河平三年（前二六年），召光祿大夫劉向，整理、編校當時蒐集到先秦以來的天下遺書（簡冊、帛書），他將這些書分爲「七略」（大類）、三十八種（小類）、五百九十六家（作者）、一萬三千二百六十九冊卷，除分類、編目之外；又將各書條其篇章，撮其旨意，錄而奏呈劉驁御覽，是爲「敘錄」。劉向的「敘錄」是中國有史以來，第一部「國家圖書館解題書目」，後世各種「書目提要、解題」爲其雲礽。

　　「敘錄」的義例，從劉向編輯的六藝諸子百家著作，尙傳承於後世的作品中，可分析爲：㈠著錄書名與篇目；㈡敘述校讎原委；㈢介紹著者生平與思想；㈣說明書名含義、著書原委與書的性質；㈤辨別書的眞僞；㈥評論思想與史事是非；㈦學術源流；㈧判定書的價值（見姚名達《中國目錄學史》）。這種對於一部具有傳世價值書的本質，作如此學術性的檢覈，實在有其必要。清朝乾隆（一七三六～一七九五年）年間，纂修《四庫全書》，每部書的〈提要〉，完全是承襲漢代「敘錄」的文化遺產而成。

　　劉向究竟寫了多少篇「敘錄」？不得而知，但知道「敘錄」的傳鈔本稱爲「別錄」是二十卷，如同《欽定四庫全書總目》二〇〇卷，單獨發行的情形相似。「別錄」在隋書、新舊唐書藝文志中，皆著錄二十卷，宋以後失傳，大約亡於五代藩鎭之亂。清人嚴可均、洪頤煊，輯得〈別錄〉一卷、十篇，佚文一百十三條。例如現存《戰國策書錄》

全漢文卷三十七

烏程嚴可均校輯

劉向三

戰國策書錄

護左都水使者光祿大夫臣向言所校中戰國策書中書餘卷錯
亂相糅莒又有國別者八篇少不足臣向因國別者略以時次之
分別不已序者以相補除復重得三十三篇本字多誤脫爲半字
以趙爲肖以齊爲立如此字者多中書本號或曰國策或曰國事
或曰短長或曰事語或曰長書或曰修書臣向以爲戰國時游士
輔所用之國爲之策謀宜爲戰國策其事繼春秋以後訖楚漢之
起二百四十五年間之事皆定以殺青書可繕寫敍曰周室自文
武始興崇道德隆禮義設辟雍泮宮庠序之教陳禮樂弦歌移風
之化敍人倫正夫婦天下莫不曉然論孝弟之義惇篤之行故仁

圖版〇～一　　漢劉向《別錄》〈戰國策書錄〉書影
　　　　　　採自清光緒十六年（1890年）黃岡王氏刊本

〔圖版○～○一〕、《晏子敘錄》……等十篇，實爲劉向當年校書之良謨，足以辨章學術，考鏡源流，提要鉤玄，爲治學涉徑之南針。

　　本書「敘錄」頗屬意如此，茲擬就先賢遺緒，視本書實際情節，在各篇「提要」中，與一般書籍的〈自序〉不同，言人之所不言，坦誠向讀者敘述此文結撰之緣起與心得，希望對中華文化、科技文明發揚，有所獻替。婢學夫人，貽笑大方之處，尚幸　讀者先生指示！

一、本書命名之由來

　　本書爲我歷年研究中國科技史八篇論著，彙集而成，如稱爲《中國科技史研究論文集》，未免誇大失實，因爲科技史領域，極其廣袤，非本書所盡概括。正躊躇間，見高平子（一八八八～一九七〇年）著《高平子天文曆學論著選》（中央研究院數學研究所本），名副其實；是故，本書原擬名爲《陳萬鼐科技史論文集》，復因拙著科技史方面論著，約三十餘篇、冊，非僅此八篇而已，遂決定命書名爲《陳萬鼐科技史論著選集》，並於書名下，用括號將書之副題〈曆法、音樂、數學、天文〉標示出來，以便讀者即目求書，不致失於浮濫。如果，天假我以年，或有適當機會，還可作《續集》、《三集》之假想。

　　本書所收曆法二篇、音樂二篇、天文二篇、數學二篇，大致上按朝代而參以寫作先後時間排列，最早民國六十八年以迄至八十八年（一九七九～一九九九年），各論述計漢代三篇、六朝迄隋唐一篇、明、清各一篇、現代二篇，每篇或有〈導言〉、〈引言〉及〈結論〉、〈後記〉、〈補記〉，記述當時寫作之動機與目的。本「敘錄」旁涉一般社會現象，與個人學習生活瑣事，在不失其本旨之餘，頗有二十年來肘不離案，字字辛苦不尋常之感。

本書收拙著科技史論著八篇，除〈祖冲之「綴術」內容的探討〉，以現代科學進步，推理廣擴，新的計算機具發達，對此陳年問題，已朝前推展一大步；其餘七篇各敘述一個主題或新的觀點，皆能獲得正確結論，對於正史研讀、音樂科學及考古、天文知識、破除迷信，……都有一定價值，嘗感自慰！

二、本書科技史論著八篇的內容提要

（一）史記曆書「曆術甲子篇」理論之研究

《史記》是中國廿五史中第一部史書，高中程度以上的人，在學校肄業時，多少會選讀到一兩篇，在大學是中文系的教材，歷史系的科目。我想教授與學生，每個人都能讀〈本紀〉、〈世家〉、〈列傳〉，〈表〉的查閱也無問題，如果要讀〈書〉八篇——漢代文化史，包括禮、樂、律、曆、天文、祭祀、河渠、商業等；這八〈書〉就可能有人不能全部能讀。如〈律書〉（音樂）、〈曆書〉（曆學）、〈天官書〉（天文）……，會有人能讀，為數也不致太多。研究《史記》質疑辨惑的參考舊籍，多達數十種，此詳彼略各具卓識，祇要將裴駰、司馬貞、張守節的三家注，熟讀深思，就會瞭解「八書」的內容如何？我就是很誠實的「見證人」。

中國的正史（《廿五史》）一般人最不愛讀的是〈天文志〉、〈音樂志〉、〈曆法志〉，後二者亦合稱〈律曆志〉。正史的〈天文志〉導源於《史記》〈天官書〉，它與西洋Astronomy不相同，不需要用高等物理、數學，而它是論星官（星座）的尊卑，如同人世間官曹列位，將天體運行和人類的命運相結合，如果對星空有點認識，這些文字並不深奧。據說日本將Astronomy譯為「星學」，似與我國〈天官書〉實

質相符。有些人說：天文是非常專門的學問，請問每年七夕，到天文臺觀賞銀河雙星的人口有多少？看彗星的人口又是多少？在公共場所、電視節目中，高談星座的人口又是多少？如「清明」、「穀雨」是農曆三月的節氣，「穀雨」大約在每年四月二十或二十一日，在「穀雨」前一天出生的小孩是「牡牛座」，後一天是「金牛座」，而且稱這為星宿的 DIY。假使人們將這種對天文的熱忱與愛好，用在正經、正史上，那麼〈天官書〉、〈天文志〉不應視為畏途了。其次《史記》〈律書〉，有一部分敘述音樂構造理論，有人用數學「二進法」求解。本書第二篇〈漢京房六十律之研究〉，是研究中國古代音律相當紮實的一篇著述，差堪作為研究〈律書〉之參考。

　　至於〈曆書〉〔圖版〇～〇二〕，是漢朝武帝劉徹於太初元年（前一〇四年）改曆，司馬遷的「曆書」，是提出十七種方案中之一種，他以一「蔀」七十六年排曆的理論，正確告訴讀者，七十六年中的「冬至」日及「正月初一」日的「大餘」、「小餘」數據，所以隋、唐時期，稱它為《太史公萬歲曆》。我有臺師大音研所學生，聽我講解「律」「曆」的關係，提示《史記》〈曆書〉的三家注給她看，她看後便笑著說：「大概知道了」！可見〈曆書〉不是很難的讀物，難道中文、歷史系的學生，讀舊籍的能力，還抵不上一個學音樂的學生嗎？

　　從《史記》三家注，看懂〈曆書〉的「曆術甲子篇」，祇算是懂了一半，還須要知道這曆術的「大餘」、「小餘」的數據，它代表是甚麼意義？如何實際去應用它排曆日？才算是真的懂了！我對曆術投注的心力，不僅自己懂，而且還考慮每個文史教學工作者都能懂。所以本文敘述與舉例，不厭其詳，用簡簡單單的算術，明明白白的表格，清清楚楚的天文常識，將〈曆書〉闡釋得清絲嚴縫，巨細不遺；我還運用「精算」思路，作成兩種「日法」計算公式。從前「曆術」是推算的，如要知道明年的數據「大、小餘」，必須先知道今年的數據的「

圖版○～二　漢司馬遷《史記》〈曆書〉「曆術甲子篇」書影
採自北宋景祐年間（1031-1037年）監本(最早的
刊本)

大、小餘」，一年一年往下推算；「推算」是非常麻煩的，如要知道第三十三年的年序數據，必須從元年算起，耗時可怕，也不能有一丁點錯誤，因一錯百錯，所求便不能正確？現在，這些繁瑣的推算，因我的新公式就免除了！司馬遷九泉有知，不意他二千年（四個「五百歲」）後，一個後生「小子」不學無術，竟然用這兩則簡易算法，推廣了他的「曆術甲子篇」的計算，必然為之莞爾！

這篇蕪文發表之後，多少有點迴響，東吳大學中文系曾請我作了一次演講，並曾指導文化大學中文研究所一位研究生，寫《漢曆研究》碩士論文，後來該生又以《授時曆算解》取得博士學位，就由這塊敲門磚，敲開副教授之門，於今也許是教授了。我在本《科技史論著選》中，將〈曆書〉研究放置在第一篇，而且我極用心補充資料，等於改寫一遍，希望讀《史記》等術數方面的文字，不會有「一頭霧水」（上述博士之言）之感，從此薪火相傳，不再視〈曆書〉為瀕臨失傳的古代科技中「絕學」！

本文是為悼念我最尊敬的長官，經學大師屈萬里院士而作，因他的一句話，促使我科技史的曆學研究起步。於今他安息在　上主的天國已二十二年了，我為他祈禱永生，期待他光榮的來臨！

（二）漢京房六十律之研究

中國古代樂制（或稱「律制」）是用「三分損益」法來「生聲取分」（造音）的，最初由「五音」進化到「七音」，後來因音樂的實踐，便有「轉調」的需要，就逐漸產生「十二律」。按聲學原理，每一個「頻率」，就可以獨立成為一個「律」，限於人類的耳朵機能，辨音的能力有限，在一段高低兩音的「音域」中（如「八度音程」間以一二〇〇音分計算），祇要有十二個不同的音高，就夠用了。這不

同的十二個音，也就是「十二律」；每一個「律」稱為一個「半音」，兩個「半音」構成一個「全音」。「半音」有「大半音」（一一四音分），「小半音」（九〇音分）。「三分損益律」有一個最大的困境，它輾轉用 $\frac{2}{3}$ 與 $\frac{4}{3}$ 相生至第十二次，由「黃鐘」到「半黃鐘」（c—c′）時，這個八度之間的兩個「主音」，不是完全相等高，達到一二〇〇音分理論，而是一二二三‧四六一九音分，這多餘的二三音分（捨〇‧四六一九），大概是「小半音」的四分之一，「大半音」的五分之一，用耳音明顯聽得出來，它稱為「古代音差」或「最大音差」，這問題困擾了中國古代音樂家幾千年，用各種方法都沒有得到突破，直到明朝朱載堉發明「十二平均律」，才真正得到解決的答案。

漢代音樂家京房（前七七～前三七年），他是歷史上第一位想到解決「古代音差」的人。他延續三分損益法的工程，計算到五十九次，便產生「六十律」。他的律名，第一律仍稱「黃鐘」，第十二律仍稱「應鐘」，第十三律的音高了二三音分的「半黃鐘」，卻新命名為「執始」，……以下便都是六十律的新律名。京房的「六十律」，其實算到五十三律「色育」，便將八度、一二〇〇音分還原了（嚴格講它是一個「大七度」而已）；他是易學家講卦氣，就算到「六十」合於極傳統的干支數，這多計算出來的六律，與「黃鐘」相隔更遠，不再比「色育」更與「黃鐘」相近，這是「五度律」相生的原理。京房的「色育」的音分值是三‧六七三七，比二三‧四六一九音分小多了，究竟還是有點音差存在，這音差被人稱為「京氏音差」。用鋼琴中央c二六一‧六三赫核算「京房音差」，祇有〇‧五七個頻率（赫數），世界上耳音最好的人，也難以辨聽出來。京房他也知道第五十三律「色育」，與真正「黃鐘」的音，幾乎完全相同，但他湊成整數，與曆數配合。現在世界音樂中「五度相生律」、「純律」、「平均律」都有五十三律的理論，這些五十三律制，應不應該奉漢京房為鼻祖。

京房的「六十律」全文，載於《後漢書》志第一〈律曆〉上，是中國第一部完整以數學爲基礎，以弦爲定律工具的音樂理論書。我們現代不應將它當古書來讀，我對這律制研究的方法：㈠根據考古研究歷代度量衡制度，知道了漢尺一尺等於現代國際公制是多少？㈡根據河南信陽長臺關出土的楚瑟，推想京房「準」的長度，是否合理？㈢根據湖南長沙馬王堆漢墓出土「竽」律管，推想當年黃鐘主音是多高？又從「瑟」的弦徑粗細是多少？〔圖版○～○三、四〕能夠承受「準」這樣長的張力？㈣京房講的每句話都懂了嗎？律的數據有沒有錯亂？上述四種條件都是科技史問題，很幸運的，我都獲得正確資料與解答，祇差複製一架漢代調律儀的「準」，使京房遺規重新展現於今世！

民國六十八年七月十八日《中國時報》〈人間副刊〉，登載陳三井〈學術的變形〉一文，開始即說：「一位洋研究生以漢書律曆志、天文志爲其研究專題，來臺三月，覓師指導，不幸找不到合適夠格的人選，失望而歸，自在意中。」他所謂「學術的變形」，是痛斥「今日社會，又有幾人眞能認識學術的眞諦？」這篇鴻文，似乎未引起知識份子的注意。我覺得研究漢代〈律曆志〉「夠格」的人，在臺灣必不算少數，祇是這類人，風頭不是很健罷了！

（三）祖冲之「綴術」內容的探討

祖冲之（四二四～五○○年）是南朝劉宋時期的大數學家，他計算「圓周率」的值，介於三‧一四一五九二六與三‧一四一五九二七之間，是世界上最早將「圓周率」算到小數點後七位的人，世人稱它爲「祖率」（π）。他不但數學傑出，對於曆法也有精湛的研究與創獲。他在劉宋孝武帝劉駿大明六年（四六二年）著「大明曆」，現存於廿五史《宋書》卷十三〈曆志〉下，與何承天（三七○～四四七年）著

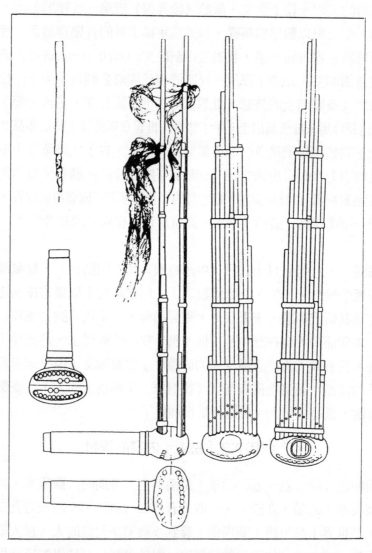

圖版〇～三　　湖南長沙馬王堆一號漢墓出土「竽」明器摹本
　　　　　　　從這件出土樂器，可以推測漢代黃鐘 (c) 的音高

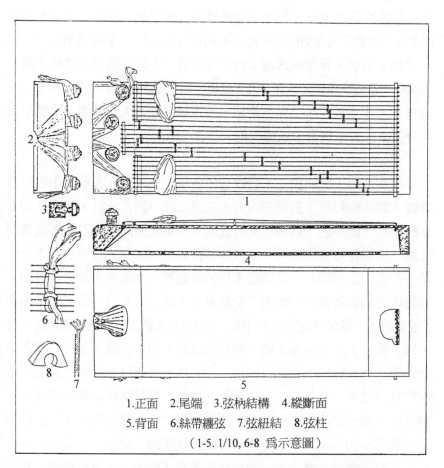

1.正面　2.尾端　3.弦枘結構　4.縱斷面

5.背面　6.絲帶纏弦　7.弦紐結　8.弦柱

（1-5. 1/10, 6-8 為示意圖）

圖版〇～四　　湖南長沙馬王堆一號漢墓出土「瑟」明器摹本
　　　　　　從這件出土樂器，可以推測漢代京房六十律
　　　　　　「準」的絃徑

的「元嘉曆」並駕齊驅，共同列爲中國古今行用名曆四十八種之一。

　　祖冲之幼承家學，早年遍讀漢晉科技家劉歆、張衡、王蕃、劉徽的著作，也對於先進樂律學家何承天，用「調日法」（折中古曆時分）以「定朔」治曆，算是極爲進步的「元嘉曆」，皆不稱意。這時中國的天文學，自從東漢以來，許多天文發現，如「拱線運動」、「食限」、「歲差」、「章動」、「橢圓定理」等理論，促使天文學進入「繁榮發展時期」，算學也進步到第二期。

　　祖冲之的「大明曆」，吸收當年各種天文學說，在曆法中有許多創建：如「回歸年」長是三六五‧二四二八一四八一日，與現代天文常數年長，祇差五十秒鐘。又將舊制十九年七閏的規則更新，這舊制經過二百年後會多出一天；他作較精密長週期計算，凡三百九十一年置一百四十四個閏月。又測定木星公轉週期與水星、木星會合週期，都與現代的實測密合。他用「交點月」入曆〔圖版○～○五〕，所謂「交點月」，就是月亮沿著「白道」（月球在天體運行軌道）進行時，有一個「黃道」（太陽在天體上視行的軌道）和「白道」環行一週的交點時間，他計算出「交點月」是二七‧二一二三日，與現代天文常數交點月二七‧二一二二二日，相差一秒鐘。日月食都是發生在黃白交點附近，有了準確的「交點月」的值，對於日月食預報，才不致衍期〔圖版○～○七、八〕。他將東晉虞喜發明的「歲差」〔圖版○～○六〕，第一次用在曆法上。祖冲之將虞喜「歲差」，重新實測，指出「春分點」在黃道上的西移，由於日月和行星的吸引力，地球自轉軸的方向，發生緩慢而微小的變化，因此，從這一年的「春分」到下一年的「春分」，從地球上看，太陽沒有回到原來的位置，而是年年向西移，他定「歲差」是四十五年十一個月退後一度，雖然比虞喜正確一點，按今測是七十年差一度。「春分點」既然移動，影響到二十四

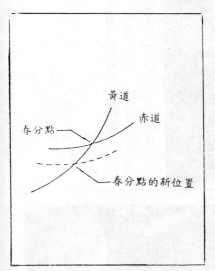

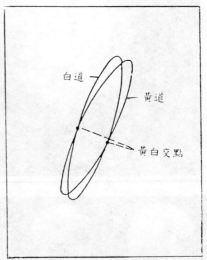

圖版○～六　　歲差示意圖　　　　圖版○～五 白道和黃道交點示意圖

兩圖採自張潤生《古代科技名人傳》

臺灣地區今天看得到日偏食，這也是二十世紀臺灣地區所能見到最後一次的日偏時食，錯過這次就要等到二○○一年才有機會。

圖版〇～七　　日偏食景象
　　　　　　　發生於 1998 年 8 月 22 日，農曆民國八十七年七月初一日

圖版〇～八　　月全食景象
　　　　　　　發生於 2000 年 1 月 9 日，農曆民國八十九年十二月十五日

個節氣的位置，隨著移動，這時便有「回歸年」與「恒星年」的區分了。「恒星年」是地球繞太陽公轉的一個眞正週期，兩者年長相比，「恒星年」長「回歸年」二十分二十三秒鐘。……祖冲之將這些天文問題，引用到「大明曆」中，必然有一本專書敘述其學理，這本書也許就是《綴術》（綴集各種算術）？

　　《綴術》這部書，是隋、唐時代國子監（學）算學科的教科書，曾傳至日本、朝鮮，現中外全都失傳；清朝戴震（一七二三～一七七七年）輯《算經十書》時，也未找到《綴術》，祇得用漢人徐岳《數術記遺》取代。我探討《綴術》的內容如何？主要論點，是著重在這個「綴」字方面，與歷代學者論點大致相同，不過我從天文學術的大環境，及祖冲之「大明曆」的建構，似乎這「綴」字包含的學術更廣泛些。數學是他精研的科學，數學爲天文學服務，也是事實──中國數學乃爲天文學之附庸（日本小倉金之助語萃），祖冲之兼而有之。所以，學者大都以此書是理論天體運動公式中不定常數的方法，對於隋、唐以後「等間距內插法」或「不等間距內插法」，有所影響。現代有人用電腦程式，並用祖冲之化一丈爲一億忽爲直徑，計算「祖率」盈朒（ㄋㄩˋ）數完全相同，證明祖冲之計算，不可避免用到「遞歸公式」，而遞歸計算，正是今日電腦用來作「數位分析」（Numerical Analysis）的普遍方法；此外，他的計算也隱含著極限與收斂觀念。我本想將德國天文學家、數學家白塞耳（Friedrich Wilhelm Bessel 1784-1848）插值公式闌入本文，惟免一般讀者意興闌珊，影響觀看文字說明的興趣了。

　　祖冲之是中國科技史上的巨人，他的成就，已超越人際，從編號1888小行星命名「祖冲之」，足以見其不朽！還有，他超越國際，世

界上沒有人不使用「祖率」（π）的。莫斯科大學新建校舍大禮堂的走廊上，鑲嵌著他彩色大理石（疑馬賽克）造像，為中國古代科學家的殊榮！

（四）朱載堉與江永圓周率的求法

朱載堉是「十二平均律」的發明者，不但是享譽於世界律學、樂壇的巨星，而他的算學、曆學，在明代也是第一流的。他用八十三檔的算盤，將二的平方根，開到小數點後二十四位小數的有效值，與現代最新型電子計算機比較，絲毫不爽。還有他不用祖冲之的「祖率」（π）去求積，而另創新法，用四種不同的算法，求得「圓周率」的值，都是三・一四二六九八〇五，有效應用在他巨著《樂律全書》各書的算法中。我們為了區別它與「祖率」，將它稱為「朱律」（π'）。「朱律」比「祖率」大千分之一以下，對於他製作音樂的律管準確性，並無妨害，應算是明朝人對「圓周率」發明的一種新方式，在中國數學史上具有其價值。最特別的，是他將「圓周率」（π'）潛藏在他各種求積的算式中，不仔細研究他所著的《算學新說》〔圖版〇～〇九〕，是不會發現的。這是數學史上未注意到的小問題，我覺得我的發現很「好玩」，治學的快樂，就在於這些地方。

清朝乾嘉時期學者江永（一六八一～一七六二年），早知道朱載堉著有《樂律全書》，可惜無機會讀到，直到他七十七歲，在安徽靈山書院教授時才看到，欽佩之至，便結撰一本《律呂闡微》，重新將朱載堉各種律管的管長、管內徑、外徑、管面冪（積）、管體積重新計算一次，除「開方」以外，因「朱律」（π'）稍大，所有「求積」的得數不同。這時康熙年間《御製律曆淵藪》，這部已接受西洋學術的音樂、天文、數學大叢書，如江永這等高級知識份子，當然接觸到

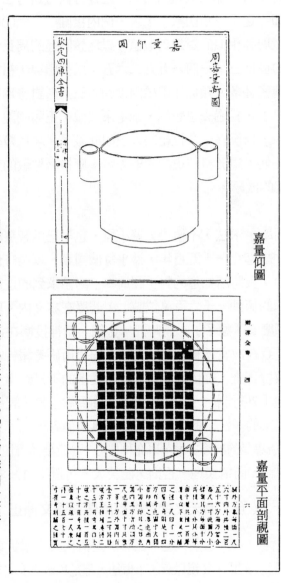

嘉量仰圖

嘉量平面剖視圖

圖版0～九

朱載堉《樂律全書》「周嘉量新圖」書影

這是朱氏對求積問題計算「度量衡」的總說明圖

了。這叢書中有一部《數理精蘊》，已採行西方新方法，江永便用「八線表」即今之「三角函數」，求一個內接圓二一六〇〇個直角三角形的對邊，與弧相似的對邊近似值，以爲該圓徑的周長，得到新的「圓周率」的值爲三·一四一五九二六五；這個值與「祖律」密合，較「朱律」精密甚多。類似江永積內接圓的三角形對邊爲圓的周長，求得「圓周率」，我過去也想到，祇是未去做，王陽明說：「知而不行即爲不知」，何況在十八世紀的人已如此做了。現代數學發達到了甚麼程度，任何人對於科技史的先聖先賢，應抱著尊敬的態度，不可輕視他們早年的成績。

「圓周率」求法，不值得大驚小怪，也早已爲智慧的中國人解決了。從祖冲之迄今一千五百年，幾乎每個國家，每個時代，都有人在這方面致力，我將所知道的對「圓周率」的值求到的位數資料（如日本求圓周率的值到一千六百萬位數），著錄在本文內。曾有人說，「爲甚麼有那麼多『瘋子』，將時間、金錢、精神投擲在這計算呢？」

本文是我在故宮博物院七十九年度的學術研考報告，很幸運的被一位科學教授審查，從他評語中，我所獲得的不是教導，而是比我更「外行」的「外行話」，如朱載堉的「圓周率」是「誤導」（俗語「瞎搞」）出來的，江永的「圓周率」毫無價值等等；可見科學家，不一定就是他所專長的科學史家，研究科技史，一定要讀得懂那些古籍，還要有歷史知識，衡情揆理，否則，貽笑大方，還不自知。

（五）清天文學家梅瑴成傳稿逸文補正

梅瑴成（一六八一～一七六三年）是清代天文學世家，祖父梅文鼎、叔祖文鼐、文鼏、父親以燕、子梅鈁，都是精研天文科學的人物。梅瑴成的傳稿，是附在《清史稿》〈梅文鼎列傳〉中。我有三十五天（

除星期例假，祇有三十個工作天），在故宮博物院圖書文獻處，從事「清史校注」工作。所謂「清史校注」，就是博物院接受國史館的委託，將院藏北洋政府纂修《清史稿》的底本，及清朝國史館的傳稿，檢校《清史稿》一遍，如果有同異之處，便將它註記出來，國史館稱這工作爲「整修」，以備將來纂修廿六史《清史》之參考。

　　我在這短短三十個工作天當中，將《清史稿》中〈疇人傳〉，全部校點完畢，發現若干疑竇之處？現在，祇討論梅㲄成傳稿中，有兩句不通的文字。如：「今擬取天文家精妙、信也，擬削之。」既然是「精妙」，又是「信也」，爲甚麼要「擬削之」？覺得十分困惑。這句話在《清史稿》中，就是如此排印的，我調出文獻庫所藏的《底本》來對，原來《清史稿》就是依據這個《底本》發排的，連排字工友將《底本》折起來的折痕都在，還有手指油墨髒污底本的指紋，也看得很清楚。《清史稿》與《底本》完全相同，底本的葉碼也連續不缺。我仍然抱著懷疑態度，總認爲是有問題存在？於是，我用清阮元（一七六四～一八四九年）《疇人傳》再校，居然發現《疇人傳》在這問題句子之間，多出四二三個字，恰好是《底本》少裝一葉，所差的三個字，是《底本》漏掉了；梅㲄成傳補上這四百二十三字，便文義暢通，敘事始末悉備。一個做學問的人，遇上這樣機會，補輯到正史的逸文，內心自會充滿成就感，更何況是「惡劣環境」下從事工作的人！

　　民國七十年，臺灣鼎文書局印行《清史稿》新校注本、十八冊，我首先預約一套，就是要看〈梅㲄成傳〉這段逸文，是否已補上去了，不再是《清史稿》那麼明顯不通？乍看之下，卻變成：「今擬取天文家精妙之說著於篇，其不足信者，擬削之。」眞是嚇得一跳！說好聽些，這情形可能是「急就章」，臨時解決印刷問題，無暇考訂，文筆好，一改就「天衣無縫」了，說不好聽，就是「竄改」歷史，將使一件有罅

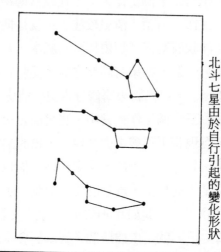

圖版0～一〇

「歲歲有差」（長週期性的）

北斗七星由於自行引起的變化形狀

上　圖　十萬年以前
中　圖　現　　代
下　圖　十萬年以後

圖版〇～十一　朱鴻纂輯《大清國史樂志》稿本書影
　　　　　　　卷首總裁批示葉（國立故宮博物院藏）

漏的史事，永久沉入海底，其效果得不償失了！

我對這增刪文字的學者，對他學識既尊敬（有神來之筆）又質疑：第一、在斷句上有問題，如：「歷代之志天文者近於衍，其說似是而非。」這是錯誤的；應該是：「歷代之志天文者，近於衍其說，似是而非。」他爲何如此粗心大意還是不知？第二、我不知道一些校點史籍的人，是否要參考專門書籍，還是憑仗個人學識「實力」。又如：「況恒星去極，交宮中星，晨昏隱現，歲歲有差。」這種句點，與天文學實際星空事實不合；似應爲：「況恒星去極交宮，中星晨昏隱現，歲歲有差。」較爲正確，請參見本文所附〈中國古代天體赤道座標示意圖〉請參見圖版五一七。先民爲了辨識天上星座，觀察天上的恒星，將天空上的星宿，以天北極爲起點（去極），兩顆「距星」（分宮）並包括在這兩距星內（入宿）的星辰，都循著赤道圈往黃道上投影，所截取黃道度數，而構成古代恒星一對赤道座標的分量，這是「恒星去極交宮（宮與宮間距離）」最簡單的解釋。「中星晨昏隱現」，就是人們每天黎明、黃昏看到南方天空的恒星；《禮記》〈月令〉篇，有所謂「旦尾中」、「昏參中」，即「昏中星」、「晨中星」。「歲歲有差」〔圖版〇～一〇〕，看看現代的「北斗星」在十萬年前，與十萬年後，原來是甚麼形狀，逐漸變成甚麼形狀？大自然舖設著盛宴，免費邀請我們去享受，我們不但不領她的情，還辜負她的美意，眞是可惜之事。

書籍脫漏頁面，是極普通情形，原稿漏裝而且葉碼還連續不斷，就很少見。中國古書是對折疊的，裝釘時要一葉一葉的撿點出來，釘成一本書，偶而少裝進一葉，是難免之事，如果這本書是海天孤本，就無從補起，任其殘闕罷了。如果知道殘闕，還可在新刻本中，作「此下闕文」的字樣，這是研究中國圖書版本學的常識。如清武英殿刻

本《南齊書》〈州郡志〉就知道有「闕文」，在刻本中空白若干行間待補，我正好用傅增湘雙鑑樓舊藏宋蜀大字本《南齊書》的〈州郡志〉補上一葉十八行，首尾銜接，便算齊全了；亦如《疇人傳》四百二十三字，補《清史稿》底本缺一葉情形相同。我想《清史稿》底本，鈔手鈔完後，疏忽少裝進去一葉，既經編了葉碼，又經過「副總裁」、「總裁」核「閱」〔圖版〇～十一〕，正式定稿了。這鈔手事後縱然發現缺葉，以為拿出來會找「罵」挨！可是他違背了工作的道德，使國史殘缺不全，應該受到良心譴責。本文承中國圖書館學會邀稿，因關係版本學、輯佚書的實例，聊以此報命。

本「敘錄」第五節(四)「折磨十年」記事，我因身體欠佳，不堪總務主任工作負荷，難得遇到「大赦」的機會，到文獻處作「清史校注」，也曾分到二、三千元的「研究補助費」（油水）一次，主管不悅，你既不能替我「效命」，還有「油水」可分，聽說他在公文上批「不用此人」！「此人」二字，似乎含有「羞辱」之意，不幸「此人」在三十天工作中，竟發表了這篇「文章」（「文章」兩字我很少用，覺得不夠份量），它的學術價值如何？等待社會公論，但足以表示「此人」不是「屍居餘氣」之輩，多少還有點學識，拿出來給大家看。從前，我不知「顢頇」與「昏庸」是甚麼東西？到如今「此人」才體念到，就是這麼一回事呀。

（六）請看哈雷「秀」

「秀」是英文單字Show[ʃou]，原意為「顯示」、「展露」、「給看」……，是當年（一九八五年間後）很時尚的口白，表示亮麗、顯眼、炫耀；如「表演」就稱「做秀」；也有說「秀」一下，就是要展示出這人的魅力。這年「哈雷」彗星過近日點，除了天文學界，帶

來七十六年一度盛會，也帶動許多商機，我這篇蕪文稱哈雷「秀」，也是近於膚淺的文化商品。

中國古代天文學是非常發達的，而且正史〈天文志〉記載的天象，特別詳細，領先世界天文許多第一，哈雷彗星記錄，也是如此。漢劉安《淮南子》卷十五〈兵略訓〉：「武王伐紂，東面而迎歲，至氾而水，至共頭而墜，彗星出而授殷人其柄。」這年是西元前一〇五七年的一次過近日點的「哈雷彗星」，經近代天文學家張鈺哲，根據哈雷彗星軌道所認定的；比一般舊說《春秋》魯文公十四年、西元前六一三年的哈雷彗星，早四百四十餘年。其實，魯文公十四年的彗星，並不一定是哈雷彗星，算一算它的週期就知道了。

《廿六史》（包括《清史稿》）〈天文志〉的記錄，從秦始皇七年（前二四〇年），至清宣統二年（一九一〇年），二千一百五十年中，哈雷彗星出現二十九次，每次都有詳細記載：其出沒的時間，彗髮（塵尾、離子）的長短、行道的方向度數、以及旁臨正照、晨夕見指，整個過程周詳靡遺。法國天文學家巴爾得，研究一四二八顆《彗星軌道總表》，指出彗星最翔實的記事，首推中國，而我國觀測的記錄與西洋計算相比較，往往密合或差二十餘天。

本文根據朱文鑫（一八八三～一九三八年）《天文考古錄》中〈哈雷彗星最卑點（現代稱「近日點」）週期表〉，徵引正史文獻舉例四次重要過境記錄；也以現代天文科學知識，將彗星「現象」與「質量」一併敘述。還有難得可貴的，是西漢距今二千餘年，長沙馬王堆漢墓出土的「彗星圖」，它是世界人類文明共同珍貴遺產，列印本文中，生色不少。這次哈雷彗星的天文「秀」，真是十分盛大，臺北市立天文臺熱忱服務，報章、雜誌也大篇幅報導，哈雷俱樂部發行專刊《哈雷彗星觀測情報》，好個天文嘉年華會，這些資料，在本文都有摘要敘

述，算是這次哈雷彗星過近日點的「實錄」〔圖版○～十二〕。

　　彗星回歸的經過軌道，會散失許多物質，這些物質進入地球大氣層，就形成充滿詩情畫意的「流星雨」。提到「流星雨」在世界天文史上，也是中國首開記錄，它出現的時間、數目、亮度、方位、響聲，都有清晰描述，讀到這段文字，好像回到上千年的時光隧道，看了一場太空「紙上電影」似的。

　　我是臺北市天文臺天文講習會的學員，臺長、技正、技士都是我們的講師，平常我得到觀察星空與參觀的方便。但是這次哈雷彗星光臨，當哈雷在日落前出現在南中天時，正逢陰雨天氣，祇要天色好轉，我就偕同內人前去排隊等待觀賞。每當快輪到我夫婦的時候，彗星就西沉，宣告今天觀察結束。這時我的講師陶蕃麟從觀測臺開門出來，對我一笑：「又來了」；「你去找蔡臺長不必排隊」。我一生痛惡「特權階級」，尤其在千人百眾之前，眾目睽睽之下，你從側門而進，不說排隊人不齒，而自己的人格想想應放到那裡？這次我與哈雷彗星，擦身而過，失之交臂，實為「終身」遺憾！

　　民國七十年以前，本省各圖書館收藏的天文史，祇有一本《天文學小史》，這時我已看到俞大維資政的藏書，海外的朋友，也帶給我許多新出版的天文學，我薈萃新舊著作，條貫各家新穎學理，結撰《中國天文學史纂要》八萬餘言，有新出土的天文文物圖版，算是我浸潤於天文學最熱烈的一段時期。此書稿由天文臺蔡章獻臺長審查，他評語：「本書內容編寫很好，將來出版時煩寄下二份（本臺圖書室及本人），以便珍藏。」我朋儕之中，能「談天」的很少，這種情形，在乾嘉學者之中，也是如此，如焦循以淩廷堪、李銳、汪萊三人，為「論天三友」，傳為佳話（見《揚州畫舫錄》卷五頁二）。同時，我

1985年12月10日拍攝。利用125㎜Goto Mark-x F8：焦距1000㎜

◆◆◆◆◆◆◆◆◆◆◆　哈雷彗星趣事軼聞　◆◆◆◆◆◆◆◆◆◆◆

● 我也看到了哈雷彗星

成恆：江蘇南通人
　　　民國六十一年六月六日生
　　　台中市衛恩中學二年級
　　　小學五年級開始觀察星象，六年級時以恒星視行證明地球有公轉自轉，得到廿四
　　　屆全國科展高小組第一名

　　民國七十四年十二月六日晚上，雖然颳著強勁的東北風，但天氣非常晴朗，滿天繁星點點，七點左右，我和妹妹成寧到台中師專科學館前草坪上，參加台中師專自然科學研究社舉辦的找哈雷彗星的活動。這時草坪上已經有很多人，有的在研究星圖，有的在調整望遠鏡。父親是自然科學研究社的指導老師，他已經陪大家找彗星快一週了，都是因為有雲，沒有找到。今晚大家都很有信心，父親穿著厚夾克，戴著防風的帽子，興奮地說：「今天天氣很好，沒有雲，連水氣也被風吹散了。」
　　「看到了！」不知誰叫了一聲，大家不由得循聲圍了過去，我認識他是自研社的前任社長，他正站在一台 7×50 的雙筒望遠鏡前面，一見到我就對我說：「快點過來看，在雙馬座 γ 星南邊不遠。」在他的說明下我也看到了，

－ 5 －

圖版〇～十二　「我也看到哈雷彗星」

　　　　　　採自《哈雷彗星觀測快報》4期，民國七十五年二月十日刊行

研究天文學起步太晚，或許「唯識」根性不足，讀《欽定協紀辨方書》的〈星圖步天歌〉，讀了十幾遍，祇能記其大略，不能背誦；〈步天歌〉不熟練，研究「經典天文」學，就難望有成。我發覺我在同時期，讀唐代釋懷素《自序帖》及明代文徵明書《老子常清靜經》軸，幾遍之後便能成誦，迄今我還能記得一些重要辭句，大概我的「天」份是很有限的。

（七）解開「閏八月」的引號

臺灣光復以後，渡過三個「閏八月」；㈠民國四十六年（一九五七年）；㈡六十五年（一九七六年）；㈢八十四年（一九九五年），前兩次是在無聲無息中渡過，那時日子剛剛好過，大家喫飽了，稍微有點錢。這次卻不同，日子好過，經濟繁榮，不但喫得好，還撐得難受；不但有錢，而且「錢淹腳目」（臺語）。難得又遇上「閏八月」，總得來點花招，才不愧爲富庶的國度——亞洲四條小龍。如果儘說好聽話，都聽厭了，不如來點「危言」，才能造成轟動！

偉大的先知，在坊間出版了一本書《一九九五閏八月》，從書名看，就知道他學貫中西。這本書我沒有拜讀，自知不才「躲在這『尖端科學』的背後」。它預言中共會動武，帶給中國人大災難的可能性，不少地下宗教組織，藉由靈媒傳達神明示警，令人十分恐懼。據說「有一些道親竟變賣家產，辭去工作，移民躲劫！」清朝庚子「拳匪之亂」（一九〇〇年）那年是「閏八月」，大清帝國被八國聯軍五千人，打得落花流水，「老佛爺」挾著德宗載湉及少數顧頇親信，抱頭鼠竄。正好一部電視影集《慈禧西行》，將「老佛爺」沿途饑餓饞像，演得淋漓盡緻，也許那次「閏八月」的教訓，就是這次「閏八月」的殷鑑！

中國人將八月中秋，視爲家人團聚，喫月餅的美好時光。這年月

為了調和陰曆與陽曆日數的差異，
曆法上每19年置7個閏月，
四百年來，只有14次閏八月，各出現在公元一五二〇、
一五七七、一五九六、一六一五、一六三四、一六八〇、
一六九八、一七一八、一八一三、一八五一、一八六二、一九〇〇、
一九五七、一九七六、一九九五

下一次閏八月
將可能出現在公元二〇五二年！

＊這是經由義美食品公司於10月2日舉辦的「下次閏八月在公元？年」座談會中，由各專家學者共同推算所得之結論。

特此感謝清大歷史研究所黃一農博士、中央氣象局天文站鄭秀能主任、中研院歷史語言研究員祝平一博士、天文星象學家黃家騁、八字星相專家王中和及命理學家潘祖懿，共同解開迷津。

還有
素蛋黃
月餅喔！

綠豆凸
好吃！

四百年來只有十四次閏八月，好稀罕喔！
大家一起來吃個月餅，
闔家拍張照片留念，終生難忘哦！

圖版0～十三　商品廣告「下次閏八月在公元？年」
採自《中央日報》廣告欄，有「共同解開迷津」字句

餅照喫不誤，還有一些愛國的商家，非但未移民，反而逆向行駛，利用「閏八月」再次促銷月餅〔圖版○～十三〕，強調這次「閏八月」不享受，又不知等到何年何月？於是邀請歷史教授，氣象臺天文站主任、中研院史語所研究員、天文星象家、八字星相家、命理學家等六人組成小組，「共同解開迷津」。一位教授推算：「下一次閏八月應在西元二○五二年」，天文星象家「提出不同的看法，他認為西元二○七一年、二○九二年都會出眸（我實在不懂用這個字的意思）閏八月」。有這次「逃難」經驗，最年輕的一輩，到那時候也祇有七、八十歲，屆時得好好策畫，以免措手不及。

在地球村上，祇有應用「陰陽干支三合曆」的國度，才能遭逢「閏八月」的噩運，其他國家沒有此事。漢朝以前將「閏月」放置在十二月之後，稱為「十三月」。一九七二年山東省臨沂縣銀雀山西漢木槨墓，出土漢武帝劉徹元光元年（前一三四年）曆譜竹簡，清楚看到將「閏月」放置在九月之後，稱為「後九月」，這都是毫無道理的安排，大概是某些人講的「自由心證」吧。從《漢書》〈律曆志〉載：「朔不得中，是謂閏月」，這就是進步到科學方法了。所謂「朔不得中」，表示一年之中，那一個月沒有「中氣」，就是「閏月」。本書講「中氣」會有很多次，中國曆法中，有二十四個「節氣」；「立春」、「雨水」是正月的節氣，……「立春」是「節」，「雨水」就是「氣」，「氣」也稱「中氣」或稱「中」。每一個節氣的「平朔」是一五‧二一八七五日，即十五天五小時十五分，憑這個數據，就可算出「閏八月」在那一年。我請「大家告訴大家（鞋店廣告辭）」，那年會「閏八月」：第一、這年的「冬至」必須是陽曆十二月二十二日，祇能向後緩衝一天的差（二十三日）；陰曆是十一月初一日，祇能向前緩衝一天的差（三十或二十九日）。第二、由這天回溯九十一天，那日一

定是「秋分」（八月的「中氣」），它是陽曆的九月二十三日，陰曆的八月二十九或三十日，有了這兩個條件，「閏八月」就形成了，否則就不成立。我根據曆學構造原理，核算西元二〇五二年不會出現「閏八月」：這年「冬至」是陽曆十二月二十二日、陰曆是十一月三十日，日干「丙戌」，星期六，儒略周日是二四七〇八九三日，不合於「閏八月」出現的規則。那麼，天文星象家提出的那二年「閏八月」又如何？我不能將時間耗在這無聊的事件上。

　　有人問我，究竟那年會有「閏八月」？我不能告訴你，如果告訴你，便失去我「破除迷信」撰稿的初衷，豈不等於自己摑自己的嘴巴嗎？

（八）廣西貴縣羅泊灣一號漢墓出土音樂文物研究

　　本文敘述廣西貴縣羅泊灣一號漢墓，出土音樂文物的研究。此地為百越族中西甌部族聚落之地，此墓可能為秦漢之際，南越國桂林郡最高行政長官之墓──絕對不是《史記》〈南越列傳〉所載南越國武帝趙佗之墓。此墓出土樂器共十一件；其中有銅鼓〔圖版〇～十四〕二件、直筒形銅鐘二件、銅鑼一件、羊角鈕鐘一件，其形制、尺寸、重量、銘文、紋飾等，對於「西南夷」（史記·西南夷列傳）各民族間有歷史淵源與互動關係。最為難得者，是此墓出土這青銅樂器六件，完整無損，並經專家測定其音高，計算其音分值，公諸於世，使有意深入研究者，根據此項科學記錄，進行古駱越族音樂文化，與中原文化之比較與探討。

　　本文將一號漢墓出土樂器的八種音高記錄，整理如〈附表一〉，音樂工作者曾用它合奏，取得良好效果，又探求得墓葬主生前音樂生活概況，與祭祀習俗。尤其是發現此地區出土音樂：為「四聲音階」

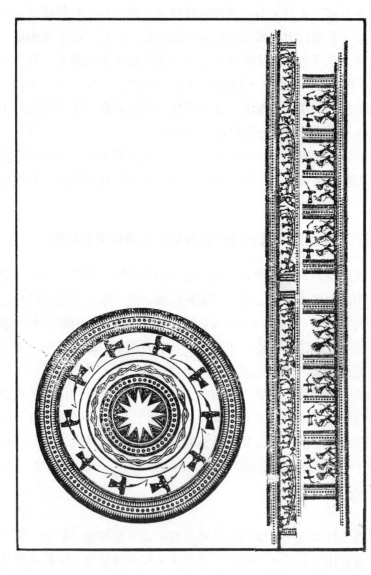

圖版○～十四　廣西貴縣羅泊灣一號漢墓出土「大銅鼓」鼓面、鼓身紋飾摹本

音列——宮、角、徵、羽，獨無「商」聲，豈料中國古代音樂「無商聲說」問題，居然在此地出現；昔日諸先儒朱熹、陳暘、朱載堉亦多論說，因無實物，未能深中肯綮。本文採近五十年來，陝西出土西周「雙音鐘」為例，申論六件或八件一組的編鐘音階，在西周中期已形成，如：「羽宮」、「角徵」，「羽宮」、「角徵」，「羽宮」、「角徵」、（角徵、羽宮），順序排列成「四聲音階」結構形式。「羽宮」、「角徵」……是表示西周鐘是雙音的，上面的「羽」音發自「隧」部，下面的「宮」音發自「鼓」部，兩音之間多是一個「小三度」關係，契合西周雅樂排斥「商音」（商代的音樂）與「鄭衛之音」的另一項新的證據，一併瞭解西甌本土文化與中原文化，有著密切關係。

　　此墓出土「從器志」木牘，記載陪葬樂器有：「□越築各一」。「□」這個字，原書〈考釋〉的作者說：「□此不識，從與越築並列看，可能是一件樂器的名稱。」我辨識「□」字是「掏」，這字出於《古奇文字》中，清顧炎武《音學五書》讀此字為「揮」音，並云：「揮」古本音「熏」，即樂器的「壎」，既合於《說文通訓定聲》之例，亦與此墓實際情形相符。「越」原書認為是地名「南越」或「粵」，我不以為然。《樂記》云：「清廟之瑟，朱絃而疏『越』，一倡而三嘆，有遺音者矣。」「越」是瑟的底板一塊有疏朗孔眼的物件，供繫弦之外，還是持瑟時將手指「挎」（音枯）在這裡。《儀禮》〈鄉飲酒禮〉：「工四人，二瑟，瑟先。相者二人，皆左何瑟後首，挎越內弦，右手相。」為了證明此文難以解釋，特採朱載堉《樂律全書》中板畫一幀，一目瞭解，知此物為出土「十二弦樂器」一塊，就是「越」的正身了。「築」是「筑」不用解釋。我寫完此篇，感覺文字學用於考古、考據是必要的，竟然與音樂史研究，發生如此重要的關係，我何其幸運，為中國音樂史研究，貢獻一點膚淺的知識。

此墓出土「竹笛」一件，我作複製品測音實驗工作。「竹笛」形制非常特別，在竹節間左右各開一個小吹孔，竹節下端開六個不等距的按孔，笛體腔二頭開口。它不是「明器」，因為出土於樂伎陪棺胡偃的枕邊，它如何吹奏？音高如何？是否能演奏樂曲等等問題，為本文追求之目的。大陸音樂學者吳釗，稱它是「蓋板直簫」，與雲南西雙版納傣族吹管樂器「唄處魯」（Beichulu）有關。我以八千字篇幅，詳細敘述「竹笛」複製過程及實驗結果：㈠竹笛複製方法；㈡實驗複製竹笛實測頻率記錄，由音分值觀察其結果；㈢用五種不同吹奏的方式，探求漢代原始形式；㈣實驗的結果。從實驗中吹出的「腔調旋律」，及「竹笛」複製品實測頻率記錄，由觀察音程，似合於漢代三分損益律產物；且正確吹奏現代 F 調各種歌曲，但用「小工調」指法直吹，其中「尺」（商）字顯然不準，與不用「商聲」說有關，我的實驗與漢代音樂的「猜想」，應是合理的。

我從一九九四年七月開始，以〈試以漢代音樂文獻及其出土文物資科研究漢代音樂史〉，連續數年發表論文共二十三篇，個人認為〈廣西貴縣羅泊灣一號漢墓出土音樂文物研究〉三篇，為最精核。是我具有代表性音樂史研究的作品，可以說明我治學與治事的精神：是考古與考據並重，以樸學研究漢代音樂，言必有據；通過藝術的途徑，走向學術史的目的地。

三、本書作者家世與生平

（一）我的家庭背景

我是「武漢市」人，原來家中薄有貲財，因八年抗日戰亂，耗損殆盡，勝利還鄉，祇剩下一個「空殼子」了。可是，地方善堂夏天施

藥、冬天賑米，還在意我們「捉襟見肘」這一家的捐輸〔圖版○～十五〕。

　　先父諱緯，兩湖書院高材生，在武昌業律師。他有驚人的記憶力，與數學能力，可在夢寐中與人對話。對於族屬親友的周濟，從無吝色。我二堂叔陳康，交通大學畢業，所有學費食宿衣履之資，悉由先父供給。因先父行二，人皆稱為「二哥」。武漢大書家狄膺，為先父書對聯：「緯之二哥雅正：慷慨公直於人無愧；仁德嚴正教子有方，」似可見其風誼。先父教育我們兄弟——亡兄萬鼎也是才智過人的工程師——非常重視人格教育，注意禮節，我們兄弟從小對長輩就不行跪拜禮，他認為三鞠躬就是最敬禮，一直延綿到我們的下一代；他們也遵守家教，從來不在背後叫長輩的姓名，都是稱「某伯伯」、「某阿姨」，……。中共「解放」後，居里門不出，尚未「清算鬥爭」前，一夕與先繼母（我從小就有「不委曲自己」的性格）玩撲克消遣，因為起得一手好牌，一笑而逝〔圖版○～十六〕！時在一九六四年，享年七十七歲。賴亡兄「當大事」營葬於本籍，一九九一年遷葬於湖南湘潭江南製造廠竹楠山公墓。我曾返鄉掃墓二次，「哀哀父母，生我劬勞」，「欲報之德，昊天罔極」！

　　先父逝世的訊息，是由留德姻親傳來，亡姊即在高雄設奠，修建經功追渡，我率家小參與祭典以外；便檢出行篋中，所藏戰後先父纂輯《陳氏家譜》手稿，悉心整理繕正一過，謁見當代名公莊嚴、錢穆、陳雪屏、葉公超、屈萬里、江兆申、楊家駱、李超哉、阮毅成、張光賓諸前輩先生，乞題耑、敘錄、題辭、序跋、繪畫。尤承家雪公賜題「祖德流芳」，阮毅公賜〈陳氏家譜序〉，光賓兄彩繪「陳氏溯宗圖」，曾白雲兄跋「全譜凡五十五葉徵五世其昌之兆也」，白雲為總統官邸進呈乙覽之繕官，諸家墨寶，均彌足珍貴，光被我陳氏烈祖烈宗，亦為我思親愛祖報本之一端耳。

圖版○～十五　「我的家庭」

座中是我外祖母韓門袁氏老孺人。我父親抱著的嬰兒——是陳萬鼐，現年已七十五歲了。我父親的服飾長袍馬褂，戴著便帽，是不是與「清末暨民國學人像」的康有爲、嚴復、柯紹忞、王國維⋯⋯一模一樣的（見《大陸雜誌》五十年代初期封面人物像）。我母親左手提著錢袋，盛著銀元、那年代沒有「搶匪」，但有「乞丐」；她右手攜著我哥哥萬鼎；他右手撫著小狗頭上。最左是忠僕孫公，他爲我們家人奉獻了半輩子。我六歲時他回鄉逝世了，父親替他料理後事，臨別留給他兒子五十銀元添置家產。我們是一個忠厚待人的家庭。

陳家公數年前無疾而終次年陳家家亦病死，均葬昆田律料理的、房屋已賣，他從湘潭工廠工作，再不來漢口了。

圖版０～十六　姊丈讓滌泉先生手箋（轉錄由漢寄來的家書）「陳家公」是指我父親，「陳家家」是指我繼母；我們家鄉對外公、外婆就是如此稱呼的。「無疾而終」與亡兄告訴我「一笑而逝」是相合的，可見一個人「善有善終」！

（二）跨出人生的第一步

我在漢口法學院法學系卒業，於民國三十八年春，到湖南湘西一個縣城（居樞紐地位）姊丈家，等待向地方法院就業，這時國共和戰不定，去湘西有點「避難」性質在內。一天，一位地方士紳過訪我姊丈，他就是我當年（一九三八年）就讀小學六年級的校長。我在校時間很短，他對我毫無印象。我隨口拜託他，敦促我在法院進行的事；次日，他遣人送來一信，說有一所中學缺一位數學教員，問我能不能教？如果能教，待遇不比法院差，而且工作還安定些。我答覆他，「大代數」以內的數學，我都能教，謀事就很快成功，這是我「跨出人生的第一步」！

我是奉父親（他是母校校董）之命讀法學，志不在此，因性格憨厚，是非分明，不宜操此業。當時，我表兄劉子練（省農院畢業）及姻兄徐孝寬（北大畢業），都在中學教書，衣履整潔，每年冬天見到他們一襲長袍，圍著圍巾，首先就予人一種溫馨感，不時攜帶著美貌的嬌妻，周旋於親朋之間，散發出「清高」的氣質，以他們家世、人品、職業，非常令人艷羨。尤其孝寬家，世代藏書，享譽江漢，經常見他挾著「善本書」參考教學，我真是心嚮往之。我能當「教員」，有榜樣在先，快快樂樂渡過一段教員時期。可惜好景不長，隨著時勢撤離大陸，先由西南公路乘車到貴州，再乘飛機經香港、海南島輾轉來臺。時間沖淡了這段記憶，所幸，那學校老校長，贈給我一幀詩幅〔圖版〇～十七〕保存迄今，見景生情，拾回我青年時代的魂縈舊夢！

（三）五年外文圖書館員的生活

我來到臺灣第一次就業，是在高雄聯勤總部第六十兵工廠技術處圖書館，任外文圖書管理員。我因中學時期，有一段技工學校機工科

圖版〇～十七　沅澧中學末校長承環先生墨寶

學習的背景，又擅英文打字，工作勝任愉快，晚上在廠立的技工夜校教「工藝數學」。我那時職位甚低，而接觸的都是上級長官，常常替主任、處長、副廠長等代筆「政治論文」，因他們先聲奪人，經常得到第一名。我在圖書館工作，除了自學圖書館學，看了中外圖書管理書籍數十種以外，又瀏覽到許多新進口的「組織與管理」方面叢書。其中有一本對我影響最深遠的，就是譯名《工時學》（Motion and Time Study），我體會到「微量動作研究」（Micro-motion Study），凡事，我先考慮的是「微量動作」——這件事務能否分解成一個個的單純動作？然後將這些單純動作，集合爲一個小小整體……，變成節省工時的程序，並隨時改進工作中浪費的時間（極細微的），達到省時、省力的目的。後來我這方面表現在學校教務工作上，特別明顯：如作考卷的彌封，編排混合考場的座次，還有我在聯考閱考卷，……這類群體性工作，比他人速度快極多，成品整齊而又不錯、又不費腦力。我常想，我獲益於管理科學知識，等於是與我同齡的人，多活了好些年。我還做別人不想做的事（喫力不討好），看別人不想看的書，吸收別人不想吸收的知識，就拿王雲五「四角號碼檢字法」（十餘種「檢字法」我都會），到現在還有人不會，我卻一生受到它帶給我的便利，再配合《工時學》運作，使我辦理行政工作及治學，舉重若輕，但我不強出頭，用之則行，常常欣賞一群「笨伯」互鬥！

　　我在圖書館工作，順便讀了不少的中外書籍，譯述好多算學的稿子。記憶中寫了一篇小說〈曲終夢回〉，描寫一個人的初戀，因戰亂分手，極離奇的重逢結合，有人說是我的《紅樓夢》？又寫了一篇短劇，是改編《論語》孔子答弟子問，投在《集粹》雜誌上，這雜誌出版一期就停刊了。又寫了一本廣播劇《斷鴻零雁記》，播演蘇曼殊大師故事，原稿已經導播修改、分場，但卻被退回來了？另外，發表了

很多篇散文，那時我對於散文的哲理、意境、筆調、修辭攻之甚堅，故所作有投必中（用「萊子」爲筆名，意在回到家鄉，給父親看）。我如今揭載任何學術文字，都不會使人感到生硬拗口，詞不達意，錯字連篇，應歸功於當年究心散文的修養。

我在圖書館工作將近五年，當時政府政令「一年準備，二年反攻，三年掃蕩，五年成功」，那時我二十八歲，還在等待「青春作伴好還鄉」！……未久，我與同事中文部圖書管理員張世琴相識戀愛，已到心心相印階段，我便打算離開圖書館後就結褵。光陰似箭，一眨眼已快半個世紀了，我們攜手同行，撫育三男一女，現在都已成「家」立業了，正是「妻賢夫禍少，子孝父心寬」。

（四）十年考績壹等三年優良教師獎狀的中學教員

民國四十四年，我將離開六十兵工廠之前，一天與外甥騎著單車，在市區亂轉，看到新興區「省立雄商」的一塊招牌，一時心血來潮，想能到雄商教書該多好？當時，我有幾位具世誼的鄉先生，在省教育廳居要津，時機巧合，介聘立刻成功。半年後，追隨秦教務主任，赴市郊楠梓創辦高雄市立第四中學，我教書也兼教務工作。秦校長的工作團隊，都是青年、聰明、能幹、記憶力極強的人，相處如同家人，不像「中央」某些機關，祇講利害，枉顧道義！我在這段時期裡，每天都感受到「腦力激盪」，頗相當於現代稱之爲「卡內基」的訓練。

又是一天，我錯搭市公車，在市區亂轉，看見三民區的「高雄醫學院」一塊招牌，想能到大專院校教書該多好？這時省立高雄工業職業學校，已開辦「高雄工專」，行將改制爲專科學校，我便朝此方向進軍。我在高雄市任教，聲譽不惡，一度被借調至教育科辦「志願升學」，因樂於助人，各校人事熟悉。我第一次晉見雄工唐校長，他說

曾經打聽過我，每個人都說我的好話，他器重我，鼓勵我努力工作，加派我兼設備組長，很快分配到眷舍。我愛教書，更「愛」雄工，因為它的正門行政大樓，有一面大鏡子，從兩旁階梯上下，這裡懸掛一幅怵目驚心的楹聯，上楹「不敬師長天誅地滅」，下楹「誤人子弟男盜女娼」，這是我們「兩湖」（湖南、湖北）人的詛咒，唐校長（湖南人）拿它作為辦學的校訓，能不令人欽佩。他延聘我執教，我是等待時機，現代人稱為「卡位」，可是，我一點不露痕跡，祇有四中同事謝君，了透機關，暗中稱我是未來的Professor。

　　我任中學教員十年、三校，連續三年獲得優良教師獎狀〔圖版○～十八〕一年校慶優良教師獎狀、一次教員進修作品競賽獎第一名獎狀、獎金〔圖版○－十九〕，十年考績皆壹等。這十年中，出版了一本《明惠帝出亡考證》的書。四十八年參加考試院高等考試與普通考試，首屆圖書館人員考試，兩榜同時第一名及格，被人謔稱「兩榜進士」出身（高考科目：國父遺教、論文公文、中外史地、憲法；圖書館行政、目錄學、板本學、中西圖書分類、中西圖書編目、參考諮詢工作；心理測驗等十一科）〔圖版○～二十〕。我的兩張考試及格證書，在今年十月二日寄贈國家圖書館作史料，承蒙欣然接受！我是一個重制度、不走捷徑的人，當中學教員，持有省教育廳「教員檢定合格證書」、「教師證書」，在大學教書，也不是「黑市」（自封的「教授」），六十八年元月，就取得教育部學術審議會審查合格「教授證書」，應算是證照齊全的公教人員。

（五）黃金年代中的「十年折磨」歲月

　　一、自南徂北：民國五十三年底，接到國立中央圖書館蔣館長一封親筆信，約我新年假期到臺北一敘；接著又來信（非親筆），「有

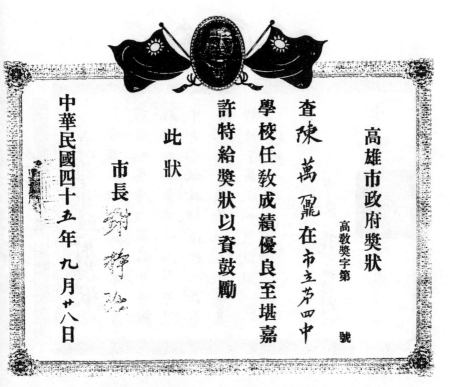

高雄市政府獎狀

高教獎字第　　號

查陳萬鼐在市立芎四中學校任教成績優良至堪嘉許特給獎狀以資鼓勵

此狀

市長　謝掙強

中華民國四十五年九月廿八日

圖版０～十八　高雄市政府獎狀
民國四十五年至四十七年我連續三年獲頒優良教師獎狀。

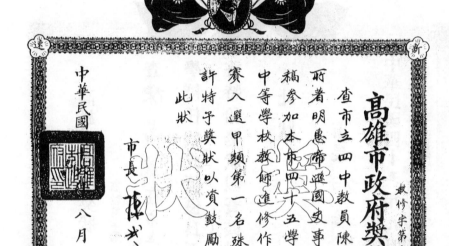

圖版〇～十九　高雄市政府獎狀

民國四十六年教師進修作品競賽，我入選甲類第一名，除獎狀以外，並發給獎金新臺幣三百元，相當一個月薪俸。

四十八年高等考試圖書館人員

　　參考諮詢工作試題

一、參考書指南之編纂其用途爲何？

二、試列舉參考書之種類及其功用。

三、試述下列各書之特點：

　　　　Encyclopaedia　Britannica

　　　　Encyclopaedia　Americana

　　　　Columbia　Encyclopaedia

　　　　Comptnn's　Pictured　Encyclopaedia

四、辭典與字典之區別爲何？試就中西參考書中各舉二種辭典與二種字典。

圖版○～二○　　民國四十八年考試院高等考試圖書館人員考試試題。
　　　　　　　　一般考場規則，應試後試題應隨考卷一並交還，此試題是得到監
　　　　　　　　考人員同意給我當紀念的，並非「竊取」。現在已過四十二年了，
　　　　　　　　也算是難得見到當年國家考試試題的原始形式。

暇盼即北上」。晤談時，才知道是邀我至中央圖書館任事。當時，我聽到是「編審」職位，到館後是「編輯」，我本不在乎這一字之差，因爲，我已持有智慧之神，授與我的一把知識的鑰匙，祇等待有知識寶庫的大門，讓我開啓。

我到中央圖書館去服務之前，還有一段小插曲。據說：蔣館長與教育部長黃季陸有約，黃不當部長蔣即退休，兩人同進退。當他已約我來中央圖書館之際，黃辭職，蔣踐約辦退休，蔣對於我的人事案就不好交代了。他來快信問我「辭去教職否」？如果尙未辭職，便收回成命。我一向謹慎，對於去中央圖書館工作，內心非常高興，事情不到成功之日，決不對外張揚，更厭惡驚動同事請酒餞行。我即回信告訴他，我未對任何人提此事，也未向學校辭職，而且蠻體念他的爲難，記得覆信安慰他「強飯加衣，勿以不肖爲念也」（此語是蘇曼殊大師語萃）。我看到好多人，宣佈移民或另有高就，全家接受親友歡送，結果喫了、喝了、拿了、不走了，我替他們尷尬，所幸他們安之若素毫無愧色。後來，事又轉圜，閻部長從銓敘部將蔣退休案撤回留任，他也步步高陞，陞到「特任官」，我也到中央圖書館供職。我常想一個人，稍微有點頭腦，就憑這件事，難道還看不出陳某爲人處世、謹愼小心的態度嗎？豈是傖父俗子、庸庸碌碌之輩！

我到中央圖書館並未從事一天學術工作，詎料一來就接任總務主任，先後五年，經歷三任館長：蔣館長、屈館長、包館長，這時蔣館長高陞國立故宮博物院院長，也兼中央圖書館館長一段時期。我在中央圖書館工作，又當選中國圖書館學會常務理事兼總幹事，先後六年，完全義務服務，沒有拿一分錢薪津。那時每年年會，收會員會費二〇元，還供給午餐。當總幹事不拿錢，還得向外張羅，支應年會出版會報及各項的開銷。……後來，蔣又邀我到故宮博物院任編纂，一年後，又接任總務主任，先後在他任內，至少做總務主任十年以上，因我個性正

直，不諂媚阿諛，是不適宜這種工作，諸凡不遂，成為我一生中備受折磨的時期！

二、由館到院：我自詡我國家觀念很強，服公務是「公務員」，不是私人「家丁」、「走狗」。替國家作事，（領薪水養家活口外），要秉持著國家為先，服務第一。所以，去任何機構工作，祇問自己勝任與否？從不打聽主管好惡如何？也抱著祇有「不下臺」的皇帝，沒有不「下臺」的主管，我不過是這機關的「過客」而已。我在這一生黃金年代中，卻有十年「悲愴歲月」，雖然心有抑鬱，亦無怨無悔。

某些機構的主管，也許是「人格失調」（心理學名辭）便居心偏頗，重業務輕行政，對女士態度特別好，「欺善怕惡」，愛聽小人耳語，尤其他「大德不拘『**細謹**』」，還不知「王道」為何物？頗使滿懷希望的屬下充斥挫折感。我不是一個「桀驁不馴」的人，卻缺乏「逆來順受」工夫，「反作用力」（牛頓定律）更強，也膽敢與對方相齟齬，對方能容忍我，是因為我不貪瀆，經得起考驗。一般機關以總務為主管的「親信」，應該權充一種行政管理緩衝的角色，譬如借題發揮，指桑罵槐，皆由總務人員一肩承挑。清朝名臣李鴻章對其親信，輒以「跟我滾」口吻待之！俄而之間，物質、慰問、陞遷即至，有謂「一字之滾，甚於華袞！」一年中美斷交，發動全國軍公教人員，捐獻一日所得，表示上下同心，激勵民心士氣而已。那時政府外匯存底八百幾十億美金，何曾在乎捐款多少？這主管視為「立功」機會，規定一日薪津所得外，愈多愈好愈愛國，他本人捐獻一月薪水約三萬餘元，可憐他不敢多獻，惟恐「功高震主」（行政院長）！我本來捐寫四千元，後來，看到一些「紅頂」級的人物，還不過三千元，我便改為三千元。這時我一家五口，四個孩子，一個在大學讀書，二個讀中學，一個讀

小學，靠我一人收入維生，以捐款三千元比例計算，我應該一月拿九萬元。後果，是在院會上矛頭指向我，在座中的職級高，人口輕，雙薪家庭，平常大「紅」大「紫」，有的捐了少許，他卻未自恨目光不佳，白疼了這般心尖上的人，不來擁護，反而對我如此這般無禮，院中也有人爲我「大感不平」。一次無意中，看到羅盤在《中外雜誌》（五十六卷六期）上寫〈蔣復璁二三事〉，其中正面提及此事，說那天夜晚送了一條魚來我家，這不是事實，緣木豈能求「魚」？

明朝淹通詩文、書畫、戲曲全才的藝術家徐渭，字文長（一五二一～一五九三年），曾寫一本諷刺劇《歌代嘯》，描寫三清觀的張和尚與師弟李和尚身邊瑣事，其中有一折〈有心嫁禍的是丈母娘牙痛，炙（到）女婿腳根〉。未經事故的年輕朋友不會懂，可是老公務員都有這種經驗；如李四政治背景良好，犯了事他不敢碰，卻找到不相干的張三發頓火。這種情形大概在明朝很多，當然比不上現代更多。柳詒徵（目錄學家、纂修清史藝文志）跋此劇：「涉事稍深，即知邏輯爲無用，而一切禮教法制、戒律，罔非塗飾耳目之具，傷心不痛哭而狂歌，豈得己哉，故斯劇曰《歌代嘯》也。」佛教「禪機」往往令人莫測高深，弟子須闖蕩江湖，尋求領悟；如一旦觸「機」開「悟」，便望空再拜，感謝師恩。原來我對《歌代嘯》此故事也不懂，爲什麼丈母娘的牙疼，炙到女婿的腳根？因此事才使我「頓悟」了！不意文教機關中，還蘊結如此精湛哲理，不爲人知！國史館應該在傳略中，添上一筆，「不沒其實」史家紀事之法也（古代修史人的信條）。

　　三、勞而無功：我有多麼大的能耐，我自有權衡，就憑我的管理科學的觀念，以及曾學習過的許多社會科學，如講《經濟學》的價值、價格、價錢；效率、效用、效益等等……，對於行政工作得失之間，如何取捨，比那些「　癡」強到那裡去了。我從來不爭權奪利，陞遷聽其自然。來臺五十餘年公私日記，未嘗一日間斷，因爲我有日記習慣。日

記可以記憶很多事情，會替我講話。我處理行政，比一般人強甚多，我嫻熟公文程式，擬稿如拾芥，會議紀錄不假手於辦事員，第一、他拖二、三天不能算慢（可怕的行政效率），第二、也不能仔細聽議事的主題（事不關心），尤其有關工程會議，都親自動筆，一散會，紀錄就出來了，葉資政就知道我這方面的能力。主管睜著眼睛畫「行」，全憑好惡，從不用心考核職員的工作量。我勞而無功（那個單位主管親自擬稿，作會議紀錄、撰工作報告、颱風天不在家裡，而在外面看排水溝……），習以爲常。如果不信？現在，還可在檔案室查卷，比較一下誰多誰少？開院會，業務第一，待行政工作報告，他精神已不繼，呵欠連天，你報告他不聽，如體恤他年邁不報告，就說你的單位一點事沒有？眞可惡之至！關於總務室雜事，我不過問，辛苦事務科長張君，他上報主管「知遇」之恩，身肩重擔，我也並不視爲「抓權」，因爲我們這種單位，那裡有「權」，充其量不過「牛馬」分等級而已。（「知遇」「牛馬」二詞皆出自張君之口）。張君身後遺族，我有相當照顧與鼓勵，是感謝他的生前爲國家操勞。我對待同事，從不將所受的「氣」，轉嫁到他們身上，認爲那種作風是「懦夫」，「己所不欲，勿施於人」；反而我有代人受過的雅量。有一次，英文函件延誤登記時間，主管責備我（其實不該我管），我不介意，連經過情形都未告訴對方，可見我不是一個擅作威福的人，而且我一生不曾失信於人，尤其「下屬」。譬如，我一年在醫院進手術室前，對我妻說妳去看某人時，要帶「禮物」去，是我告訴過他的。假使那次我喪命在手術臺上，我就成爲現代的「蘇格拉底」——他已服毒藥，在臨死前掀開蓋布，對他門人說：「我曾許願獻給藥王一隻雞！」

　　四、力拔山兮：民國六十四年，因春雨綿綿，博物院後山崩坍，壓垮一棟不能辦建築執照，而仿製貢品的作坊（單磚牆石棉瓦頂、很

高大，博物院廣場大銅獅子就在此作的），及三位無辜的工友。大家都在說，這場災害，肇因於前一年開炸山洞庫房工程，將後山坡面泥土震動鬆散所致。這場嚴重的災害，該由我負完全責任，他處心積慮要保全自己，犧牲部屬：第一，他說叫我辦建築執照，我未辦（這是從管理委員會主委王雲五那裡請示，得到王的「教訓」而來）！在我記憶中，好像叫我「不要辦」（簡陋的工棚），可是我沒有「錄音帶」。根據我的個性，我不是邀功汲汲於表現的人，怎麼會違背上官的命令，擅自作主，不去辦建築執照，偷偷在後院施工？何況總務室有一位專跑建築事務的李君，難道說我怕李君累死了，又怕他立了功，搶了我的官位？第二，他叫我將去年開炸山洞庫房的廢土，倒在後山上，為甚麼未辦？這句話完全是耍「無賴」！狗急跳牆，喪失了「圖書館之父」的偉大人格！我是膽大包天的人嗎？恃寵而驕縱嗎？將主管命令吞食了，不訂在工程合約內 ，任由設計、施工單位，將廢土運走。他想這些廢土如果堆在山坡上，就不會造成今日的山崩。後來工程師說，如果去年廢土堆在後山，災害就不是這樣輕微！總之，萬方無罪，罪在總務無能（「能」字應改為「人」字，沒有後臺老闆的公務員）。我不但未反駁他，看他是七十八歲的老人，如因此事不「連任」，是很可憐的！所以，我雖然不高興，自認為年紀輕輕的（比他小三十歲）不幸坐了冤獄可以反省，作點儒家「慎獨」工夫也不錯，能著點書更好；史記曰：「韓非囚秦，說難、孤憤」，就是坐牢的產品。更慶幸比大衛魔術師還強，他是玩假的，我是真的「把山搬走」了！在第一次善後會議他夸夸而談，院廈是公共工程局承建的，建好後他才接任開館，真是「狡兔三窟」何況「特任官」乎！會議主席葉公超委員（此時是政務委員）連說帶比劃的：「你們大家聽到，他一點責任沒有！」也許就因為這句話，從此不敢亂推責任了。未久，後山護坡工程開工，中興工程顧問社都不敢保險施工後，後山不再倒，故稱「長期改善工程」而

已。工程進行中，曾動用軍工數十人，他們一筐一筐的將滑動的泥土，搬下山來，用卡車運走。他們在大熱天汗流夾背，辛苦已極，我在一旁頂著太陽，送茶水陪著他們在一旁加油打氣，大約花了二十天工作完畢，收工之時，或許部隊長覺得我還不算是太「惡劣」的公務員，臨別時，反而贈我一塊木匾，像醫院感謝匾那麼大，黃底金字，刻著「陳主任惠存　立人風範，陸軍八六○七之二部隊贈」。我是待罪之身，別人還給我贈匾額，實在羞愧難當。不過「立人風範」是他們對我的認知，我覺得刻「力拔山兮」就比較合於我的心意，這是六十四年七月二十一日之事。我曾簽呈主管要不要接受，放在那裡？適時颱風季節來臨，山坡滑動的泥土，再經不起雨水冲刷，我一聽到颱風警報，就心驚膽顫，經常午夜起床，看看天上星斗，如果閃耀晶瑩，便可期望明天是個大晴天好施工，這對我而言，算不算是煎熬？而我罹患心臟病的「心律不整」從此開始，脈搏每分鐘五十餘拍。接著新調來一位「賬房先生」，他叫我將下年度要用那些錢，一一開列出來，不開列出來便無錢開支，他真高估了我，以為我是能知未來的「劉伯溫」；可是年度將終，錢花不完，又叫我去「消化」它。我直接的在公文上寫著「消化預算」，主管從來不支持我的行政推行，也不派人協調疏通；我上不見「器重」，下不見「尊重」；現在的公務員聰明得很，尤其女士心細如髮，主管用的是那些紅人，他們還應聽從你的「調度」嗎！造成的傷害，當然都由國家承擔了！終於這位主管任期又屆滿了（連任了 n 任），必須將「總務」與「秘書」兩缺調開，好讓新任用人。我如逢「大赦」；慶幸又回到文獻處任編纂。詎料第三天「紫微正照」，他又要「連任」，我的人事命令當然無法收回，悔恨交加之餘，將我叫到他辦公室，……只差出口傷人。從此我們狹徑相逢，彼此不理不睬，也不迴避，孟子曰：「仁者愛人，有禮者敬人。愛人者人恆愛之，敬人者人恆敬之。」（離婁下）

五、勿忝所生：早年，先父給我看一本陳榕門（名弘謀，雍正進士）著的《五種遺規》修身的書。我記憶中：有父子二人俱爲官，父親清廉不貪污，可是他怕別人「知道」他不貪污；兒子清廉不貪污，可是他怕別人「不知道」他不貪污，這時社會正義凜然，人格高下有對比。我不算當官，業務與金錢有關，是屬於「兒子型」的。現在，社會清濁不分，那知道「十室之邑，必有忠信」這句話；我對商家開宗明義講：「不拿回扣，誠實報價，認眞施工（交貨），不找麻煩，不接受招待。」凡是與我接觸過的商家，都能瞭解我這辦事的精神。一次，眷舍換裝水管，工人大概說，生意不好做，工程馬虎一點是有的，因爲「打點」也得花錢。這話由楊姓眷戶傳出，我聽到後，追究來源，安全室（政風室）動員，商家、眷戶當事人，都對面承認錯誤。我當時「放話」，此事如果不澄清，我在辦公室「自裁」，讓社會知道公理正義蕩然無存。那時主管也非常耽心，正好有人「跳樓」，深怕感染到了。我一生對於名利淡泊，服公務一天，將一天公務整理清楚，從不積壓，卷宗分明，大有海明威隨時與世人告別的氣概。我的宏願，就是要有一雙乾乾淨淨的手，死後去見 天主，一條清清白白的軀體，還我過世爹娘，言之至爲沉痛。人求勿忝於所生，眞不是一件易事。

關於我作總務主任的生涯，曾應中央圖書館（館慶）《館訊》之邀，結撰〈辛酸鹹苦話「管家」——記蔣復璁、屈萬里、包遵彭三位館長行誼〉一文，有「知人論世」之助（那篇文稿對我自己人格講得很詳細）。

民國六十九年七月，我的「十年悲愴」生活（指在蔣的任上），至此告一段落，中國古代文士，還活著就自己替自己寫好〈自祭文〉，史書對人物列傳，最後有一段「論曰」或「贊曰」，言簡意賅，礫括其人一生。我沒有那麼好的學問，東施效顰「自嘲」一番還可以，用「

眞文」韻作十六字「箴」：

宜政宜諄，宜廉宜謹；百事俱宜，不宜此人！

（六）否極泰來又十年

民國七十二年秦院長已接長國立故宮博物院，一日，江副院長打電話給我，邀我到他府上餐敘，我非常高興，他是大畫家，說不定會送我一張條幅。次日：請我去他辦公室談話，他說調我去秘書室工作，陞我爲「研究員」，我有上次經驗，問他「研究員」三個字，我有沒有聽錯？他說沒錯。我又恢復了行政工作，但我是新任院長第一個陞遷的研究員。我在秘書室工作單純，過濾每天來往公文，回覆一點函札，編輯一點報告，偶而結撰一點短文，或是集《詩經》等應酬文件〔圖版○～廿一〕。這時我已有心臟病、高血壓，加上退化性關節炎，這些慢性疾病常常跑醫院，那時一次只能拿一星期藥物。尤其針灸三個月（一個治療點）那段時期，三天去醫院一次，不能堅守工作崗位；愈是沒有人責備我，受到尊重，我愈是慚愧、內心不安。八十一年我屆齡退休，院方擬留任我一年，我以病懇辭，奉批：「仍望相與偕行」肫摯至爲感人。我用天主教《感恩祭典》彌撒詞說：「主，我當不起祢到我心裡來，只要祢說一句話，我的靈魂就能痊癒。」因此，我奉秦氏爲我人生的 天主。數十年公務員生涯中，「這一場好仗我已打完了，⋯⋯這信道我已保持了」（保羅宗徒給弟茂德後書）。退休後，在報章上看到「公務人員俸額標準表」，原來我還是簡任十四職等，到達事務官最高的層級，**薪額七七０元**！徒增愧畏耳。

四、本書作者教學與研究

民國五十四年夏，我到世界新聞專科學校兼課，是蔣館長介紹的，這也是我來臺北工作，提出的唯一條件，從這次以後，沒有任何一私

於穆清廟
維周士禎
衔我烈祖
青椒其馨
譽髦斯士
懷我好音
爰究爰度
克廣德心

國父紀念館建館三十五週年紀念

秦孝儀集範經作頌

圖版〇～二一　國立故宮博物院院長秦孝儀先生墨寶
這是我集《詩經》頌辭例之一。

事干求於他，連孩子生病，我夫婦揹著孩子，座車擦身而過，都不要求搭個便車。我在世新教書四年，教「國文」與「圖書資料管理」各二年。後來，楊家駱師（承他將我列入楊門弟子之林）將文化學院歷史系「史部目錄學」課程，讓我教了七年；接著俞大綱主任電話，延攬我到戲劇系國劇組，教「元人雜劇研究」、「明清傳奇研究」，優待我星期六下午上課，迄八十一年退休辭去。七十年東吳大學音樂系黃奉儀主任，邀我任教「中國音樂研究」，先後十年，歷經三任系主任。我的學生吳丁連，現任教授，當時對我說，我是黃主任最尊敬、最禮遇的老師。黃主任祇要無事，就到我課堂上聽課，整整一年，我說她是來監督我的，我們相處融洽。她是受西方音樂教育的音樂博士、世家，她讚美我是「學者」，自謙「彈點鋼琴算甚麼？」她返美家居，每來臺灣，有人邀宴她，我是她指定的陪客。佛教語「五苦」，這就是我所罹的「愛別離苦」與「怨憎會苦」，表示相敬重的人，偏偏很快要分離，不想見到的人，或不想做的事，偏偏如鬼魅附體揮之不去。他臨行前，端木校長祖餞，說誰能挽留得住黃主任，我都聽誰的！七十一年冬，許常惠教授由呂君陪同來我家，觀看我收集大陸出土的音樂文物圖片，相談歡洽，表示國立臺灣師範大學音樂研究所請我任教，臨行祇說：「明天將『教授證書』給我一個影印本」。我在師大教過「記譜法」、「音樂美學」（我講授《樂記》研究）各一學期，其主要課程是「音樂文獻目錄學」（博碩合班），迄今還在執教，一學年二學分、選修，時數不多，兩三個研究生來我家上課，是否算佔著位子不放？我閱人多矣，加上我每年不斷有論著發表，授課不憑一本焦黃的講義，對學生的求知慾，也瞭如指掌，師生教與學合作無間。我這本書，就是現在上課的學生廖耿志與賴靈恩，熱心主動要為我校字的。明年，我在師大教學滿二十年了，打算辭聘。國立藝術學院在蘆洲時期，音樂系劉岠渭主任，邀我任教「音樂目錄學」課程，當時鮑

幼玉院長，是我中央圖書館包館長任內的好同事，我下課後，到他辦公室奉望，他親切接待，我辭出他親自送我下樓，至校門口握別，禮賢下士。藝院新址落成，馬水龍院長，也是我東吳大學好同事。現任院長邱坤良，我在文化學院歷史系執教，他攻讀碩士，記憶中，他曾旁聽我一、兩次戲劇課，就當預官去了。他受預官訓練時期，常常在週末來故宮看我，我辦公他看書，下班後我們一起在餐廳用快餐，他妻子也是我學生。我與他以兄弟相稱，而他稱我為老師，寫信也署名「學生」。我在藝院未嘗間斷，教了若干年書？也不在意，至少八十八年夏，指導碩士班學生劉佳傑論文考試，應為下限年代。有一位女士，在慶祝張神父壽宴上，「硬」說我是「傳統音樂系」，不是她們「音樂系」的教授，她將「傳統音樂」大概視為「吹鼓手」，其人倨傲自大，是非不辨，用這種語言脅迫行為，比村婦稚子還下一等，可鄙！「因為言談是人品的試金石。」（聖經德訓篇）

　　我是公務員，遵照政府規定，可以在大學兼課四小時，從不超過。三十餘年來，我在大專院校兼教，以在文化學院（大學）時間最久，創辦人張曉峰先生，對我最優厚，我副教授兼任了四年（應六年），便手諭陞我為教授。我出版著述呈送給他，或是有所請求，如題字、推薦、課程等等，都必親筆覆函或覆謝讚置。我每次上課，無論課程多麼爛熟，總是心情沉重，也許就是《易經》說的「若厲」（好像生病的樣子），下課之後，又感到精神輕鬆、愉快（易曰：「无咎」）。我公餘執教，對於紓緩我行政工作壓力，可能有點助益。
　　我沒有嗜好，抽菸（很短一段時間）、喝酒、打牌、冶遊都不來，閒暇時間，都寄託在讀書與研究思考中，唐韓愈自喻「焚膏油以繼晷，恒兀兀以窮年」，古今讀書治學者，大致若是。我從來不以私事遷延公務，從不遊走辦公室播弄是非。我寫作不用培養靈感，祇要學術問題

在心中醞釀成熟（一個問題往往在內心醞釀好多年），隨時提筆就寫，經三易稿就可以發表。曾有行政人員說我利用公家時間寫稿，卻不問問他自己辦了多少公事？爲甚麼不也「利用公家時間寫稿」呢？韓愈在〈原毀〉中，斥責這般人：是「怠者不能修，而忌者畏人修。」如果高層人士也是這樣心態，那就更無恥！我這一生截至目前，至少寫了二十部書，一百五十餘篇文章（未刊稿不計），未正式統計，大約在四、五百萬字之間，羅馬豈是偷盜「公家時間」能造得成功的。反觀在博物院工作數十年的人，以爲自己比專家更「專家」，專家的陞遷調補，薪水津貼都是他們辦出來的，本來還要拿「副教授研究費」，問問他李思訓、莫是龍何許人也？鐘鼎彝器名辭與款識認識嗎？詆毀、嫉妒別人容易，整飭自己就難了。從前一位周姓學者，任浙江省教育廳廳長，僚屬覺得廳長沒有在外活動，多爭點權益，他說：跟這些人爭，耽誤看書的時間，看不起這幫子人！

五、本書作者對人格尊嚴與人性關懷

漢朝（前二〇六～二二〇年）的學者所著書，都有自傳性質的「緒言」。如司馬遷《史記》的〈太史公自序〉〔圖版〇～廿二〕，班固《漢書》的〈敘傳〉；這種〈序〉、〈傳〉都是長篇大論，獨立成章，與正文等量齊觀，列於書的後面，不似現代人〈自序〉置在書的弁端。〈序〉〈傳〉除敘述書中內容以外，還將其直系尊親屬的血統譜（班固〈敘傳〉對此方面特詳），及其生平事蹟，不厭其詳，對讀者告白，他是如何爲人處世治學的。

我們讀司馬遷《史記》，瞭解他不愧爲大史學家，開正史「紀傳體」之源。從他五十二萬六千餘言著作中，凡一百三十篇，〈自序〉中都有簡明目錄，爲甚麼提到「遭李陵之禍，幽於縲紲，乃喟然而歎

〔六〕〔正義〕因時之物,成法為業。

〔七〕〔正義〕因其萬物之形成廢與合也。

〔八〕〔索隱〕「故曰聖人不朽」至「因者君之綱」,此出鬼谷子,遷引之以成其章,故稱「故曰」也。〔正義〕言聖人教迹

不朽滅者,順時變化。

〔九〕〔正義〕言因百姓之心以教,唯執其綱而已。

〔一〇〕〔集解〕徐廣曰:「音款,空也。」駰案:李奇曰「罄別名也」。〔索隱〕豖音款。漢書作「款」。款,空也。故申子云

〔一一〕〔正義〕言實不稱名,則謂之空,空有聲也。

〔一二〕〔集解〕章昭曰:「罄氣者,神也。枝體者,形也。」〔正義〕上胡本反。混混者,元氣(神者)之兒也。罄者,名也。

太史公既掌天官,不治民。有子曰遷。

遷生龍門,〔一〕耕牧河山之陽。〔二〕年十歲則誦古文。〔三〕二十而南游江、淮,上會稽,探禹穴,〔四〕闚九疑,〔五〕浮於沅、湘;〔六〕北涉汶、泗,〔七〕講業齊、魯之都,觀孔子之遺風,鄉射鄒、嶧;〔八〕戹困鄱、薛、〔九〕彭城,過梁、楚以歸。於是遷仕為郎中,奉使西征巴、蜀以南,南略邛、笮、昆明,還報命。〔九〕

〔一〕〔集解〕徐廣曰:「在馮翊夏陽縣。」駰案:蘇林曰「禹所鑿龍門也」。〔正義〕括地志云:「龍門在同州韓城縣北五

太史公自序第七十

三二九三

圖版 ○～二二 漢司馬遷《史記》〈太史公自序〉書影

採自鼎文書局新校本。漢人著述多有敘傳家世生平的情形,本書的〈敘錄〉,是現代人首開此例,未知當否?還請專家指教。

曰：『是余之罪也夫？是余之罪也夫！身毀不用矣。』」這段話究竟甚麼是「李陵之禍」？在《漢書》卷六十三〈司馬遷列傳〉中，有報益州刺史任安書，世稱〈報任少卿書〉：指出李陵拜騎都尉，將步卒五千人，與匈奴十萬人衆奮戰，屢殲強敵，直搗匈奴王庭；終因寡衆懸殊，矢盡道窮，救兵不至，被俘生降。司馬遷與李陵雖同僚侍中，談不上交情，他祇見到李陵的孝、信、廉、義、禮、謙種種美德，有「國士之風」。當李陵大獲全勝，一般詔媚臣工，舉觴爲武帝劉徹慶賀，歡呼之聲，響徹雲霄！未幾，敗降消息傳來，這般臣工便垂頭喪氣，噤若寒蟬。司馬遷向劉徹進言，這般臣工反而乘機構陷，給司馬遷扣上「沮貳師而爲李陵游說」的帽子，因此，司馬遷被誣下獄，可憐他家貧無錢自贖，被判下「大辟」（死刑）一等的「宮刑」！他爲了巨著《史記》草創未就，如果含垢蒙羞而死，會給世人觀笑。

有人要問？司馬遷寫《史記》就寫《史記》，〈自序〉中敘述家譜還則罷了；爲甚麼將自己一生最「糗」的事抖出來，怕人家不知道？我想這是漢代人著書的體裁，如東漢大思想家王充著《論衡》，最後一篇〈自紀〉，不避諱說他祖、父的「性情」，是地方上不受歡迎的人物，東搬西遷，總是待不下去，⋯⋯漢人著書此種情形，不勝縷舉。

司馬遷〈報任少卿書〉，爲李陵事痛斥那般「媒孽大臣」無恥，爲了保全個人榮華富貴，抹煞正義；又將漢朝開國以來，誅戮了多少功臣的舊案，翻了起來，不畏威權。這時劉徹在位，也未對他作何處置？當然比他外孫楊惲的〈報孫會宗書〉（見漢書卷六十六），給宣帝劉詢看到了，認爲他身爲大臣怨望朝廷，落得斬首於朝市的下場，稍勝一籌。司馬遷於始元元年（前八六年）逝世？劉徹崩，早他一年。他渡過受腐刑後十三年痛苦的生涯。

我的學術思想，受漢人影響，將在下節詳述。司馬遷的生活，可

以說給後世公務人員一面鏡子，他申辯「刑罰」分爲十等：「太上不辱其先」，……以至「最下腐刑極矣」！現在民主時代，與專制時代不同，而一般公務人員最不甘心受到的屈辱：第一要「不辱其先」（主管任用人不應以其家庭背景，考慮到對他加官晉爵，有沒有保衛戰功能）；其次要「不辱其身」（揮之即去使喚性的）；「不辱理色」（擺死臉，譬如與女士並非公事，談得高高興興的，忽而一位男士來「請示」，立刻像川劇那樣「變臉」）；「不辱辭令」（用言語當眾羞辱人，如故宮博物院每星期一至五，早晨要「讀訓」，他公開說你們這些行政人員「攮鬼雞——Language不行）」，但這些情形會經常遭遇到。不意我國現代刑法，除「生命刑」、「自由刑」、「財產刑」、「保安處分」等之外，而行政機關還遺留著漢代「侮辱刑」，迄今不衰。我曾因身受其「荼毒」，感到畢生難忘！

　　我信仰天主教，從未對人說自己是「教徒」，這是對思想問題與宗教問題有分野。我奉行梅瑟（基督教稱「摩西」）「十誡」唯勤唯謹，視是作人基本的要求，所以，上述我的經歷故事，決無謊言，未欺世盜名。新約《聖路加福音》第六章：「耶穌向門徒們說：『我對你們這些聽眾說：要愛你們的仇人，善對恨你們的人，要爲詛咒你們的人祝福，爲毀謗你們的人祈禱，有人打你們的面頰，把另一面也轉過來讓他打。……』」當神父講道時，問我妻有沒有「仇人」？一時我未聽清楚，後來聽清楚了，我不敢說「有」，可惜，我是是非分明，恩怨也太分明，應該算是不能遵守聖訓的人，也是我不敢以「教徒」自居的原因之一。我已經誠實的將我性格，與爲人處事，描述得相當清楚，我厭棄「邪惡」，講求民主、公平、正義。中國人有「聰明正直之爲神」之說，這表示「人」凡事聽得清，看得明，立身端謹，就是「神」的表徵，這也是「聖殿」建在每個人的心中，與　上主同在的

意義，相行不悖。

我這本科技史論著選集的〈敍錄〉，在學術範圍內，規仿漢人〈序〉、〈傳〉體製，**特別注重於人的人格的尊嚴，與人性的關懷，表示「讀書人」是不可以被輕侮的**！尤其學術機構不可輕視行政人才！

六、本書作者的學術思想

（一）我的思想與實踐

我看別人的思想如何？覺得很容易。別人看我的思想，也是一目瞭然：記得有一年，菲律賓大學民族音樂研究所所長荷西・馬西達（Jose Maceda 1917- ）教授，與藝術學院李婧慧副教授來寒舍訪問，我與馬氏談音樂、談藝術、談考古、也談到科技史……，他問我一些問題，我也儘所知毫不修飾的由衷回答。最後，馬氏對婧慧說：我的思想與李約瑟是一個體系的，表示很「學院派」。當時，我贈送一本拙著《麥積山石窟——中華五千年文物集刊》給他，他讀過此書後，更肯定他的想法。現在，輪到我自己談我的思想，反而覺得無從措手，我不想玩文字遊戲，不正面接觸問題，用現代青年人的暱語：「讓你（妳）猜」？

我從小在族親同輩昆仲之間，算是「中駟」（我對自己高估了一點），才氣談不上，思想也不敏捷（迄今亦然，不會見人講「人話」，見鬼講「鬼話」），無辯給能力（卻養成喫點虧的習性），字也寫得不成樣子〔圖版○～廿三〕，惟讀憶力與聽憶力（以及作音樂研究工作的「絕對音感」）勉強（指五十歲以前）。我的「智商」（IQ）多少不知道？昔日，參加高等考試，有艾偉的非文字幾何抽象圖式的「心理測驗」，覺得是在規定「停止」時間以內完成。我自知不如人遠

朱傳譽教授於七十三年署李借輯國留學生
李美京小姐來訪，美京擬研究「盛明雜劇乾敦於
宋，傳譽教授來時攜弟傳爭數種，牟焢爰
此目錄有供研求之便，爰書數語誌念。

陳萬鼐 七十三年六月二十六

圖版○～二三　　我的「字也寫的不成樣子」
我收藏圖書數千冊《古今圖書集成》、《十三經注疏》、《廿五
史新校本》、《十通》……，但很少在書本上題跋，這筆字
算是我難得面對世人的「獻醜」。

甚，曾曲解《論語》〈學而〉篇的一句話：「無友不如己者。」——
沒有那一個朋友不是比我強些；朱熹注是：與不如我的人作朋友，為
無益有損之事，可見得我對人是相當虛心的。也許我執著精神與恒心
毅力，差強人一點，由於年歲累積，大家在事功上，就明顯出來。我
離開學校之後，基本科學，如數學、物理、化學、……（微積分是亡
兄教我的）沒有進步，也沒有退步，對於科學定理，如「克卜勒定理」（
行星）、「巴斯加原理」（水壓）、「波義耳定律」（氣體，這三者
對研究天文有點幫助）、「胡克定理」（彈性，對做人有點幫助）、
「歐姆定理」（電子），以及「萬有引力」、「物質不滅」等理論…
…，時常應用到。上述知識，在別人看起來是膚淺的、幼稚的，而我
卻視它為我生活中，最實際的、最寶貴的智慧資源，也為我研究學術，開
創一條道路。我駕馭中文辭句，理解古籍，敘述事件，大概不成問題，加
上上述的科學知識基礎，就膽敢與中國古代科技史的天文、曆法、律
學、算學等……挑戰，我不怕失敗，也 很少會失敗！

　　我研究的興趣很廣泛，文學考據受胡適影響，史學方法受梁啟超
影響，算學受李儼的影響，音樂受王光祈的影響，「先資草創」受王
國維影響。學識的淹通欽佩楊家駱師，……我自己研究的學問，除往
聖先師之外，現代未師承任何人，但我篤實踐履，不作空想，要求日
起有功。我研究天文，勤跑天文臺（在美居留時，常去自然科學史博
物館或其他博物館等十館），認識自然與人文。研究樂器製作，跑新
莊市最大的一家鐘鼓製作廠，我態度誠懇、禮貌周到，廠主便帶我到
他極僻靜的鑄鐘的作坊參觀。這時正為董姓富商鑄造一口贈美國某大
學的鏞鐘；他們以地坪為匡，用塊范鑄製，與明人宋應星《天工開物》書
中板畫相似。我研究音樂，與功學社調音師羅吉森結識，他教我使用
「調律儀」，將他調音的工序告訴我，他也利用假期將「調律儀」（
業務機密工具）借我用。我研究「體積律」樂器的「壎」與「箎」製

圖版〇～二四　　我「到陶瓷工廠參觀」

這幀圖版，大約在民國六十三年攝的。那時我尚不到五十歲。今已垂垂老矣。看到此照片，使我也覺得曾經「年輕過」的，希望製版者能印製得漂亮些。

作，到陶瓷工廠參觀〔圖版〇～廿四〕，對「拉胚」、「灌漿」、「堆塑」、「條築」等方法，略知一二；一次與學生討論到「篦」的製作，一位黃姓女生告訴我，用「陶皮」包製，我覺得很可行，可見我不太堅持己見，祇要是正確的知識，都能接納。我研究的結論（結果）對不對，用不著別人審查，自己就是最佳的審查人，這些研究不是發明，與科學接近，是方法學上的問題，自己計算的得數，與事實相合就對了，要交付審查，是迫於某種「無奈」，多於是「外行」審「內行」，莫明其「妙」。我的學生蔣義斌教授，他是哈佛大學博士後研究生，曾對我說：「我們讀老師的書，一些數學問題，驗算都是正確的，別人就不一定了。」這代表一般人對我的評價，比起那些喫了「河豚」自我膨脹的專家，要平實一丁點。

　　我的生活經驗，似乎與一般人不同，我年輕時愛聽名人演講，證明我熱心向學，漸漸發現一些負盛名的學者，可能怕聽眾不懂，平平常常，而且他的講題，在他《文集》、《文錄》中早已拜讀過，好像是因循舊說，過了許多年，沒有長進。經驗於此，我便推己及人，極少、極少去為人演講。我又不熱中參加學術討論會，老是那幾張熟面孔，還有「遠方來的和尚」（也不算太遠如香港來的），他的「經」也唸得不怎樣，可是「態度傲慢」是必須有的，所以，我對討論會的興趣也就不高。……我教過戲劇系的學生，許多當了名演員，或是節目主持人，他們好心「提拔」我，讓我上電視節目露露臉；我說：「別丟人獻眼」；他們說錄影試試看，如果你不滿意就剪掉；我堅持不肯，他們便覺得我不堪「造就」，「栽培」也不成材！諸如此類，我「陳萬鼐」這三個字，在寶島不是很響亮的。有些人喊我「陳萬鼎」，知道是喊我，我連忙答應「有」。我還有「陳萬鼎」這顆圖章，用來收掛號信、領一點稿費之用，以免費唇舌解釋不清。當我被別人介紹時，我

先自稱「無名小卒」，大家覺得好笑！那有自己說自己不行的事？

　　我這「無名小卒」，也有「光明」的一面，大概是我寫了幾本爛書，或幾篇爛文章，流落到中國大陸、美國、英國、法國、日本、韓國（我祇知道如此）……被許多前輩先生看到了，承他們紆尊降貴，首先給我通信，或寄贈大作，讓我開開眼界。如戴振鐸〔圖版○～廿五、六、七〕，馮文慈、李純一……他們都是大師級的學人，揄揚我、鼓勵我。尤其振公是哈佛大學理學博士，他清華大學畢業時，我才是十歲的小孩子，我對他的謙德欽崇之至。還有大陸一些青年學者，不恥下問，說「得到臺灣陳萬鼐教授之助」，完成博士論文……，我與他們迄未謀面，真是斯文骨肉，共契神交而已。在本省推挽我最力的，是劉德義教授、許常惠教授，他兩位已作古人。常惠兄在當面或背後，推崇我是「朱載堉專家。」（接待大陸音樂訪問團時）；說我是「國內少數傑出音樂史學者之一人」（某書審查評語）〔圖版○～廿八〕；又說我是「國內音樂考古唯一的人」（在研究生論文考試時），祇算浪得的一點虛名。我結撰本文時，曾檢讀諸位先生給我的函札資料，真是「風簷展書讀，古道照顏色」！

（二）我對哲學的思辨性

　　先秦諸子哲學對我的啟牖，實踐於我個人生存的價值之中，往往是不知不覺的，這就是中國傳統文化，陶鎔的人文思想，是在潛移默化之中的，要人知道根據反省思維，解釋經驗與事實。有人說：當哲學家說得不錯的時候，都是顯而易見之事。

　　近世紀哲學觀念，在於探討宇宙人生，認識根本原理。因此，我對西方哲學的印象，用在治學方面，遠比中國哲學為深切，感覺他們的哲理，與我學術生活是非常貼近的。西洋的古代希臘、羅馬哲學，追求其真理暫且不言；近世紀西洋幾位哲學大師，如法國哲學家、數

此度は内山知也教授を経て御高著「清史樂志之研究」御恵贈給

り、雲く御礼申上ます。秘めて貴重なる御研究と拝察仕り、病床にて

よく拝読、勉強させて頂きます

暑い候なから、御礼まて、拝見

陳萬鼐先生

一九七八年八月十五

田邊尚雄敬復

圖版○～二五　日本音樂大師田邊尚雄函影本

「大作研究深入，余於病榻間一一展讀，殊富參考之價值，

受益匪淺……」（筆者意譯）。此書也承岸邊成雄教授當面獎飾

（彼來故宮博物院參觀時），謂爲臺灣最好的一本音樂史。

UNIVERSITY OF MICHIGAN
COLLEGE OF ENGINEERING
THE RADIATION LABORATORY
DEPARTMENT OF ELECTRICAL ENGINEERING
AND COMPUTER SCIENCE

3228 EECS BUILDING
1301 BEAL AVENUE
ANN ARBOR, MICHIGAN 48109-2122
734 764-0500　FAX 734 647-2106
http://www.eecs.umich.edu/RADLAB/

萬鼐先生大鑒：久仰大名惜無緣
趨教而識我為清華大學1937年均理
系畢業考于1943書美留學主攻電磁
學及无線理論自1985起在密歇根大學
榮林教授我一生對聲學及音乐為
業一直在哈佛大聲學助教近善三分損益法改良一文
積愛振告一册諸予以指正先生大作
我仍愛珠多寄到為參改之一
貴院之過　汪北申先生書為我玉交

圖版〇～二六　　戴振鐸教授函影本

戴教授近年中英文大作〈廣義三分損益律與朱載堉十二平均律及純律的關係〉惠我，受益良多，振公耆齡宿儒，著述不輟，堪爲我後學楷模。

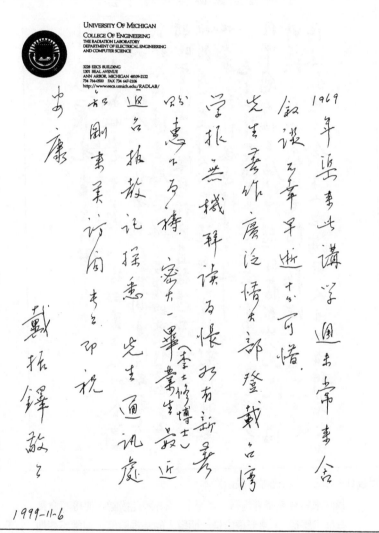

UNIVERSITY OF MICHIGAN
COLLEGE OF ENGINEERING
THE RADIATION LABORATORY
DEPARTMENT OF ELECTRICAL ENGINEERING
AND COMPUTER SCIENCE

3228 EECS BUILDING
1301 BEAL AVENUE
ANN ARBOR, MICHIGAN 48109-2122
734 764-0500　FAX 734 647-2106
http://www.eecs.umich.edu/RADLAB/

1969年聽書此講學適未常書信

叙談至今半世十載可惜．

先生著作廣泛情史部登載台灣

學報無機釋讀甚悵然有新著

惠下不吝賜　密笑一畢業生最近
（李士修博士）

迎各指教記掛憶先生通訊處

如剛書業許寄寄印祝

安康

戴振鐸敬上

1999-11-6

圖版○～二六　戴振鐸教授函影本(續)

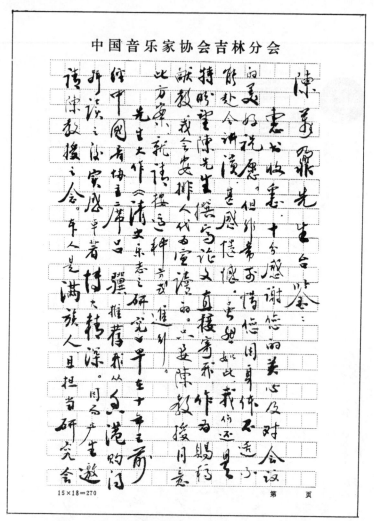

圖版〇～二七　　石光偉會長函影本

我向來對專家學者自稱「後學」，或許因此措辭，使得石會長自稱「學徒」，感覺謙虛是一個學人的基本態度，非常感謝他對我的禮遇。

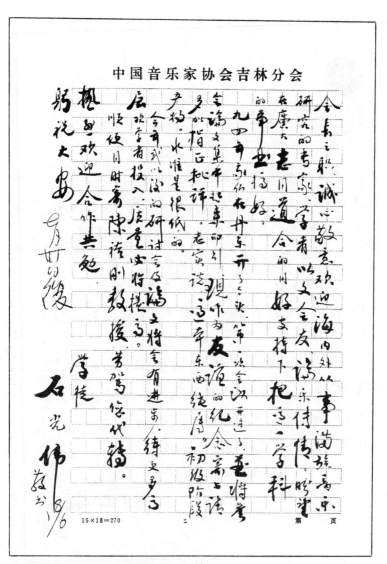

圖版○～二七　石光偉會長函影本(續)

國立臺灣師範大學音樂學系
National Taiwan Normal University
Department of Music
East Ho-Ping Rood
Taipei Taiwan R. O. C.

陳萬鼐先生係國內少數傑出音樂史學者之一人。其治學方法主要根據中國古代文獻（包括古譜）及考古出土之文物（包括樂器）的考訂與解釋。其治學態度謹慎，早已獲得國內本功學科同仁之肯定。因此本校音樂研究所成立之初，便敦請擔任“音樂文獻目錄學”之課程，並得研究生們之好評。

陳先生之著作論文甚多，其中有關明代大音樂家“朱載堉”之評論已有：“朱載堉之曆學”、“朱載堉算學之研究”等。本著作可以說陳先生有關朱載堉研究之集成，資料豐富、論評精細，若能付予出版對本地音樂學界將是一大盛事。

　　　　　　　　　　　許常惠

圖版〇～二八　　許常惠教授對《朱載堉研究》這本書審查評函影本

學家笛卡兒（一五九六～一六五〇年），他是唯理主義者，與培根稱
為近代哲學之父。他重理性，重演繹法，主張二元論，著有《方法論》，
發明「解析幾何學」。德國哲學家康德（一七四二～一八〇四年），
重經驗與理性，以智慧產生於經驗，從純粹概念中得之。本體界與現
象界對立，著《純理性批判》、《實踐理性批判》、《賞鑑批判》，
認為超越意識以外認知，及行為思維作用，根源一切道德。這種存在
性形態，與客觀性形態的格局，非中國哲學所擅長。德國哲學家尼采
（一八四四～一九〇〇年）本於叔本華生活意識說，他以權力意識為
人世間至高原理，一切價值存在自我，努力奮鬥，是滿足自我人生目
的。他的名言：「我思，故我在！」人是動物進化而來，未來可以產
生「超人」。德國哲學家柏格森（一八九五～年），主直覺、生命、
創造三種哲理，哲學創造，是從時間本質，打破心、物二元論，建立
一元論形而上學。美國哲學家杜威（一八九五～年）創實用主義與工
具主義，認為經驗就是生活。哲學須去虛妄，以解決人生實際問題。
英國哲學家羅素，創實在論，重視個人主義。……我對中國古代哲學
認知，她是超名教而重自然，各家派數如儒、道、墨、法、名諸家，
區分明顯，對中國人立身處世裨益甚大，而西洋哲學重視思想發掘，
指導人生方向；我用來研究學問，可以獨立思考，不拘一格，又不忽
視自我存在，影響我的人生的價值觀與意識形態。這些被我擷拾的哲
學思維，成為源頭活水，在我膚淺的著述中，極清楚的辨識出來。

　　研究音樂須用美學，這美學稱為「音樂美學」。音樂為「藝術類」的
一種，其藝術特質，亦是以直觀、感情、想像為原動力，許多藝術問
題，諸如「形式說」、「實質說」、「模倣說」、「浪漫說」、「遊
戲說」、「感情移入說」、「唯美說」等……，其旨意是為追求比例
均衡，協調統一，不重形式美的絕對觀念；或者摹寫大自然，給予人

們的快感；或是業餘嬉戲娛樂，將自身投入美的對象生命之中，也就是見到自然情景、幾何裝飾，而發現感情移入事實的存在。美就在美的本身，並不在意對於人生效用如何？為「美」而「美」，才是美的本質。音樂藝術美學的特質，及其追尋的目的，在於藝術價值創造與鑒賞。所以美學也是「審美觀」，這種觀念，有的人是天賦，有的人必須得之於啓導與學習。

（三）我的性向

有時感覺我的「中樞神經系統」，所支配的全身感覺器官，算是不錯的，一生沒有發生那一根「筋」不對勁的毛病，「歪」腦筋絕對沒有過。我愛好大自然，我愛好藝術。我愛好花卉中的「九重葛」，它紅而不嬌艷，像我的性格，對人、對事熱情而不是三分鐘的熱度；我又愛「一串紅」之類的小植物，它落地生根，不須人栽培，隨遇而安，開著美麗鮮艷的花朵，經得起風吹雨打！我從不食腐敗發酵的食品，如「臭豆腐」、「酸起司」……，它好像一些品格不高、大言不慚的人，在某些地方或某些集團中竄紅起來，出盡風頭，卻不自知「臭」到甚麼程度？我一生不與人抬槓，也不與人賭力、賭喫、賭氣，爭得面紅耳赤。我安於寂寞，不求急功近利，也不妄想自成一家——如劇曲史家、音樂史家、科技史家、文字工作者……，這些都是自我「墮落」、「大缺點」！我學習隨興趣轉變，追求原理、原則，在方法學上求進展，凡是我鑽研過的學問，也許有一丁點成績，謬承前輩先生獎飾，大都說我「將此研究推到新的階段」（馮文慈扎），令人惶恐不敢當。我算得是頭腦相當冷靜的人，個性內向，「不為物憂」（我做不到，因同情心太強烈，恆站在弱勢的一方，有人溺己溺之心，往往不禁熱淚盈眶！），「不為物喜」（完全做到），譬如我獲得在當時最高額的學術著作獎金（如八十一年，第二次得到嘉新優良著作獎，獎

金五十萬元、當時合美金二萬元，也時常得點小獎）〔圖版○～廿九〕，我妻接到通知，打電話告訴我，我接聽後，平靜如恒，未告訴在場任何人。友人稱我是「最不宣傳自我的人」。

我自知自己是十分笨拙的人，辛苦研究所得，或是蒐集到某種珍貴資料，從不藏私，願與他人分享，我視藏私行爲是自我墮落，不求長進。我愛用淺顯的文字，敍述一件比較艱晦的學理，我不用科學模式、使用希臘字母，或數學符號讀法（連初中「新數學」的符號都不用），去描述數理公式，祇用加減乘除、和差積商演算問題，我自己懂了，惟恐學生不懂，還儘量要求學生能懂。我建議別人操作電子計算機，不用查表（對數、三角函數等），圖難於易，化繁爲簡，促進學習的興趣。尤其我著述書刊的圖版，都整齊插在適當位置上，力求清晰悅目幫助別人記憶。這些事情，看起來是推銷自己作品，其實不然，而是「性向」傾向問題。如清代學者（現代的人不必提）他們頗有意爲你敍述一門學問，如李銳《漢三統曆》（李氏遺書刻本）〔圖版○～三○〕、錢大昕《三統曆術》（陳東塾先生遺書刻本），爲甚麼一般人看不懂，須要有研究的人，才看得懂，他們沒有舉出淺顯的實例，計算給你看；讓你按照他告訴你的方法，就可以得到結論。他們的性向，祇是要你知道他們是懂得的罷了。

恕我斗膽，提出我幾件膚淺的作品，平平淡淡敍述研究的結果：

一、我不是歷史學家，而寫作大部分與歷史有關，我用《讓氏家譜》，考證明初建文皇帝是讓姓始祖「讓鑾」，著述《明惠帝出亡考證》一書，是我「少作」，試補明史上最大一件空白的史事。鄭和下西洋就是尋找明惠帝而引發的。去年大陸戶口普查，得知山東巨野縣，

圖版○～二九　嘉新水泥公司文化基金會優良著作獎狀
這是我第二次獲得的獎勵，除獎金外，還有金質「嘉新優良學術著作」
紀念獎座。

十一爲
日法也

閏法十九因爲章歲合天地終數得閏法〔注曰終日之月分〕

數也上元之首冬至合朔應十九年而又冬至合朔法朔之
謂之章凡一章十九年有七閏月故章歲亦即閏月法

統法千五百三十九以閏法乘日法得統法〔注曰終分又以終日〕

之年數也以章歲除之得三是歲除分亦終上元之首月分
朔日月如合璧應千三百三十九月如合璧者令夜半冬至在

會歲除之得三是食分亦終

凡晝合朔會即是日積三會八十一食分一統終

元法四千六百一十七參統法得元法〔注曰周天下〕

一百二十即統日也與甲子六十求等得二十
得三以三乘周天得一百六十除八萬六千十三以約
六十得三以三乘統法得元法爲日名一終之年數又終

也故亦以三元乘統法得元法爲日名一終之年數又終

圖版〇～三〇　　　清李銳(1733-1817)《漢三統術》書影

採自光緒巳丑年(十五年，1889 年) 李氏遺書刊本。李銳他也是
數學家，阮元的《疇人傳》是他執筆的。他的《開方說》對笛卡
兒「符號法則」有進一步的說明，還有「負根」、「虛根」(共軛
根)的求法。他與汪萊都是清代對「方程論」有研究的學者。

也有一支「讓」姓家族，約六百年歷史，始祖「讓政」與「讓鑾」不謀而合。年初大陸《揚子晚報》及網站，掀起這件姓史的由來；又有朱政等在《朱子學訊》發表長篇文章，將來勢必引起史學界的討論。

二、我不是戲劇史家，我是現代第一個將音樂問題，視爲戲劇生命的人，著述《元明清劇曲史》，開戲曲重音樂之源，比大陸戲劇史家張庚、郭漢城合著《中國戲曲通史》講音樂早十四年。可是我著述《中國古劇樂曲之研究》專講音樂，「尤其從樂律漸入劇曲，使古劇有了活的定義，音樂工作者對其不再陌生，難能可貴。」（梁銘越札）

三、我不是音樂學家，我直接用《清史稿》〈樂志〉原始資料，著述《清史樂志之研究》，是研究滿清宮廷音樂起步最早的人。國史館（館址臺北新店）整修《清史稿》的〈樂志〉部分，由我重新纂輯。原志係張爾田依託《御製律呂正義》而成，斷至乾隆年間，凡十一萬餘言，其中訛誤與闕漏甚多，我補輯至宣統三年、增訂三萬餘言。現國史館印行《新清史樂志》（卷一至卷八、二冊，十六開精裝本），將爲我國《廿六史》〈清史樂志〉定本〔圖版○～三一〕。未來兩岸無論何方頒佈《清史》，因我的纂輯本完整精確，必然採入《廿六史》無疑。最近在報上看到，**中國人民大學舉行清史纂修座談會。人大清史研究所所長戴逸認為修《清史》正當其時了**（九十年五月十三日中央日報載），這消息值得國史館惕勵。

四、我不是藝術家，我研究許多藝術問題，也著作一些藝術史文稿，如〈郎世寧繪畫繫年〉九篇其他二篇。曾看過我此類文稿的友人（如大畫家馬晉封），建議我去研究畫史。大概我是「兔年」出生的人，俗話說「兔子不喫窩邊草」，在故宮博物院工作，讚研到這方面，豈

卷志　樂二

倍黃鐘之管	律名	清律	分數之管
五十六倍黃鐘之管	大呂	清宮高工	黃鐘六十四分之七之管
四十八倍黃鐘之管	太簇	商聲凡字	黃鐘六十四分之六之管
四十倍黃鐘之管	夾鐘	清商高凡	黃鐘六十四分之五之管
三十二倍黃鐘之管	姑洗	角聲六字	黃鐘六十四分之四之管
二十八倍黃鐘之管	仲呂	清角高六	黃鐘六十四分之三加半之管
二十四倍黃鐘之管	蕤賓	變徵五字	黃鐘六十四分之三之管
二十倍黃鐘之管	林鐘	清變徵高五	黃鐘六十四分之二加半之管
十八倍黃鐘之管	夷則	徵聲乙字	黃鐘六十四分之二分四分之一之管
十六倍黃鐘之管	南呂	清徵高乙	黃鐘六十四分之二之管

七五

圖版〇～三一　　《新清史樂志》清稿本書影

陳萬鼐纂輯，國史館印行，八卷，上下二冊，十六開本，五一二頁。

此書或將爲《二十六史》〈清史樂志〉的定本。

不是與人爭飯碗。我的研究立足於史學方法上，與一般人不同。如郎世寧繪「親蠶圖」——描繪乾隆帝的孝賢皇后養蠶——表示皇家平民化，也男耕女織。有人「肯定」這幅畫是「乾隆九年（西元一七四四年）」郎世寧的作品。可是這畫有乾隆弘曆御題詩：「秋葉哀蟬驚一夢，春風浴繭罷三年，……」很明顯是「悼亡詩」追念孝賢皇后逝世三年了。《御製詩集》的編年於「乾隆十六年（西元一七五一年）」，這是很有力的證物。孝賢皇后同弘曆於乾隆十三年南巡，在山東德州崩逝，正與上述年代「罷三年」相符，充份證明這畫上限年代為乾隆十三年，不是「乾隆九年」。有些人祇看畫的風格筆觸，與某某畫相似，便判斷年代，不仔細讀讀畫的題跋，也不管畫中人物年齡老少，就說這人物是誰，完全不查史籍求對證，類似這種情形多得很！

　　我又與楊英風教授合作，為臺北市中正紀念堂、國家音樂廳，建置「中國歷代音樂文物雕塑大系」二十件「三度空間」大銅雕〔圖版〇～三二〕，以音樂、舞蹈、戲劇、樂器為主體雕塑，襯景為半浮雕或線雕，組合適當，充份發揚中華五千年禮樂文教，展示於階除、遊廊之間，由此藝術造型，體現中國歷代人文氣質，徘徊其間，足以啟發現代人休閒生活的意境。

　　五、我不是科學史家，我愛好「自然科學」，我憑理解，詮釋許多篇中國古代天文、曆法、律學、算學……等問題，本書編選，力求敘事詳明，舉例切實，希望人人可讀，人人可用。

　　六、我不是考古學家，我充份應用了大陸近五十年來，出土的文物，著述《中華五千年文物集刊》叢書四冊。尤其寫作漢代音樂史論文數十篇，用圖版四百餘幀以物證史，拓展「漢文化」研究的領域。

中國古代音樂文物雕塑大系之五

品名：虎座鳥架懸鼓

時代：戰國（西元前475—前221年）

材質：木

地點：湖北省江陵縣拍馬山出土

尺寸：鼓徑34cm

編撰：陳萬鼐

雕塑：楊英風

說明：懸鼓由雙虎、雙鳥、皮鼓三部分構成。兩虎反向踞伏，尾部不相連；立鳥長頸昂首向外，有冠，似鷺鷥。鼓腔週圍有釘鼓皮小孔，鼓框有雙環痕蹟，推測鼓可能以鉤掛於鳥冠上。各構件皆髹黑漆，上繪硃彩，其造型、設色，甚富於楚人神秘色彩。

襯景：戰國宴樂刻紋橢杯歌舞圖像。
　　　橢杯橫腹處有閣樓一所，其上有數人治具。閣左上側有一人似在撫琴，相對一人跽坐擊鐘。其下一人擊「雙鳥形鼓」；右二舞者，首飾加戴之物較奇特，著褲裙細腰長袖，有尾羽之飾，翩然起舞，姿態活潑。

圖版〇～三二　　臺北市中正紀念堂國家音樂廳

　「中國古代音樂文物雕塑大系」之五說明，係用銅板鐫刻在銅雕座上。

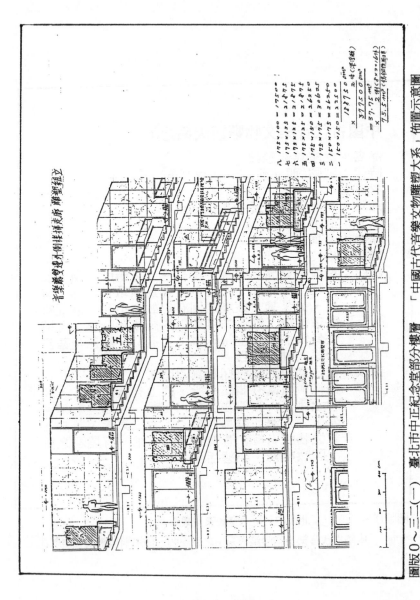

圖版 O～三二(一)　臺北市中正紀念堂部分樓層　「中國古代音樂文物雕塑大系」佈置示意圖

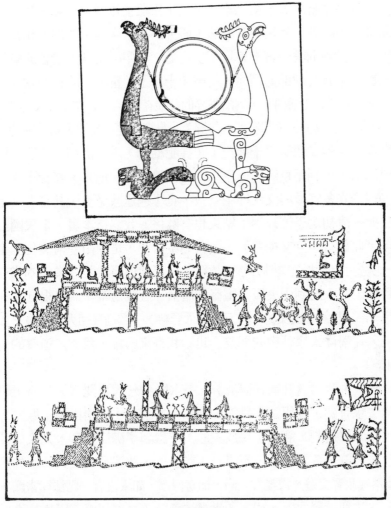

圖版０～三二(二)「中國古代音樂文物雕塑大系」之五
　　　　　「虎座鳥架懸鼓」圖式，三度空間的主體銅雕

圖版０～三二(三)「中國古代音樂文物雕塑大系」之五銅雕背後襯景
　　　　　「戰國宴樂刻紋橢杯歌舞」圖式線雕

　　我的其他著作，對社會文化也多少有點貢獻與影響。如《洪昇研究》是我最精審之著，第六章〈洪昇「家難」質疑〉，算是我在法學方面唯一的論著，我用「歸謬法」研究洪昇「家難」罪刑，相當如「二審」，從判刑論罪證，有無不妥之處？其中引用《大清會典事例》卷七百二十五〈刑部名例律〉所載「十惡」（重罪）的犯罪六大「要件」及〈五刑〉（罰則），判斷洪昇的父親在康熙六年（一六六七年）除夕之夜遭「遣戍」，（即發配、起解），是牽涉在江南沈天甫「逆詩」文字獄案中。他父親是「干連犯」（從犯結構）處「流刑」（現代沒有這種刑法），到距京師四千里以外「極邊煙瘴」地方，終身不還。後來，經過許多官員與文士從中營救，竟「逢恩赦免」，其實上，是鰲拜被擒，清初「恐怖政治」結束也有關係。我寫這本書，是民國五十九年，此書有〈英文提要〉、〈人名索引〉，是中山學術文化基金會第一次對我獎助，它排版的 行款精美，可能傳至大陸。當年本省在戒嚴時期，有人聽到中央廣播電臺的廣播，說我這本書寫得很好，在大陸有一部《松壽堂文集》，也有這方面資料，「歡迎我回大陸去看書」！後來，在南洋大學執教的朋友，也給我寄來剪報，我才知道真的有這件事。

　　其次，我的《孔尚任研究》，有〈孔尚任因事罷官〉一章，也多少與法學有關，我用法官判案的邏輯，推翻以「政治掛帥」觀點（說《桃花扇》這劇，觸犯「民族主義」，譏諷了滿清皇帝，人人如此抄來抄去，真是荒謬已極，不堪一「駁」），敘述孔尚任與一些失意文士及落魄政客交遊，遭讒言誣陷，罷官回鄉，如果沒有一點法律常識，是不會注意到這層面上。胡適〈水經注考〉（見《胡適演講集》上冊，胡適紀念館編印）一開始就說：「幾年來我在審一個案子──水經注。……我審這個案子，實在是打抱不平。替我同鄉戴震（東原）申冤。」我當然沒有這麼嚴肅，祇是依據情理法辨別事物的真象，不被人牽著

鼻子走罷了！我的《孔尚任研究》這本書，與《洪昇研究》的「參考書目」及「附註」，許多珍本圖書，都被我網羅到了。「附註」中詳盡的葉碼著錄，算是讀書寫稿人，一生之中的難得際遇與福份。這時哈佛大學博士生宣宜敦（中文名字，洋名忘記了），他正在以孔尚任為博士論文的主題，我幾乎提供了第一手資料給他。他的論文名《孔尚任世界》（？），我祇看到稿本，在附註中，到處都是 W. N. Chen；在國內，也給政大一位女生，寫碩士論文參考。劉宋‧劉義慶《世說新語》說：東晉阮孚自吹火蠟屐，因嘆曰：「未知一生當著幾量屐？」前面我提到著書，也要有一點「際遇」與「福份」，要想參考的書，從四面八方都被你找到了，當時我曾對摯友鑒賞家李葉霜說，一個人有機會寫成這樣的書，如「一生當著幾量屐」？實在不太多，雖然靠自己努力，而良好的境況，也求之不可多得。如豬八戒隨唐僧到西天取經，同行回來的都成正果，可是他仍是「豬八戒」，白走了一趟西天，等於人未善用好環境去修持；牠的聖號「天蓬元帥」（會「扯蓬」），倒是被臺灣「馬殺雞」（按摩業）業者，奉為「行神」，因牠貪色、好喫、懶惰、亂講話、亂花錢，正是此業的衣食父母。我對清代「南洪北孔」兩大戲劇家研究，著了五本書、七個板本，在本書附目中有著錄。還有我的《凌廷堪年譜》等論文，曾有江蘇同鄉會，一位將軍（恕忘其大名）給我通電話，擬將該年譜採入其鄉邦文獻中；凌廷堪為乾嘉時期大儒，雖原籍安徽歙縣，也歸正首丘，而他卻終老於江蘇省灌雲縣，伊盧山下尚有其故居，後世子孫多在此務農（見胡適〈鏡花緣的引論〉），實亦江蘇人也。我「漢學」研究，受凌廷堪《校禮堂詩文集》啟迪尤多。我樂觀凌譜受到江蘇同鄉會的青睞，復承將軍所贈我《雲臺新志》精裝本一冊，有凌廷堪〈登雲臺山詩〉，增我見聞，極為珍貴。……我著的書，每本都有一些小故事，並不值得對大家敘述。我在這裡倒是反映了一句諺語：「三個屠戶在

一起談豬，三個先生在一起談書！」近年常在美國維州居留，經常到華府美國國會圖書館看書，其「電腦目錄中心」（C.C.C.），看到我的書收藏在異邦之中，有「他鄉遇故知」之感！

　　我是公務員，我是教員，我不是甚麼專家學者，只算是還肯用功讀書，與勤快寫作的人。我在社會上的地位，只相當於古代的「匹夫」，沒有受到任何人的「尊敬」，多享受一丁點「優待」，看到衣冠楚楚之士，那怕「看診」小事，也被前呼後擁，感到可笑。「匹夫而為百世師，一言而為天下法」（蘇軾〈潮州韓文公廟碑〉），大概韓愈在世，也是「匹夫」型的學者，但他逝後，已為中國文學史立下豐碑！我總覺得人「**力可以得天下，不可以得『匹夫匹婦』之心**」誠然！

七、老而好學如炳燭之明

　　我研究漢朝歷史文化，對於漢人著作很多被囫圇吞棗一過，劉向的目錄學，更是興趣濃厚，否則，本書的「敘錄」，怎能寫得這般的長。劉向有一部著作《說苑》二十卷，雜纂先秦軼聞瑣事，在〈建本篇〉有下面一段君臣對話：

> 晉平公問於師曠曰：「吾年七十，欲學，恐已暮矣。」師曠曰：「何不炳燭乎？」平公曰：「安有為人臣而戲其君乎？」師曠曰：「盲臣安敢戲其君乎！臣聞之：少而好學，如日出之陽；壯而好學，如日中之光；老而好學，如炳燭之明。炳燭之明，孰與昧行乎！」平公曰：「善哉！」（此事應在西元前五五七年）

　　「炳燭之明，孰與昧行乎？」意譯可作「有點蠟燭的亮光，總比摸黑好些吧」。師曠將「好學」分少、中、老三個年齡層，用「日光」與「燭光」說明功效。太陽的半徑是六十九萬六千公里，約為地球的一

百零九倍大，表面溫度達攝氏七千度，目視星等為（一）負二六‧七四等，是全球光熱的本源。「蠟燭」我還未看到古代出土的實物，燈臺就看得太多了！在十世紀流傳下來一幅古畫，名為「韓熙載夜宴圖」，這夜宴席上，點著一隻「蠟燭」，直徑與人物比例大約五公分。普通的「燭光」（Candle-power）的光度，相當於一支光（1 wart），是光源中心於半徑一公尺球的表面積所輻射光能；師曠引喻，表示「年齡」與「好學」，可能因腦力退化，所有差距？

　　今年，我比晉平公還長五歲，身體也不好，在醫院出出進進，〔圖版○～三三、四〕，應當比「炳燭之明」的光熱，還差一點才對。去年千禧年，我出版五百面的新書《中國古代音樂研究》，今年（二○○一年），我整理本書，預計明年（二○○二年）可以正式發行，那時我虛度七十六歲（實際年齡七十五歲），是人生不可多得的際遇。中國「曆學」以七十六年為「一蔀」，計二萬七千七百五十九整日，是現代所謂「陰曆」與「陽曆」生日，第四次遇合的週期，曆法稱「冬至及合朔復齊於日首無小餘」（請參見本書第一篇第三節㈥〈年月日時遇合的最小公倍數〉）。司馬遷「曆術甲子篇」，就是以一「蔀」為單位的《萬年曆》，祇須減去本「蔀」三十九天的差，曆術就可恢復「無大餘」、「無小餘」，重新開始使用。我的年齡與我「好學」，算是將光能發揮至相當程度的人！日本學者，稱六十歲為「還曆」，我將七十六歲，說是「還蔀」。現代醫學發達，人的壽命，在世界上除少數落後國家以外，普遍健康長壽，已由「還曆」進化於「還蔀」了！

　　最後，感謝文史哲出版社發行人彭正雄兄嫂，在經濟如此低迷之際，為本書出版的盛情，令人感奮，謹致以誠摯謝意並衷心祝福。也感謝鄭善意女士細心為我打字，她百般的辛勞，豈是一個「謝」字了得！

　　　　陳萬鼐敘錄於二○○一年四月五日復活節初稿

圖版○～三三　《中華民國十六年歲次丁卯》（西曆1927年）
　　　　　　　曆書首葉書影

　　我就是這年農曆九月十一日（1927年10月5日）
出生的人，一般人是很難得看到自己出生那年的日
曆的。我收藏日曆（黃曆與天文日曆等）達百數十
種以上，近五十年來的日曆，應該是完整無缺的，
並有中西式各種版本。

圖版○～三四　我的「生辰八字」摯友張伯琰會計師批示手蹟

(一) 金水旺天資聰穎（可是，我「大笨蛋」）

(二) 將星透露主出人頭地（可惜肆應無方，平平庸庸過一生）。

(三) 卯酉沖難承祖業（講對了，真的未得到家庭遺留的產、業）。

(四) 偏印太重不易聚財（講對了，我沒有房屋、土地、股票…，手上一點儲蓄不留給兒女，已開始捐獻給教會與慈善機構了，也不用本名，用「陳姓夫婦」名義奉獻）。

這張小紙片保存迄今至少有四十五年的歷史了，感慨人生如白駒過隙，人要多行善事，努力創造自己，不依賴命運！

第一篇 史記曆書「曆術甲子篇」理論之研究

悼念故前國立中央圖書館館長屈翼鵬先生

一、導　　言

　　屈萬里先生字翼鵬，山東省魚臺縣人氏（生於民國紀元前五年九月十五日，卒於民國六十八年二月十六日），是我最敬愛的長官之一。先生在國立中央圖書館任內（1966-1969年），我司賤役於總務組主任，對於先生治學、治事兩者兼長之能力，佩服之至。先生對於我的生活條件、學識進益各方面，也都關懷到。每當我向先生報告公務之餘，便談論到學問之事，所以我的著述，也難得先生給予相當重視，說我稿子寫得「很像樣」。民國六十三年（1974年），我出版《中國古劇樂曲之研究》，呈送先生一冊，先生看了之後，也頗驚訝我竟然懂得一點音樂。因為我研究中國古典劇，是以音律學而漸入樂曲學的，故而在書中，對於中國古代音律，頗多涉獵；先生曾謙虛說：「我對於這方面一點不懂，每次讀到《史記》的〈律書〉、〈曆書〉一大堆數目字，都是翻過去的。」先生講到「翻過去」三個字的聲容笑貌，迄今我還留下深刻的印象。去年（1978年）我出版《清史樂志之研究》一書，也呈送先生，先生覆信，認為是「精思獨運，為此舉世不為之學」（民國六十七年六月廿五日扎）。一次餐會上遇到先生，先生又當面鼓勵我，要我陸續將二十五史的樂律志，都用新理、新法整理出來。其實，我這點不中、不西的雕蟲小技，比起先生研究博大精深皇

華裔貴的經學，又算得是甚麼學問？但這些足以顯示先生對於中華民族固有文化的熱愛，及一種己立立人，己達達人，勉人爲善的胸襟。現在，我開始研究中國古代曆學，草創〈史記曆書「曆術甲子篇」理論之研究〉一稿，先生如果健在，以先生謙德，會逐字看下去。可惜哲人其萎，已無從向先生質定，殊令人興起無限的哀思！

我常想一個作總務的人員，對於主管官的解瞭，應該是最清楚的。以我追隨先生兩年之久，本可寫下先生許多爲他人所不知的行誼【註一】，但覺得這類文字，看來自我宣傳，往往超過對於一位往哲的頌揚，在萬不得已情形下，寫出上面一段事實，已覺得太多逾份。一位學術與事功有成就的人，也決不是身後幾篇描述的文字，所能盡其於萬一的。

二、史記曆書「曆術甲子篇」的內容

《隋書》卷三十四、〈志〉第二十九、「經籍」三——子部、五行家著錄【註二】：

太史公萬歲曆　　一卷

我嘗疑此書，是拆自《史記》〈曆書〉而流傳的單行本，似應爲史記的「曆術甲子篇」。根據《漢書・藝文志》著錄體例，《史記》作《太史公　百三十篇》；漢志與隋志著錄書籍的款目，多於採用「著者標目」的方式，由此可以推定《萬歲曆》爲司馬遷著作之一，亦可想見此書在當年的流傳情形與參考價值。

《史記》卷二十六、〈曆書〉第四：在北宋景祐年間監本〈曆書〉第1至12頁（訛誤甚多）；商務印書館百衲本，第 420至429頁；開明書店二十五史本，第105至107頁；鼎文書局新校本，第1255至1287

頁。這些板本，以宋刊本行款最散漫，保持原始形式最多，新校本既分行排版，又有標點，標點也無甚錯誤，用之較爲方便，從事研究工作，必須應用各種板本相互校勘。

（一）歷代學者對史記研究

自漢以來，研究《史記》的名家，約可分爲三派：一爲注釋原書的「注釋派」；二爲仿照原書體例而續作的「仿著派」；三爲重其內容，批評原書的「評論派」。三派成績，互相輝映：㈠注釋派南朝宋人裴駰《史記・集解》80卷，他採九經諸史而作《集解》，其所引之書，多先儒舊說。㈡仿著派唐司馬貞採徐廣、裴駰及各家舊注，爲《史記・索隱》30卷，重音義兼作贊述，甚有發明。㈢評論派唐張守節撰《史記・正義》30卷，自謂集一生精力爲之，故能通裴駰之訓辭，析司馬貞之同異，最爲詳備，其題名「正義」，殆欲與《五經正義》並傳之意。這三位研究《史記》的大家，近人稱之爲「三家」如《史記三家註》【註三】。我常想任何朝代的人所著述的書，在當時必然是人人能懂的，所謂「可讀性」極高，否者就不能流傳下去。但經過一段時光，下一代的人就不一定能懂，這時便有懂得的人，出來作「註」、「疏」、「解」；又過了一段時光，這些「註疏」後人又不懂了；如《史記・曆書》至少在唐朝司馬貞與張守節，他們能作《索隱》、《正義》，解釋書中意義及數據，倘若你認爲唐人不是「黑白講」，仔仔細細去讀這些文字，一定會懂；因爲我相信漢、唐的學者治學謹嚴的態度，也竟然從這幾則「註解」，摸索到漢代曆學的門徑！很奇怪的，宋以後學者：如宋王應麟、元蕭貢、明柯維熊、清錢大昕、梁玉繩、王念孫等等，都以研究《史記》享譽於世，只是未曾對〈曆書〉著墨，令人感到遺憾。

（二）漢以前曆法制作

相傳黃帝命羲和「日占」，常儀「月占」，與區占「星象」，伶倫造「律呂」，大撓作「甲子」，隸首作「數算」，容成綜合以上六術而著「調律曆」。雖然，這些傳說中的原始制作人，並不一定可靠，而中國曆法，亦確是由這六大架構建築而成的。

漢興庶事草創，襲秦正朔。武帝劉徹元封七年（西元前104年），距高祖劉邦元年（西元前206年）凡102年，曆術逐漸失序，這年「天正多至」；也就是元封六年（西元前105年）十一月初一日，正好是「甲子」的日干，所謂「日得甲子夜半朔旦多至」。為甚麼今年的日曆起點，要跨在去年的多至日？因為多至是這年「太陽年」，也稱為「回歸年」的開始，這是中國曆法上的特質，請參見本文第三節〈中國天文與曆法的關聯性〉。這種十一月初一日甲子多至，在日序上是很難得到遇合的，正是改曆的大好機會。於是太史公司馬遷、中大夫公孫卿、壺遂倡議改曆，侍郎尊、大典星射姓等與議，後來武帝劉徹派御史大夫倪寬及博士共議。皆因元封七年之前4617年的「曆元」，公認是多至合朔，齊於甲子日夜半（正好與元封六年多至的條件相同），甚至於五星的位置也在這天齊同（？）。事實上，其中也還有許多枝節問題，並未完全獲得解決，故射姓等人，尚以為不合算法。於是徵集當時通曆人士，更造密率，最後選定治曆（官名）鄧平、長樂司馬可、酒泉侯宜君、侍郎尊及民間通曆算者二十餘人，從事專門研究。其中以方士唐都分天部，巴郡落下閎運算轉曆，其中最有見解的，是以「律」起「曆」：「律長九寸，百七十一分而終復，三復而得甲子」（9×171×3＝4617），「故黃鐘紀元氣之謂律」（見漢書律曆志上）。這個方法卻與鄧平所擬方案相同，決議由朝廷採用鄧平曆，因年號「太初」遂

定名爲「太初曆」，又因日法是「律容一龠，積八十一分（81），爲一日之分也」，也稱這曆爲「八十一分曆」，便於太初元年（西元前104年）五月間正式頒佈實施；以正月「建寅」爲歲首，其他16種研究改曆方案皆保留。鄧平因研究曆法成功，而晉陞爲太史丞，相當於現代天文臺技正，又擢陞國史館副館長，兼天文臺副臺長。

　　鄧平所擬的「太初曆」，與後來劉歆的「三統曆」大致相同，但是「三統曆」改進了「太初曆」的缺點；「太初曆」的模式，從《漢書》卷二十一〈律曆志〉所載「三統曆」可以看出一些端倪。鄧平造曆獲得成功，實在是基於政治上的因素，頗迎合於當時政策的需要，又有一幫人在劉徹面前替他美言，如宦者淳于陵渠，奉命考核改曆案件，覆奏：「晦朔弦望皆最密，日月如合璧，五星如連珠。」實過甚其辭。

（三）漢代常用的曆數

　　古曆的「歲實」（如「一年」是三百六十五又四分之一日——$365\frac{1}{4}$），「朔策」（如「一月」是二十九又九百四十分之四百九十九日——$29\frac{499}{940}$），已經比精確天文常數的「歲實（年長）」、「朔策（月長）」爲大，所以經過一段時間，就須要調整這些曆數，以便與天象適應；所以中國從漢朝以來，迄清朝就改曆七八十次之多。鄧平所擬的「太初曆」，其「朔策」是二十九又八十一分之四十三日（$29\frac{43}{81}$），因爲分母爲81，故稱「八十一分曆」。反比古曆「朔策」更大，自然不會產生改曆預期的效果。因爲，以冬至合朔及交食爲考驗的憑證，是人人可見的天象，一旦產生錯誤，蝕不應時，便不得不再改。鄧平「太初曆」實施27年之後，元鳳三年（西元前78年）張壽王非難太初曆；建武八年（西元32年）太僕朱淳、太中大夫許淑上書，言曆朔不正，宜當改更；永平五年（西元62年）官曆七月十六日月食不

應，七月至十一月五次弦、望，官曆皆失，其情形已至相當嚴重的程度。迨自元和元年（西元85年）下詔改曆，先後實施180餘年的「太初曆」，即爲「四分曆」取而代之【註四】。

（四）司馬遷的曆術

司馬遷是創議改曆的人之一〔圖版一～一、二〕。他是星曆專業人員，不比其他官員可以虛領，在17種改革方案中，他必然有一種方案，現在，從《史記》〈曆書〉「曆術甲子篇」看，這就是他方案的藍本。這部曆法非常簡單、扼要，將「曆元」定在太初元年立春前的一個合朔冬至甲子日（元封六年、西元前105年，十一月初一日），「歲實」（年長）與「朔策」（月長）均按古曆「定率」不改。當鄧平曆案進行討論時，而衆人難免有一番爭辯，而經決議實施，就不允許任何人再有「雜音」（新聞名辭）。司馬遷對於改曆所付出心血的結晶，收在他自己著作裡——史記‧曆書——以待後世人去評鑒，這也是漢代學術自由的象徵。

茲將《史記》〈曆書〉「曆術甲子篇」部分文字錄列於後，以供研究核算之參考。

曆術甲子篇　　（部分原數據）

〈曆書〉以「曆術甲子篇」爲界限，全篇可分爲上、下兩部分：上部分爲曆法史，敘述黃帝以至於漢元封年間曆法變遷的概況；下部分爲曆術，占全書篇幅百分之七十五以上，且少有敘述性的文字，僅反覆「大餘」、「小餘」這種數目。事實上，這是曆書最主要部分，爲司馬遷依據當年古曆的定率，極巧妙的預推一「蔀」——76年內的一個週期的日曆。其中包括太陰年正月初一日的日曆，與太陽回歸年冬至日的日曆。《史記正義》稱前者爲〈月朔且甲子日法〉，稱後者

圖版一〜一 司馬遷墓墓址在今陝西省韓城縣芝川鎮。

　　採自《司馬遷年譜》鄭鶴聲撰，民國四十六年國史出版室配圖本。

圖版一～二　太史公祠寢殿祠址在今陝西省韓城縣芝川鎮

　　　採自《司馬遷年譜》鄭鶴聲撰，民國四十六年國史出版室配圖本。

爲〈冬至甲子日法〉。這曆法將76年當中「平」、「閏」年的定則，及正月初一、年前冬至日的整日的「大餘」、及畸零日的「小餘」的數目，逐一列出，可以推定每年的「節氣」如「立春」，及其每年的朔旦（初一）的據點。所謂「曆術甲子篇」，也就是「萬歲曆」或「萬年曆」的意思，以這部曆術來計算年、月、日、時的齊同出發點，象徵曆法從「甲子」開始。這裡的「篇」字，並不是指「篇章」，而是「蔀」的別稱。依據司馬遷所擬定的這個原則，用來推算日曆，雖然不能算是極精確的，而在100年間，卻不致發生曆法與天文脫節的現象。類似這種性質的曆書──《萬歲曆》，它與坊肆中供算命用的《全流甲子萬年曆》專門排列日干者，完全不同。史記「曆術甲子篇」是曆學理論的建樹，其不僅是中國傳世最早的一部排曆法，而且可從這裡面，探索到許多古曆的重要資料。

有一些人對於曆法研究，不容易進入狀況，是他對於我國「干支紀年」的精蘊，不甚瞭解，如同西方人不懂「儒略日」妙用是相同的（詳本文第五節）。舉一個淺顯例子來說：這個人的「八字」好、「眞好命」，將來一定當大官、發大財。甚麼是「八字」呢？譬如：此人出生於西元2000年2月5日0時0分1秒；即農曆中華民國八十九年正月初一日子時。這人農曆生期，在《農民曆》上，可以查得到，他的「干支紀年」的「八字」：

　　　庚　辰（歲次）　　民國八十九年，屬龍，西元2000年；
　　　戊　寅（月建）　　正月，陽曆2月；
　　　癸　巳（日干）　　初一日【註五】，5號；
　　　壬　子（時辰）　　夜半○零時1秒起算。

就憑上列「八字」（庚辰、戊寅、癸巳、壬子）可以算到其人一生際遇，能不說它是「迷信」嗎！史記「曆術甲子篇」的〈月朔旦甲

子日法〉，所求的「大餘」，就是這年正月初一日的「日干──癸巳」，這「大餘」中的數據，必然是「二十九」的翌日，曆術稱「算外」。如果，民國八十九年正月初一日干「癸巳」求到了，再按甲子60日為一週的週期，排日下去，到陰曆八月十五日日干「癸酉」，一定月色光明；陽曆十二月二十一日冬至，太陽到赤道南23.5度，黃經270度，晝短夜長的一天。曆法卻不是迷信，而且是中華民族古代的科技文明！算「八字」是後來衍生的「術數」，另當別論。研究〈曆術〉必須注意「歲次」與「日干」這兩名辭的內含。

　　以下就是部分史記「曆術」的原文，本文所檢列各條，並未按順序排下去，係方便算術與舉例說明之用。

（五）曆術甲子篇重要數據〔圖版一～三、四〕

　　太初元年，歲名「焉逢、攝提格」，月名「畢聚」，日得甲子，夜半朔旦冬至。

　　⓪正北

　　　十二

　　　無大餘，無小餘；

　　　無大餘，無小餘；

　　　焉逢（甲）攝提格（寅）太初元年。（《史記》鼎文書局本第1262頁起）

　　本年為武帝劉徹太初元年，西元前104年，歲次「丁丑」，並不是古干支「焉逢、攝提格」的「甲寅」年。是年司馬遷四十二歲，著述《史記》。

　　天體運動大都是有週期性的，而要預推週期性的行動，最重要的，把握三項要素：㈠週期的長度；㈡週期的起點；㈢每一週期內的動態。如

曆術甲子篇

太初元年歲名焉逢攝提格月名畢聚日得甲子

夜半朔旦冬至

日得甲子夜半朔旦冬至

初元年名焉逢攝提格

焉十一月甲子朔旦冬至已詹其更七年為大

復清名至于子日當今至則陰陽離合之道行

為商南呂為羽活洗為角月呂是後氣復正羽聲

應土德以勝水

除餘分以　今日順夏至黃鐘宮林鐘徵大蔟

〔曆書四〕

正北十二　無大餘　無小餘　無大餘　無小餘

焉逢攝提格太初元年

大餘　小餘　十二

大餘五十四　小餘八　大餘五　無小餘

大餘四十八　大餘十　閏十三

小餘六百九十六　大餘十五　小餘二十四

小餘三百四十八

端蒙單閼二年　大餘三百四十八

大餘十二　大餘四十八

游兆執徐三年　小餘六百九十六

彊梧大荒落四年

徒維敦牂天漢元年　大餘七　小餘十一

〔曆書四〕

大餘一　小餘三百四十八　大餘二十六　小餘八

祝犁協洽二年

兩橫溷灘若三年　大餘二十五　小餘二百六十六　大餘三十二　小餘十六

昭陽作噩四年　大餘十九　小餘六百十四

橫艾淹茂五始元年　大餘十四　小餘二十二

當章大淵獻二年　大餘三十七　小餘一百十九　閏十三

焉逢困敦三年　大餘三十二　小餘一百十七

端蒙赤奮若四年　大餘五十六　小餘五百十四

游兆攝提格和元年　大餘五十　小餘五百三十一　閏十三

彊梧單閼三年　大餘四十四　小餘八百四十八

徒維執徐三年　大餘八　小餘七百七十　十二

圖版一～三　司馬遷《史記》〈曆書〉「曆術甲子篇」書影
採自北宋景祐年間（1031-1037年）監本。

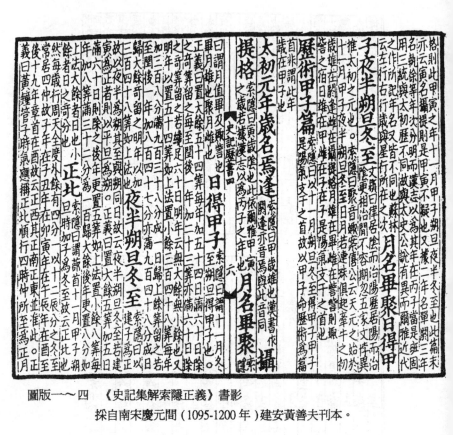

圖版一～四　《史記集解索隱正義》書影

採自南宋慶元間（1095-1200 年）建安黃善夫刊本。

正北〔一〕

〔一〕〔索隱〕謂斗首十一月甲子朔旦時,卯子為冬至,故云「正北」也。然每歲行周天,全度外餘有四分之一,以十二辰分之,冬至常居四仲,故子年在子,丑年在卯,寅年在午,卯年在酉。至後十九年章首在酉,故云「正西」。其「正南」、「正東」,並準此也。〔正義〕黃鐘管,子時氣應稱正北,順行四〔時〕仲,所至為正月一日,是歲之始,盡一章。十九年黃鐘管,應在酉則稱「正西」。他皆放此。

十二〔一〕

〔一〕〔索隱〕歲有十二月,有閏則云十三也。

無大餘,無小餘;〔一〕

〔一〕〔索隱〕其歲甲子朔旦,日月合於牽牛之初,餘分皆盡,故無大小餘也。〔正義〕無大小餘者,以出閏月之義有三百五十四日三百四十八分,除五甲三百日,餘有五十四日三百四十八分,緒未滿六十日,故置為來年大小餘。亦

無大餘,無小餘;〔一〕

〔一〕〔索隱〕上大小餘朔之大小餘,此謂冬至大小餘。冬至亦與朔同日,並無餘分,至與朔法異,故重列之。

無大餘,無小餘;〔一〕

〔一〕〔索隱〕太初元年日得甲子朔旦冬至,前年無奇日分,故無大小餘也。

焉逢攝提格太初元年。〔一〕

〔一〕〔索隱〕如漢志太初元年歲在丙子,據此,則甲寅歲也。爾雅釋天云歲陽者,甲、乙、丙、丁、戊、己、庚、辛、壬、癸十干是也。歲陰者,子、丑、寅、卯、辰、巳、午、未、申、酉、戌、亥十二支是也。歲陽在甲云焉逢,謂歲干也。歲陰在寅云攝提格,謂歲支也。

曆書第四

圖版一~四(續)《史記》三家注本書影
採自鼎文書局新校本。

果要作長期的應用，必須有精密的週期長度；倘要作每週間的應用，也須有詳備的週內動態；如要這個每週動態與天象適合，須求週期起點——「曆元」。司馬遷的《萬歲曆》就是「太初元年」爲這「蔀」曆的「曆元」，所以它的「大餘」、「小餘」都是「0」，故「無大餘」、「無小餘」。

　　1　「十二

　　　　大餘五十四；小餘三百四十八；

　　　　大餘五，小餘八；

　　　端蒙（乙）單閼（卯）二年。」

　　本年爲西元前103年，歲次（年干）戊寅，並不是古干支「端蒙、單閼」的乙卯年，以下不再記註古干支異名。

　　2　「閏十三

　　　　大餘四十八，小餘六百九十六；

　　　　大餘十，小餘十六；

　　　游兆（丙）執徐（辰）三年。」

　　3　「十二

　　　　大餘十二，小餘六百三；

　　　　大餘十五，小餘二十四；

　　　彊梧（丁）大荒落（巳）四年。」

　　4　「十二

　　　　大餘七，小餘十一；

　　　　大餘二十一，無小餘；

　　　徒維（戊）敦牂（午）天漢元年」

　　本年爲武帝第八次改年號爲天漢元年，西元前100年，歲次辛巳，是年蘇武出使匈奴。

　　5　「閏十三

　　　　　大餘一，小餘三百五十九；

　　　　　大餘二十六，小餘八；

　　　　祝犁（己）協洽（未）二年。」

　　本年爲西元前99年，歲次壬午，是年，李陵降匈奴，司馬遷因救李陵獲罪。

　　⑥「十二

　　　　　大餘二十五，小餘二百六十六；

　　　　　大餘三十一，小餘十六；

　　　　商橫（庚、爾雅作「上章」）涒灘（申）三年。」

　　本年爲西元前98年，歲次癸未，是年司馬遷下獄受腐刑。

　　⑦「十二

　　　　　大餘十九，小餘六百一十四；

　　　　　大餘三十六，小餘二十四；

　　　　昭陽（辛）作噩（酉）四年。」

　　本年爲西元前97年，歲次甲申，是年，爲天漢四年，司馬遷所撰《史記》斷代的時期。

　　⑧「閏十三

　　　　　大餘十四，小餘二十二；

　　　　　大餘四十二，無小餘；

　　　　橫艾（壬、爾雅作「玄黓」）淹茂（戌）太始元年。」

　　本年爲武帝第九次改年號爲太始元年，西元前96年，歲次乙酉。

　　……　……　……　……　……　…　…　…

　　⑫「十二

　　　　　大餘五十，小餘五百三十二；

　　　　　大餘三，無小餘；

　　　　游兆（丙）攝提格（寅）征和元年。」

本年爲武帝第十次改年號爲征和元年，西元前92年，歲次己丑。

....

⑯「閏十三

　　大餘五十七，小餘五百四十三；

　　大餘二十四，無小餘；

　商橫（庚）敦牂（午）後元元年。」

本年爲武帝第十一次改年號爲後元元年，西元前88年，歲次癸巳。

⑰「十二

　　大餘二十一，小餘四百五十；

　　大餘二十九，小餘八；

　昭陽（辛）協洽（未）二年。」

本年爲西元前87年，歲次甲午，是年二月劉徹崩。

⑱「閏十三

　　大餘十五，小餘七百九十八；

　　大餘三十四，小餘十六；

　橫艾（壬）涒灘（申）始元元年。」

本年昭帝劉弗陵即位，年號始元元年，西元前86年，歲次乙未。疑是年司馬遷年六十歲卒？

⑲「正西

　　十二

　　大餘三十九，小餘七百五；

　　大餘三十九，小餘二十四；

　尚章（癸）作噩（酉）二年。」

本年爲西元前85年，歲次丙申。此年爲曆術的一「章」年（19年），因爲這年「冬至」日，是19年前「冬至」日陰陽日期第一次遇合。如民國元年前一年的「冬至」是陽曆12月23日，陰曆是十一月初四日；

至民國十九年的「冬至」，陰陽日期與上相同（齊同）。

⋯⋯⋯⋯⋯⋯⋯⋯⋯⋯⋯⋯⋯⋯⋯

33「十二

大餘四十八，小餘五百五十二；

大餘五十三，小餘八；

彊梧（丁）大淵獻（亥）本始三年。」

本年爲西元前73年，宣帝劉詢本始三年，歲次戊申。本文第六節〈結語〉中，所附兩則以「精算觀念」的計算日法公式，就是以此年爲實例，敬請讀者注意特別。

⋯⋯⋯⋯⋯⋯⋯⋯⋯⋯⋯⋯⋯⋯⋯

75「閏十三

大餘十五，小餘九十三；

大餘三十三，小餘二十四；

祝犁（己）大荒落（巳）建始四年。」

本年爲西元前29年，歲次壬辰。是年爲成帝劉驁建始四年。自武帝劉徹太初元年（西元前104年）迄今凡76年——「蔀」，其間歷昭帝、宣帝、元帝劉奭、成帝等五朝，歲次干支丁巳至壬辰年。本文所抉擇「曆術」數據，是許多重要「年序」，及曆學結構重要元素，在此均一一顯示出來，如讀者須核算全書，請自行檢閱《史記·曆書》。

「右曆書，大餘者日也，小餘者月也。端蒙者年名也。支：丑名赤奮若，寅名攝提格；干：丙名游兆。正北，冬至加子時，正西加酉時，正南加午時，正東加卯時。」（《曆術甲子篇》終、鼎文書局本第1285頁止）

三、中國天文與曆法的關聯性

（一）中國曆學與天文學

我國古代的「曆學」，是包括「理論天文學」（天體力學、軌道

運算、攝動、章動歲差）及「天象學」（行星、恒星、太陽）、地球、月球等等問題，互動的關係在內；所以，研究曆法就必須涉獵這方面各種知識。我想它不僅僅是「涉獵」，而且還須有極精確的計算方法，然後才能與整個天體運行的位置會合與衝蝕，完全契合【註六】。「曆法」的目的，是要順應天行，制定年、月、、日、時配合的規則，以預測天象的回復，節候的來臨，使人類社會的活動，如耕耘、漁獵、航行、營建……，一切民生日常作息，可以納入一定週期內，凡事有所準備，以收「事豫則立」之效。

我國曆法，是以冬至為「歲首」，從去年的「冬至」到今年的「冬至」為一年。以日月「合朔」定月，以「朔旦」為月首；「朔」為日、月同度的意思，從「合朔」到「合朔」為一月。「日」為一晝一夜，以夜半即太陽過子午線之反面，或稱「下中天」，為一日之首。

（二）自然歲首冬至日與人為歲首正月初一日

曆法為何要以「冬至」為歲首？因為編製曆法，必須要有一個最重要的基準，如寒暑易節，物候轉移，這些都受「年」或「歲」的直接影響。求「年」的長度，有一種方法，就是立竿觀測日中時太陽的影長。中國地處於北半球，在一定的地點的正午，觀測日影：冬天日影最長，春來漸短，入夏最短，秋末復長，入冬更長。這樣一個來回觀測，一定會測得日影有從極長、到極長的這麼兩天，其間天數，它必然是365天，或366天。從這個觀測，便知道太陽從軌道上最南點，回復到最南點的一個週期，一年平均是三百六五又四分之一日（$365\frac{1}{4}$或365.25日），曆法稱它為「歲實」。太陽對於最南點的一回復，是一個「回歸年」，也稱為「太陽年」。這種測定年長的方法，稱為「測影法」，在古籍《周禮》及《周髀算經》中，已有詳細的記

述〔圖版一～五〕。另外一種求「年」長的方法，是在一定時間，觀測中天的星象，就是測太陽對恆星的一周天，也是地球繞日的一週天，這種觀測法，稱爲「中星法」，測得的是「恆星年」。

中國「年」（歲實）是屬於陽曆的系統，太陽的回復，預期寒暑季節的來臨，對於農業國家的民衆，最爲關切。「冬至」爲一年的起點，其理由極易瞭解，因爲「冬至」日有特徵，是晝短夜長，太陽在這天行抵赤道極南，全年日影，也以這天最長。但這僅是「天文歲首」，或稱爲「自然歲首」；相對的，中國以農立國，官方、民間也需要一個歲首，尤其當時政治上朝賀的需要，也應選個吉日良辰爲歲首，這歲首可稱爲「人爲歲首」，它是以月朔旦（指定某一個月的初一日）爲準。根據歷史記載：周代以含有冬至的太陰月爲正月建子（歲首），殷代以冬至起第二個月爲正月建丑，夏代以冬至起第三個月爲正月建寅，所謂「三正」。漢朝太初元年改曆，便是以冬至起第三個月爲正月，「冬至」則在「立春」前45天的十一月內，這正月的月建稱「×寅」，所謂「建寅」。

（三）月 的 系 統

中國「月」是屬於陰曆的系統，月之天然夜光，其圓缺是最明顯而小的分段。陰曆的月，就是月球繞地球一週，朔、望、兩弦，均以太陽與月亮視黃經爲準：凡日月同度爲「朔」，相差半周天爲「望」，相距一直角爲「弦」，月東日西爲「上弦」，月西日東爲「下弦」。我國曆法，以「朔」（初一日）爲月首。農曆的一年，包含十二個太陰月，或是加上一個閏月。一月的小月爲29整日，大月30整日，其中日畸零的餘分，在曆法中有處理的方法，稱爲「小餘」，所以，太陰月是二十九又九百四十分之四百九十九日（$29\frac{499}{940}$日），曆法稱爲

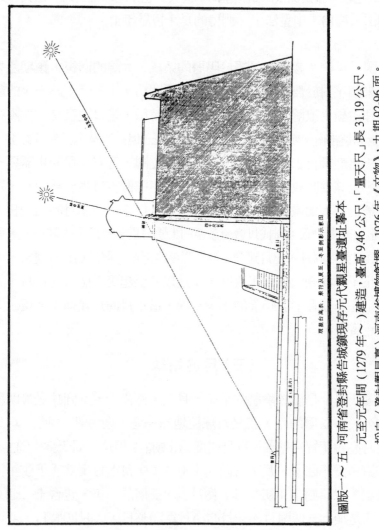

圖版一~五　河南省登封縣告城鎮告城鎮現存元代觀星臺遺址臺摹本

元至元年間（1279年~）建造，臺高 9.46 公尺，「量天尺」長 31.19 公尺。

採自〈登封觀星臺〉河南省博物館撰，1976 年《文物》，九期 92-96 面。

「朔策」，故太陰年只有三百五十四又九百四十分之三百四十八日（

$$354\frac{348}{940}=12\times29\frac{499}{940}日）。$$

（四）太陽年的節氣

　　太陽年（$365\frac{1}{4}$日）與太陰年（$354\frac{348}{940}$日）不能相齊，可以用「中氣」與「節氣」來控制月球的地位，使月球之移動，與太陽保持氣候的差距；就是將冬至到冬至的太陽年，平均分爲12等分的「中氣」，再將「中氣」又平均分爲「節氣」，換而言之，一年之中便有24個「節氣」，每一個「節氣」平均爲十五又三十二分之七日（$15\frac{7}{32}$日），「中」氣與「節」氣是中國「陰曆」中的「陽曆」標竿，如以某一「節氣」如「立春」是正月的準則，如此太陰曆的月序，與太陽曆的月序（節氣），便不致相差到一個月。

　　24個「節氣」的名稱：是正月「立春、雨水」；二月「驚蟄、春分」；三月「清明、穀雨」；四月「立夏、小滿」；五月「芒種、夏至」；六月「小暑、大暑」；七月「立秋、處暑」；八月「白露、秋分」；九月「寒露、霜降」；十月「立多、小雪」；多月「大雪、冬至」；臘月「小寒、大寒」。每一月的兩個「節氣」，以正月爲例：上面的一個是「節氣」名「立春」；下面的一個是「中氣」名「雨水」，餘此類推（請參見本書第七篇三節㈢）。「節氣」是以太陽視黃經爲準，從「春分」起算——爲黃經0度，每增加黃經15度，即爲一「節氣」。這種「節氣」，應以格林威治東經120度平時爲主，從「節氣」名稱，就可以體察氣候轉變，及農民作息的情形。如「立春」是春天開始了，「清明」是春暖花香，景物秀朗，「穀雨」是農民布穀望雨，「小滿」、「芒種」是稻穀在田裡將結實成穗，「大暑」氣候酷炎，「白露」是夜間水蒸氣凝結成了露，「立多」是多天到了，「大雪」是大雪紛飛，中國黃河流域中、及其下游一帶，這種節氣變化是非常明

顯的，在亞熱帶的臺灣，也還能適時反應出來。兩個「節氣」，比一個太陰月稍長，而相等於一個太陽月。以「中氣」為準的太陽年，與以「朔旦」為準的太陰年相比較，兩者相差10日有餘（365－354＝11整日），大約在3年內，須「閏月」一次，19年中須閏月7次，以調節四時的秩序，這樣每年的仲秋節，才能家人團聚賞月，才能重九登高，慶祝「老人節」。

（五）日的系統與六十紀日

「日」是一種獨立的系統，日之出沒而為晝夜一復。中國曆法有兩組日序，所謂「十大天干」：甲、乙、丙、丁、戊、己、庚、辛、壬、癸；「十二大地支」：子、丑、寅、卯、辰、巳、午、未、申、酉、戌、亥，——「天干」與「地支」相配合，形成「甲子」、「乙丑」……60週期，這週期亦稱「紀日」。先將這週期「紀日（60）」名稱排列如下：

六十花甲干支表

1 甲子	2 乙丑	3 丙寅	4 丁卯	5 戊辰	6 己巳
7 庚午	8 辛未	9 壬申	10 癸酉	11 甲戌	12 乙亥
13 丙子	14 丁丑	15 戊寅	16 己卯	17 庚辰	18 辛巳
19 壬午	20 癸未	21 甲申	22 乙酉	23 丙戌	24 丁亥
25 戊子	26 己丑	27 庚寅	28 辛卯	29 壬辰	30 癸巳
31 甲午	32 乙未	33 丙申	34 丁酉	35 戊戌	36 己亥
37 庚子	38 辛丑	39 壬寅	40 癸卯	41 甲辰	42 乙巳
43 丙午	44 丁未	45 戊申	46 己酉	47 庚戌	48 辛亥
49 壬子	50 癸丑	51 甲寅	52 乙卯	53 丙辰	54 丁巳
55 戊午	56 己未	57 庚申	58 辛酉	59 壬戌	60 癸亥

這週期在曆法上稱「紀法」，民間又稱爲「六十花甲」。如果僅知道這種配合理論，是不夠應用的，必須將這干支120字的組合，背誦得熟，如果每次都要查表，那就麻煩，學習效率差多了！曆法中所稱「甲子」，並不限於是「甲子」這一個特定干支的年月日時的，譬如有人問：今年（民國九十年）的「甲子」是甚麼？答：「辛巳年」。可見「甲子」是泛稱60的週期的，史記曆術中稱〈冬至甲子日法〉及〈月朔旦甲子日法〉，也是泛指以60日週期紀日，來推算「冬至」及新年「正月初一」的日據，以製訂日曆之用。中國用甲子紀日（至2000年），已有3306年的歷史，這種記法，始終連續，既不脫節，又不重複，成爲一個極有規律的系統，爲世界上最悠久的記日法。

由於以上「年」、「月」、「日」三種特殊要素，所構成中國曆法，故謂「陰陽干支三合曆」。

（六）年月日時遇合的最小公倍數

年、月、日三者的天數長短不齊，一天12個時辰，一月既要整日（29天或30天、31天），一年更非整數之月不可，然而三者之中，天數各有長短，在這種不齊之中，可以求取一種比較整齊的規則，以調和三者的回復。所以，古曆以「章」爲「冬至」與「合朔」復齊（這天陰、陽日期完全相同，已舉例如上），也就是這天的月、日二者與19年前第一次齊同的週期；不過這日在日數之中有時因奇分（非0、有「小餘」）。「章」是日行19年，月行235月，4「章」爲1「蔀」，日行76年，月行940月，「冬至」與「合朔」自然又會復齊的，這年在首日數中，就沒有奇分「小餘0」，史記曆術創立關鍵，就在此點。但是，這「蔀」的首日日干不復合於 0 週期開始的日干。二十「蔀」爲一「紀」，日行1520年，而「冬至」與「合朔」這日日干就相同了。三「紀」爲一「元」，日行4560年，卻是週而復始，年、月、日、時皆

齊同，所有不齊的整天數，在這年完完全全重合。我再用算術將這些天數計算一次如下：

　　一「章」是十九年，其中有七個閏月，共二百三十五個月（19×12＋7＝235月），每月（朔策）天數為二十九又九百四十分之四百九十九日，共計六千九百三十九整日（$29\frac{499}{940}×235＝6939.7499$日），與每年三百六十五又四分之一日的十九年，共計六千九百三十九整日相齊同（$356\frac{1}{4}×19＝6936.75$）（實質上相差千分之一0.001），如此太陰月的235週，與太陽年19週相逐，便得到了第一次的遇合，成為自然律極趨近的一個數據。

　　我們知道一年除整日三百六十五日外，還餘下四分之一日，而十九年既非四的倍數，故一「章」之末，存有四分之三日的差（0.75或0.7499），而「蔀」為四「章」所構成，便得到二萬七千七百五十九整日（$6739.75×4＝27759$或$365\frac{1}{4}×76＝27759$日），這與「朔策」乘一「蔀」太陰月數相同（$29\frac{499}{940}×940＝27759$日），也使得年、月、日三種不同的週期，得到了第一次遇合。一「蔀」之中，雖能使年月日得到齊同，如果，以漢太初元年「天正冬至」是十一月初一日甲子，是否在第二「蔀」開始時，也正是甲子日（日干）呢？因為二萬七千七百五十九日，用干支「紀法」的六十週期相除，所得甲子週期是四百六十二週餘三十九日（$27759÷60＝462……39$日）則知不是甲子日；如果要得到與甲子首日相同，就必須推算到「紀」。「紀」是二十「蔀」構成，一千五百二十年，一萬八千八百月，五十五萬五千一百八十日，則年、月、日（甲子日干），才能得到回復到原點，三者各得到週期的整數（$555180÷365\frac{1}{4}＝1250$年；$555180÷29\frac{499}{940}＝18800$月；$555180÷60＝9253$紀週）。三「紀」為「元」，四千五百六十年，一百六十六萬五千五百四十日。於此年、月、日、日干、

年干都得到回復（$4560 \times 365\frac{1}{4} = 1665540$ 總日數：$1665540 \div$ $354\frac{384}{940} = 4699$陰曆年；$1665540 \div 30\frac{7}{16} = 54720$ 太陽月、2個節氣；$1665540 \div 29\frac{499}{940} = 564000$陰曆月；$1665540 \div 60 = 27759$干支的倍數，再輾轉除得月建、日干、時辰。這4560年的總日數，都可以被各種曆法構件日除後得到整數，表示取到了算術中的「最小公倍數，簡稱L.C.M」，史書上還會說星球也都回復到原點（？）。

有一點必須特別說明的，《史記》〈曆書〉76年的「蔀」週期，雖然不能使首日干支回復，但是在這種週期第二次出現時，其中「中氣」、「節氣」的日分，「朔」、「望」的日分，「大月」、「小月」的次序，連「大小月」的位置、「閏年」的所在，都是周而復始，所以，編一本76年「蔀」的曆誌，除了將下一週期首日移動這一個差數，其他會完全雷同。司馬遷所編的「曆術甲子篇」，就是針對這個目的爲出發點，有以簡馭繁的功能，不愧稱爲《太史公萬歲曆》！與西洋單純記日，有很大的差別。

講到「冬至」與「合朔」問題，它包括陽曆系統與陰曆系統之間的關係，如果，對上述各節仔細看過，就會覺得「曆法」沒有什麼了不起（問題）。所謂「冬至」與「合朔」，就是冬至這天是陰曆幾月幾日？過了19年之後，這年的冬至也與上次的冬至幾月幾日相同。用「冬至」日記年，正好是現代的國曆（或稱陽曆），用「正月初一日」記年，稱爲農曆（或稱陰曆）；中國曆法中，就包括太陽與月球相互的關聯性，所以，「冬至」與「合朔」齊同，可以解釋爲一個人，他的陽曆生日與陰曆生日，經過19年後，就會相遇合一次，而且每逢19的倍數年，都會遇合，或許因「小餘」積成「整日」差一天而已。【註七】

中國曆法本著「敬授人時」爲宗旨，而「時」的尺度年與月，必

須以太陽、月亮的行度爲主，要研究年月的自然長度，就要瞭解年月日的曆數，使二者調和。再者中國曆法最後考驗在於合天，所以，一本完整曆法，除了重視民間應用的「中氣」、「節氣」之外，還要附有日、月食及五星行度相推之法。由此可見中國曆法，實際是全部「天文學」。《史記》的〈天官書〉專談天上的星座，而且將星座分有尊卑，好比人類的官曹列位，所以稱「天官」，它相當於「占星術」？不是「天文學」。

四、解讀史記曆術

（一）司馬遷的曆元及其古干支異名

　　本文第二節，已將《史記》、〈曆術〉部分文字分別徵錄15條，在每條文字上面加註方形號碼；這些號碼不是一般算術用的，而是要合乎曆法算數之用，如「太初元年」的編號是⓪，而不是①。茲根據前列各條文字，分別敘述其曆術意義如下：

　　　　太初元年，歲名「焉逢、攝提格」，月名「畢聚」，日得甲子，夜半朔旦冬至。

　　「焉逢、攝提格」是古代干支紀年的異名，在《爾雅》卷中〈釋天〉第八：「歲陽：太歲在甲曰閼逢，在乙曰旃蒙，在丙曰柔兆，在丁曰彊圉，在戊曰著雍，在己曰屠維，在庚曰上章，在辛曰重光，在壬曰玄黓，在癸曰昭陽。」又，「歲名：太歲在寅曰攝提格，在卯曰單閼，在辰曰執徐，在巳曰大荒落，在午曰敦牂，在未曰協洽，在申曰涒灘，在酉曰作噩，在戌曰閹茂，在亥曰大淵獻，在子曰困敦，在丑曰赤奮若。」（據影印南宋監本）這種紀干支方法，與甲子、乙丑等等無異，如使用「焉逢、攝提格」兩個名詞組合，就代表「甲寅」

年之意。我們最近的一個「甲寅」年，是民國六十三年，西元1974年，這年出生的人，十二生肖屬「虎」。

漢朝太初元年，是西元前104年，根據曆誌記載，這年的年干是「丁丑」年，不是「甲寅——焉逢、攝提格」，「丁丑」年古干支異名，應為「彊梧、赤奮若」。

「畢聚」是古月的異名，《爾雅》卷中〈釋天〉第八：「月陽：月在甲曰畢，在乙曰橘，在丙曰修，在丁曰圉……」又，「月名：正月為陬——離騷云：攝提貞於孟陬——原注，二月為如，三月為寎，四月為余……」（同上板本）則知「畢聚」為「正月、甲寅」。按推求「月建」方法，是與「年干」的關係不合的，在「甲寅——焉逢、攝提格」年中，只有「正月丙寅」。

《漢書》〈律曆志〉上：「乃以前曆上元泰初四千六百一十七歲，至於元封七年，復得焉逢、攝提格之歲，中冬十一月甲子朔旦冬至，日月在建星，太歲在子，已得太初本星度新正。（鼎文書局本第975頁）」這就是中國曆法要根據當時實測日月行度，參考它的特殊算法，來推算一個遠古時期；這遠古時期的標準，大概須要日月同度，五星同度，節氣起點的「冬至」，而且正當「初一」日起點的夜半，日干也是干支起點「甲子」日。其中最重的，卻是當時的「冬至」（中氣）是日月同度的「合朔」，簡而言之，即「冬至」是十一月初一日，日干「甲子」。如果能準確的得到這樣的一個「曆元」，那麼只要我們知道日月五星的平均行度，便可算出任何一個週期的節氣、月齡及各行星的位置。按照《漢書·律曆志》所說，就是元封七年甲寅，在這年4617年以前的時候，年月日時，日月五星，都在這個週期裡齊同出現。故而改曆時，就必須在這個週期的兩端，有「至朔齊於甲子日前」的條件。事實上並未盡然，與「焉逢、攝提格」、「畢聚」實際年干、

月建不符。為甚麼一定要以「甲寅」為「曆元」？這是古代曆法改曆的一種信條，明朝律曆學家朱載堉（西元1536-1611年），在萬曆二十三年（西元1595年）六月，建議朝廷改曆為《聖壽萬年曆》時，也倡議用嘉靖三十三年歲次甲寅（西元1554年）作為斷取的近距——「新曆元」，標榜「甲寅」的原故：「於五行為木，於五常為仁，木為五行之始，仁為五常之首」，故古代曆法能取得這個距算，便最理想【註八】。

　　太初改曆這年歲次不是「甲寅」年，月建也不是「甲寅」月，用古干支異名「焉逢、攝提格」、「畢聚」，如果為了配合政策——實施改曆運動，又要合乎古訓，這算是一種「革命性」的記名法，如將這異名看成是一個「番號」或「代號」，就沒有甚麼問題了。司馬遷的「曆術甲子篇」是曆法的理論架構，是不需要實踐的曆誌，他用太初曆「曆元」記法，沒有是非問題，況且司馬貞《集解》說：「徐廣曰：而《爾雅》近代之作，所記之年名又不同也。」難道還有比《爾雅》更早的訓詁之書存在嗎？類似這種因改曆，而擅自定名之例，在西洋1582年，教皇格勒哥里十三世，宣佈改曆，因氣差15日，便在該年10月中除掉10日，將10月4日之翌日改為15日，時在中國萬曆十年九月十八日，所以後世人計算格勒哥里曆的實際的天數，就要特別注意其間差10日的關係。查一查鄭鶴聲《近世中西史日對照表》（商務印書館本143頁），就看到西曆日子的確是空白了10天，中國曆日則是連續的，一天未嘗間斷。

（二）月朔旦甲子日法釋例

　　「月朔旦甲子日法」是推算每年正月初一日的大餘——日干的方法，屬於陰曆系統的日法。這天計算對了，「朔」、「望」就定了，

則「日食」發生在初一，「月食」發生在十五，大年三十夜是「晦」，月亮絕對不會有餘光。

　　⓪「正北[一]

　　　　十二[二]

　　　　無大餘，無小餘[三]；

　　　　無大餘，無小餘[四]；

　　　　焉逢攝提格，太初元年。[五]」

　　這一條「曆術」，我將它編號為⓪，表是「基○」起算，在本文〔圖版一～四〕影印了《史記》原書文字，裴駰《索隱》中有詳細註釋，現在，稍加補充說明如下：

　　[一]正北：「史記索隱：蔀首十一月甲子朔旦時加子為多至，故云正北也。」各「章」（19年）的「章首」年，有「正北」、「正西」、「正南」、「正東」的記載，「子年在子」、「丑年在卯」、「寅年在午」、「卯年在酉」夜半子時起算。古代記時方式，如「甲子朔旦時加子」，即夜半中原時間0時1秒開始。每一年時餘四分之一日，相當於三個時辰，即現代時制的6小時。此段有堪輿學問題在內。

　　[二]十二：「史記索隱：歲有十二月，有閏則云十三也。」即表示本年為十二月的平年，史記曆術閏年，安置在一「章」之中的第0、3、6、9、11、14、17、19年中，呈3、3、3、2、3、3、2週期出現。一「章」之中凡7閏，閏年13月，曆術記載「閏十三」。閏年日數計在下年度內。

　　[三]無大餘，無小餘：「史記索隱：其歲甲子朔旦，日月合於牽牛之初，餘分皆盡，故無大小餘也。」此是指太初曆而言。張守節《

史記正義》在這條註解中有顛倒現像，本文不引錄。

　　[四]無大餘，無小餘：「史記索隱：上（指[三]）大小餘，朔之大小餘；此（[四]）謂冬至大小餘。冬至亦與朔同日，並無餘分，冬至與朔法異，故重列之。」

　　上述[三]的「大餘」、「小餘」，是太陰年三百五十四又九百四十分之三百八十四的月朔旦的餘日餘分，也就是用本年正月初一日為計算起點；[四]的「大餘」、「小餘」，是太陽年三百六十五又四分之一日的冬至的餘日餘分，也就是去年冬至日為計算起點。這兩條的餘分，都是「無大餘」、「無小餘」，看來文字相同，其計量的單位並不相同。「大餘」是日的整數，「小餘」是日的整數所餘下來的分數（即為時的分、秒）。「小餘」是分數，有一個分母，因為分母未載入，令人難以瞭解，這是中國古代數學給現代人艱晦感的原因。

　　[五]焉逢、攝提格太初元年：此條前文已解釋甚多，茲不重贅。

　　中國曆法以「冬至」到「冬至」為一年，這是「天文歲首」，與民間農曆正月初一歲首不同，前者屬於太陽系統，後者屬於太陰系統。譬如，民國六十八年農曆正月初一日（月朔旦），是西曆1979年1月28日，大家在這天互道恭喜，而民國六十八年的「天文歲首」，已在民國六十七年農曆十一月二十三日，西曆1978年12月22日開始了。曆術計算日數，因去年的冬至到今年的冬至，要跨二年，正相當於現代「年度制」，雖然歷時二年，而實際是整整一年，所以必須將距年總數減1，才能得到淨日數。如假設①「太初元年」距年為1，1減1為0；②「太初二年」距年為2，2減1為1；⑲「始元元年」距年為19，19減1為18，這是曆法起算的基本觀念。太初元年算是「曆元」，所有

的歲月日時，都在這起跑線上開始起跑，以往所有的日數及其餘下來的時、分、秒，等於是一筆舊賬，在冬至那天都算清了，故「無大餘」、「無小餘」。

　　1「十二

　　　　　大餘五十四[一]，小餘三百四十八[二]（現在計算本條）；

　　　　　大餘五，小餘八（此條爲冬至甲子日法的餘日、時，下節再計算）；

　　　　端蒙單閼（太初）二年。」（西元前103年）

　　史記曆術幾乎全部都是這樣記載，本文結撰的目的，旨在探討這些數字的含義，及其構造原理，也是研究中國曆法的第一步。我們首先命題求答：「**大餘五十四[一]，小餘三百四十八[二]**」是甚麼意義？先據《史記索隱》與《史記正義》解釋：

　　[一]《索隱》歲十二月，六大六小，合三百五十四日，以六除
　　　　之，五六三十，除三百日，餘五十四日，故下云「大餘者
　　　　日也」。

　　　　《正義》月朔旦甲子日法也。

　　[二]《索隱》〈太初曆法〉，一月之日，二十九日九百四十分
　　　　日之四百九十九，每兩月合成五十九日，餘五十八分。今
　　　　十二月合餘六箇五十八，得此數，故（下）云「小餘者月
　　　　也」。（「小餘者月也」是錯的）

　　　　《正義》未滿日之分數也。其分每滿九百四十則成一日，
　　　　即歸上，成五十五日矣。大餘五十四者，每歲除小月六日，
　　　　則成三百五十四日，除五甲三百日，猶餘五十四日，爲未
　　　　滿六十日，故稱「大餘五十四」也。小餘三百四十八者，
　　　　其大數五十四之外更餘分三百四十八，故稱「小餘三百四
　　　　十八」也。此大小餘是月朔甲子日法，以出閏月之數，一
　　　　歲則有三百五十四日三百四十八分，每六十日除之，餘爲

未滿六十日，故有大小餘也。此是太初元年奇日奇分也。

置大餘五十四算，每年加五十四日，滿六十日除之，奇算留之；每至閏後一年加二十九算，亦滿六十日除之，奇算留之；若纔足六十日，明年云無大餘，無小餘也。又明年以置五十四算，如上法，置小餘三百四十八算，每年加三百四十八分，滿九百四十分成一日，歸上，餘算留之；若至閏後一年加八百四十七分，亦滿九百四十分成日，歸大餘，奇留之；明年以加三百四十八算，如上法也。

這兩段解釋曆術的文字，不知讀者是否看得懂？當然不是指單純的文字認識，而是經過一番思考之後，因爲中國古代數學、曆學釋義，大都如此，甚且還不及此條解釋的清楚。現在，我們直接用數學去解釋它的含義（不必要的文字就不必去解釋），如此便可瞭解曆術中所敘述是何事物？我用數學方式演算這一題的問題。

題　目：求史記曆書[1]「漢太初二年、103B.C.」的「**大餘五十四，小餘三百四十八**」這數據的來由？

解　說：1.根據上述文字：「歲十二月，六大六小，合三百五十四日，以六除之，五六三十，除三百日，餘五十四日。」古曆「平年」是12個月，6個大月，6個小月，大月30整日，小月29整日，所以平年是354日；即$(6 \times 30) + (6 \times 29) = 354$日。如果這年是閏年，再加29整日，便成383日，即$354 + 29 = 383$。這些日子，是以本年正月初一日干支紀日起算，所謂「（正）月朔旦甲子日法也」。此處所謂「甲子」只是代表60干支「紀日」法的泛稱，並不一定指這正月初一日朔旦，就是「甲子」的日干。因爲354日當中，有5個60日的週期，減去此數，便剩54整日，即$365 - (60 \times 5) =$

54。假設這年正月初一日，月干就是「甲子」，那麼354
減去5個60甲子的紀日（週期——甲子又回復到甲子），
明年是第6個紀日開始後，其第54天的翌日，請查三節中
的〈六十花甲干支表〉（詳見110頁），第55日的日干就是
「戊午」，這便是曆術告訴你，明年正月的第一天初一的
日干，你就可以順序排定這年的陰曆年的日曆了。閏年便
是13個月，在曆術中已詳細說明，算法如此類推。

2. 上文又說：「太初曆法，一月之日，二十九日九百四十分
日之四百九十九，每兩月合成五十九日，餘五十八分。今
十二月合餘六箇五十八，得此數（三百四十八——鼎注）。」
每一月平均為二十九又九百四十分之四百九十九日，這個
數目在曆法中稱為「朔策」，寫成算術橫式為：$29\frac{499}{940}$
日，表示太陰月的平均日數。這些數據是如何得來？茲以
數學式敘述如下：

「歲實」（太陽年今年冬至到明年冬至）三百六十五又四
分之一日：

$$365\frac{1}{4} = \frac{1461}{4} \text{ 日}$$

因為日不能有畸零，只能計算到整日為止，所以365日，
餘下來的是$\frac{1}{4}$日（$\frac{1}{4}$＝0.25日），曆術稱為「小餘」。
「小餘」不能棄掉，要留待後來積成整日後，再「滾計」
入日中，如此每隔4年，便會在年的日數中，增加1日。西
曆將這日放在2月底，中國古曆是連續一個大月，這年便
成366日。

3. 一個太陰年比一個太陽年要少11日有餘：365－354＝11

日。平均每三個太陽年，會多出一個太陰月有餘：所以19年中，便須有7個閏月，如此，才能使陽曆與陰曆保持一定平行之關係。那麼19年便是235個月，故每年平均月數：

$$12\frac{7}{19}=\frac{12\times19+7}{19}$$ 月（1個太陽年的平均陰曆月數）

用一年日數，除以一年平均月數，則每月平均日數，便得到陰曆月「朔策」日數（此數著錄本文三節㈢）：

$$\frac{1461}{4}\div\frac{19\times12+7}{19}$$

$$=\frac{1461}{4}\times\frac{19}{235}$$

$$=\frac{27759}{940}$$ 化為代分數，為 $29\frac{499}{940}$ 日

這是「朔策」陰曆月天數來由。

4.現在已知太陰月平均日數為「二十九日九百四十分日之四百九十九」，是從一「章」中總日數計算出來的，便是上文所述；所以「**每兩月合成五十九日，餘五十八分**」：

算　式：　　　　$2\times(29\frac{499}{940})=59\frac{58}{940}$ 日（古代數學是不讀分母的）

又，「**今十二月合餘六箇五十八，得此數**（三百四十八——鼐註），故下云『**小餘者月也**』。」如：

$$6\times(59\frac{58}{940})=354\frac{348}{940}$$ 日

又如：　　$12\times(29\frac{499}{940})=354\frac{348}{940}$ 日（即為所求）

上述各節，知一個太陰年是由12個「朔策」構成，如果減去5個60週期的紀日之後，還有「大餘」54日，及「小餘」$\frac{348}{940}$。可是古代數學是不讀分母而直接讀分子，所以「小餘

三百四十八」，曆術中凡是「小餘」就是代表一個分數，分子是多少？要仔細計算看全式才會知道。每一個「小餘」的餘分數，其1分是現代時制的91.914893秒。

答　案：現已求得「題目」所示的數據「**大餘五十四，小餘三百四十八**」，即 $54\frac{348}{940}$（略讀分母940）。

我們從這裡得到一個結論：「大餘」是年的餘日，屬於整數部分；「小餘」是日的餘分（包括時、分、秒），屬於分數部份。如「小餘」$\frac{348}{940}$，以24小時計時，爲8小時53分6.3秒，也就是陰曆年一年是三百五十四天八小時五十三分六秒三。

（三）平年、閏年的月朔旦日法釋例

「平、閏年月朔旦日法」是我妄擬的名辭,用它去計算「平年」與「閏年」正月初一日的日干,下面就是例題：

②「閏十三

　　大餘四十八，小餘六百九十六（現在計算本條）；

　　大餘十，小餘十六（此條爲冬至甲子日法的餘日、時，下節再計算）；

　　游兆執徐（太初）三年。」（西元前102年）

③「十二

　　大餘十二，小餘六百三（現在計算本條）；

　　大餘十五，小餘二十四（此條爲冬至甲子日法的餘日、時，下節再計算）；

　　彊梧大荒落（太初）四年。」（西元前101年）

②是「閏十三」（月）閏年，③是「十二」（月）平年，曆術中

已開列這兩條的「大餘」、「小餘」數據，茲計算如下：

題　目：求史記曆書②「漢太初三年、102B.C.」的「**大餘四十八，小餘六百九十六**」這數據的由來？

解　說：1.根據上列《集解》、《正義》註釋，有云：「置大餘五十四算，每年加五十四日，滿六十日除之，奇算留之；每至閏後，年加二十九算，亦滿六十日除之，奇算留之；若纔足六十日，明年云無大餘，無小餘也。又明年以置五十四算，如上法。置小餘三百四十八算，每年加三百四十八分，滿九百四十分成一日，歸上，餘算留之；若至閏後一年加八百四十七分，亦滿九百四十分成日，歸大餘，奇算留之；明年以加三百四十八算，如上法也。」又、「未滿日之分數也。其分每滿九百四十則成一日，即歸上，成五十五日矣。」

2.我常說史記曆書是「推算」的，它用太初元年爲⓪作起算點，得到次年①的「大餘」（54）及「小餘」（348）的數據，即（$354\frac{348}{940}$日），再將這個數據（54　348）視爲「單位」，逐年向上加，曆術稱爲「算」（我們可以將它視爲計日、時的「常數」）：如果「小餘」加到940（即$\frac{940}{940}$）便成1整日，術語稱爲「歸」。如果不知道今年的數據，就不能計算明年的數據，惟有逐年向下推求，方可求到⑦⑤年一「蔀」最後一次的數據，其中絕對不能算錯，否則，一錯百錯！迄今，我還未見到有誰去設計某一種算式，去解決這問題，很「不幸」的由我解決了，可笑！

3.計算本題：本年②的「大餘四十八」日，是從去年①「大

餘」54日，加上「日常數」——54日，則得108日，減去
積得的60紀日一次，則得48日。本年的「小餘六百九十六」
分，是從去年①小餘384分，加上「時常數」——384分，
則得696分。

本年是閏年，明年的日與分，要加上一個二十九又九百四
十分之八百四十七日（$29\frac{847}{940}$日）。

算　式　　　54日（去年的大餘）＋54日（平年日常數）

　　　　　　　＝108日－60日（紀法）＝48日（本年的大餘）

　　　　348分（去年的小餘）＋348（平年時常數）

　　　　　　　＝696分（本年的小餘）

答　案：求得題目所示的數據「**大餘四十八，小餘三百四十八**」，即
$48\frac{348}{940}$（略讀分母 940）。

又如：②本年記載「閏十三」，則在③明年「大餘」、「小餘」

計算時，應加$29\frac{847}{940}$日。問847分是怎樣得來的？

$\frac{499}{940}$（朔策的小餘）＋$\frac{348}{940}$（平年時常數）＝$\frac{847}{940}$

$\frac{696}{940}$＋$\frac{847}{940}$＝$\frac{1543}{940}$　　化假分數爲代分類，則爲：

$1\frac{603}{940}$（**明年日的大餘加1天，小餘爲603時**）

由此可見，置閏年次年的計算方法，也是用平年計算方法，用$\frac{384}{940}$
加上$29\frac{499}{940}$日，即「八百四十七分」。

上述的例題，已將③「太初四年（101B.C.）」的曆術內含，解

釋了一大部分，只須根據各年現存的數據，予以「滾積」（會計名辭）就
成了。其中爲何要將去年「閏十三」的「小餘」加在本年「小餘」中？道
理在於曆法的起點，是以觀察日影長短標桿——自然數據的「冬至」，它
是跨年度的，所以應由本年計算開始。本年③月朔旦甲子日法「大餘
十二，小餘六百三」，其算法簡略敘述如下：

$$48日（去年的日大餘）+54（日常數）$$

$$+29日（閏年次年日常數）=131日$$

$$131日-（2×60紀法）=11+1日（小餘中積來的）$$

$$=12日（本年的大餘）$$

$$696分（去年時的小餘）+847分（閏年次年時常數）$$

$$=1543分$$

$$1543分-940分（1日的積分）=603分（本年的小餘）$$

　　以上計算完全合於唐人的註解，除了起步年①所得「大餘」、「
小餘」之外，以後逐年便以這54與348，作爲日時「常數」，加在去
年的餘日、餘時當中，便是今年的「大餘」、「小餘」。這些「大餘」
以60爲進位法，「小餘」以940爲進位法，於是每年的餘日與餘時，
不斷的延續下去，直到各定數的最小公倍數出現，便可取得一次齊同。其
中特別注意的，是遇上「閏十三」月的處理方法，先不在本年內加閏
月的日數，而是加在次年，所加的日數是29日；時數是847分（分母
940），這兩個數，也作爲「閏常數」。根據上面兩則舉例，便可以
計算曆術中「月朔旦甲子日法」中任何一條的「大餘」、「小餘」的
數據了。

（四）冬至甲子日法釋例

　　「冬至甲子日法」是推算每年「冬至」（近世紀大約在陽曆12月

21、22日之中）的「大餘」——日干的方法，屬於陽曆系統的日法。
這天日干推算得準，像民國八十四年（1995年），鬧得臺灣社會雞飛
狗跳，人民心驚膽顫「閏八月」的恐怖月，就會知道發生在那年，或
不會發生在那年【註九】！

　　①「十二

　　　　　大餘五十四，小餘三百四十八（此條爲月朔旦甲子日法，已
　　　　　計算如上節）；

　　　　　大餘五[一]，小餘八[二]；（現在計算本條）；

　　　　端蒙單閼（太初）二年。」（西元前103年）

我們先讀《索隱》與《正義》的註釋：

　[一]《索隱》周天三百六十五度四分度之一，日行一度，去歲
　　　　十一月朔在牽牛初爲冬至，今歲十一月十二日又至牽牛初
　　　　爲一周，以六甲除之，六六三十六，除三百六十、餘五，
　　　　故云大餘五也。

　　　　《正義》冬至甲子日法也。

　[二]《索隱》即四分之一，小餘滿三十二從大餘一，四八三十
　　　　二，故云小餘八。明年又加八得十六，故下云小餘十六。
　　　　次明年又加八得二十四，故下云小餘二十四。又明年加八
　　　　得三十二爲滿，故下云無小餘。此並依太初法行之也。

　　　　《正義》未滿日之分數也。其分每滿三十二則成一日，即
　　　　歸上成六日矣。大餘五者，三百六十五日，除六甲三百六
　　　　十日，猶餘五日，故稱大餘五（日）也。小餘八者，每歲
　　　　三百六十五日四分日之一，則一日三十二分，是一歲三百
　　　　六十五日八分，故稱小餘八也。此大小餘是冬至甲子日法，
　　　　未出閏月之數，每六十日除之，爲未滿六十日，故有大小
　　　　餘也。此是太初元年奇日奇分也。置大餘五算，每年加五

算，滿六十日則除之；後年更置五算，如上法。置小餘八
算，每年加八算，滿三十二分爲一日，歸大餘；後年更置
八算，如上法。大餘者，日也。小餘者，日之奇分也。

援引上述方法及舉例，對於這兩條註釋，已不覺得其有何艱深難
以瞭解之處，應該可以直接去演算其「大餘」、「小餘」。所謂：「
周天三百六十五度四分度之一，日行一度。」就是「歲實」一年365
$\frac{1}{4}$日。「去歲十一月朔在牽牛初爲冬至，今歲十一月十二日又至牽牛
初爲一周。」這是指歲星在建星與牽牛之間，也就是「中星法」，與
立竿測影方法不同，目的同是觀測「冬至」方式的一種。回太初元年
（104B.C.）的「天正冬至」，是起在元封六年（105B.C.）十一月初
一日的，經過365日後就在太初元年十一月十二日（354＋11＝365）。
所謂「大餘五」的數據，即爲十一月十二日亥時盡止，翌日子時冬至
交分（大餘五），這時便是第二冬至日開始。

題　目：求史記曆書①「太初二年103B.C.」冬至甲子日法「大餘五，
　　　　小餘八」這數據的由來？

解　說：1.「即四分之一，小餘滿三十二從大餘一、四八三十二，故
　　　　云小餘八。明年又加八得十六，故下云小餘十六。次明年
　　　　又加八得二十四，故下云小餘二十四。又明年加八得三十
　　　　二爲滿，故下云無小餘。」冬至甲子日法的「小餘」，其
　　　　分母爲32，即每年$\frac{8}{32}$　即$\frac{1}{4}$日餘分，以成爲「小餘」。
　　　　一年365$\frac{1}{4}$日中，凡24個「節氣」，「冬至」是節氣之一，每
　　　　一個節氣的天數：

$$365\frac{1}{4} \div 24 \text{（一年節氣）} = \frac{1461}{4} \times \frac{1}{24}$$

$$= \frac{1461}{96} \text{，即} 15\frac{7}{32} \text{日（每一個節氣日數）}$$

每一「節氣」平均爲十五又三十二分之七日，其整數比爲487：32，故冬至日法分母爲32。

2. 「節氣」是以太陽視黃經爲準，春分是黃經0度，每一「節氣」日行15度，冬至爲270度。太陽每天在黃道上移動，有快慢不同，冬至前後太陽移動較快，因而一個「節氣」，只有14天有餘，夏至前後太陽移動較慢，一個「節氣」會達16日有餘，其平均日數爲$15\frac{7}{32}$日。這是「平朔」率計算的。故「節氣」小分爲32；$\frac{8}{32}$日爲$\frac{1}{4}$日，……每滿32分等於1日，應進位1於日中。

3. 「大餘五，小餘八」計算方法：

太陽年$365\frac{1}{4}$日，因「冬至甲子日法」，仍以60日紀法爲其週期，6個60日爲360日，與$365\frac{1}{4}$日相差爲$5\frac{1}{4}$日，$\frac{1}{4}$日，如以「節氣」小分32通分，則爲$\frac{8}{32}$，略去分母則讀爲「8」：

算　式：　$365\frac{1}{4}$日$-$（6×60紀法）$=5\frac{1}{4}$日〔$\frac{1}{4}=\frac{8}{32}$亦即$5+\frac{8}{32}$〕

答　案：求得題目所示數據：「**大餘五，小餘八**」，$5\frac{8}{32}$（不讀分母32）。其後逐年便以5（大餘）及8（小餘）爲常數，滾計入日法中。

又如：[12]「十二

　　　　大餘五十四，小餘五百三十二（此條爲月朔旦甲子
　　　　日法，已計算如上節）；

　　　　　　　大餘三，無小餘（現在計算本條）；

　　　　　　游兆攝提格（征和）元年。」（西元前92年）

解　說：本年的「大餘」3日，是從去年回「大餘」57日，加上「日
　　　　常數」5日，共62日，減積得60紀日，得2日，而曆術中記
　　　　載「大餘」是3，所多的1日，是從「小餘」中積上來的。本
　　　　年「無小餘」，是從去年回「小餘」24，加上「時常數」8
　　　　分，則得32分，以32為分母進位1日，而時分則為0，故「
　　　　無小餘」。

算　式：　　57日（去年的大餘）＋5日（常數）＝62日

　　　　　　　　62日－60（紀法）＋1日

　　　　　　　＝2日＋1日（小餘中積上來的）＝3日（**本年大餘**）

　　　　　24分（去年的小餘）＋8分（時常數）＝32分

　　　　　因 $\frac{32}{32}=1$，滿一日積在大餘中，小餘為0（**本年無小餘**）。

答　案：求得題目所示的數據：「**大餘三，無小餘**」。

　　　　多至甲子日法解題，並請參考「平年、閏年月朔旦甲子日法」
　　　　等式，茲不詳述。

　　以上是「冬至甲子日法」，及上節「月朔旦甲子日法」，兩種計
算方法舉例，就可如此類推，計算《史記》曆術任何一年的「大餘」、「
小餘」，以後再不致於不知其數目字的來由了。

　　不過其中有一個很難的問題，就是要知道各年間互相的「餘數」，
才能得到其次年「大餘」、「小餘」的數據，這就是古代所謂的「推
算」。我在第六節〈結論〉中，根據曆術各種條件，作成兩則公式，
便不須「推算」，而直接將所求的年序代入，就會得到兩種日法的「

大餘」、「小餘」，這應該是「計算」與「推算」之間的差別，也是現代人整理古籍的應具的理想與貢獻。

五、史記曆書「大餘」、「小餘」的實質意義

（一）由「大餘」、「小餘」得到的重要日據

《史記》曆術的「大餘」、「小餘」的由來，從《索隱》等三種書中註解，已可看出相當門徑，再經過算術演算，可說完全瞭解；是否已達到「登堂入室」的程度？嚴格的說，這只算是懂了一半，還有是這些數據它代表的意義是甚麼？才是曆術的實質問題。譬如：「月朔旦甲子日法」[1]太初二年「大餘五十四」，「小餘三百四十八」，從前我讀懂這段數據，為瞭解它的含義，頗費周章。這些事情，大概在古代的人都能懂，他們是生活在那環境中，如（劉宋）裴駰、（唐）司馬貞、張守節，甚至所有唐代及以後歷朝的人，都知其然，它代表是甚麼？在註解中便隻字未提。至於現代人（實不敢向前代推衍）不懂，或普遍都是不懂的，對嗎？當年我曾詢問過一些年齡大過我一、二十歲的年長的同事：「董作賓是怎樣作《殷曆譜》、《中國年曆簡譜》的？」他們告訴我：「曾看到他整天在算、慢慢算」。這應該是事實，他們大多數與李濟、夏鼐、董作賓……，在重慶李莊是同事朋友。所以，我遍檢我收藏的各種曆書，也一個一個日子的去數、慢慢數，就領悟了，終於知道「大、小餘」所以然了！

（二）「大餘」推日干的舉例

甚麼是「大餘五十四」？舉一個實例：譬如西元2000年2月5日，是農曆民國八十九年正月初一日，日干「癸巳」；這年是「平年」354天，它有5個60日紀法的週日，去掉300天，「癸巳」這日干，在

這紀法中出現是不是共5次（數一數），又經過54天，查本文第三節〈六十花甲干支表〉，從「癸巳」後數到54個干支的名稱便是「丁亥」。所獲致的結論：西曆2001年1月24日，是農曆民國九十年正月初一日、日干「丁亥」，這兩年日曆本，想必大家還找得到，請對一對就知道；有了「丁亥」這個年首據點，推排這年年曆就不困難了！也是史記曆書教導人的目的；其餘「日法」就如此類推。司馬遷的曆術重點是在強調「甲子日法」，從這例子就瞭解了他的命題深刻的原因。同時，他給我們的曆法是理論的，敘述中沒有一句陰陽五行「鬼話」，連古曆中常見的術語「歲實」、「朔策」、「天正冬至」、「天正經朔」都未見應用，真實偉大，我用「仰之彌高，鑽之彌堅」去欽崇他！有些地區所謂太「富庶」了，喫飽了撐得難過，在電視上搞「怪力亂神」節目，這些人用「叩應」（Call in）問「老師」（該主持節目者）：我的「名字」取得好是不好？「老師」從它三個字中如叫「王七亘」，能看出休咎，而且還看出他身體虛弱，肝臟不好……，應該改「名字」等等就好！可惜在漢朝距今2103年以前，我國的科學已經進步到那種程度，回首前塵，曷勝浩嘆！

　　《史記》〈曆書〉「曆術甲子篇」，是司馬遷建議改曆的方案，站在作者著述的立場，也是希望能獲得實施。所以，這部曆法重要的日序據點以外；仍是「太初元年，歲名焉逢、攝提格，月名畢聚，日得甲子夜半朔旦冬至。」即元封六年冬十一月初一日日干甲子，夜半子時起算，我們根據這個據點，將曆術中所載的「大餘」、「小餘」的數據，推算漢太初元年以來近十年的「（正）月朔旦甲子日法」及「冬至甲子日法」的法則，求得這些數據及其實質意義。茲特表列於下，以窺全貌。請詳見附〈表〉：

本表閱覽詳細說明

一、從編號⓪到⑨等年序，都是轉載本文第二節《史記》曆書的年曆數字，元封六年十一月初一日，即西元前105年12月25日，這日是「冬至」日。這天就是太初元年（104B.C.）「天文的歲首」，也是太初新曆的「天正冬至」肇始之日，從前所有的舊賬，應該在這天夜半子時以前算清，沒有積欠，所以兩種日法的「大餘」、「小餘」欄，都是「0」空白的。

曆法中，有一些專業名詞「天正經朔」，就是「冬至」這天前的初一日。漢朝太初改曆，就是看準了這個難得的日子（十一月初一甲子日冬至），這天也正是「天正經朔」。由「天正經朔」加兩個「朔策」（二個陰曆月），計59整日，便是「正月經朔」，翌日即多至次年正月初一日「癸亥」。「正月經朔」就是「月朔旦甲子日法」所要推算的一個農曆年的歲首，它是中國曆法這年的一個重要起算點，如果沒有「天正冬至」日，便無從計算出「天正經朔」日，全表的數據都符合這個要求。

二、本表有兩種「大餘」、「小餘」的數字，請與《史記》曆書年序核對一下，看有否錯誤？如果無錯誤，先看「（正）月朔旦甲子日法」部分：我們已知⓪太初元年「大餘五十四」日，「小餘三百四十八」分的來由。它表示的實質意義，是指這年陰曆總日數（年日）是354整天，從正月初一「癸亥」日起算，經過5個60日的週期（紀法）之後，餘下來的是54整天，日以下的餘分是348分。從「癸亥」、「甲子」、「乙丑」……「庚申」、「辛酉」、「壬戌」為一個60日週期，第6個週期開始也是「癸亥」，再由「癸亥」順延54日是「丙辰」，「丙辰」是這年是十二月三十日除夕，翌日為①太初二年正月

《史記》〈曆書〉「曆術甲子篇」的
「月朔旦甲子日法」與「冬至甲子日法」大餘、小餘
實質年月日的中西及儒略日對照一覽表

⇨

編號	儒略年	歲次	（正）月朔旦甲子日法													儒略日
			平閏	年日	積日	紀法	大餘	小餘	日干	中（漢代）曆			西（BC）曆			
										年	月	日	年	月	日	
⓪																
①	4610	丁丑	平	354	354	5	54	348	癸亥	太元初年	1	1	104	2	22	1683490
②	4611	戊寅	平	354	708	11	48	696	丁巳	太二初年	1	1	103	2	11	1683844
③	4612	己卯	閏	384	1092	18	12	603	辛亥	太三初年	1	1	102	1	31	1684198
④	4613	庚辰	平	355	1447	24	7	11	乙亥	太四初年	1	1	101	2	19	1684583
⑤	4614	辛巳	平	354	1801	30	1	359	庚午	天元漢年	1	1	100	2	8	1684937
⑥	4615	壬午	閏	384	2185	36	25	266	甲子	天二漢年	1	1	99	1	28	1685291
⑦	4616	癸未	平	354	2539	42	19	614	戊子	天三漢年	1	1	98	2	16	1685675
⑧	4617	甲申	平	355	2894	48	14	22	壬午	天四漢年	1	1	97	2	5	1686029
⑨	4618	乙酉	閏	383	3277	54	37	869	丁丑	太元始年	1	1	96	1	25	1686384
⑩	4619	丙戌	平	355	3632	60	32	277	庚子	太二始年	1	1	95	2	12	1686767

附註：「小餘」每分等於現行24小時一日制的91.914893 秒

日 法				冬 至 甲 子 日 法													
西（BC）曆			儒略日	平閏	年日	積日	紀法	大餘	小餘	日干	中（漢代）曆			西（BC）曆			儒略日
年	月	日									年	月	日	年	月	日	
										甲子	元封六年	11	1	105	12	25	1683431
104	2	22	1683490	平	365	365	6	5	8	己巳	太初元年	11	12	104	12	25	1683796
103	2	11	1683844	平	365	730	12	10	16	甲戌	太初二年	11	23	103	12	25	1684161
102	1	31	1684198	平	365	1095	18	15	24	巳卯	太初三年	11	4	102	12	25	1688526
101	2	19	1684582	閏	366	1461	24	21	0	乙酉	太初四年	11	15	101	12	25	1684892
100	2	8	1684937	平	365	1826	30	26	8	庚寅	天漢元年	11	26	100	12	25	1685257
99	1	28	1685291	平	365	2191	36	31	16	乙未	天漢二年	11	7	99	12	25	1685822
98	2	16	1685675	平	365	2556	42	36	24	庚子	天漢三年	11	18	98	12	25	1685987
97	2	5	1686029	閏	366	2922	48	42	0	丙午	天漢四年	11	29	97	12	24	1686353
96	1	25	1686384	平	365	3287	54	47	8	辛亥	太始元年	11	11	96	12	25	1686718
95	2	12	1686767														

初一日，日干「丁巳」，與本表所列符合。又如①太初二年「大餘四十八」日，「小餘六百九十六」分，這年積日是708天，經過11個60日的週期後，餘下來的是48整天，也是從「癸亥」順延48日是「庚戌」，庚戌這年是十二月三十日除夕，翌日爲②太初三年正月初一日，日干「辛亥」，與本表所列又符，……其餘可由此類推。查民國五十八年正月初一日，日干「癸亥」，即西元1969年2月17日，這年十二月二十九日除夕「丙辰」，即西元1970年2月5日，翌日爲（五十九年）正月初一日「丁巳」，這就是⓪太初元年「月朔且甲子日法」的一個近取實例。（請用相鄰兩年民曆查查算算，便會深切瞭解了）。

　　三、再看「冬至甲子日法」部分：⓪太初元年「天正冬至」，是元封六年十一月初一日「甲子」，曆法「大餘五」日，「小餘八」分。這年陽曆總日數是365整天，從十一月初一「甲子」日起算，經過6個60日的週期之後，餘下來的是5整天，日以下的餘分是8。從「甲子」、「乙丑」、「丙寅」、……「辛酉」、「壬戌」、「癸亥」爲1個60日週期，第7個週期開始也是甲子，由甲子順延5日是戊辰，戊辰這天是次年冬至的前一天，所以翌日冬至爲己巳，與本表所列符合。又如①太初二年的冬至，「大餘十」日，「小餘十六」分，這年積日是730（365×2），經過12個60日的週期之後，尚餘10整天，也是從「甲子」順延10日是「癸酉」，「癸酉」是冬至前夕，翌日冬至即爲「甲戌」，本表所列又符……，其餘由此類推。現在也舉一個實例：如民國前十三年農曆十一月二十「甲子」日冬至，即西元1899年12月22日；次年（民前十二年）十一月初一冬至，日干「己巳」，即西元1900年12月22日。雖然日干與⓪太初元年相合，而日序不相合。可見十一月初一又是甲子日冬至，是不容易遇合的。研究曆法經常要檢讀《萬年曆》（如張伯琰《考正近百年曆》）、董作賓《中國年曆簡

譜》等書），才能獲得印證，得到正確的觀念。

　　曆學是相當「講現實」的一門學問，雖然遠在我們幾千年之前，而我們推算其日數，仍然要求達到不發生絲毫差錯的程度，這類文稿結撰完成，錯與不錯，自己知道最清楚，不需要「審查委員」去審查；他也不一定會，又不能詳讀別人的作品。我現在也「審查」人家，深自警惕！

　　四、本文爲了精確計算日法，除用我國曆法之外，還採用「儒略日」，以期維持中西曆誌的關係。

（三）儒略周日計算法

　　「儒略週」（Julian Period）是法國紀年學家史迦利（Josephus Justus Scaliger, 1540-1609）所擬。其法可與世界各國日曆相互比較，推算其日於官曆之外，作一種獨立紀錄，日序方法連續不斷，在天文學及曆法學上，尤有貢獻。我國干支紀日，僅60日爲一週，而儒略週期爲7980年，曆元置於西元前4713年1月1日格林威治平午（儒略週0.0日）。本表所載元封六年十一月初一日，爲西元前105年12月25日，儒略日爲1683431日，其計算方法：

$$4713 - 105 = 4608 年（至元封五年的儒略週年）$$
$$4608 \times 365.25 = 1683072 日（至元封五年十二月三十一日）$$
$$1683072 + 334（元封六年元月一日至十一月三十日計334天）$$
$$= 1683406 日$$
$$1683406 + 25（十二月一日至二十五日）= 1683431 日$$

　　1683431日，是從有儒略日開始，以迄元封六年十一月初一日多

至的總日數。民國六十八年西元1979年1月1日，儒略日為2443875日（根據中央氣象局編《天文日曆》第12頁），從這兩種日序作比較，即知漢朝太初改曆日到今年（指民國六十八）元旦是767444日。有人講笑話：儲蓄是一件好事，積少成多，一天存一元，一百萬天之後，便是百萬富翁。但不知從那年那日開始儲存？這種問題用「儒略日」便可以計算。

「儒略日」可以計算日干，如元封六年冬至的儒略日是1683431以60除之等於28057紀週，餘11日，減10（常數）等於1，1就是「甲子」日。又如：西元1996年1月1日的儒略日為2450084，按上法計算，等於40834週，餘44日，減10日為34，是日日干「丁酉」，即農曆民國八十四年十一月廿三日，無論時間多久遠，均皆計算無爽（如果得數不滿10，還是減10得負數，再加60所得正數，即為所求的日子）。儒略日還可以算星期等等，其最大好處，我個人以為可以發生檢覈作用，本表所列各種日序，從儒略日計算，都無不合之處。一部優秀的日法，應該與儒略日有相輔相成之關係。【註十】

本表先是依據「史記曆書『曆術甲子篇』」的數據作成後，再檢閱陳垣《二十史朔閏表》，及董作賓《中國年曆簡譜》，近來又參用鄭鶴聲《近世中西史日對照表》、張培瑜《三千五百年曆日天象》等專門著作，可以說完全相合，但為了貫徹史記曆術的精義，在置閏年方法上，《董譜》與我稍異，這不是問題，而是理論的處置。

六、結　　語

（一）古曆的天文常數

「史記曆書『曆術甲子篇』」是一部極為精核的《萬年曆》，在

曆法中，它並不算是很難以讀得懂的古代術數問題，其中存在許多基本觀念，頗值得去研究，並且從這途徑，可以直接窺視古曆的堂奧。

我們檢討這部曆術的曆數（定率），它是根據於漢代以前《周髀算經》古曆的定率。如：【註十一】

$365\frac{1}{4}$ 日為太陽年1年的日數。（化為小數點計法，是365.25日），以24小時時制計算，一年是365天6小時。

現代天文常數回歸年是 365日5時48分45.2秒。

$15\frac{7}{32}$ 日為 1 節氣的日數，2 個節氣可視為太陽年的 1 月 （15.2187日），是15天5小時14分55.4秒。

$354\frac{348}{940}$ 日為太陰年1年的日數（354.3702日），是354天8時53分5.2秒。

$29\frac{499}{940}$ 日為朔望月1月的日數。（29.5308日）是29日12時44分21.7秒。現代天文常數朔望月，是29日12時44分2.9秒。

$12\frac{7}{19}$ 月為1個太陽年中的朔望月的月數；

即「十九年七閏」（$12\frac{7}{19} = \frac{235}{19}$）235個太陰月。

6939.75日為太陽年19年（$19 \times 365\frac{1}{4}$）與太陰年19年7個月（$235 \times 29\frac{499}{940}$）的第一次「合朔」週期。

這時一年為$365\frac{1}{4}$＝365.25日，與現代回歸年長（365.242198日）比較，稍微嫌長一點，大約130年當中會多出來1日。月也嫌長一點，大約3817個月，或是309年，也會多出1日。因此這種古曆在2「蔀」152年之後，則「節氣」之差逾1日，行之4「蔀」304年之後，則「

朔望」之差亦逾1日，此就平均情形而言，實際上可能比這還大【註十二】。歷史就是研究當時事實，瞭解社會的眞象，決不是用後世的知識、方法去重新批評其優劣與價值。史記曆書的「曆術」，在200年以內，尚不致發生天文脫節的現象，比起鄧平的「太初曆」要精當得多。

（二）史記曆術兩種日法的計算公式

根據本文第四、五兩節敘述，已完全知道如何去「推算」及應用曆數。但它的缺點，是不知道去年的「大餘」、「小餘」的數目，便無法求得今年的「大餘」、「小餘」，則兩種日法的日干據點，就無從獲得。現在，我根據史記曆書的各種數據，將它予以歸納簡化，並將曆書中各種計算條件都考慮進去，擬訂下面兩種求日法的「描述數式」，只要將所求的年序（ n ）向公式中一代，便產生曆術中的「大餘」、「小餘」出來，比起《史記正義》中所註解的方法，方便甚多，茲分別敘述於下：

一、求月朔旦甲子日法

設：所求的年數爲n。

這個「描述數式」，是從很多相關的條件下擬訂的，（其中還包括著「精算」的觀念在內），如果直接寫出來，有許多符號，在打字排版技術上有困難，所以採用分段方式排列：

(一)月朔旦甲子日法公式：

$$[A+29\frac{499}{940}(B+C+D)]\div 60\text{的餘數}$$

1. $A=n\times(54\frac{348}{940})$

2. $B=7\times(\frac{n}{19}\text{的整數部分})$

3. $C=4\times\dfrac{(\frac{n}{19}\text{的餘數})}{11}\text{的整數部分}$

4. $D=\dfrac{(\dfrac{\frac{n}{19}\text{的餘數}}{11}\text{的餘數})}{3}\text{的整數部分}$

餘數中的整數部分是「大餘」

餘數中的分數部分的分子是「小餘」

二、求冬至甲子日法公式：

(二)冬至甲子日法公式：

$$\text{大餘}=[5n+(\frac{n}{4}\text{的整數部分})]\div 60\text{的餘數}$$
$$\text{小餘}=8\times(\frac{n}{4}\text{的餘數部分})$$

本題請應用「分數四則」去計算，如用計算機，須將分數化爲小數。

例　題：　　33「十二

　　　　　　大餘四十八，小餘五百五十二；

　　　　　　大餘五十三，小餘八；

彊梧（丁）大淵獻（亥）本始三年。」

試求史記曆書第㉝年「月朔旦甲子日法」及「冬至甲子日法」的「大餘」「小餘」。

已知n爲㉝年（將33代入上列兩公式中）。

㈠求年序㉝的「月朔旦甲子日法」？

根據「月朔旦甲子日法」公式，其部分算式計算結果爲：

$A=1794\frac{204}{940}$，　【$33\times\frac{54\times940+384}{940}=33\times\frac{51108}{940}=\frac{1686564}{940}$】

B＝7,　【33÷19＝1整數……14餘數不計；整數1×7】

C＝4,　【33÷19＝1整數不計……14餘數，14÷11＝不足1，以1計算×4】

D＝1,　【33÷19＝1整數不計……14餘數，14餘數÷11＝1整數不計……3餘數÷3】

上列所得各數俱代入上公式中即得：

$\left[1794\frac{204}{940}+29\frac{499}{940}\times(7+4+1)\right]\div60$的餘數

$=\left[1794\frac{204}{940}+354\frac{348}{940}\right]\div60$的餘數

$=\left[2148\frac{552}{940}\right]\div60$的餘數

$=35$（整數不計）……$48\frac{552}{940}$（餘數——**即為所求的大小餘**）

答　案：㉝ 月朔旦甲子日法：大餘48；小餘552。

㈡求年序㉝的「冬至甲子日法」？

大餘＝$\left[5\times33+\left(\frac{33}{4}\text{的整數部分}\right)\right]\div60$的餘數

＝〔165＋（8……1餘數不計）〕÷60的餘數

＝173÷60＝2整數不計……53（餘數——**即為所求的大餘**）

$$\text{小餘} = 8 \times (\frac{33}{4} \text{ 的餘數部分})$$

$$= 8 \times (8\text{整數不計……}1\text{餘數})$$

$$= 8 \quad 【餘數1 \times 8\text{——即為所求的小餘}】$$

答　案：③③冬至甲子日法：大餘53；小餘8。

按曆術記載第③③年序為「游兆閹茂二年」（太始二年西元前72年）其兩種日法的「大餘」「小餘」，與本題所解完全符合。

我對於中國古代科技問題的整理，向來抱一種探索精神，去從事工作。如果獲得相當的結論，必定使用新的方法去解釋。凡是可以實驗的，一定用儀器去實驗它，可以用新的數學去計算的，一定重新計算，前者如我研究樂律學，後者如我研究清朝大儒淩廷堪的數學，及其他古代數學。總之，希望將研究的問題，向前推一步。在闡揚這門科學理論之外，至少在方法學上要提供一點微末的貢獻，以便利於後之來者。本文所研究《史記》〈曆書〉，是否稱得上是一種可行的嘗試，還請讀者先生批評。

（三）仔細閱讀古籍注解、參酌現代數理方法

我看懂《史記》曆書，完全得之於《史記索隱》及《史記正義》。《索隱》作者司馬貞，唐開元中，官朝散大夫國學博士、弘文館學士，早年專攻史記學；《正義》作者張守節，也是唐代的人，生平不詳？曾為諸王侍讀、宣議郎守右清道、率府長吏，精於地理之學。當他們二位時代，古曆尚存，可以用自己的知識作註解，所以稱這種方法為「漢太初奇日奇分」，《隋書》〈經籍志〉所著餘的《太史公萬歲曆》，他們都曾見到。新舊《唐書》〈藝文‧經籍志〉也曾著錄此書，在宋代

以後就失傳了。由此可見中國古代史料的蘊藏，還算是相當豐富的，但須靠後人去發掘。如果沒有史記的《索隱》、《正義》，我們得摸索好一陣子，才會得到答案。但我相信凡是一種學術，必有一定法程可循，決不致於是不可解的「死結」，永久無法解開。

　　司馬遷於漢昭帝始元元年，即西元前86年逝世，享年六十歲（見《司馬遷年譜》），曆書編著年號已至成帝建始四年，即西元前29年。司馬遷自稱《史記》寫到天漢四年、即西元前97年，為何居然出現他逝世以後的年號？憑這點不能否定〈曆書〉是偽書，而是後來人補纂的，在劉知幾《史通》中曾辯論此問題。如〈漢興以來將相名臣年表〉，也編到成帝鴻嘉元年，即西元前20年，《史記索隱》云：「裴駰以為天漢已後，後人所續，即褚先生所補也。」在〈建元以來侯者年表〉中，有「後進好事儒者褚先生曰（模仿史記論贊）」，這位「褚先生」，至少我還不討厭他，他作了些補輯工作，對我們後世人讀《史記》，頗為有利，而唐代司馬貞與張守節，便很討厭他，以為「後史所記，又無異呼，故不討論也。」（將相名臣年表）不替他作註解。「褚先生」其人有兩說：一為潁川人，元帝、成帝時博士；一為梁相褚大弟之孫，宣帝時為博士，寓居沛中，事大儒王武，故號「先生」。

（四）回歸年現代的精確天數

　　回歸年的365$\frac{1}{4}$日長度，它並非不變的常數，在南宋時代楊宗輔的「統天曆」就知道，便設定一個求值的方式；元代郭守敬的「授時曆」，接受楊忠輔的概念，經過修正成為新的算式；朱載堉的「黃鐘曆」，在這些基礎上，也探求到他新的方式。現代根據天體力學的理論，從非恆量的回歸年長，求得一個隨時間而變化的變量，任何一年（t）的回歸年長度值，皆可由下列公式表示：

回歸年（T）$365^{d}.24219878-0.^{d}0000000614$（t－1900）

365.2421973日（民國八十年回歸年的值）
$365^{d}05^{h}48^{m}45^{s}.7$（計算所得民國八十年天時數）

據西洋天文學家紐康（Necwcomb, Simon 1837-1909）所測定：1900年回歸年年長365.24220日；西元前104年回歸年年長爲365.2423日，換成天時數爲365日5小時48分54.34秒【註十三】。

（五）一分耕耘一分收穫

我是一個思路遲鈍，反應也不敏捷的人，實在不是患「妄想症」，將自己比成歷史上大學者的「笨」，如章學誠「笨」到被塾師敲破頭腦皮，及西洋科學家大貓走大洞，小貓走小洞。我常常覺得任何人都比我聰明，如果，認爲我有一點點長處，那便是我對人有「愛心」（慈悲喜捨）、對事有「耐心」。我對於研究學問，不去趕熱門，願意靜靜的在冷僻學園中，享受以愛心與耐心去耕耘的樂趣。我從前研究樂學是如此，現在，似乎向曆學這方面起步，也是如此。我研究曆學，完全受屈翼鵬先生「翻過去」一言的啓示。從前我只會一點《明史》中的「大統曆」，與《元史》中的「授時曆」，現在，爲了懷念這位偉大的經師、人師，也許在他冥冥中指導下，只費了幾天的工夫，就看懂了史記曆書中的數據，用曆誌來證明，也完全正確。所以我希望所有的同道，尤其是學文學、歷史的青年朋友，讀史籍需要用「耐心」去探取。能用耐心將上述「四則算術」親自用筆計算一次，如果能再挑選一個年序再求一次，那麼你一定是一位優秀的文史教學工作者，對你的研究，便可自己打個分數（100分滿分）！學貴有恆。

中國古代科學與文明，舉世皆知它是值得研究的，也值得珍惜的。

從前我們只知道司馬遷是一位偉大的史學家,如今讀到他的〈曆書〉才知道他的科學頭腦;他的〈律書〉合乎數學「二進法」算法?也是第一流的。我們經常讀曆學書籍,在動輒數千年歲月,人生暫短幾十年中,實在太渺小。惟有即時努力學習,應該在這暫短的生涯中,從事於各種有益於社會文化的工作,開創個人生命中美好的前景,快樂生存於世,減少用卑鄙手段強取豪奪的「機心」!

本文發表於民國六十八年(1979年)十一月十二日,中山學術文化基金會《中山學術文化集刊》第二十四期,627—664頁。嗣後多次重新增訂,並補附註與重要參考書目。

重要參考書目（本文整理時曾增列數種）

朱文鑫著,曆法通志,民國二十三年,上海,商務印書館。

高平子著,學曆散論,民國五十八年,臺北,中央研究院數學研究所。

高平子著,天文曆學論著選,民國七十六年,臺北,中央研究院數學研究所。

鄭天杰著,曆法叢談,民國六十六年,臺北,華岡出版有限公司。

陳,垣編,二十史朔閏表,民國四十七年,臺北,藝文印書館。

董作賓編,中國年曆簡譜,民國四十七年,臺北,藝文印書館。

薛仲三著,兩千年中西曆對照表,民國五十九年,臺北,學海出版社。

鄭鶴聲著,近世中西史日對照表,民國六十七年,臺北,商務印書館。

張培瑜著,三千五百年曆日天象,1990年,河南,教育出版社。

張伯琰著,考正近百年曆,民國六十四年,臺北,四維會計師事務所。

中央氣象局編,天文日曆,民國四十二至八十五年(以後不再寄贈我,因學
        長魏組長退休了。這種書送給我們「小百姓」,還替你看一看,曾

記得「開天窗」（缺圖片），我還告訴在那裡有；如果呈送大官，隨手丟在字紙簍中了！），臺北，民國四十二年起，中央氣象局。

王石安著，天文知識叢書（1-4冊），民國七十四年，臺北，中華書局。

漢司馬遷著，史記（新校本），民國六十八年，臺北，鼎文書局二版。

漢班固著，漢書（新校本），民國六十八年，臺北，鼎文書局二版。

晉司馬彪著，後漢書志（新校本），民國六十八年，臺北，鼎文書局二版。

楊家駱主編，中國天文曆法史料，民國六十六年，臺北，鼎文書局。

陳夢雷編，古今圖書集成乾象彙編曆法典，民國六十六年，臺北，鼎文書局整理版。

附　　註

註　一　陳萬鼐，1994,02.辛酸鹹苦話「管家」（上，下）—記蔣蔣復璁、屈萬里、包遵彭三位館長行誼，臺北市，國立中央圖書館，館訊季刊，第十六卷第一、二期，22-24／28-30面（國科會學術著作目錄款式）。

註　二　《隋書》，鼎文書局新校本，第1034頁。

註　三　楊家駱撰《史記三家注》並附編二種〈識語‧史記述要〉，鼎文書局新校本。又，《史記集解索隱正義》130卷，南宋慶元年間刻本，及明清善本有九種之多。

註　四　參考《史記》及《漢書》、《後漢書》〈律曆志〉部分結撰而成，俱鼎文書局新校本。

註　五　本文是無意間取用到「癸巳」這日干。回憶民國四十六年夏，高市四中的同事魏先生要「教我」學「算命」，我只記得《淵海子評》這一句：「癸日坐向巳宮，是為財官雙美。」自可用此語祝福本書之讀者。

註　六　陳萬鼐，1988,10，天文篇（中華五千年文物集刊十六開本）上、下冊，臺北市，故宮博物院，376頁，上冊全為圖版。國科會學術著作

　　　　　　編號：012290-10420608-X02。中國古代科學發達，在天文學上有特
　　　　　　殊造詣，這些天文問題，在本書中均論及。

註　七　本節參考王石安《天文知識叢書》，及高平子《學曆散論》等書結
　　　　撰而成。

註　八　陳萬鼐，1981,06，朱載堉之曆學，臺北市，文化大學華岡文科學報，
　　　　第十三期，89-113頁。國科會著作編號：012290-16402626-X02。

註　九　參考本書第七篇所輯拙著〈解開「閏八月」的引號〉中，所涉及置
　　　　閏問題的部分。

註　十　用「儒略日」換算日干，以本文所述方法最簡單精確，有的需要用
　　　　兩種表，相互對查。尤其處理「負數」的方法，也很正確。「儒略
　　　　週日」也可換算星期的日數：用儒略日除以7再加1，便爲所求的星
　　　　期日數了。

註十一　這時代各種曆數，都是「平均值」，稱爲「平朔」，其後進步到「
　　　　定朔」，知道用實測。此問題請參見本書第三篇五節〈祖冲之時代
　　　　的天文學術環境〉的敘述。

註十二　高平子著，《高平子天文曆學論著選》，184頁。

註十三　陳萬鼐，1992.01，朱載堉研究，臺北市，故宮博物院，故宮叢刊，
　　　　247頁（又英文提要8頁）國科會著作編號033193-10564990-X01。
　　　　此數值見〈朱載堉曆學新說〉部分。

第二篇　漢京房六十律之研究

Moravian Aloya Hába（西元1893年）似乎是第一位歐洲人，如京房一樣，精心計畫一個六十音的音階於八度音程。照 Scholes 所說，他且可很正確的歌唱這種音。

《中國之科學與文明》（第七冊）〈聲學〉360頁

一、緒　　論

當我們未研究「六十律」之前，必須先將中國古代音律構造原理——「三分損益律」，加以說明，然後才能瞭解京房的六十律，也是賡續推衍三分損益律的原理，但他卻盡了一份心力，想解決三分損益律的困境。

中國「樂律」是五、七音及十二律制。五音是宮、商、角、徵、羽；七音是宮、商、角、變徵、徵、羽、變宮；十二律是黃鐘、大呂、太簇、夾鐘、姑洗、仲呂、蕤賓、林鐘、夷則、南呂、無射、應鐘。音樂的演進，由「五聲音階」進化到「七聲音階」，當音樂進化到這種程度，便產生「轉調」的需要，於是「律」的問題便誕生了。

中國音樂造音的方法，最早見於《管子》卷十九〈地員〉篇：「凡將起五音，凡首，先主一而三之，四開以合九九（$1 \times 3 \times 3 \times 3 \times 3 = 3^4 = 81$），以是生黃鐘小素之首以成宮。」然後用「三分益之以一」及「三分損之以一」，輾轉相生五音：宮（81）、商（72）、角（64）、徵（54）、羽（48）。所謂「三分損益法」，就是三分損一與三分益

一的合稱：三分損一，就是將一個發音體的長度，均分成三等分，而取二等分（$\frac{2}{3}$）；三分益一，就是將上述同一發音體的長度，又均分成三等分，而此次是將其中一等分，加於原來三等分之上（$\frac{4}{3}$）。中國古代定音器物，大率以管律為主，（絃律次之），故三分損益計算所得，就是為管長的比數。所謂音樂「造音」（《清史·樂志》稱「生聲取分」），也就是求相鄰兩音的振動數比；其實這兩種比數實質相同，「管長比」的反比，即為「振動數的比」，「振動數的比」的反比，即為「管長比」。同時中國三分損一（$\frac{2}{3}$），即下生純五度，三分益一（$\frac{4}{3}$），即上生純四度，如此上下互生，在八度之間產生十二律，這種「下方四度」即「上方五度」的轉位，西洋稱為「五度相生律」。

《呂氏春秋》卷六〈音律〉篇，記述十二律產生方法：

> 黃鐘（c）生林鐘（g），林鐘生太簇（d），太簇生南呂（a），南呂生姑洗（e），姑洗生應鐘（b），應鐘生蕤賓（#f），蕤賓生大呂（#c），大呂生夷則（#g），夷則生夾鐘（#d），夾鐘生無射（#a），無射生仲呂（#e）。三分所生益之一分以「上生」（$\frac{4}{3}$），三分所生去其一分以「下生」（$\frac{2}{3}$）。黃鐘、大呂、太簇、夾鐘、姑洗、仲呂、蕤賓為上，林鐘、夷則、南呂、無射、應鐘為下。

茲根據三分損益造音理論，將上列所述文字計算如下：

1. **黃鐘**（c）　　1
2. **林鐘**（g）　　$\frac{2}{3}$　$=1\times\frac{2}{3}$
3. **太簇**（d）　　$\frac{8}{9}$　$=1\times\frac{2}{3}\times\frac{4}{3}$

4. **南呂**(a)　$\dfrac{16}{27}=1\times\dfrac{2}{3}\times\dfrac{4}{3}\times\dfrac{2}{3}$

5. **姑洗**(e)　$\dfrac{64}{81}=1\times\dfrac{2}{3}\times\dfrac{4}{3}\times\dfrac{2}{3}\times\dfrac{4}{3}$

6. **應鐘**(b)　$\dfrac{128}{243}=1\times\dfrac{2}{3}\times\dfrac{4}{3}\times\dfrac{2}{3}\times\dfrac{4}{3}\times\dfrac{2}{3}$

7. **蕤賓**(#f)　$\dfrac{512}{729}=1\times\dfrac{2}{3}\times\dfrac{4}{3}\times\dfrac{2}{3}\times\dfrac{4}{3}\times\dfrac{2}{3}\times\dfrac{4}{3}$

8. **大呂**(#c)　$\dfrac{2048}{2187}=1\times\dfrac{2}{3}\times\dfrac{4}{3}\times\dfrac{2}{3}\times\dfrac{4}{3}\times\dfrac{2}{3}\times\dfrac{4}{3}\times\boxed{\dfrac{4}{3}}$

9. **夷則**(#g)　$\dfrac{4096}{6561}=1\times\dfrac{2}{3}\times\dfrac{4}{3}\times\dfrac{2}{3}\times\dfrac{4}{3}\times\dfrac{2}{3}\times\dfrac{4}{3}\times\dfrac{4}{3}\times\dfrac{2}{3}$

10. **夾鐘**(#d)　$\dfrac{16384}{19683}=1\times\dfrac{2}{3}\times\dfrac{4}{3}\times\dfrac{2}{3}\times\dfrac{4}{3}\times\dfrac{2}{3}\times\dfrac{4}{3}\times\dfrac{4}{3}\times\dfrac{2}{3}\times\dfrac{4}{3}$

11. **無射**(#a)　$\dfrac{32768}{59049}=1\times\dfrac{2}{3}\times\dfrac{4}{3}\times\dfrac{2}{3}\times\dfrac{4}{3}\times\dfrac{2}{3}\times\dfrac{4}{3}\times\dfrac{4}{3}\times\dfrac{2}{3}\times\dfrac{4}{3}\times\dfrac{2}{3}$

12. **仲呂**(#e)　$\dfrac{131072}{177147}=1\times\dfrac{2}{3}\times\dfrac{4}{3}\times\dfrac{2}{3}\times\dfrac{4}{3}\times\dfrac{2}{3}\times\dfrac{4}{3}\times\dfrac{4}{3}\times\dfrac{2}{3}\times\dfrac{4}{3}\times\dfrac{2}{3}\times\dfrac{4}{3}$

13. **半黃鐘**(c')　$\dfrac{262144}{531441}=1\times\dfrac{2}{3}\times\dfrac{4}{3}\times\dfrac{2}{3}\times\dfrac{4}{3}\times\dfrac{2}{3}\times\dfrac{4}{3}\times\dfrac{4}{3}\times\dfrac{2}{3}\times\dfrac{4}{3}\times\dfrac{2}{3}\times\dfrac{4}{3}\times\dfrac{2}{3}$

　　上列計算方式中，假定黃鐘這律的管長或絃長全分爲1，用1三分損一（$\dfrac{2}{3}$）「下生」林鐘（$\dfrac{2}{3}$），林鐘（$\dfrac{2}{3}$）三分益一（$\dfrac{4}{3}$）「上生」太簇（$\dfrac{8}{9}$）……由此輾轉下生、上生，便可求得十二律（包括五、七聲音階。但須注意其第8次大呂生夷則時，不能依次用三分損一下生，反而用三分益一上生，如果不用此方式，則所生爲大呂之半律（上方八度），因求正律（中央八度間）應該上生。現在將十二律數大小秩序，及與西洋音律相關資料及音分值與音分差【註一】對照列於〈表一〉：

〈表一〉 中西音律律名及及管長振動比率與音分值一覽表

次序	1	2	3	4	5	6	7	8	9	10	11	12	13
中國音律	黃鐘	大呂	大簇	夾鐘	姑洗	仲呂	蕤賓	林鐘	夷則	南呂	無射	應鐘	半黃鐘
	宮		商		角		變徵	徵		羽		變宮	宮
西洋音律	c	#c	d	#d	e	f	#f	g	#g	a	#a	b	C¹
	do		re		mi	fa		sol		la		si	Do
管長比	$\frac{1}{1}$	$\frac{2048}{2189}$	$\frac{8}{9}$	$\frac{16384}{19683}$	$\frac{64}{81}$	$\frac{131072}{177147}$	$\frac{512}{729}$	$\frac{2}{3}$	$\frac{4096}{6561}$	$\frac{16}{27}$	$\frac{32768}{59049}$	$\frac{128}{243}$	$\frac{262144}{531441}$
振動比	$\frac{1}{1}$	$\frac{2189}{2048}$	$\frac{9}{8}$	$\frac{19683}{16384}$	$\frac{81}{64}$	$\frac{177147}{131072}$	$\frac{729}{512}$	$\frac{3}{2}$	$\frac{6561}{4096}$	$\frac{27}{16}$	$\frac{59049}{32768}$	$\frac{243}{128}$	$\frac{531441}{262144}$
音分值	0	114	204	318	408	522	612	702	816	906	1020	1110	1224
音分差	114	90	114	90	114	90	90	114	90	114	90	114	

中國音樂的黃鐘（主音）其頻率若干？因歷代制度不同，高低懸殊甚多。本文此處是將黃鐘比作西洋音樂的c，並非黃鐘即爲c音，而是取中西音樂出發點而論，以便於比較。上表各律數據，中律爲管長數與主音的比，西律爲振動數與主音的比，兩者之比例一目瞭然。例如：將黃鐘之長視爲9寸，則林鐘爲6寸（$9×\frac{2}{3}$），餘此類推；又西律c（黃鐘）頻率爲261.63Hz，則g（林鐘）頻率爲392.44Hz（261.63×$\frac{3}{2}$），同理林鐘音高是黃鐘$\frac{2}{3}$倍，即c—g一個「五度音程」。

我們已知三分損益律的定律法，其第6律仲呂$\frac{131072}{177147}$，用三分損一下生第13律半黃鐘$\frac{131072}{177147}×\frac{2}{3}=\frac{262144}{531441}$，其與黃鐘發音體長度之比，不是一比二（$\frac{1}{2}$），振動數之比，也不是二比一（$\frac{2}{1}$），而是較黃鐘長度的半律，略微短一點，音就是略微高一點，究竟相差多少？古時黃鐘長9寸，在理論上，半黃鐘長應爲4.5寸，而上式計算所得爲$\frac{262144}{531441}×9=4.4394$寸；當黃鐘音分值爲0分時，半黃鐘音分值應爲1200分，而計算所得爲1223.4619分，既然管短則音高，而且其差約爲一個半音四分之一，已可由耳朵聽出其「音差」，即八度音程之間，兩個do與Do音高不相等，現代有人稱爲「不能還原」，古人稱爲「往而不返，故黃鐘不復爲他律役」（蔡元定《律呂新書》）。這種三分損益律的癥結，在漢朝以前已存在，而視之不見，聽之不聞。

京房的六十律，是延續三分損益法工程，計算到59次，便產生60律。他的第1律律名仍稱「黃鐘」，至第12律律名仍稱「應鐘」，這與原制律名是相同的；而第13律律名原制名稱應是「半黃鐘」，而京房新名稱「執始」，第14律律名「去滅」，……第60律律名叫「南事」。如「執始」、「去滅」兩律用三分損益律的算法：

13. **執始** $\frac{262144}{531441}=1×\frac{2}{3}×\frac{4}{3}×\frac{2}{3}×\frac{4}{3}×\frac{2}{3}×\frac{4}{3}×\frac{4}{3}×\frac{2}{3}×\frac{4}{3}×\frac{2}{3}×\frac{4}{3}×\frac{2}{3}$

14. **去滅** $\dfrac{524288}{1594323}=1\times\dfrac{2}{3}\times\dfrac{4}{3}\times\dfrac{2}{3}\times\dfrac{4}{3}\times\dfrac{2}{3}\times\dfrac{4}{3}\times\dfrac{4}{3}\times\dfrac{2}{3}\times\dfrac{4}{3}\times\dfrac{2}{3}\times\dfrac{4}{3}\times\dfrac{2}{3}\times\dfrac{4}{3}$

「執始」是60律中新增音開始的第1音，與原來「半黃鐘」有極大的差別。京房為了求到「黃鐘」與「半黃鐘」等高的目的，便應用三分損益法，將12律繼續相生下去，於是創造一種12律系統的新樂制，因為律的數量關係，一般稱為「京房六十律」。

二、京房生平及其學術思想

《漢書》〔圖版二～一〕卷七十五，〈傳〉四十五〈京房傳〉（節錄）【註二】：

> 京房字君明，東郡頓丘人也（今河北省清豐縣西南），治易，事梁人焦延壽，以好學得幸梁王，察舉補小黃令（今河南省陳留縣東北），以候司先知姦邪，盜賊不得發，化行縣中，卒於小黃。常曰：「得我道以亡身者，必京生也」。其說長於災變，分六十四卦，更直日用事，以風雨寒溫為候，各有占驗。房用之尤精，好鐘律，知音聲，初元四年（西元前45年）以孝廉為郎。建昭（西元前38─前34年）間，西羌反，日蝕，又久青亡光（無光），陰霧不精（不明朗），房數上疏，先言其將然，近數月，遠一歲，所言屢中，天子（元帝劉奭）悅之。房奏考功課吏法（改革人事制度方案），上令公卿朝臣與房會議溫室，皆以房言煩碎。是時中書令石顯專權，顯友五鹿充宗為尚書令，皆疾（妒）房，欲遠之。建言宜試以房為郡守，元帝於是以房為魏郡太守，秩八百石，居得以考功法治郡。房自知數以論議，為大臣所非，內與石顯、五鹿充宗有隙，及為太守憂懼，房以建昭二年（西元前37年）二月朝拜，上封事。房至陝復上封事，去月餘竟徵下獄。顯告房與

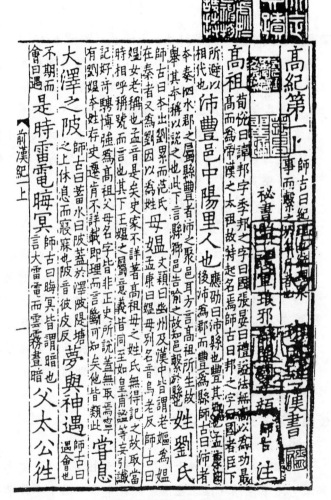

圖版二～一　　漢班固《前漢書》〈高祖紀〉書影

採自元大德九年（1305 年）太平路學刊本。

　　　　張博通謀，非謗政治，歸惡天子，註誤諸侯王。房、博棄市，
　　　　鄭弘坐爲庶人。房本姓李，推律自定京氏，死時年四十一（
　　　　西元前77－前37年）。

又、《漢書》卷八十八，〈儒林傳〉五十八「附傳」：

　　　　京房受易梁人焦延壽，延壽云∴「嘗從孟喜聞易。」會喜死，
　　　　房以爲壽易即孟氏學，翟牧、白生不肯，皆曰非也。劉向校
　　　　書，考易說，以爲諸易說皆祖田何、楊元、丁將軍大異略同，
　　　　惟京氏爲異，黨焦延壽獨得隱士之說，託之孟氏，不相與同。
　　　　房授東海殷嘉，河東姚平、河南乘弘，皆爲博郎，繇是易有
　　　　京氏之學。

《四庫全書總目》卷一百九〈子部術數〉二【註三】：

　　　　京房著京氏易三卷、吳陸績注。

　　　　其書雖以易傳爲名，而絕不詮釋經文，亦不附合易義。上卷、
　　　　中卷以八卦爲八宮，每宮一純卦統七變，而注其世應、飛伏、
　　　　游魂、歸魂諸例；下卷亦論聖人作易，揲著佈卦，次論納甲，
　　　　次論二十四氣候配卦，與夫天地人鬼四易，父母兄弟妻子宮
　　　　鬼等爻。龍德、虎形、天宮、地宮、與五行生死所寓之類，
　　　　蓋後世錢卜之法，實出於此。故項安世謂：以京易考之世所
　　　　傳火珠林，即其遺法，以三錢擲之。

　　《後漢書志》第一，〈律曆〉上〔圖版二～二〕【註四】，載京
房創作六十律方法及動機：

　　　　六十律相生之法，以上生下，皆三生二，以下生上，皆三生
　　　　四，陽下生陰，陰上生陽，終於中呂，而十二律畢矣。中呂
　　　　上生執始，執始下生去滅，上下相生，終於南事，六十律畢
　　　　矣。……以六十律分期之日，黃鐘自冬至始，及冬至而復，
　　　　陰陽寒燠風雨之占生焉。於以檢攝群音，考其高下苟非革木

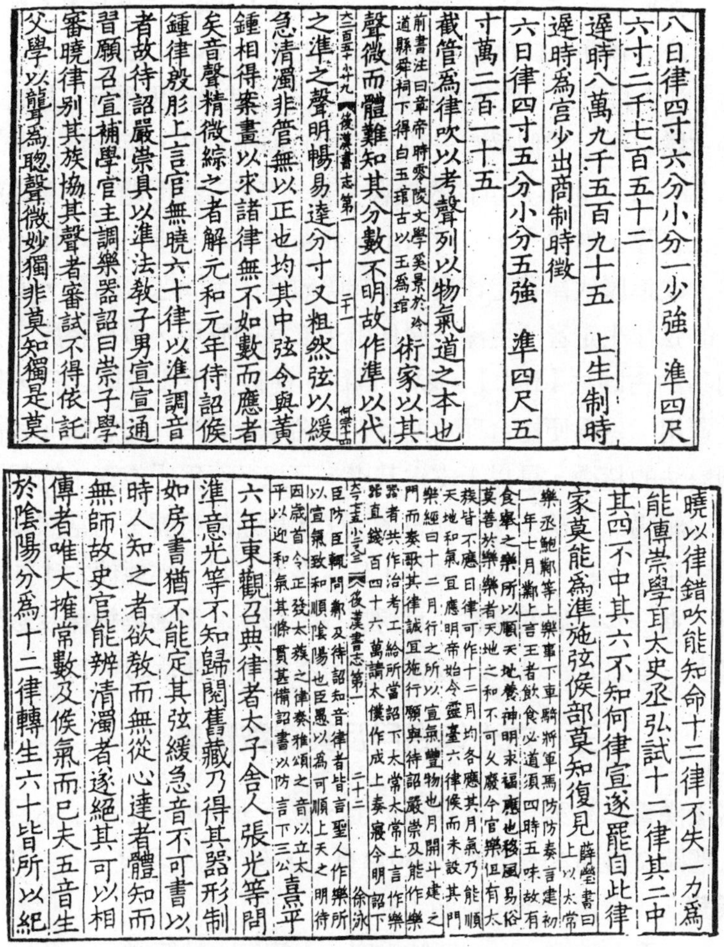

八日律四寸六分小分一少強　準四尺
六寸二千七百五十二
遲時八萬九千五百九十五　上生制時
遲時爲宫少出商制時徵
六日律四寸五分小分五強　準四尺五
寸萬二百一十五
截管爲律吹以考聲列以物氣道之本也
前書注曰章帝時零陵文學奚景於泠道縣舜祠下得白玉琯古以玉爲琯　術家以其
聲微而體難知其分數不明故作準以代
大二百五十小廾九　後漢書志第一　二十一　何宗十四
之準之聲明暢易達分寸又粗然弦以緩
急清濁非管無以正也均其中弦令與黃
鍾相得案畫以求諸律無不如數而應者
矣音聲精微綜之者解元和元年待詔候
鍾律殷彤上言官無曉六十律以準調音
者故待詔嚴崇具以準法教子男宣宣通
習願召宣補學官主調樂器詔曰崇子學
審曉律別其族協其聲者審試不得依託
父學以聾爲聰聲微妙獨非莫知獨是莫

曉以律錯吹能知命十二律不失一乃爲
能傳崇學耳太史丞弘試十二律其二中
其四不中其六不知何律宣遂罷自此律
家莫能爲準施弦候部莫知復見　薛瑩書曰上以太常
樂丞鮑鄴等上樂事下車騎將軍馬防防奏言建初
二年七月鄴上言王者飲食必道須四時五味故有
食舉之樂所以順天地養神明求福應也移風易俗
莫善於樂樂者天地之和不可久廢今官樂但有太
蔟皆不應日律可作十二月均各應其月氣乃能順
天地和氣宜應明帝始令靈臺六律候而未設其門
樂經曰十二月行之所以宣氣豐物也月開斗建之
門而奏歌其律誠宜施行願與待詔嚴崇及能作樂
器者共作治考工給所當詔下太常太常上言作樂
器直錢百四十六萬請太僕作成上奏寢令明詔下
大二百五十小廾二　後漢書志第一　二十二　徐泳
臣防臣顯問鄴及待詔知音律者皆言聖人作樂所
以宣氣致和順陰陽也臣愚以爲可順上天之明待
因歲首令正發太蔟之律奏雅頌之音以立太
平以迎和氣其條貫甚備詔書以防言下三公　熹平
六年東觀召典律者太子舍人張光等問
準意光等不知歸閱舊藏乃得其器形制
如房書猶不能定其弦緩急音不可書以
時人知之者欲教而無從心達者體知而
無師故史官能辨清濁者遂絕其可以相
傳者唯大推常數及候氣而已夫五音生
於陰陽分爲十二律轉生六十皆所以紀

圖版二一二　晉范曄《後漢書》〈律曆志〉書影

採自南宋紹興年間監本

之聲，則無不有所合。……房又曰：「竹聲不可以度調，故
作準以定數。準之狀如瑟，長丈而十三弦，隱間九尺，以應
黃鐘之律九寸，中央一弦，下畫分寸，以爲六十律清濁之節。」
房言律詳於歆所奏，其術施於史官，候部用之。

　　從上列史籍記述，使我們對於京房生平及其學術思想有一些概念，
他精於占驗之術，這似乎有一種不可知的神秘力量，能影響占卜之排
列規則【註五】，也不是單純的機會主義。至於音律問題，在漢以前，
已將「十二律」附於「十二月令」，如黃鐘建子，十一月是也。京房
六十律，改進歷代律管定律發生「端際效應」等問題之困難，便採用
「準」的弦律來定音，更深一層伸引十二律的應用，似乎將原來分卦
直日用事的占驗法【註六】，易卦爲律，使得六十律分期之日，以配
合干支運用，更爲便捷合理，而且在律名中含有消息的意味。我們知
道中國曆法的特徵，是以干支爲基礎，又以多至爲「歲實」的起點，
京房以「紀陽氣之初」、「建日多至」，用新的符號——當然以「黃
鐘」代「甲子」日，……「遲時」代「癸亥」日，尤能使六十律配合
六十日，進一步與曆的交融。京房專攻易學，又復通曉鐘律及數學理
論，加上卜者對於「日」的敏感，極自然發明這種新的樂制。

三、六十律名目及其律數釋義

　　《後漢書志》第一、〈律曆〉上，載有「京房六十律」名目及其
律數（據鼎文書局本，第3002-3014頁），茲引錄於下：

1　**黃鐘**，十七萬七千一百四十七。

　　　　下生林鐘。　　黃鐘爲宮，太簇商，林鐘徵。

　　　　一日。　　律，九寸。　　準，九尺。

2　**色育**，十七萬六千七百七十六。

　　　　下生謙待。　　色育爲宮，未知商，謙待徵。

六日。　　律，八寸九分小分八微強。

準，八尺九寸萬五千九百七十三。

3　**執始**，十七萬四千七百六十二。

下生去滅。　　執始爲宮，時息商，去滅徵。

六日。　　律，八寸八分小分七大強。

準，八尺八寸萬五千五百一十六。

4　**丙盛**，十七萬二千四百一十。

下生安度。　　丙盛爲宮，屈齊商，安度徵。

六日。　　律，八寸七分小分六微弱。

準，八尺七寸萬一千六百七十九。

5　**分動**，十七萬八十九。

下生歸嘉。　　分動爲宮，隨期商，歸嘉徵。

六日。　　律，八寸六分小分四強。

準，八尺六寸八千一百五十二。

6　**質末**，十六萬七千八百。

下生否興。　　質末爲宮，形晉商，否興徵。

六日。　　律，八寸五分小分二半強。

準，八尺五寸四千九百四十五。

7　**大呂**，十六萬五千八百八十八。

下生夷則。　　大呂爲宮，夾鐘商，夷則徵。

八日。　　律，八寸四分小分三弱。

準，八尺四寸五千五百八。

8　**分否**，十六萬三千六百五十四。

下生解形。　　分否爲宮，開時商，解形徵。

八日。　　律，八寸三分小分一強。

　　　　　　　　　　準，八尺三寸二千八百五十一。

9　**凌陰**，十六萬一千四百五十二。

　　　　下生去南。　　凌陰爲宮，族嘉商，去南徵。

　　　　八日。　　律，八寸二分小分一弱。

　　　　　　　　　　準，八尺二寸五百一十四。

10　**少出**，十五萬九千二百八十。

　　　　下生分積。　　少出爲宮，爭南商，分積徵。

　　　　六日。　　律，八寸小分九強。

　　　　　　　　　　準，八尺萬八千一百六十。

11　**太簇**，十五萬七千四百六十四。

　　　　下生南呂。　　太簇爲宮，姑洗商，南呂徵。

　　　　一日。　　律八寸。　　準，八尺。（以下不再錄「日數」

　　　及「律」、「準」的尺寸，請自行檢原書校讀以省篇幅）

12　**未知**，十五萬七千一百三十四。

　　　　下生白呂。　　未知爲宮，南授商，白呂徵。

13　**時息**，十五萬五千三百四十四。

　　　　下生結躬。　　時息爲宮，變虞商，結躬徵。

14　**屈齊**，十五萬三千二百五十三。

　　　　下生歸期。　　屈齊爲宮，路時商，歸期徵。

15　**隨期**，十五萬一千一百九十。

　　　　下生未卯。　　隨期爲宮，形始商，未卯徵。

16　**形晉**，十四萬九千一百五十六。

　　　　下生夷汗。　　形晉爲宮，依行商，夷汗徵。

17　**夾鐘**，十四萬七千四百五十六。

下生無射。　　夾鐘爲宮，中呂商，無射徵。

18　**開時**，十四萬五千四百七十。

下生閉掩。　　開時爲宮，南中商，閉掩徵。

19　**族嘉**，十四萬三千五百一十三。

上生鄰齊。　　族嘉爲宮，內負商，鄰齊徵。

20　**爭南**，十四萬一千五百八十二。

下生期保。　　爭南爲宮，物應商，期保徵。

21　**姑洗**，十三萬九千九百六十八。

下生應鐘。　　姑洗爲宮，蕤賓商，應鐘徵。

22　**南授**，十三萬九千六百七十四。

下生分烏。　　南授爲宮，南事商，分烏徵。

23　**變虞**，十三萬八千八十四。

下生遲內。　　變虞爲宮，盛變商，遲內徵。

24　**路時**，十三萬六千二百二十五。

下生末育。　　路時爲宮，離宮商，末育徵。

25　**形始**，十三萬四千三百九十二。

下生遲時。　　形始爲宮，制時商，遲時徵。

26　**依行**，十三萬二千五百八十二。

上生色育。　　依行爲宮，謙待商，色育徵。

27　**中呂**，十三萬一千七十二。

上生執始。　　中呂爲宮，去滅商，執始徵。

28　**南中**，十二萬九千三百八。

上生丙盛。　　南中爲宮，安度商，丙盛徵。

29　**內負**，十二萬七千五百六十七。

上生分動。　　內負爲宮，歸嘉商，分動徵。

30 **物應**，十二萬五千八百五十。

上生質末。　　物應爲宮，否與商，質末徵。

31 **蕤賓**，十二萬四千四百一十六。

上生大呂。　　蕤賓爲宮，夷則商，大呂徵。

32 **南事**，十二萬四千一百五十四。

不生。　　　南事窮，無商、徵，不爲宮。

33 **盛變**，十二萬二千七百四十一。

上生分否。　　盛變爲宮，解形商，分否徵。

34 **離宮**，十二萬一千八百一十九。

上生凌陰。　　離宮爲宮，去南商，凌陰徵。

35 **制時**，十一萬九千四百六十。

上生少出。　　制時爲宮，分積商，少出徵。

36 **林鐘**，十一萬八千九十八。

上生太簇。　　林鐘爲宮，南呂商，太簇徵。

37 **謙待**，十一萬七千八百五十一。

上生未知。　　謙待爲宮，白呂商，未知徵。

38 **去滅**，十一萬六千五百八。

上生時息。　　去滅爲宮，結躬商，時息徵。

39 **安度**，十一萬四千九百四十。

上生屈齊。　　安度爲宮，歸期商，屈齊徵。

40 **歸嘉**，十一萬三千三百九十三。

上生隨期。　　歸嘉爲宮，未卯商，隨期徵。

41 **否與**，十一萬一千八百六十七。

上生形晉。　　否與爲宮，夷汗商，形晉徵。

42　**夷則**，十一萬五百九十二。

　　　　上生夾鐘。　　夷則爲宮，無射商，夾鐘徵。

43　**解形**，十一萬九千一百三。

　　　　上生開時。　　解形爲宮，閉掩商，開時徵。

44　**去南**，十萬七千六百三十五。

　　　　上生族嘉。　　去南爲宮，鄰齊商，族嘉徵。

45　**分積**，十萬六千一百八十七。

　　　　上生爭南。　　分積爲宮，期保商，爭南徵。

46　**南呂**，十萬四千九百七十六。

　　　　上生姑洗。　　南呂爲宮，應鐘商，姑洗徵。

47　**白呂**，十萬四千七百五十六。

　　　　上生南授。　　白呂爲宮，分烏商，南授徵。

48　**結躬**，十萬三千五百六十三。

　　　　上生變虞。　　結躬爲宮，遲內商，變虞徵。

49　**歸期**，十萬二千一百六十九。

　　　　上生路時。　　歸期爲宮，未育商，路時徵。

50　**未卯**，十萬七百九十四。

　　　　上生形始。　　未卯爲宮，遲時商，形始徵。

51　**夷汗**，九萬九千四百三十七。

　　　　上生依行。　　夷汗爲宮，色育商，依行徵。

52　**無射**，九萬八千三百四。

　　　　上生中呂。　　無射爲宮，執始商，中呂徵。

53　**閉掩**，九萬六千九百八十。

　　　　上生南中。　　閉掩爲宮，丙盛商，南中徵。

54 **鄰齊**，九萬五千六百七十五。

上生內負。　　鄰齊爲宮，分動商，內負徵。

55 **期保**，九萬四千三百八十八。

上生物應。　　期保爲宮，質末商，物應徵。

56 **應鐘**，九萬三千三百一十二。

上生蕤賓。　　應鐘爲宮，大呂商，蕤賓徵。

57 **分烏**，九萬三千一百一十六。

上生南事。　　分烏窮次，無徵，不爲宮。

58 **遲內**，九萬二千五十六。

上生盛變。　　遲內爲宮，分否商，盛變徵。

59 **末育**，九萬八百一十七。

上生離宮。　　末育爲宮，凌陰商，離宮徵。

60 **遲時**，八萬九千五百九十五。

上生制時。　　遲時爲宮，少出商，制時徵。

六日。　　律四寸五分小分五弦。

準四尺五吋萬二百一十五。（終）

　　上列「京房六十律」各種律名及律數等項，讀覽之後，使我們體驗到60律，是按三分損益律的架構而擴充之。原來「黃鐘」、「大呂」之間（一個「半音」或稱「增一度」），現在增加了「色育」、「執始」、「丙盛」、「分動」、「質末」5律；「大呂」、「太簇」之間，增加了「分否」、「凌陰」、「少出」3律，即將原來3個律所構成的「大二度」，現在分成11律。原來「黃鐘」生「林鐘」是「隔八相生」，而現在因爲律的增加，而且又是屬於三分損益系統的引伸，成爲每隔36律相生1律，雖然同爲一個「純五度」，而律與律之間卻細密了。

在這裡我們應當察覺一件事，就是「六十律」的「律」，與「十二律」的「律」；前者稱它是「律」，其實是一個「古代音差」，後者稱它是「律」，卻是「半音」或是「度」數，上述「每隔36律相生1律」，兩個「律」字須分辨清楚。

六十律律名之下，著錄律數、相生法、調式、日數、管律長及絃律長等數目諸事宜，從京房的定律法中，可以探究到其結構情形。

《後漢書志》第一〈律曆〉上：

> 黃鐘、律呂之首，而生十一律者也。其相生也，皆三分而損益之。是故十二律之得十七萬七千一百四十七，是爲黃鐘之實。又以二乘而三約之，是爲下生林鐘之實。又以四乘而三約之，是爲上生太簇之實。推此上下，以定六十律之實。以九三之（應爲「以三九之」一麃註），得萬九千六百八十三爲法，於律爲寸，於準爲尺。不盈者十之，所得爲分。又不盈十之，所得爲小分。以其餘正其強弱。

京房這樣定律：以「黃鐘（爲）律呂之首」，用三分損益法相生其他60律。黃鐘之實（被除數）得177147，這數目曾見於《淮南子》〈天文訓〉，如：「故置一而十一三之，爲積分十七萬七千一百四十七，黃鐘大數立焉。」其式：

$$1 \times 3 \times 3 \times 3 \times 3 \times 3 \times 3 \times 3 \times 3 \times 3 \times 3 \times 3 = 3^{11} = 177147$$

用這個數據作基準，在3的倍數中，可以免除小數，不僅計算方便，還能使相生的各律，得到整數。京房同時爲了取得律管9寸之長，便「以三九之，得萬九千六百八十三爲法（除數）。」這個數目亦曾見於《史記》〈律書〉，如：「置一而三九之以爲法。」其式：

$$1\times3\times3\times3\times3\times3\times3\times3\times3\times3=3^9=19683$$

兩指數相除為 $3^{11}\div3^9=3^2$，即9（黃鐘管長）

用19683這個數目作為求管律的長度「常數」，只要將它與各律律數相除，即可獲得。又以管律長度的10倍為絃律長度，因絃律長到9尺，便可以在絃的下方，畫音名定點，得「六十律清濁之節。」如：

1. 黃鐘　十七萬七千一百四十七

　　　$$1\times3\times3\times3\times3\times3\times3\times3\times3\times3\times3\times3=177147$$

36. 林鐘　十一萬八千九十八

　　　$$177147\times\frac{2}{3}=118098$$

　　　$$177147\div19683=9寸（3^{11-9}）$$

黃鐘律九寸。　準九尺 $9\times10=90$寸（即9尺）

2. 色育　十七萬六千七百七十六律

　　　律八寸九分小分八微強。

　　　準八尺九寸萬五千九百七十三。

　　　$$176776\div19683=8.98115=8.98^+（約率）\textbf{色育管長}$$

　　　$$176776\div19683=8.981151247（密率）　\textbf{色育準長}$$

又：$8.981151247\times10=89.81151247$

　　　$89+(0.81151247\times19683=15973)$

故：$89\frac{15973}{19683}$ 為「八尺九寸萬五千九百七十三」色育準長。

《後漢書》〈律志〉載「色育」律數為十七萬六千七百七十六，除（常數）一萬九千六百八十三，得管長八寸九分八釐一絲一毫五二，故記「八寸九分小分八微強」。絃長為管長之10倍，其在寸以下記「萬五千九百七十三」；中國古代算術無分式記法，**一向以分數的分子稱**

為「小分」，而分母例不記入，也不讀數，造成許多不便，影響古代科技普遍推行，故「色育」之準律長，應讀作「八尺九寸又一萬九千六百八十三分之一萬五千九百七十三」，餘此類推。研究中國古代術數的問題，首先應對書中所敘述意義，有充份瞭解，然後才知其「所以然」，方能進行較深入研究。

四、六十律與西方五度音列之比較

　　中國三分損益律與西洋「五度相生律」大致相同。五度相生律，是西元前6世紀希臘哲學家兼數學家畢達哥拉斯（582-500B.C.）創訂的。他曾留學埃及，就教於某教士之門，研習音樂，歸國後建立一種「數學樂理」；以為音樂諧和原理，全視絲絃長短，以及振動數多少的關係而定。這種律制，由某一律向上推五度（純五度），產生次一律，再由此律向上推五度，產生再次一律；如此繼續相生，產生許多律；後作八度移動，以歸於一組之內【註七】。這種定律法，在西洋音樂史上勢力極大，單音音樂時代，一直沿用這種定律法。這種樂律與三分損益律相同點，也是第十二次所生之律，而不是c，而比c略微高一點，這個音正是「京房六十律」中的「執始」。既然do與Do不能完全相等高，其中必有一個極小的音程存在，所謂「音差」，西洋稱為「古代音差」，也稱為「極大音差」（再沒有別的音差能插入其間了），中國音律稱為「十二律音差」。中西樂理也都有解決這音差的方法，站在純科學立場而論，中國的方式，反而比西洋精微多了。現在，我們應用中西樂學理論來比較敘述這方法——六十律的理論問題。

　　從五度相生律理論而言，由c至d的音程：從c下生^{b}d，為5個五度音級（c－f－^{b}b－^{b}e－^{b}a－^{b}d），c上生#c，為7個五度音級（c－g－d－a－e－b－#f－#c），合起來是12個五度音級，凡隔12個五度音

級，就構成一個「古代音差」。根據數學計算所得結論（算式從略）；「古代小半音」（c−♭d）相當於4個「古代音差」；「古代大半音」（c−#c）相當於5個「古代音差」，這問題表現在c−d大二度音程上，最爲明顯。今日演奏弦樂器（如小提琴）的人，主張將全音分作9個音差，下方音的升音（如#c）占5個音差，上方的降音（如♭d）占4個音差。。漢代京房六十律，的「色育」幾與「黃鐘」相等高，故從「黃鐘」到「太簇」這個「大二度」音程，大致也可與西洋「五度相生律」及「音差」相合。

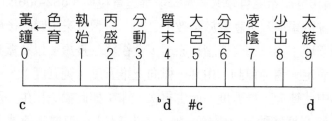

中國三分損益律的「大半音」在黃鐘、大呂之間，其音分值爲113.6852分，「小半音」在大呂、太簇之間，其音分值爲90.2251分，全音在黃鐘、太簇之間，其音分值爲203.9103分，12律音差的音分值爲23.4619分，在上列各種音程及音差的音分值關係中，同樣獲得五度相生律音差與大、小半音之倍數結論，並且領悟到「大半音」音分值，減「小半音」音分值，恰好等於一個音差（113.6852−90.2251＝23.4601）【註八】，這種方式精簡明快，結論正確，足以與五度相生律媲美。

我們詳細討論古代音差問題的目的，是要知道它在半音中的位置關係。現在，既已瞭解古代音差與半音音程的遠近，故每增加12律（十二個五度音級）一次，就會縮小1個「古代音差」的距離，如果增加4次之後，則這律便會與原律（如黃鐘c）音高極其接近，幾乎到

了沒有差別的階段，這一律就是京房六十律中第二律「色育」，它是
第53次五度相生的律；於此，京房六十律其最後6律，是配合干支而
繼續所生的律，以京房對於樂律學的修養，也會瞭解54次「色育」就
已達到改進三分損益律的目的。爲了中西樂律比較方便，特根據《後
漢書》《律曆志》所載各律相生秩序，及西洋「五度相生律」相生秩
序配合系列如下：【註九】

1 黃鐘（^{1}c）－ 2 林鐘（^{1}g）〰 3 太簇（^{1}d）－ 4 南呂（^{1}a）〰

5 姑洗（^{2}e）－ 6 應鐘（^{1}b）〰 7 蕤賓（^{1}#f）～ 8 大呂（^{1}#c）－

9 夷則（^{2}#g）〰10 夾鐘（^{1}#d）－11 無射（^{1}#a）〰12 仲呂（^{1}#e）－

13 執始（^{2}c）－ 14 去滅（^{2}g）〰 15 時息（^{2}d）－ 16 結躬（^{2}a）〰

17 虞變（^{2}e）－18 遲內（^{2}b）〰 19 盛變（^{2}#f）～20 分否（^{2}#c）－

21 解形（^{2}#g）〰22 開時（^{2}#d）－23 閉掩（^{2}#a）〰24 南中（^{2}#e）－

25 丙盛（^{3}c）－ 26 安度（^{3}g）〰 27 屈齊（^{3}d）－ 28 歸期（^{3}a）〰

29 路時（^{3}e）－30 未育（^{3}b）〰 31 離宮（^{3}#f）〰32 凌陰（^{3}#c）－

33 去南（^{3}#g）〰34 族嘉（^{3}#d）－35 鄰齊（^{3}#a）〰36 內負（^{3}#e）－

37 分動（^{4}c）－ 38 歸嘉（^{4}g）〰 39 隨期（^{4}d）－ 40 未卯（^{4}a）〰

41 形始（^{4}e）－42 遲時（^{4}b）〰43 制時（^{4}#f）〰44 少出（^{4}#c）－

45 分積（^{4}#g）〰46 爭南（^{4}#d）－47 期保（^{4}#a）〰48 物應（^{4}#e）－

49 質末（^{5}c）－ 50 否與（^{5}g）〰 51 形晉（^{5}d）－ 52 夷汗（^{5}a）－

53 依行（^{5}e）〰54 色育（^{5}b→c）－　　　　55 謙待 〰（^{5}f→g）－

56 未知（^{5}c→d）－　57 白呂（^{5}#g→a）〰　58 南授（^{5}#d→e）－

59 分烏（^{5}#a→b）　　〰60 南事（^{5}#e→f）

　　本欄所用符號「一」代表三分損益律中的「下生」（低音生高音），
「〰」代表「上生」（高音生低音），在五度相生律中只有「下生」
（西律稱上生），然後向本音級移回。「c」括號中字母，代表西律

名，西律名左上方有¹、²、³、⁴、⁵五種數目，表示這律高於古代音差的次數。「→」號表示趨近（幾乎完全相等＝）。將這系統圖與以上《漢書・律曆志》所載的律名、度數對照閱讀，加上一些西洋音樂制的理論，就相得益彰。

我們看上列第54次律，中律名為「色育」，西律名為⁵b，它與第6次中律的「應鐘」，即西律的b高了4個古代音差（一個「小半音」）；1個「小半音」約等於4個「古代音差」，現在「色育」既是⁵b，達到了4個古代音差之高，這時⁵b豈不與c相等高，則「色育」與「黃鐘」豈不無甚差異了？的確，「色育」不但在六十律中與「黃鐘」音高趨近，即使宋錢樂之的「三百六十律」，也是以色育次於黃鐘一律，證明再也沒有比它更接近於黃鐘的律了。

五、京房六十律的數學

音樂是結合物理學的聲、音響的一部分，及藝術人體功能、技倆而成，在各種科學中，音樂是最早應用數學的一門學問。研究京房六十律，便離不開聲學與數學。現在，用數學方式取六十律的振動數比（即管、絃長比的反比），求第54律「色育」律，它是否與黃鐘等高？或相差若干？

「三分損益律」用上、下相生，所求得的是管長比，雖然僅用 $\frac{2}{3}$ 與 $\frac{4}{3}$ 輾轉相乘，計算時雖不困難，可是程序繁複，極易發生錯誤（如王光祈、劉復，都是飽嘗這問題痛苦的學者；近年中部彰化縣國小老師駱光照也是如此的），如果用西洋五度相生律，求其振動數比，只要將上生次數作五度（ $\frac{3}{2}$ ）的乘方積；除以移回次數（2）的乘方積，即可求得其與主音的正確振動數之比值。

　　例如，「色育」為第53次所生之律，其上生為53次（五度）$\frac{2}{3}$乘方，移回（八度）2次數為31次的乘方，所得其與主音的振動數比值為1.0019為。如：

算　式

$$
\begin{aligned}
\frac{(\frac{3}{2})^{53}}{2^{31}} &= \frac{53 \log 1.5}{31 \log 2} \\
&= \frac{53 \times 0.17609}{31 \times 0.30103} \\
&= \frac{9.33277（對數值）}{9.33193（對數值）} \\
&= \frac{2.1516（眞數）}{2.1474（眞數）} \\
&= 1.0019
\end{aligned}
$$

假設「黃鐘」音高為1，則「色育」音高為1.0019，假設黃鐘相當於c頻率261.63HZ時，則色育之頻率為262.12HZ，其差幾乎0.5HZ都不到，能說它不與黃鐘（幾乎完全）等高嗎？如果要嚴格以數學再去計算這律的音差，也不是沒有，那僅是一個「古代音差」的$\frac{1}{7}$而已。【註十】如何得知「色育」上升53次，而「八度」回降31次，在本文——〈補記〉中有詳細說明。

〈表二〉 京房六十律律數的數理分析

漢京房六十律律數，絃長、絃律一覽表

律 名		律數	弦長	弦		律		十二平均律
原 有	新 增			晉分值	頻　率	西　律		
1 黃鐘		177147	209.8	0	387.332	g_1^-		
	2 色育	176776	209.36	3.6295	388.145			
	3 執始	174762	206.98	23.4666	392.618			g_1 392.00
	4 丙盛	172410	204.19	46.9244	397.974			
	5 分動	170089	201.44	70.3887	403.405			
	6 質末	167800	198.73	93.8453	408.908			
7 大呂		165888	196.47	113.6852	413.621	$\#g_1^-$		$\#g_1$ 415.30
	8 分否	163654	193.82	137.1580	419.267			
	9 凌陰	161452	191.21	160.610	424.985			
	10 少出	159280	188.64	184.0586	430.780			
11 太簇		157464	186.49	203.9103	435.748	a_1^-		
	12 未知	157134	186.10	207.4523	436.664			
	13 時息	155344	183.98	227.3769	441.695			a_1 440
	14 屈齊	153253	181.50	250.8385	447.722			
	15 隨期	151190	179.06	274.3016	453.831			
	16 形晉	149156	176.65	297.7505	460.020			
17 夾鐘		147456	174.64	317.5955	465.323	$\#a_1^-$		$\#a_1$ 466.16
	18 時開	145470	172.28	341.0709	471.676			

	19 族嘉	143513	169.97	364.5193	478.108		
	20 爭南	141582	167.68	387.9716	484.629		
21 姑洗		139968	165.77	407.8206	490.217	b_1^-	
	22 南授	139674	165.42	411.4609	491.249		b_1 493.88
	23 變虞	138084	163.54	431.2817	496.906		
	24 路時	136225	161.33	454.7473	503.687		
	25 形始	134392	159.16	478.2005	510.556		
	26 依行	132582	157.02	501.6753	517.527		
27 中呂		131072	155.23	521.5058	523.489	c^2	c_2 523.25
	28 南中	129308	153.14	544.9635	530.630		
	29 內負	127567	151.08	568.4311	537.872		
	30 物應	125850	149.05	591.8911	545.210		
31 蕤賓		124416	147.35	611.7309	551.494	$\#c_2^-$	
	32 南爭	124154	147.04	615.3805	552.658		$\#c_2$ 554.37
	33 盛變	122741	145.37	635.1967	559.020		
	34 離宮	121819	144.27	648.2504	563.251		
	35 制時	119460	141.48	682.104	574.374		
36 林鐘		118098	139.87	701.9561	580.998	d_2^-	
	37 謙待	117850	139.57	705.5808	582.216		
	38 去滅	116508	137.98	725.0227	588.791		d_2 587.23
	39 安度	114940	136.13	748.8805	596.961		
	40 歸嘉	113393	134.29	772.3398	605.105		

	41 否與	111867	132.49	795.7963	613.360		
42 夷則		110592	130.98	815.6413	620.431	#d₂⁻	#d₂ 622.25
	43 解形	109103	129.21	839.1089	628.898		
	44 去南	107635	127.48	862.5611	637.476		
	45 分積	106187	125.76	886.0093	646.169		
46 南呂		104967	124.32	906.0149	653.679	e₂⁻	
	47 占呂	104756	124.07	909.4984	654.995		
	48 結躬	103563	122.65	929.3275	662.541		e₂ 659.26
	49 歸期	102169	121.00	952.7889	671.580		
	50 未卯	100794	119.37	976.2463	680.742		
	51 夷汗	99437	117.77	999.7124	690.032		
52 無射		98304	116.42	1019.5516	697.984	f₂⁻	f₂ 698.46
	53 閉掩	96980	114.86	1043.0271	707.514		
	54 鄰齊	95675	113.31	1066.4814	717.164		
	55 期保	94388	111.79	1089.9277	726.943		
56 應鐘		93312	110.51	1109.7768	735.326	#f₂⁻	
	57 分烏	93116	110.28	1113.4170	736.573		#f₂ 739.99
	58 遲內	92056	106.02	1133.2378	748.358		
	59 未育	90817	107.56	1156.6971	755.527		
	60 遲時	89595	106.11	1180.1501	765.832		
半黃鐘							

本表所列各項數據茲分析其數理如下：

（一）六十律的絃長

京房云：「準之狀如瑟，長丈而十三弦，隱閒九尺（供彈撥音域部分），以應黃鐘之律九寸，中央一弦，下畫分寸，以爲六十律清濁之節（〈漢曆志〉）」。試問漢朝1尺爲現代公制之若干公分？據近人研究歷代尺度，以71種各代古尺實物及拓本、照片，綜合比較正史史志著錄，釐訂漢尺一尺爲公制23.3—23.38（公分、cm）之間【註十一】，本文以京房隱閒絃長九尺，定爲209.8公分，爲2公尺餘亦可作210公分，是否令人感覺此弦甚長！我們看梁武帝〈四通十二笛〉，其「玄英通」的黃鐘絃，也是長九尺，六朝尺度較漢代爲大。此且不言，在河南信陽長臺關二號楚墓，出土瑟二張，其長爲180公分及178公分【註十二】，與京房定音準絃之長，相差不甚遠，足見京房準弦，與其時代性並不衝突。

「中央一弦」的絃徑爲若干？在長臺關二號楚墓的瑟絃，已腐化無存，而長沙馬王堆二號漢墓出土之瑟絃爲1.6（公釐、mm），推定京房準絃與此不相上下。瑟制爲二十五絃，通常按絃徑的遞減來張絃，並且絃根據張力的平方根與頻率或正比的原理，遞減各絃的張力，使之發出合乎某一音高或某些音階的要求。瑟是「散音」的低音樂器，張絃是一項重要的學問。京房「準」（相當於古希臘「一弦琴」）只用一條中絃，無所謂張絃理論，大約在上述絃長，及絃徑條件下，於弦下畫定分寸以定六十律，是一種儀器性質。

京房準弦「黃鐘」律數爲177147，準「隱閒」九尺合209.8公分，「色育」律數爲176776，則色育準「隱閒」應爲209.36公分，用比例法求之。如：

算　式：

177147（黃鐘）：209.8＝176776（色育）：x

$x = （209.8 \times 176776）\div 177147$

$x = 209.36 \, \text{cm}$ **（色育的弦長）**

其他各律弦長由此類推。

（二）六十律的音分值

在八度之間1200音分，假定高低兩音階的絃律，其高音階的絃律為e_2，低音階的弦律為e_1，弦之長短與音階高低成反比，求此二 弦律之音程所差的音分值公式：

$$\text{I}（音分值）= \log \frac{e_1}{e_2} \times 3986.32 （視為常數）$$

按3986.32為八度1200音分$\div \log 2$（即0.30103）所得。

將「黃鐘」e_1與「色育」e_2的律數代入公式中：

算　式：

$$\text{I} = \log \frac{177147}{176776} \times 3986.32$$
$$= \log 1.002098 \times 3986.32$$
$$= 0.00091095 \times 3986.32$$
$$= 3.6295 （用計算機計算）$$

當「黃鐘」音分值為0分時，「色育」之音分為3.6295分，餘此類推。用「電子計算機」位數較多，與查對數表稍有差數。

音樂的音程用數學比例決定，這種發現，可將調音的技術，建立在一個完全新的基礎上。用對數方法來計算音程，便直接從數字的大

小，表示出音程的大小，在極微小的音程，惟有數學才能完全正確表示。

（三）六十律的頻率

上例計算所得：「色育」的音分值爲3.6295分，在八度12律音階中，其頻率若干（「複振動數」HZ）？可由其音分值換算得之。這種頻率在高低音的兩端，有時相同的音分，而偏向於音低的一端，其振動頻率次數少；偏向於音高的一端，其頻率振動次數多。所以音分值與各律間，僅保持其相對待之關係，並非絕對關係。現在，從上式導得由音分值求頻率公式：【註十三】

$$\ell_2 = \ell_1 \times 10^{\frac{\text{I}}{3986 \cdot 32}}$$

但我們必須先瞭解漢代「黃鐘」（ℓ_1）正確頻率；這可以根據漢代典籍所載「黃鐘」管徑及其長度，合成現代公制，製成律管去實驗，從前楊蔭瀏《中國音樂史綱》提出漢代黃鐘音高有二種：㈠劉歆律是384HZ；㈡蔡邕銅籥律是332.4HZ。1972年元月湖南長沙馬王堆一號漢墓出土的黃鐘律管及竽管實物，測定音高爲455.78HZ【註十四】。本文所用黃鐘音高爲387.332HZ，現在，實已不能記憶取自何書，或何種理論確定（2000年秋修訂補記），至爲抱歉！好在此頻率皆介於其他三種頻率之間，實亦無關緊要。附「漢代律管」拓本〔圖版二～三、四〕，以供參考欣賞。茲將漢代「黃鐘」頻率及「色育」音分值代入上式。現代已普遍用電子計算機按鍵，不必查對數表，本文所列式供參考用。如：

算　式：

$$\ell_2 = 387.332 \times 10^{\frac{3.6295}{3986.32}}$$

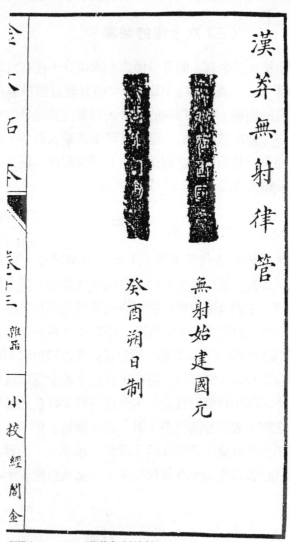

圖版二～三　漢莽無射律管

採自《小校經閣金文拓本》。

漢律管
律管

大呂始建國元秊正月
癸酉朔日制

大呂始建國元年正月
癸酉朔日制
右銘藏晁無咎學士家云始建國元年正月癸酉朔日制按漢書律歷
志古以竹為之至平帝時王莽扐易以銅文漢書莽傳以十二月朔癸酉
為建國元年正月之朔二說皆合也

圖版二～四　漢律管（大呂）律管銘文摹本
採自《歷代鐘鼎彝器款識》本。

$$=387.332 \times 10^{0.00091048}$$
$$=387.332 \times 1.00209867$$
$$=388.145HZ（\textbf{色育的頻率}）$$

已知漢代「黃鐘」頻率為387.332HZ，因「色育」音分值為3.6259音分，相對頻率為388.145HZ，兩者之間僅差0.813HZ尚不足1個頻率，其細微可見一斑。

以上所敘述漢京房六十律「弦長」、「音分值」、「頻率」均極詳細，以適於學習音樂學史學生之需，在西律「十二平均律」本（表二）僅能記其最接近之律，餘皆請讀者自行觀察選用。

六、六十律之檢討

一、我們從上表各欄數據，對於京房的六十律有一個觀念，那就是各律之間的音程，相距極近，在西律律名中，幾乎已不能用強弱（+、－）方式表達了。王光祈《東西樂制之研究》云【註十五】：

> 在京氏之意，本欲再行求得真正黃鐘之音為止，但是現在求到五十三次，得著一個色育之音，與真正黃鐘之音，相差只有0.01781，（八度之間以6音分計——鼐註）在普通人的耳朵聽來，簡直與黃鐘之音完全相同，京氏至此認為滿意，不復往下再求，但這位京先生因為要把他湊成整數，乃於五十四律之外，又加了謙待、未知、白呂、南授、分烏、南事六律，湊成六十整數。因此之故，我們從南事所求之音，僅至大呂之次而止，與黃鐘相隔尚遠，故我們計算京氏新律，最好推至五十三次為止。

二、京房為求得十二律還原，繼續推衍三分損益算術，因為律數增加，無法在管律上細分，所謂「竹聲不可以度調」，便應用長到九

尺準弦來定律。最初將弦律與管律取得等高的音，然後用律數在弦下畫好分寸，依次得到六十律。京房的管律是弦律的十分之一，這方面卻有許多問題存在，並未合理解決。楊蔭瀏《中國音樂史綱》云【註十六】：

> 京房對於弦律，雖然也許曾經做過精密的實驗，但他對於管律，則除了他所取作和弦標準的黃鐘一管以外，其餘的五十九管，他非但沒有將它們的音來與弦律比較過，甚至他連這樣的管子都沒有實際做過。他不過武斷地誤以爲管律長度的相對比例，當然是與弦律長度相當，而憑空取六十弦律的長度的十分之一，寫出來許多管律的長度罷了。我們可以如此斷然的推想：第一，因爲京房管律相鄰二律間最小的長度差值，不到十分之一分，那時沒有測微的儀器，根本就做不成這套律管；第二，因爲京房在管律長度方面，並沒有加以校正，並且也沒有將管徑變異一點，假使真有這套律管，不至於將他的弦管長度，如此記下來了。……京房根本怕管律的分數不明，所以用準，用準時，只用黃鐘一管作爲調弦時的標準音。

　　三、京房六十律並非限於中國古代音樂理論中，現在世界音樂中「五度相生律」、「純律」、「平均律」都有53律的理論，而且這些理論，既可付諸歌唱，又有特殊風琴來演奏這種 60 律系統的音階。繆天瑞《律學》云【註十七】：

> 科內盧普（T. Kovnerup 丹麥人），批評畢達哥拉斯的律謂（即指五度相生律——鼐註）：照畢氏所設想，只要憑著五度，就可得到所有的音，……完全是一種空想（63頁）。
> 1876年有英國理論家波桑魁特（R. H. M. Bosanquet）發表

一種五十三律，極似京房的五十三律，所不同的，只是波桑魁特在五度音列上，利用小微音差的變換罷了（77頁）。波桑魁特曾根據這種五十三律，製成一架風琴，名爲 "Enharmonic Harmoniun"，這風琴有四組半，每組十二個鍵，但鍵盤共有七排，故每組內即有八十四個鍵。波桑魁特又倡用自然七度（78頁）。

日本的田中正平（1862年）的五十三純律，他於1890年在德國發表這個律制，爲純律開一新紀元，他的五十三純律，係利用兩種極小的音差的變換而構成（74頁）。田中正平曾根據五十三純律，製成一架風琴，名爲 "Enharmoniun"，這風琴除了普通七個白鍵與五個黑鍵外，又加四個小白鍵，與四個小黑鍵（共20個鍵），再用槓桿裝置，由右膝操縱，產生其餘各律（77頁）。

麥卡託（Nicholas Mercatos）約於1675年倡議五十三平均律，使我們覺得其奇怪的是，純律、五度相生律、與平均律，最多的律數均至五十三律（78頁）。

　　這些東西律學53律，當然以漢朝京房六十律爲鼻祖，不過京房沒有以純律爲歸依，或想接近純律罷了。

　　Moravian Aloya Hába（西元1893年）似乎是第一位歐洲人，如京房一樣，精心計畫一個六十音的音階於八度音程。照Scholes所說，他且可很正確的歌唱這種音。《中國之科學與文明》（第七冊）〈聲學〉360頁。

　　四、京房的六十律，其第二律「色育」與「黃鐘」最接近，劉宋時期錢樂之太史（西元438年間）所推算的「三百六十律」，其新增300律，均在「色育」音高以下，即皆低於「色育」，自無法與黃鐘

音高更爲接近，故錢樂之律雖多，而無補於事實之用。惟其第360律「安運」，據王光祈計算，已較「半黃鐘」爲高，應該列於「色育」之上（我計算「安運」音分值是704.1987，應在「林鐘」與「謙待」之間，才是正確的。）。而《隋書》卷十六〈志〉第十一「律曆」上律值曰云：「宋錢樂之因京房南事之餘，更生三百律。」其最初數律，名曰：黃鐘、色育、含微、帝德、廣運、下濟、剋終、執始。最後數律，名曰：九野、八荒、億兆、安運（第360律）。同書詳明記述：「壯進下生安運，依行上生色育。」這說明錢樂之以「色育」這律與「黃鐘」最接近，「安運」這律與「半黃鐘」最接近（也算是「大七度」非「八度」），可見得錢樂之三百六十律，雖然細密，但未超越京房的範圍，在三分損益律系統的律制，京房六十律已達到巔峰的成就。

　　我們檢討60律，總覺得它對於律的演進，極有價值，卻因爲附會60干支關係，使得音樂效用變了質，非常可惜！然而趙宋時期蔡元定（西元1135—1198年），以爲古代十二律的音高都是正確的，只有12次三分益一所生的律，應爲「執始」，而古人乃勉強將它當作「半黃鐘」，認爲一周，這便錯了。因此之故，我們若欲依照十二律，旋相爲宮之理，去配十二調，那麼只有黃鐘、林鐘、太簇、南呂、姑洗、應鐘六調是對的，其餘蕤賓、大呂、夷則、夾鐘、無射、中呂六調是不對的。假如我們要使蕤賓等六調之音亦準，只須再添六個「變律」就夠了，於是他一點也不客氣，遂從京房六十律中，取出六個律來，且與它們取了一個名字【註十八】，叫「變黃鐘」——執始（^2c）、「變林鐘」——去滅（^2g）、「變太簇」——時息（^2d）、「變南呂」——結躬「^2a」、「變姑洗」——變虞（^2e）、「變應鐘」——遲內（^2b），這六律的構造及音分值，完全合乎三分損益律與五度相生律，這種音階保持了中國十二律的音程特質，轉調的困難也完全克服，眞稱

得上是世界上早期最完美樂制之一。如果當年樂器製造技術能發揮它的長處，作曲法也能配合運用，加上蔡元定也不因僞學貶死，現代風行的十二平均律，是否會產生，也都是未可想像之事。

我們讀蔡元定《律呂新書》，覺得不及京房六十律清晰明白，如果沒有蔡元定的「變律論」的發揮，也難以知道京房律的博大精深了！

七、補　　記【註十九】

我選輯這篇文稿時，曾經整理，重新讀了三遍，改動了一些字句與數目。從它各項敘述中，所用《漢書》〈律曆志〉原載的數據與現代各種數理方法解讀，彼此之間，還稱得上是「環環相扣」，沒有重大缺點與自相矛盾。我嘗想當時結撰此文，迄今已19年，懷疑自己一點長進都沒有，如此舊稿難道用不著修訂嗎？的確，它不須太大的「修訂」，有些地方刪改了，又改回來了；上一篇史記曆書研究，就等於重寫！表示我任何一篇文字發表，無論先後，都是極盡我學術道德與良心的，沒有故作「高深」令人不測以自炫！

我對「音分值」律學這方面，因研究與教學，體念到若干便捷的方法，順便在此告知學音樂學的青年朋友，也許可以啓迪你對「律學」研究興趣，不會視它爲「碰都不敢碰」的怪物！

「三分損益律」就是「五度相生律」，現在，我提出一個常數0.17609：已知全弦之長，經彈撥敲擊發音爲1，它在相同條件與弦的張力不變情況下，其弦之半長（$\frac{1}{2}$）之處，彈撥敲擊發音爲2，弦長比是 1：2，振動比是 2：1，如果前者音高是 261.63 HZ，後者則是523.26HZ（c—c′），它們之間的比值是2，朱載堉發明12平均律，就是由2引起的動機。同理，三分損一「下生」，如「黃鐘」生「林鐘」（c—g），其振動比值是 $\frac{3}{2}$ 即1.5，用這個數的「對數」（$\log \frac{3}{2}$

＝0.17609）作爲「常數」，就可任意變換運用，計算出許多種音分值方法：

按五度音程 $\frac{3}{2}$（即1.5）的對數，是log1.5＝0.17609（取自計算機）

根據本文【註一】所作例題，它是「五度相生」的12次，由「黃鐘」求「半黃鐘」的相對音分值，如果不知道它的比值就無從計算。現在不用求其比值，而直接用12次五度對數值相乘，再去掉超次的八度，回歸到一組音級（八度音程）內，即爲所求，十分便捷了。如：

12（次五度）×0.17609＝2.11308

2.11308×3986.32（常數）＝8423.4130

8423.4130－（1200×6八度次）

＝1223.4130（**即「半黃鐘」音分值**）

這問題以新方法的「常數」，用電子計算機按鍵，只需20秒完成，從前是用高、低兩個音的比值（現在用管長、音程、頻率均可），如果不知兩音的相互的比值，就得先求得這值才可計算，它也相當於「推算」（見本書第一篇〈史記曆書甲子曆術理論之研究〉的推算問題）。現在，這題計算方法，是直接去計算，而且還可以計算任何一律的音分值。

如：求六十律中的53律「色育」律的音分值？

53×0.17609＝9.33283

9.33283×3986.32＝37203673

37203.673÷1200＝31.003061

【53個五度中有31個八度，參見本文第五節第一題算式】

31.003061－31八度後＝0.002839（餘數）

0.002839×1200（餘數還原）＝3.6732（**即為所求**）。

即「色育」音分3.6732，雖然與〈表一〉「色育」音分值有差，而兩種律數比值不同算法皆正確無誤，運用時應採同一種算法，不可兩者兼用。

《漢書》〈律曆志〉傳授給我們是一大堆數據，我讀了之後，將它「數量化」與「物質化」，將2000年前制度，拉到現代，使讀者一看就瞭解：

一、京房用「準」（相當一弦琴）來調律，是一種學術理論的探討，並不是音樂的實踐。

二、「準」的音域「隱間」（有效音的弦長）是九尺，合現代國際公制是209.8公分（或作210公分）。

三、「準」的弦徑是1.6公釐（0.16公分）；這條弦一次將張力調到與「黃鐘」律管音高相等。

四、「準」的主音（黃鐘c）音高為387.332Hz(g-)，約等於現代十二平均律中央八度g的音高是392.00Hz，低4.7Hz。

五、京房的「六十律」，他的「律」不能看成半音，只是一個一個的「古代音差」，在中央八度c鍵處，這音差相對只有0.57Hz，實在是精微極了！

六、「新莽（西元9年）無射銅律管」〔圖版二～五㈡〕，它是上海博物館藏品，雖已殘缺，但其孔徑實測為5.771公釐，管長據銘文推算約為112公釐。假設上述正確，則這隻「無射」律管音高，應為698.907Hz，與本文〈表二〉所測算京房六十律，「律準」的「無射」音高697.984Hz，相差＋0.923Hz，殊令人感到十分驚訝，何其如此密合，是以證明科學為物之不欺人也。

以上六點，我們研究漢代六十律樂制（Music System），不是在古籍「文字上作遊戲」，而是用研究科技史的方法，從各種物理聲

銘文「無射建國元年」

圖版二～五(二)　新莽無射銅律管

銘文「律量籥，方寸而圜其外四旁(？)九豪，冪百六十二分，深五分，積八百一十分，容如黃鐘。」

圖版二～五(一)　陝西咸陽張家灣出土新莽銅籥銘文摹本

採自〈漢代黃鐘律管和量制的關係〉孫機撰(考古)月刊本。

此文謂「新莽無射銅律管」是上海博物館藏品，雖已殘缺，但其孔徑實測為 5.771 公釐，管長據銘文推算約為 112 公釐。假設上述正確，則這隻「無射」律管音高應為 698.907Hz。本文〈表二〉所測算京房六十律「律準」的「無射」音高 697.984Hz，相差+0.923Hz，殊令人感到十分驚訝，何其如此密合？足以證明科學為物之不欺人也。

學原理、數學方法，與出土漢代音樂文物爲依據，呈現一個古代的事實，這種方法，是不是值得倡導？

京房逝世（西元前37年）之後121年，「準」的功能就失傳了，在《後漢書志》第一〈律曆〉上有云：

> 音聲精微，綜之者解。元和元年（西元84年），待詔候鐘律殷肜上言：「官無曉六十律以準調音者。」故待詔嚴崇具以準法教子男宣，宣通習。願召宣補學官，主調樂器。　詔曰：「崇子學審曉律，別其族，協其聲者，審試。不得依托父學，以聾爲聰。聲微妙，獨非莫知，獨是莫曉。以律錯吹，能知命十二律不失一，方爲能傳崇學耳。」太史丞弘試十二律，其二中，其四不中，其六不知何律？宣遂罷。自此律家莫能爲準施弦，候部莫知復見。熹平六年（西元177年）東觀召典律者太子舍人張光等問準意。光等不知，歸閱舊藏，乃得其器，形制如房書，猶不能定其弦緩急。音不可書以曉人，知之者欲教而無從，心達者體知而無師，故史官能辨清濁者遂絕。其可以相傳者，唯大榷常數及候氣而已。（這段文字見本文圖版二一二，《後漢書》書影）

讀了上述文字之後，覺得漢朝也有「音樂騙子」以外，就是所謂「音不可書以曉人，知之者欲教而無從，心達者體知而無師。」這幾句話，好像在諷刺現代的「學術界」，正印證了「一位洋研究生以漢書律曆志、天文志爲其研究專題，來臺三月，覓師指導，不幸卻找不到合適夠格的人選，失望而歸，自在意中。」【註二十】能不令人覺得我們學術界顏面無光！

本文發表於民國七十年（1981年）七月，東吳大學《中國藝術史集刊》第十一卷，1—45頁。民國八十九年秋重新修訂，增寫〈補記〉。

附　　註

註　一　音分值計算方法請參考見拙著《清史樂志之研究》，民國六十七年（1978年），故宮博物院本，第63頁。如「半黃鐘」的音分值爲 $1223.4619 = \log\frac{531441}{262144} \times 3986.32$，此處與本文第五節附〈表二〉「執始」音分值23.4666稍異，因對數值稍異，如 $\log\frac{177147}{174762}$，固無礙於研究結果，特予說明。

註　二　漢班固《漢書》，民國六十五年，鼎文書局新校本。《京房列傳》原文甚長，特擷其重要事略如文。

註　三　清紀昀《四庫全書總目》，民國五十八年，藝文印書館本。

註　四　晉司馬彪，《後漢書志》，民國六十五年，鼎文書局新校本。關於該志所著錄術數方面文字及數字，逕採其校正（勘）部分，以便閱讀，本文全同此例。

註　五　英李約瑟《中國之科學與文明》，民國六十九年，商務印書館修正三版。第三冊，〈14 準科學與懷疑傳統〉a 占卜：「沙利（H. Chatley）視此事有科學精神，彼在〈中國之自然哲學與魔術〉：『當研究各種不同占卜方法之際，所不容置疑者，占卜古代民族之信仰，對於紛紜未來不可知事物，而需於事前求得知道者，就用蓍草或竹籤，混合亂置，然後抽排成不加意見的占卜規格，再從占卜規格上可斷定事物之結果，但在其中，似乎有一不可知的神秘力量，能夠影響占卜之排列規格。因此占卜規格上，而加以人爲解釋其意義。』」

註　六　同註釋二《漢書》：「孟康曰：『分卦直日之法，一爻主一日，六十四卦爲三百六十日，餘四卦震離兌坎，爲方伯監司之官。所以用震離兌坎者，是二至二分用事之日，又是四時各專王之氣，各卦主

時，其占法各以其日觀其善惡也。』」因爲六十四卦配六十干支，便餘四日，處理方法不及六十日配六十律便利。此問題可參見明朱載堉〈樂律融通〉，有《樂律全書》本。

註　七　繆天水，《樂律學研究》，有民國四十六年淡江書局本，此書實爲「繆天瑞，律學」。「五度相生律」、「相生法」及「五度音列圖」、「古代大小半音與古代音差」等，載於10-18頁。1983年，繆氏修訂出版本，書中283頁，較此版更爲充實。

註　八　劉復，〈從五音六律說到三百六十律〉，輔仁學誌第二期刊載，第35頁，論及大小半音之差爲十二律音差。

註　九　王光祈，《東西樂制之研究》，民國六十年，中華書局本，乙編、中國，㈣中國後起之律，1〈漢京房六十律〉，第43頁。並參考註釋七。

註　十　同註釋七《律學》七章律史63頁。逐採原文，未用計算機重算。

註十一　矩齋，〈古尺考〉，考古通訊。1958年，第三期。

註十二　河南信陽長臺關二號楚墓，瑟圖，考古通訊，同上年第十一期。

註十三　換算頻率方法請參見拙著《清史樂志之研究》第105頁。

註十四　《長沙　馬王堆一號漢墓出土報告》（專書），第五、〈樂器〉中有漢代出土12律管一套，及竽一件，均有黃鐘測試音高紀錄，102-110頁。

註十五　同註釋九《東西樂制之研究》第50頁。

註十六　楊蔭瀏，《中國音樂史綱》，民國三十三年、國立音樂學院本。第153頁。

註十七　同註釋七《律學》，律史部份。

註十八　同註釋九，《東西樂制之研究》，第80頁大致如此。

註十九　本節文字係整理此文時新增入的，原著無此文字，特此說明。

註二十　陳三井〈學術的變形〉，民國六十六年七月十八日《中國時報》〈人間副刊〉載，又載入其專書中。

English Summary

CHING FANG AND HIS SEXAGENARY SCALE

CH'EN WAN-NAI

Ching Fang 京房（77-37 B.C.）was a faous diviner of the Han period who also was adept at musicology. The twelve tones of the classical Chinese scale were produced by using a process known in the west as the "cycle of fifths"; this involved taking the length of a resonating agent that produced the base note and multiplying it by two thirds, resulting in a length that produced a note a fifth interval above the base note, then multiplying the fifth-note resonating length by four thirds to produce a note a fourth interval below it or a whole tone above the base note. This method was used in alternating succession until twelve tones had been established, and was current for over a thousand years. The ancient Chinese regarded the thirteenth note produced in this cycle as almost equal in ratio to the original; thus if the base note was "*hunag-chung* 黃鍾 " (the name of the first note in the traditional twelve tone scale), the thirteenth note would be very close in timbre to the base note and would thus be called by the same name. The range produced was roughly equivalent to an octave, but the top note differed from the true octave tone by a quarter of a half-tone, which could still be distinguishable by the human ear. Ching Fang felt that such a scale would be out of temper, and proposed instead that the problem could be solved only when the cycle had been extended enough to arrive at an identical tone with the base note; to this end he invented a sexagenary (60-tone) series, although 53 tones would have been sufficient by this method. The number sixty corresponds to the sexagenary cycle of "Stems and Branches" (*Kan-chih* 干支) used in Chinese divination. In this paper, I employ modern techniques to analyse the theory of the sexagenary scale, its acoustic properties and transformations, and its relation to the Western system. I also attempt to demonstrate the accomplishment of the sexagenary scale in terms of ancient and modern Chinese and Western music; it may be understood that Western theories of pure tones, the cycle of fifths and the tempered twelve-tone scale can all be accommodated within the scope of the 53-note scale. The value of Ching Fang's contribution to the world of musicology can thus be recognized.

第三篇　祖冲之「綴術」內容的探討

一、引　　言

　　民國七十一年（1982年）三月十三日，《中央日報・副刊》登載姚鋆夒先生大作〈綴術的聯想〉，這是一篇有關中國科技史的論著，茲摘錄其重要論點，以見大略：

　　「綴術」是我國南北朝時代，數學家祖冲之所著的五卷算經。

　　「綴術」的內容相當深奧，但深奧到什麼程度，就不得而知了，因為「綴術」已經失傳，而失傳的原因，很可能是因為綴術太深奧的緣故。

　　《隋書・律曆志》對「綴術」有一段簡之又簡的記載：「祖冲之更開密法，以圓徑一億為一丈。圓周盈數三丈一尺四寸一分五厘九毫二絲七忽，朒數三丈一尺四寸一分五厘九毫二絲六忽，正數於盈朒之間。」這段記載，旨在說明祖冲之，以密法算出圓周率的真值，介於 3.1415927 與 3.1415926 之間。

　　「綴術」雖已失傳，《隋書》雖又語焉不詳，但若我們從其他算經中，找出一條有脈絡可循的線索，順其理而推之，或可重演祖冲之當年創造其密法的思維過程，甚至思想體系中，最精彩的一幕。

　　這條尋根的線索，端緒見於《周髀》。《周髀》乃我國最早的一部「算經」，……裡面載有這麼一句話：「圓周率三」。這個數值，脫胎於圓的內接正六邊形的邊圍權充圓的周界，

固失之疏略，但在三千年前，竟能證出內接正六邊形每邊的長度等於圓的半徑，顯已通過了相當程度的智力測驗。

寫到這兒，我曾閉目沉思，堅信祖冲之根本沒有採用具體繪圖的形式，因爲具體繪圖，無非爲了便於實際測量，然而，若憑雙手兩目，以尺規之類的工具去實際測量二萬多邊中任何一邊的長度，失之毫厘，差以千里，始則費時，終必失事。因此，祖冲之別無選擇，唯有運用他「綴術」中一些劃時代的演算法則，可能是座標軌跡或微分積分等精緻的數學原理，究竟如何，有待於專家之探索【註一】。

我這段「大略」（節錄），但願沒有誤解原作者論述的精要。

同年六月八日，《中央日報・副刊》登載「一個數學教師」的小箋〈「綴術的聯想」迴響〉【註二】：

編輯先生：

貴刊三月十三日〈綴術的聯想〉寫得很好。筆者請教務處油印後，發給所教兩班共一一九名學生，在課堂親自朗讀一遍，學生的反應是好奇的、愉快的。他們對於「聽故事」興趣濃厚，也感到驚訝，二千字的文章給了學生們一個清楚輪廓，知道祖冲之曾發明《綴術》是用來求圓周率的，娓娓道來不覺其爲專門著作。六十五年十二月十日姚君在中副作〈神奇的裏裏外外〉，對拓撲所作介紹，筆者亦極欣賞。對同學們略作講解後，我有兩個結論：

一、姚君非習數學或理工者，否則不會寫下「因此，祖冲之別無選擇，唯有運用他綴術中一些劃時代的演算法則，可能是座標軌跡或微分積分等精緻的數學原理，究竟如何，有待於專家之探索。」

二、姚君中文造詣優於數學。

以上兩點，不知姚君以為然否？

一個數學教師　七一、四、二十

　　我對於數學這門學科，自小以來，受先父的影響，就有點興趣，以上徵引兩家的鴻文，也算是「迴響」之一，特結撰本文以就正於高明讀者先生之前，抒述個人感想數點於後：

　　一、我很久以前，也是一個中等學校數學教師（也教國文等），與這位寫短箋的先生有「同工之雅」，故而對於他的「迴響」感到十分親切。拙著應該算是他「迴響」的「迴響」。

　　想到當年，我在中學教書時，每當涉及古代科技史這方面的講述，學生們也愛「聽故事」，譬如講授「最小公倍數」時，將「三人同行七十稀，五樹梅花廿一枝，七子相逢正月半，清明寒食便得知。」這種經驗，迄今難忘！現在我雖也教書，但不是專任，學生中卻有「老師」，從前謔說教書是「誤人子弟」，我現在「誤人父母」，一笑！回首往事，覺得做中學老師，是相當「有福」的。

　　二、這位「數學教師」熱心將姚文介紹給學生，這種教學精神值得欽佩，但《綴術》這本失傳的書，是否就是「用來求圓周率的」，求「圓周率」要用一部五卷的「算經」，未免太詳細了些？

　　三、我們應該絕對避免用後世科技的程度，去評估當年科技的難易，但對當年社會環境，學術的思潮與成就，應該要充份瞭解；《綴術》既是求圓周率用的書籍，周率的真值也求得了，原書反而因為太艱深而失傳，似乎有點講不過去。

　　四、依我個人管見，《綴術》這本古代失傳的「算經」，其中可能還有些別的問題在內，由於各人治學的領域不同，見解會產生相當大的歧異，如民國七十二年（1983年）四月二十一日，《中央日報·

副刊》李東先先生也發表〈綴術的聯想〉一文，有云：「我寫了一個
電腦程式，並且用祖冲之的化一丈爲一億（千萬）忽爲直徑，計算的
結果與祖冲之的圓周率盈數朒數完全相同。由上所論，祖冲之的計算
不可避免的用到了遞歸公式。而遞歸計算正是今日電腦用來作數值分
析（Numerical Analysis）的普遍方法。此外，他的計算也隱含著極
限和收斂的觀念。」【註三】由此證明我的看法不錯。不過，我是就
祖冲之他一生的學術研究的範圍，與他前前後後學術的環境，及當時
學術界迫切需要的是甚麼？從這一些文獻資料，來探討《綴術》這本
書的內容？這樣作法可能是笨些、拘泥些，有「一分證據」講「一分
話」（應該是有十分證據，講八分話），已算是大膽了！

二、祖冲之父子事略〔圖版三～一、二〕

關於《綴術》這本書歷代的著錄情形：
一、《隋書》卷三十四、〈志〉二十九、「經籍三曆數」類：
　　　綴術　　六卷　不著撰人【註四】
二、《舊唐書》卷四十七、〈志〉二十七、「經籍下曆算」類：
　　　綴　術　　五卷　祖冲之撰、李淳風註【註五】
三、《新唐書》卷五十九、〈志〉四十九、「藝文三曆算」類：
　　　釋、祖冲之　綴　術　　五卷【註六】
　　以上是中國古代國家圖書目錄，對於《綴術》的原始著錄，看起
來這些藝文志的編者，對於這本書很陌生，短短一個款目，便有許多
歧異處。
　　還有唐代王孝通《緝古算術序》云：「祖暅之綴術」。《九章算
術》開立圓術：唐李淳風「引祖暅綴術以校正之」。宋代沈括《夢溪
筆談》云「祖亘有綴術二卷」，可見《綴術》這書，祖冲之與祖暅之

圖版三～一　祖　之（四二九-五〇〇年）造像

圖版三～二　1888 號小行星命名「祖　之」
兩圖採自《中國天文大百科全書》本。

都曾著作，祖暅之是冲之之子，所以後世總稱《綴術》是祖冲之父子的合著。

我們對於一位學者的學術內涵，進行瞭解，最有效的方式，是從這位學者的家世、生平、交遊的背景等，尤其他的學術思想，幾乎與上述三方面，若合符節，如我曾看到數學史家李儼的藏書目錄《中算書錄》1935年本，就不愧爲一專門學者。所以，我們首先根據歷史記載，看祖冲之父子的畢生事功。

（一）祖冲之事蹟

祖冲之字文遠，生於劉宋文帝劉義隆元嘉六年（西元429年）卒於齊東昏侯蕭寶卷永元二年（西元500年），是中國南北朝時期，偉大而傑出的天文學家與數學家。

他祖籍范陽郡逎縣（今河北省淶源縣境），由於當時戰亂，先世由河北遷居江南。祖父祖昌曾任劉宋朝大匠卿，是管理土木工程的官吏。父親祖朔之奉朝請，學識淵博，很受人敬重。

冲之在青年時代，進入專門研究學術的華林學省，從事科學鑽研。他一生中，先後在劉宋朝和南齊朝擔任南徐州（今鎮江市）從事史、公府參軍、婁縣（今江蘇省崑山縣東北）令，謁者僕射、長水校尉等官職。

冲之在數學方面的重要貢獻，是算出「圓周率」（π）的眞值，在兩個近似值之間，即3.1415926＞π＜3.1415927。確定了π的約率是22／7（＝3.142857）、密率355／113（＝3.141592）。又和他兒子祖暅之，圓滿解決了球體積的計算問題，也就是所謂的「祖氏公理」。所著《綴術》一書，曾被唐代國子監算學科（相當於國立大學數學系、數學研究所）列爲高等算學課本，惜已失傳。本文的主旨即在探索這本書的內容？

　　冲之在天文曆法方面的成就，或許比他的數學更偉大。他所創製的「大明曆」有許多特點，它的數據相當的精確，其「回歸年」是365.2428日，「交點月」是27.2123日（後世曆家稱爲「交終日」），兩者比今測值只差幾微之間。所謂「交點月」，是月球在天球上連續兩次向北通過黃道（升交點）所需要的日數。原來漢代「三統曆」以歲星144年超辰一次，他認爲不正確，從改進木星公轉周期的數值，得到木星每84年超辰一次，這相當求出木星公轉周期是11.858年，所謂「歲星行天七帀，輒超一次」，此方法爲唐代「大衍曆」所本，與今測密近。「大明曆」中的五大行星會合周期，在當時也是最精確的數值。他發明了用圭表測量多至前後若干天的正午太陽影長，以定冬至時刻的方法，這個方法也爲後世採用。

　　宋孝武帝劉駿大明六年（西元462年），冲之上書，要求政府頒行他所製的「大明曆」〔圖版三～三、四〕，但遭到當時最得勢的侍臣戴法興的反對。這問題導源於冲之將東晉天文學家虞喜發現的「歲差」，引用到曆法中。關於「歲差」值，虞喜以爲50年差一度，冲之以爲45年又11月差一度，後來隋劉焯以爲75年差一度，今測值約70年差一度。治曆將「歲差」問題考慮在內，是相當高明的，因爲相關的自然科學獲得解決，曆法便更加準確無爽。還有他改革閏周，採用了391年中，有144個閏月的新「閏周」，比「三統曆」19年「七閏」精密甚多。這兩者都被戴法興指責違背了儒家經典，說他「誣天背經」！冲之針鋒相對的寫了一篇辨駁的奏章，現代人將它定名爲〈駁議〉，是研究中國曆法必讀的重要文獻之一。他用觀測事實證明，由於「歲差」等問題發現，當時所見的天象，確實和儒家經典中所記述，春秋以前的情況不同，回歸年的長度，的確比「四分曆」爲小……，這類天文事實，都「有形可檢，有數可推」，不能「信古而疑今」。冲之就用科學道理回答了戴法興的無理取鬧。我在本書第一篇敘述史記曆

約有繁用約之條理不自懼用繁之意顧非謬

然何著夫紀閏象差數各有分分之爲體非細

不密是用深惜豪氂以全求妙之準不辭積

累以成永定之制非爲思而莫悟知而不敗也

竊恐讚有然否每崇遠術洗同異之嫌披心

耳而遺目所以竭其管究術洗同異之嫌披心

日月仰希蔡邕之照若臣所上萬一可采伏願

頒宣羣司賜垂詳究廉陳錙銖少增盛典

曆法
宋書志三
二十六　▲題明

上元甲子至宋大明七年癸卯五萬一千九百

三十九年算外元法五十九萬二千三百六十

五紀法三萬九千四百九十一

章歲三百九十一

章月四千八百三十六　章閏一百四十四

閏法十二　月法十一萬六千三百二十一

日法三千九百三十九　餘數二十萬七千四百四十四

歲餘九千五百八十九

沒分三百六十萬五千九百五十一

沒法五萬一千四百四十二萬四千六百六十一

周天一千四百四十二萬四千六百六十四

虛分四百四十九　行分法二十三

小分法一千七百一十七

通周七十一萬六千七百一十

會周七十一萬六千七百七十七

通法三萬六千七百七十七　差率三十九

推朔術置入上元年數算外以章月乘之滿章

歲爲積月不盡爲閏餘閏二百四十七以上
二十七　▲題别

其年有閏以月法乘積月滿日法爲積日不盡

爲小餘旬去積日不盡爲大餘大餘命以甲

子筭外所求年天正十一月朔也小餘千八百

四十九以上其月大

求次月加大餘二十九小餘二千九百餘滿日

法從大餘大餘滿六旬去之命如前次月朔

也
二七七　▲題别

求弦望加朔大餘七小餘千五百七小分一小分

滿四從小餘小餘滿日法從大餘命如前上弦日也

圖版三～三　宋沈約《宋書》〈律曆志〉「大明曆」書影
採自明南監刊，嘉靖、萬曆年間遞修本。

曆法

上元甲子至宋大明七年癸卯，五萬一千九百三十九年算外。

元法，五十九萬二千三百六十五。

紀法，三萬九千四百九十一。

章歲，三百九十一。

章月，四千八百三十六。

章閏，一百四十四。

閏法，十二。

月法，十一萬六千三百二十一。

日法，三千九百三十九。

餘數，二十萬七千四十四。

歲餘，九千五百八十九。

沒分，三百六十萬五千九百五十一。

沒法，五萬一千七百六十一。

周天，一千四百四十二萬四千六百六十四。

宋書律曆志下

一七四五

術的年、月等數值，就是他們爭議的「儒家經典」的數值，科學不講進步，不尊重別人的成績，是可恥的！

冲之是一位博學多才的科學家，對於各種機械也有研究。他曾經設計製作「水碓磨」（利用水力為糧食加工的工具），銅製機件轉動「指南車」，一天能走百里的「千里船」，及仿木牛流馬一些陸地上運輸工具。他還設計並製作計時器——「漏壺」和巧妙的「欹器」。此外，他也精通音律，甚至還寫小說《述異記》十卷。冲之著作甚多，據《隋書》〈經籍志〉記載：「長水校尉祖冲之集五十一卷」；散見於各種史籍的有《綴術》。《九章述義注》、《大明曆》、〈駁議〉、〈安邊論〉、《易老莊義釋》、《論語孝經注》等。但其中絕大部分著作都已失傳。現在見到的只有〈上大明曆表〉〈大明曆〉（是篇名也是專書）〈駁議〉〈開立圓術〉幾篇而已。

（二）祖暅之事蹟

祖暅之是冲之之子，字景爍，也是南朝著名的數學家和天文學家。他在梁朝擔任過員外散騎侍郎、太府卿、南康太守、材官將軍、奉朝請職務。〔圖版三～五〕

暅之從小就受到良好的家庭教育，青年時代，已經對天文學與數學有很深的造詣。他讀書和思考問題時，非常專心致志，甚至不聞雷聲；一天，行路竟撞到父執輩僕射徐勉這位大官的身上，非常好笑。暅之是冲之科學事業繼承者，他三次上書劉駿，要求行用「大明曆」，終於在梁天監九年（西元510年）頒行，實現了冲之未竟之志。暅之曾親自監督製造八尺「銅表」，立於嵩山之上，其下與圭相連，圭上面有溝，盛水可以求得水平度，開後世「水平儀」之端。他發現北極星與北天極不動處，相差一度有餘。打破了北極星就是天球北極的錯誤

於樂游苑造水碓磨武帝親自臨視又特善算永元二
年卒年七十二著易老莊義釋論語孝經注九章造綴
述數十篇子暅之
暅之字景爍少傳家業究極精微亦有巧思入神之妙
般倕無以過也當其詣微之時雷霆不能入嘗行遇僕
射徐勉以頭觸之勉呼乃悟父所改何承天歷時尚未
行梁天監初暅之更修之於是始行焉位至太府卿
暅之子皓志節慷慨有文武才略少傳家業善算歷大

圖版三～五　宋沈約《宋書》〈祖　之傳〉(四庫全書本)

觀念。他由於研究天文，和準確計時的需要，還改進當時通用的計時器——「漏壺」，著有《漏刻經》一卷，惜已失傳。他的兒子祖皓，能傳家學，精算曆，官廣陵太守。

暅之的宦途一生很不順利。天監十三年（西元514年）他任材官將軍，奉命修築浮山堰。天監十五年（516年）秋，新建的攔水壩被洪水沖坍，下獄。出獄後，普通六年（525年）在梁豫章王蕭綜的幕府，由於蕭綜叛梁降魏，因而被魏拘繫，曾住在徐州魏安豐王元延明賓館中。這時期，他和當時北方的科學家都信芳，討論天文與數學。普通七年（526年）才被放還南朝。晚年曾參加阮孝緒纂修《七錄》（國家書目）的工作，負責編錄天文、星占、圖緯等方面的古籍。他著有《天文錄》三十卷，惜已失傳，只有若干片段，散見於《開元占經》等書中，《綴術》也是他著作之一。

我們如果推崇祖冲之父子是數學家，不如稱他們是偉大的天文學家，來得更恰當，因為數學也許是他研究天文、曆法所用的工具。現代天文學家們，為紀念祖冲之的功績，將編號1888小行星命名為「祖冲之」。據說蘇俄莫斯科大學新校舍大禮堂走廊上，鑲嵌著他彩色的大理石像，可見他的成就已超越國際畛域，也不受我們人類時間與空間的限制了！【註七】

三、綴術在隋唐時期數學教學中的地位

（一）隋　　代

中國的數學教育制度成立於隋代（西元589-618年）《隋書》卷二十八、〈志〉二十三、「百官」下記載：

> 國子寺祭酒一人，屬官有主簿、錄事各一人；統國子、太學、四門、書、算學。各置博士國子、太學、四門五人；書、算

各二人。助教國子、太學、四門各五人；書、算各二人。學生國子一百四十人；太學、四門各三百六十人；書四十人；算八十人等員。

（二）唐　　代

唐代（西元618～907年）數學教育制度，是繼承隋代制度而來，而唐代幾三百年，對於這門學科，時而設置，時而廢除，時而屬於國子監，時而屬於太史局或秘書省，時而斷而又續。

《舊唐書》卷四十四、〈職官〉三、第二十四「國子監」記載：

算學博士二人從九品下，學生三十人。

博士掌教。文武八品已下，及庶人子爲生者，二分其經，以爲之業：習《九章》、《海島》、《孫子》、《五曹》、《張丘建》、《夏侯陽》、《周髀》十五人；習《綴術》、《緝古》十五人；其《記遺》、《三等》亦兼習之。

上述僅是制度綱要，根據其他有關唐代典章制度書籍，還可以加以註釋的：「唐貞觀二年（西元628年）國子監設立算學（唐會要），」【註八】「顯慶元年（656年）置算學科（舊唐書高宗本紀），」「顯慶三年（658年）詔以算學事唯小道，各擅專門，有乖故實，並令省發（唐會要），」將算學博士轉屬太史局。「龍朔二年（662年）復置算學官一員（唐會要），」「三年（663年）算學隸秘書局（唐會要）。」國子監算學科，供職教授、助教、學生的員額也時常變更：「學生三十人。」「元和二年（807年）國子監奏，兩京（長安、洛陽）諸館學生，算館十員；（同年令）量置學生，算館二員（以上俱見唐會要卷六十六，本文皆摘其大意）。」從這些資料看，唐代對數學教育，並不是十分重視的。或許這原因，所以，接受教育的學生家庭背景，都屬低階層人家子弟。

　　復次，我們將討論到，當時教科書與教學情形：「顯慶元年（656年）于志寧等奏以《十部算經》付國家行用（冊府元龜）。」「唐初、太史監侯王思辯表稱：《五曹》、《孫子》十部算經，理多踳駁。李淳風復與國子監算學博士梁述、太學助教王眞儒等，受詔注《五曹》、《孫子》十部算經。書成，高宗令國學行用（見舊唐書李淳風列傳）。」

（三）唐代國子監數學修業情形

　　《唐六典》【註九】〔圖版三～六〕中還詳載教育的年限及考試的方式等，茲分別敘述於後：

　　一、教學情形：30個學生大概分成甲、乙兩組，每組15人，肄業期間都是7年，可能採能力分組，每年學業進度：

甲組	《孫子算經》《五曹算經》	修業1年〔圖版三～七〕
	《九章算術》《海島算經》	修業3年〔圖版三～八、九〕
	《張丘建算經》	修業1年
	《夏侯陽算經》	修業1年〔圖版三～十〕
	《周髀算經》《五經算術》	修業1年〔圖版三～十一、十二〕
乙組	《綴　術》	修業4年
	《緝古算經》	修業1年

　　二、考試情形：上述是算科學生修業情形，他們相當於國立大學的公費學生，結業時，要通過考試；同時在科舉中也舉行「明算科」考試，供民間自修數學的人士，參加國家高等考試。這兩者考試及格後，其任官的效力是相同的。當時國子監，考試這些攻讀數學學生的方式：

志曰算者一十百千萬所以算數事物也小學是則職在太史義和掌之現晉已來多在史官不列於國學隋

置算學博士一人從九品下皇朝增置二人

算學博士掌教文武官八品已下及庶人子之為生者

二分其經以為之業習九章海島孫子五曹張立建夏

侯陽周髀十有五人習綴術緝古十有五人其記遺三

等數亦無習之孫子五曹共限一年業成九章海島共

三年張立建夏侯陽各一年周髀五經算共一年綴術

四年緝古一年其束脩之禮督課試舉如三館博士之

法

靈臺郎臣倪廷梅覆勘

詳校官欽天監靈臺郎臣司廷幹

《孫子算經》原序書影（四庫全書本）

圖版三～七

這部書是用算籌乘除法，及分數算法和開方法，還有許多算術計算題，可以補充《九章算術》之不足。現代算術的「雞兔同籠」問題見於此書，「韓信點兵」的算法（如某數三個一數餘幾？五、七個一數餘幾？），就是聯立一次同餘式，減去最小公倍數得最小整數的算法。我幼年，先君曾以此法教我。

孫子算經原序

孫子曰夫算者天地之經緯羣生之元首五常之本末陰陽之父母星辰之建號三光之表裏五行之進平四時之終始萬物之祖宗六藝之綱紀稽羣倫之聚散効二氣之降升推寒暑之迭運步遠近之殊同觀天道精微之兆基察地理從橫之長短采神祇之所在極成敗之符驗窮道德之理究性命之情立規矩準方圓謹法度約尺丈立權衡平重輕剖亳釐折黍累應億載而不

圖版三～八　御製題《九章算術》序書影（四庫全書本）

這部書的算法，大都與民眾實際生活密切相關，內容豐富，反映中國古代先民的智慧。

御製題九章算術有序

是書雖為晉劉徽注而其名則始見於唐書葢自李淳

風注釋義遂大顯北宋時人罕習者漸以湮晦南宋慶

元中鮑澣得其本寫入祕閣世亦莫得而見明初編列

永樂大典然依韻分排閱者鮮能究其端委則雖存猶

亡也兹以校勘四庫全書詞臣於斷簡零篇中裒輯得

九篇悉符鮑澣之舊顧鮑本無圖令諸臣按注意補為

之雖未能必其盡合皆可因注推演而知則亦未嘗或

九章算術

圖版三～九　《海島算經》書影（四庫全書本）

這部書是清戴震（1724-1777年）從《永樂大典》中輯出來的。此書用「重差術」進行地面上的測量，對中國古代測量數學，較此前算經有進一步的發展。

欽定四庫全書

海島算經

晉　劉徽　撰

唐　李淳風　注

今有望海島立兩表齊高三丈前後相去千步令後表與前表參相直從前表卻行一百二十三步人目著地取望島峯與表末參合從後表卻行一百二十七步人目著地取望島峯亦與表末參合問島高及去表各幾何答曰島高四里五十五步去表一百二里一百五十

海島算經

欽定四庫全書　　二

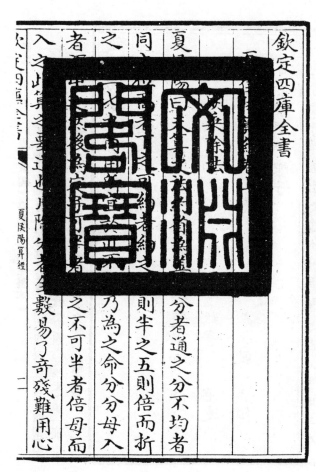

圖版三～十　《夏侯陽算經》書影（四庫全書本）

這部書也是當時社會中各方面的計算問題，與《孫子算經》有些相似，但對於疇算制度進行了改良。

圖版三～十一　《周髀算經》書影（四庫全書本）

這部書主要是講解「勾股弦定理」和地面勾股弦測算，還講解天文學上「蓋天說」的理論。陳遵媯《中國天文學史》第一冊，敍述此書（算解）詳細，實爲研究天文學史必讀之書。

欽定四庫全書

周髀算經卷上之二

　　　　　　　　漢　趙君卿　注

　　　　　　　　周　甄鸞　重述

　　　　　　　唐　李淳風　注釋

昔者榮方問于陳子

榮方陳子是周公之後人非周髀之本文然此二人

共相解釋後之學者爲之章句因從其類列于事下

圖版三~十二《五經算術》目錄書影（四庫全書本）

這書是對經書中涉及數學文句，進行解釋，對數學研究有限，對經學家讀經有些幫助。我想古代經學家多少懂些數學，大概從此書得之。

欽定四庫全書　子部六

五經算術目録　天文算法類二 算書之屬

卷上

尚書定閏法

推日月合宿法

求一年定閏法

求十九年七閏法

尚書孝經兆民注數越次法

五經算術

圖版三～十三　《數學記遺》提要書影（四庫全書本）

唐代《十部算經》的《綴術》失傳，便用此書補數。民國七十一年（1982 年）國立中央圖書館編印《國立中央圖書館善本序跋集錄》（影印各善本原序跋），其中〈子部〉「曆算類」序跋，由館中人員初步句點，最後由陳萬鼐校點，實亦為我見到數十種曆算善本的眼福。

欽定四庫全書　子部六

提要

數術記遺　天文算法類二　算書之屬

臣等謹按數術記遺一卷舊題漢徐岳撰北周甄鸞注岳東萊人晉書律歷志所稱吳中書令闞澤受劉洪乾象法於東萊徐岳者是也隋書經籍志具列岳及甄鸞所撰九章算經七曜術算等目而獨無此書之名至唐藝

甲組	《九章算術》	考試3題
	《孫子算經》等七種課程	考試7題
乙組	《綴　術》	考試7題
	《緝古算經》	考試3題

各組10題中答對6題及格，如果滿分是100分，60分及格，從前在某書看到乙組要7題才及格，那麼便有點像現代研究生的性質。

另外，加試徐岳《數術記遺》〔圖版三～十三〕及董象《三等數》兩書的「帖讀」——相當於現代國文考試的默寫，要學生死讀算經。肄業期滿，考試成績及格，可以「從九品下」任用。

上面曾經提到唐代數學教育制度，是時斷時續，所列舉的都是其正常狀態，以便我們對它有個明確概念而已。

（四）宋　　代

宋朝（西元960～1125年）元豐七年（西元1084年）九月秘書省刊行《算經十書》【註十】，根據明程大位《算法統宗》附刻的《古今算法書目》所著錄算經十書為：《周髀》、《九章》、《海島》、《五曹》、《孫子》、《夏侯陽》、《張丘建》、《五經》、《數術記遺》、《緝古》等十種，暫不談各書是否為唐代原物，至少唐代研習的一本重要數學著作《綴術》是失傳了，只得採用一本偽託漢人徐岳的著作《數術記遺》來頂替。傳說徐岳是漢代天文學家劉洪的學生。劉洪密測20餘年，才知道四分曆斗分（歲餘）太大，所以有差，遂減少歲餘，同時他也發現了月行有遲疾，所製的「乾象曆」是第一次變更古曆的人，這件事，本文列為《綴術》內容有關因素之一。宋以後《算經十經》茲不敘述。

　　上述唐代數學教育制度，也是中國最早期較完整記述的數學教育制度，卻發現祖冲之父子所著《綴術》這本書，具有相當高的學術地位。它在當時修業時間最長，考試的範圍最廣，程度也最深，所幸還有優良教師，勝任這方面的教學。比我們現代「找不到適合夠格的人選」去教洋研究生，要強多了！宋元豐時代《綴術》已經失傳了，失傳得無影無蹤，連後世想用輯佚方法，都找不到幾條材料，它失傳的原因，恐怕因爲太深了，艱深到沒有人可教這門課程，這種情形，在隋代已經潛伏危機了。

　　《隋書》卷十六、〈律曆志〉第十一、「律曆」上有云：〔圖版三～十四〕

　　　　宋末南徐州從事史祖冲之更開密法，……又設開差冪、開差立，兼以正圓參之，指要精密，算氏之最者也。所著之書，名爲《綴術》，學官莫能究其深奧，是故廢而不理。

　　「廢而不理」用現代語言，可以說成「不去碰它」，而它自身還是存在，所以在唐代還開課，迨至宋代不開課，漸漸就失傳了！

　　從上述隋、唐、宋時代數學教育情形，還算是相當詳細的，表示中國古籍中蘊藏的史料，十分豐富，等待後世人去發掘，賦予它的新形像，不被視爲難讀的「古書」，尤其科技史更值得發揚光大。我曾在元人王士點著《元秘書監志》這書中，有天文臺員額編制，及研究天文曆算的「天文生」考試的試題，如「**日蝕題一道：假令問大定庚子歲**（西元1180年）**至乙巳歲**（1186年），**其間有無日食，但取一蝕爲定？**」現代能看到921年前試題，不是很有趣嗎？而且這道題太淺顯了，有「放水」的現象！

詔曰張賓等存心篤數通洽古今每有陳聞多所開沃畢功表奏具已被明德後月諱（頁不出前晦之宵月前之餘罕聞後朔之旦减朓就朒察珠璣以月行表裏驗之宵異日交弗食由循陽道驗時轉筭不越纖家从聽前偷斯祕未啓有一於此寔為精密宜頒天下依法施用張賓所造曆法其要以上元甲子巳巳來至開皇四年歲在甲辰

積四百一十二萬九千一筭上

郭法二十萬三千九百六十

章歲四百二十九

章月五千三百六

【志十二　隋書十七】　【七】

通月五百三十七萬二千二百九

日法一十八萬二千九百二十

斗分二萬五千六十三

會月一千二百九十七

會率一百二十一

會數一百一十半

會分一十一億八千七百二十五萬八千一百八十九

會日法四千二十萬四千三百二十

會日一百二十一

餘五十萬六千一百四十三

圖版三～十四　　唐魏徵《隋書》書影（舊刊本）

四、綴術內容的推測

從前，我讀錢寶琮《中國算學史》，他根據《隋書》〈律曆志〉和其他參考書籍，對祖沖之父子的《綴術》內容，作過簡單介紹，它包括下列六個部分：

㈠　圓率正數3.1415926強之求法。

㈡　密率355／113之造法。

㈢　球積術之校訂及圖註。

㈣　用開差冪術解決勾股測望等問題。(即開長廣有差的平方積，而求它的長或廣。)

㈤　發明開差立術。（即開長廣高有差的立方積，而求它的長闊或高。）

㈥　應用開差立術解決體積問題。【註十一】

以上六個問題，也可能是《綴術》的一部分，這裡面包括求圓周率，求球體積及高次方程式。關於圓周率求法，顯然受劉宋時期何承天（西元370-447年）「元嘉曆」的強弱率調日法的影響；求球體積，可以說是繼續漢劉徽《九章算術》的工作，但應用了直截面積相比的方法，被人視為異常巧妙的解決了球的體積問題。至於高次方程式，那只是創立方法時間先後而已。我實在想不到這些問題，怎麼會難到失傳的程度？又為何修業期間，要長到四年之久？我猜想其中還有其它原因？以下各節，是我對於這本失傳的古代算經的內容的探索！

（一）祖沖之時代的算學與天文學

我個人覺得祖沖之時代，在數學史上，是中國「第二期算學時代」；在天文史上，是中國「天文繁榮發展時代」：

一、中國算學史第二期（中古期），自漢到唐（西元前200至1000年）：這時期已有算術著作，特別從三國到初唐，約400年中，算學研究有顯著的進步。在這時期，算學的重要業績，有圓周率的研討，和《算經十書》的編纂。算學上的成就，可歸納爲分數論的應用、整數勾股的計算、開平方零約術與方程式的應用，平面幾何圖形的計算、三等數的輸入、算學制度的確立等，對當時天文、曆法的進展，起了相當鼓舞作用。這時期天文學家又是數學家的，主要有漢代的張蒼、耿壽昌、劉歆、張衡，南朝的何承天，隋代的劉焯，唐代的傅仁均、李淳風，當然祖冲之父子，也是一代巨擘。【註十二】

二、中國天文史第三期（中古期），天文繁榮發展時期，自三國至五代（西元220至960年）：中國古代天文學體系，在此前形成，繼續向前順利發展，在曆法、儀器、宇宙理論各方面，都有不少的創獲。本文論述主旨屬意如此——從數學與天文關係探究《綴術》的內容爲何？

「中國數學乃爲天文學之附（庸——鼎註）屬，但也因之而受尊重，並使得某些成就得以改觀（小倉金之助語萃）。」如此說法，雖未免使中國數學稍受委屈，可是數學與曆學相互影響，互爲因果發展的事實，確實屢見不鮮的。【註十三】

（二）「綴術」這部書究竟如何

我想引用最有資格，對祖冲之父子學術評價的古人言論，作爲南針，庶免迷失了方向。

宋沈括《夢溪筆談》卷十八〈技藝〉云【註十四】：

> 審方面勢，覆量高深遠近，算家謂之㝞術。㝞（讀衡音）文象形，如繩木所用墨斗也。求星辰之行，步氣朔消長，謂之

《綴術》。謂不可以形察，但以算數「綴」之而已。北齊祖
亘有《綴術》二卷。〔圖版三～十五〕

同上書卷八〈象數〉二云：

> 予嘗考古今曆法五星行度，唯留、逆之際最多差。自內而進
> 者，其退必向外，自外而進者，其道必由內。其跡如循柳葉，
> 兩末銳，中間往還之道，相去甚遠。故兩末星行，成度稍遲，
> 以其斜行故也；中間成度稍速，以其徑絕故也。曆家但知行
> 道有遲疾，不知道徑又有斜直之異。

又云：

> 熙寧中（西元1068-1077年），予領太史令，衛朴造曆，氣
> 朔已正，但五星未有候簿可驗。前世修曆，多只增損舊曆而
> 已，未曾實考天度。其法須測驗每夜昏、曉、夜半月，及五
> 星所在度秒，置簿錄之，滿五年，其間剔去雲陰及晝見日數
> 外，可得三年實行，然後以算術「綴」之，古所謂《綴術》
> 者此也。

宋秦九韶〈數學九章序〉云【註十五】：

> 數術之書三十餘家，天象曆度，謂之《綴術》。太乙壬甲謂
> 之三式，皆曰內算，言其祕也。九章所載，即周官九數，繫
> 於方圓者，謂之「書術」，皆曰外算，對內而言也。

（三）沈括論《綴術》

本文先將宋沈括生平事略介紹如下：

沈括字存中（西元1031-1095年），錢塘人（今杭州市），他是
中國古代最傑出的科學家。他的一生，一面從政，官至秀州（今浙江

古迁陳氏家藏夢溪筆談卷

技藝

沈

審方面勢覆量高深遠近筭家謂之襄術更

文象形如繩木所用墨斗也求星辰之行
步氣朔消長謂之綴術謂不可以形察但
以筭數綴之而巳比齊祖亘有綴術二卷
筭術求積尺之法如芻萌芻童方池冥谷塹
堵鱉臑圓錐陽馬之類物形備矣獨未有
隙積一術古法凡筭方積之物有立方謂
六幕皆方者其法再自乘則得之有塹堵
謂如土墻者兩邊殺兩頭齊其法併上下
廣折半以爲之廣以直高乘之又以直高
爲句以上廣減下廣餘者爲股句股乘弦

夢溪筆談卷十八

三

圖版三～十五　宋沈括《夢溪筆談》〈技藝〉書影
採自元陳氏家藏本

嘉興）團練副使，居潤州（今江蘇鎮江）時，奉旨授左朝散郎守光祿
少卿分司南京。他對於天文、數學、曆法、地理、物理、生物、醫藥、文
學、史學、音樂各門科學的研究，都有極卓越的成就，也是世界上不
可多得的第一流科學人才。他晚年著有《夢溪筆談》，看看這部巨著，發
現他與祖冲之一樣的偉大，但有精、博之分。並且研究的方向與成績，都
極相似。

　　沈括的天文方面的卓越見解：㈠用月亮盈虧的現象，來論證日月
的形狀，像是一個「彈丸」，用現代科學語言說，也就是日月形狀屬
於球體。㈡對日月食的基本原理，也有過詳細的探討，還紀錄了日月
食過程的觀察，對初虧至復原等食相，食必起於西方的過程，有所記
述，他的理論和現代科學的原理是一致的。㈢有關交點退行的學說，
是他天文成就中較重要的部分，如「交道每月退一度餘，凡二百四十
九交而一朞。」這是他發展了前人學說，指出每交點後退1度。雖然
古人把周天分為365.25度，他所說的1度，和今天我們所使用度數，
計量不同，而249個交點月，只相當於18年零6個月，因此計算的每
月交點後退度數，和採用的交點運動周期，沒有今測18年7個月精密，
但在900年前，計算如此，已難能可貴了。此外，他主持修「奉元曆」，他
與衛朴通力合作，專心觀測天象，從五星運行情形入手，來驗證所修
日曆，這種工作方式，是非常正確的。還有對天文儀器的製作改良，
所著「渾儀」、「浮漏」、「景表」三議，是科技史上重要文獻。

　　關於他的數學：他發展了《九章算術》以來的等差級數；創造了
一種新的高等級數——隙積術；對於求積法，還創造了已知圓的直徑
和弓形的高，求它的總和的算法——會圓術。如果將本文第二節我所
編寫的「祖冲之父子生平事跡」並讀，他們實在太相似了。本文因限
於篇幅，未能仔細從事比較。【註十六】

　　我們服膺一個人的言行，除了盲從以外；必然對他的學識真偽、

人格高下、社會清譽等，進行相當評估，才會從內心產生崇拜或鄙棄
心理。基於此，則沈括對祖冲之《綴術》內容的認知，說它是「求星
辰之行，步氣朔消長」等；以他對五星行度的瞭解，與造曆簿候實測
的經驗，這應該是他對《綴術》最正確、無疑義的判定才是。他在這
學術方面所下的定論，迄今還被各種書籍引用與傳播。

　　何丙郁、何冠彪合著《中國科技史概論》〈三、公元五世紀至九
世紀的數學〉云：

> （祖冲之）他們父子兩人合著的數學著作名《綴術》，因為
> 書中的問題解法比較深奧，如唐朝的算學生要花費四年的時
> 間去研究它，所以在公元十世紀前後便已失傳。現代學者相
> 信祖氏父子探求圓周率的方法，在《綴術》中有詳細的解說。
> 此外，根據後人的資料，書中大概也提及天象曆度理論中的
> 有限差分問題。公元十一世紀時，沈括在《夢溪筆談》中提
> 過《綴術》這部著作，但錢寶琮在《中國數學史》指出沈括
> 並沒有看到原書，而且誤記了作者姓名【註十七】。

「而且誤記了作者姓名」，大概是指沈書中「北齊祖亘有『綴術』
二卷」一語而言？我所見元刊茶陵東山書院刻本《夢溪筆談》，確是
如此記述。請參考圖版三～十五。

　　其次有資格對《綴術》內容表示意見的，是秦九韶。

　　宋・秦九韶字道古，四川人，生卒年不詳。他性極機巧，星象、
音律、算術以至營造，無不精究，雖然比不上祖冲之、沈括之淵博，
但數學是其專精。他在南宋淳祐七年（西元247年）梓行《數書九章》
十八卷〔圖版三～十六〕，這書的第二章〈天時類〉，即曆法的計算，以
及降雨、降雪量的量法，也是深知《綴術》的學者，所謂「天象曆度，謂

圖版三~十六　宋秦九韶《數學九章》提要（四庫全書本）

這部書一般人稱爲《數書九章》，書中有高次方程式的數值解法，及聯立一次同餘式的解法，具有世界意義的數學成就，是中國古代數學，在同一時期的歐洲數學所不及的。

欽定四庫全書　　　　子部六

數學九章　　天文算法類二　算書之

提要

　臣等謹案數學九章十八卷宋秦九韶撰九
韶始末未詳惟據原序自稱其籍曰魯郡然
序題淳祐七年魯郡已久入於元九韶蓋述
其祖貫未詳實爲何許人也是書分爲九類
一曰大衍以奇零求總數爲九類之綱二曰

之『綴術』」，也是值得信任的。

　假設我們認爲沈括、秦九韶等人所講《綴術》的內容，眞的是研究「求星辰之行，步氣朔消長」，及「天象曆度」之書，那我們便可從祖冲之那時代，天文學的學術環境，進行瞭解，就可以幫助我們探討《綴術》內容的問題，向前推進一步！

五、祖冲之時代的天文學術環境

　我將東漢以來，中國天文學的史實，列在下面【註十八】：

（一）東漢賈逵的「拱線運動」

　東漢以前的天文學家，都把月行的速度，當作不變的常數，以月亮盈虧的周期來算「朔」（初一日），稱爲「平朔」。其實月球繞地球，與地球繞太陽的軌道，都是不均勻的，它們的軌道不是正圓形，而是橢圓形，故地球、月球的運動，與均勻的圓形運動相比較，便發生時而超前，時而落後的現象。東漢永元年間（西元89-104年）天文學家，也是經學家的賈逵，他創造黃道儀觀測黃道度，知道了月行遲（慢）疾（快）的數值；這是月球圍繞地球的橢圓軌道，而它本身平面上，也不是固定的，其「橢圓的拱線」，沿月球公轉方向，向前移動，也就是「拱線運動」。建安十一年（西元206年）劉洪更加密測，準確觀測到每天月球實際運行速度，與平均運行速度之差，求得「近點月」——月球連續兩次經過近地點的周期。由此可從以往「平朔」進步到「定朔」，對於月食預報獲得正確，月食發生在「晦」（三十日）的誤差問題，便不致發生了。這是白道與黃道的交點，其空間位置並不固定，而是不斷向西運動，所謂月球「交點西退」。

（二）曹魏楊偉的「食限」（交會遲疾差）

曹魏與北魏之間（西元237-451年）所行用的「景初曆」，編製者楊偉。這曆法的特點，是他發現黃、白道交點每年有移動，知交食之起，不一定在交點，月朔在交點附近，也可起日食；月望在交點附近，也可起月食，於是定交會遲疾之差，後世稱爲「食限」。他又發現推算月食的食分，和初虧方位角的方法，對於交食計算，大有幫助，是以前曆術所未具備的。

（三）東晉虞喜的「歲差」與「章動」

西晉（西元265-316年）以前，中國歷代天文學家，都不知道「歲差」？因此，天周與歲周不分，以爲太陽自冬至一周，而天也是一周。當在東漢時期，天文家們已測得冬至日在「斗」22度處，開始瞭解到冬至這日所有的星度，並非永遠不變，而是每歲有差，惟不能確知其數幾何？東晉咸康（西元335年）中，天文學家虞喜（西元307-338年），悟解到太陽的一周天，並非冬至一周歲，分天自爲天，歲自爲歲，因太陽從今年冬至環行一周天，至明年冬至，不能回復到原點，多少有點差，故謂之「歲差」，所謂「恒星東行」，「節氣西退」。同時他在冬至夜裡，對恒星中天觀測，核對古書發現恒星的黃道有顯著的差異。如堯時冬至日短星「昴」，至東晉相隔了2700餘年，乃在東「璧」：「則知每歲漸差之所至。（見《宋書律曆志》）」，這就是中國「歲差」名辭的來由。

虞喜他提出冬至點，平均每50年便退後一度。現在，我們知道這是在外力作用下，地球自轉軸，在空間並不保持固定方向，而是不斷的發生變化。地軸長期運動稱爲「歲差」，而其周期運動別稱「章動」。「歲差」與「章動」引起天極與春分點，在天球上的運動，對恒星的位置，也有所影響。後來祖冲之，劉焯將它用在曆法方面，使「恒星年」與「太陽年」有別，這都得之於虞喜啓迪的成果。

牛頓是第一個指出產生「歲差」原因的學者。他認爲太陽和月球對地球赤道隆起部分的吸引；在太陽和月球的引力作用下，地球自轉軸繞著黃道面的垂直軸（黃道軸）旋轉，在空間描繪出一個圓錐面，堯行一周約需26000年。在天球上天極繞黃極描繪出一個半徑爲23.5度（黃赤交角）的小圓，即春分點沿黃道每26000年旋轉一周。這種由太陽和月球引起的地軸長期運轉，稱爲「日月歲差」。

（四）北齊張子信的「橢圓定理」

北齊時期河內人張子信，學藝淵博，對於數學有高深研究。因避高榮之亂，隱居在一個小島上，積三十餘年以渾儀測候日月五星之差變，首先發現地球繞日而行，一年一周，其軌道爲橢圓形，日偏在一焦點，故距離有遠有近，而視行有快（盈）有慢（縮）。在多至前後，地求距太陽最近，其速最快，所見太陽視行也最速；夏至前後，地球距太陽最遠，其速最慢，所見太陽視行也最慢。張子信測得太陽在多至爲盈之極，自多至後漸縮，至春分而半，至夏至爲縮之極，夏至後漸盈，至秋分而半，至多至又爲盈之極。這種太陽和行星運行的不均勻性，一時成爲「尖端」學術。後來張子信的學生張孟賓、劉孝孫摒棄舊法，創作新曆，推算「合朔月」在黃道南或黃道北，會影響日食的發生，而月食就沒有這種現象。後世人才知道多至不在「近日點」，夏至不在「遠日點」，而張子信不亞於西方天文學家第谷（Tycho, Brahe 西元1516-1601年），假若當年他那些觀測的底稿存在，未必無類似哥白尼（Copemicus, N. 西元1473-1513年）的有心人，由此計畫推算而發現「橢圓定理」。

上列四點，頗使我們瞭解中國天文學家，在中古時期，對於天象觀測，已經達到如此精密程度，而且他們也都能提出相當正確的數據，促

進天文學理論之建立，製作精準的曆法，以供人民作息，其功不可沒；這些天文學說，在現代天文學的分類中，卻相當於「球面天文學」與「天體力學」。這兩門學問的內容是如此的：

「球面天文學」是運用數學，特別是球面三角來研究怎樣測定天體，在假想的天球上的位置，使用各種坐標系，把這種位置表現出來，還研究由各種原因，如大氣折射即蒙氣差、光行差、歲差、章動等等，所引起的坐標變動。

「天體力學」是研究天體（包括人造天體），在萬有引力和其他力——如流體壓、輻射壓、電磁壓等的綜合作用下的運動規律，天體軌道的計算方法，某一時刻的天體位置的預測方法，及天體由於自轉而具有的形狀等。由於每個天體在空間的運動，幾乎都是受萬有引力的支配，所以，天體力學可以說是以萬有引力定律爲前提，假設遵循牛頓運動三定律，理論的研究天體的運動，和形狀的部門。天體力學的內容，大部分屬於太陽系的天體，即行星、衛星、彗星等，但雙星的公轉運動以及它們彼此潮汐作用影響，引起平衡形狀的研究，也屬於天體力學範圍。目前除了水星近日點移動的微小現象，需要借助於一般相對論外，天體力學可以說，完全以牛頓萬有引力爲基礎的純理論的研究；將來也許要借助一般相對論的重力理論，來進行研究。【註十九】

按照天文學研究的對象、方法和目標，可把天文學分成不少部門，而其主要的就是「天體測量學」、「天體力學」、「天體物理學」、「恒星天文學」、「天體演化學」、「射電天文學」、「宇宙射線天文學」；有人將前面二種稱爲「經典天文學」，後面五種稱爲「現代天文學」。上述的「球面天文學」是「天體測量學」的一種，「天體力學」也稱爲「理論天文學」。嚴格的說，中國古代天文學，在天體

測量學方面，是有了不起的成就，在世界天文史上的地位，也是首屈一指；而天體力學的理論與實際方面，也都有相當成績可言，真令人感到它是「經典天文學」了！這些問題可能是很「難」的！現代是如此，古代想必也是如此！

　　祖冲之「大明曆」，已考慮到東漢以來的天文現象，也很自然的將賈逵、楊偉、虞喜、張子信、劉洪等人的發現，乃至於當時行用曆術一切優點，都會消化在他曆法中，尤其將「歲差」問題，引進到曆內，被視為其特色之一。還有張子信的「橢圓定理」，他也似乎事先都察覺到，所以他的「大明曆」，曾被稱為第二次曆學大革新的作品。還有祖冲之「大明曆」的曆術：「上元甲子至宋大明七年癸卯，五萬一千九百三十九、算外」所謂「上元積年」(N)，這就是將日月五星的位置，看成一個共同起點，推算方法非常複雜，現在，我們還不清楚。上元積年的推算，究竟是從什麼時候開始的。但是在祖冲之「大明曆」中，從數學意義上講，就是說要求解滿足11個聯立一次同餘式的N。在曆法推算中，各行星的週期（ m_1 、 m_2 、……）又都不是整數，因而 a_1 、 a_2 ……就不是很容易求得的。可惜得很，當時天文學家們的推算方法，沒有流傳下來（李儼《中國算學簡史》），但在秦九韶《數書九章》中窺見其端倪。至於他是否因為將治曆的成果，結撰成一本「算經」，以告訴後世人，如何從事計算。我想像中的《綴術》，不是一本純數學理論書，否則，便談不上是「天象曆度」之學了！

六、綴術與內插法的相似點

　　現在，我們肯定一點的，談《綴術》它到底是甚麼？

　　一、求星辰之行，步氣朔消長。（沈括說）

　　二、天象曆度。（秦九韶說）（何丙郁也是此語）

　　三、推衍重差之術，元代「授時曆」所用垛積、招差術，求

氣朔消長，是其遺意。（清阮元疇人傳）【註二十】

四、《綴術》是曆術書中記算學之事。（日、三上義夫，中國算學之特色）【註二一】

五、《綴術》……在天文學與曆法的理論中使用差分法有關。（英、李約瑟，中國之科學與文明）

由這五則敘述，我們大概可以推想《綴術》是怎樣的一部書了！

曆法的編製，特別是日食與月食的預告，這便需要知道日月五星的準確方位。東漢以前，中國的天文學家們，認為日月五星的運動是等速的，即每天所行的距離是相等的，自東漢以來，逐漸知道天體的運動，並不是沿著圓形的軌道，而是沿著橢圓形的軌道在進行。

在這種情形之下，要如何來計算日月五星的準確的位置呢？顯而易見的，是人們不能每時每刻，都用觀測的方法來決定它們的方位，如白天就因為太陽光線強烈，根本看不到其他的星，從而也不能決定太陽在各星之間的相對位置。那麼怎樣來計算兩次觀測之間，這段時間內的日月五星位置呢？這就需要用「內插法」。

「內插法」（Interpolation）──設有若干個自變數，其相應之函數值，缺少一個或數個，以數學方法補足之。

《綴術》的「綴」字它的意義：《說文解字》：「綴、合著也」；段玉裁註：「聯之以絲也」。《禮內則》：「衣裳綻裂紉箴補綴」；註：「綴、連也。……，」從上列辭意，已充份瞭解「綴」是補綴與連綴。日本學者也曾將「不等間距內插法」稱為「補間法」。《綴術》這本書顧名思義，它是不是正適合用於天體運行不均勻軌道間問題的計算方法嗎？

「內插法」按照現代數學術語，更正確的來講，是「等間距二次

內插法」。甚麼是「等間距二次內插法」？如：我們知道1，2，3，4，5，6，……的中間數值，就是1.5，2.5，3.5，4.5，5.5……。它的求法，就是把相鄰二數加起來，再用2來除，這是很簡單的。但是求1，2，3，4，5，6，……的各個平方數1，4，9，16，25，36，……的中間數，即根據已知的$2^2＝4$，$3^2＝9$，等等來求$(2.5)^2$，就不能用上述的方法。因爲$(4＋9)÷2＝6.5$，而實際上$(2.5)^2$卻等於6.25。未作平方之前的1，2，3，4，5，6，……彼此之間的間距都是1，因此把平方後的1，4，9，16，25，36，……稱爲「等間距二次數」。根據已知的「等間距二次數」來求它們的中間數，就不是那麼簡單。倘若函數關係不知，則不易求其函數值，此時即需要應用「插值公式」（Interpolation Formula）【註二二】，這公式得視求值情形創立。現代數學在經濟、統計應用上，常見的是Newton插值公式，Ganss, Stirling 等插值公式，Lagrange 插值公式，這些公式有前進差、後退差、有限差，以及自變數相隔的區間均等與不等問題都在內。【註二三】

　　「內插法」的計算，首先需要知道幾次不同時間觀測得到的數據。假如每兩次觀測之間距離是相等的，那麼便是「等間距內插法」，時間的間隔是不等的，就是「不等間距內插法」。

　　中國曆法中，初步嘗試應用到「內插法」的，是東漢末年天文學家劉洪，他在「乾象曆」（行用於西元223-228年間，曆術載於《晉書》〈律曆志〉內）首次提出用「一次差等間距內插法」，來確定日月合朔的時間。確定合朔發生的眞正時刻，稱爲「定朔」，在本文第五節㈠中，已提到了。要根據月球運行的速度來計算合朔，不但要知道每日月球運行的度數，而且還必須知道小於一日的月球運行度數。劉洪測出月球在一個「近點月」裡，每日運行的度數。現在列舉「乾象曆」中的一次差等距內插法的公式：

設：日數是n，n日共行的度數是 f(n)，對 n＋s（s＜1）
日月球運行的度數，其公式則為：

$$f(n+s) = f(n) + s\triangle$$

進行計算，其中△是一級差分 f（n＋1）－f（n）。

然而月球運動在一日之內，變化很大，f（x）不是一次函數，也
就是說△²f（x），不等於0，因此劉洪這插值公式，是得不到精密的
近似值。劉洪之後，魏・楊偉的「景初曆」，劉宋・何承天的「永嘉
曆」，以及祖冲之的「大明曆」，都是用這種公式去計算月行度數。

隋代天文學家劉焯（西元544-610年）的「皇極曆」（未行用），
用等間距二次差內插法公式，來處理日月運行的度數，由於節氣，實
際上不是按等間距變化，日月五星也不是作等加速度運動，雖然他比
劉洪公式進步，也因為三級差分不等於0，因此，仍然存在許多缺點，
這問題直到唐代釋一行的「大衍曆」，與元代郭守敬的「授時曆」時
代才解決。〔圖版三～十七〕

唐代大和尚一行（西元683-727年）的「大衍曆」（行用於西元
729-761年，曆術載於《舊唐書》〈曆志〉內），他改正劉焯的缺點，
用不等間距二次差內插法公式，來計算日纏（太陽）的盈縮，較圓滿
的解決太陽、月球不均勻行速問題。他還在計算五星不均勻運動時，
其中使用具有「正弦函數」性質的表格，及含有三次差的近似內插法
公式。同時徐昂的「宣明曆」（行用於西元822-892年），將一行曆
術簡化，用等間距的二次差公式，以計算日食的時差、氣差、刻差。
這些公式與牛頓於1687年所發明「推值公式」相似。

第四章　隋唐時期的中國數學

（一）　隋唐天文學家的內插法研究

從南北朝時代起，直到隋唐時期止，前後數百年間，天文曆法方面的研究有了十分顯著的進步。在這裏，我們可以特別淸楚地看到天文學和數學之間的相互促進的關係。曆法的不斷改進，要求計算方法的更加精密。"內插法"，或者按照現代數學術語更正確些來講，是"等間距二次內插法"，正是在這個時期由隋朝的天文學家劉焯 ㄓㄨㄛˊ（公元544—610年）首先引用的。

曆法的編制，特別是日、月蝕的預告，需要知道日月五星的準確方位。東漢以前，人們認爲日月五星的運動是等速的，即每日所行距離是相等的。東漢時賈逵（公元92年）發現月亮的運行時快時慢。南北朝時代，北朝的天文學家張子信在一個海島上對太陽進行了三十多年的觀測，最後於公元527年發現太陽的視運動也是有時快，有時慢。這是因爲天體的運動不是沿着圓形的軌道，而是沿着橢圓的軌道的原故。

在這種情況下，如何來計算日月五星的準確的位置呢？

顯而易見．人們不能每時每刻都用觀測的方法來決定方位。例如白天就因爲太陽太亮，根本看不到其他的星，從而也不能決定太陽在各星之間的相對位置。那麼怎樣來計算兩次觀測之間這段時間內的日月五星位置呢？這就需要內插法。

圖版三～十七　李儼《中國古代數學簡史》九章出版社（104－108面）剪輯有關隋代天文學家「等間距內插法」部分算式。

內插法的計算，首先需要知道幾次不同時間觀測得到的數據。假如每兩次觀測之間的距離是相等的，那麼便叫作等間距內插法；時間的間隔是不等的，就叫作不等間距內插法。

以下當利用現在的代數符號來說明這兩種內插法。

設等間距的時間爲 w，在時間爲 w、$2w$、$3w$、……、nw、……時觀測到的結果是 $f(w)$、$f(2w)$、$f(3w)$、……、$f(nw)$、……。任意兩次觀測之間的某一時刻，如 w 和 $2w$ 間的某一時刻，可用 $w+s$ 表示（s 滿足 $0<s<w$）。$f(w+s)$ 可由下列公式求出

$$f(w+s)=f(w)+s\Delta+\frac{s(s-1)}{2!}\Delta^2$$
$$+\frac{s(s-1)(s-2)}{3!}\Delta^3+\cdots\cdots。$$

其中 Δ、Δ^2、Δ^3、……的含意如下：

設　　　　　$\Delta'_1=f(2w)-f(w)$，
　　　　　　$\Delta'_2=f(3w)-f(2w)$，
　　　　　　$\Delta'_3=f(4w)-f(3w)$，
　　$\Delta_1^2=\Delta'_2-\Delta'_1$，　　　$\Delta_2^2=\Delta'_3-\Delta'_2$，
　　　　　　$\Delta_1^3=\Delta_2^2-\Delta_1^2$

時，則上述公式中 Δ、Δ^2、Δ^3 等的含意是：

$$\Delta=\Delta_1^1，$$
$$\Delta^2=\Delta_1^2，$$
$$\Delta^3=\Delta_1^3。$$

其中 Δ 稱爲一次差，Δ^2 是二次差，Δ^3 是三次差等等。

這一公式，現在經常被人們稱爲牛頓內插公式，在歐洲是英國天文學家格利高里（Gregory）首先採用，其後又被牛頓（Newton）在公元十七世紀末進一步推廣了的。

圖版三～十七（續一）　李儼《中國古代數學簡史》

　　首先應用到二次差的內插公式來進行日月位置推算的就是前面介紹過的劉焯。劉焯是隋朝時候的著名天文學家。公元 600 年的時候，他編制了一種新的曆法——"皇極曆"。在"皇極曆"中，劉焯曾經應用等間距的二次內插法來進行計算。

　　假如在時間 w、$2w$、$3w$、……各點上測得的結果爲 $f(w)$、$f(2w)$、$f(3w)$、……，並設 $d_1 = f(2w) - f(w)$, $d_2 = f(3w) - f(2w)$（亦即 $d_1 =$ 上述諸差分中的 $\Delta\frac{1}{1}, d_2 = \Delta\frac{1}{2}$）時，劉焯的計算相當於使用了如下的公式：

$$f(w+s) = f(w) + \frac{s(d_1 + d_2)}{2} + s(d_1 - d_2)$$
$$- \frac{s^2}{2}(d_1 - d_2)。$$

很容易證明這公式和牛頓公式只取前三項時是相同的，只要進行一下推演就可以了。如：

$$f(w+s) = f(w) + \frac{s(d_1 + d_2)}{2}$$
$$+ s(d_1 - d_2) - \frac{s^2}{2}(d_1 - d_2)$$
$$= f(w) + s\left[\frac{d_1 + d_2}{2} + \frac{2d_1 - 2d_2}{2} - \frac{s(d_1 - d_2)}{2}\right]$$
$$= f(w) + s\left[d_1 + \frac{(d_1 - d_2) - s(d_1 - d_2)}{2}\right]$$
$$= f(w) + s\left[d_1 + \frac{(s-1)}{2}(d_2 - d_1)\right]$$
$$= f(w) + sd_1 + \frac{s(s-1)}{2}(d_2 - d_1)$$
$$= f(w) + s\Delta + \frac{s(s-1)}{2}\Delta^2。$$
$$(\because \Delta = d_1, \Delta^2 = d_2 - d_1)$$

圖版三～十七（續二）　李儼《中國古代數學簡史》

明代偉大的天文學家郭守敬（西元1231-1316年）的「授時曆」（行用於1280年至明末，曆術載於《元史》〈曆志〉內），他將日月五星運行不等速運動情況，認爲距離是時間的三次函數。不過「授時曆」沒有求出三次內插公式，而用定差、平差、立差的差分表來解決這個問題。所謂「定差」就是不定常數，一般而言，觀察次數愈多，計算中使用的乘方愈高，那所決定的不定常數就愈精密，所作的預測，更爲良好。「平差」就是每次觀測到的略微差異。「立差」這是第三不定常數，因爲「立」爲空間圖形的第三度。這個方法稱爲「招差法」——現代稱爲「逐差法」。「內插法」則是「招差法」在求解函數內插值問題方面的具體應用。在招差公式當中 n 不等於整數，而是畸零數值時，它就變成了內插法的計算公式。郭守敬計算太陽每日運行度數，將冬至到春分這段88.91日，即在一象限中，分成六段，測出每段太陽的實際運行度數，便可以算出以段爲等間距的差分表，從「授時曆」立成（表）中，便知道三級差分都相等，而四級差分等於0，由於高指數的導入，使內插法的應用，推向最高峰了。【註二四】

以上各種曆法有關「內插法公式」，因篇幅及排版困難，只得從略，如讀者有興趣瞭解其詳細內容（算法），可檢讀中國數學史方面的書籍。

我對《綴術》如此聯想之外，《中央日報・副刊》（七十三年四月二十一日）李東的《綴術的聯想》有云：

　　　㈣「綴」的意思是「結合」。正由於祖沖之結合了在當時數學家看來各自獨立，互不相關的割圓術，勾股弦定理，聯立方程式和二次方程式的解法來算圓周率，所以他稱這個方法爲「綴術」，其本意當爲「合而爲一的方法」。這個綴字用得多麼貼切，正足以表現出他的巧思【註二五】。

我對於這樣解，也是感到相當「滿意」的。至少表明我用「綴術」二字詮釋成數學的「內插公式」，還不致陷入孤證之境。

茲將祖冲之的「大明曆」（載見於《宋書・律曆志》下），其「惟月所在度術」部分的「遲疾曆」列後，以見中國古曆編製形式（《宋書・大明曆》部分書影）：

我們已經知道日、月的運動，並非等速進行的，故日月的視行，有時快有時慢，因此「經朔」時日，未必在同一的黃經度上。爲了求得到正確的經朔、弦、望，必須將日月視行快慢計算出來，所以，日的快慢稱「盈縮差」，月的快慢稱「遲疾差」；這種日、月間快慢，有四種情況：㈠日盈月遲；㈡月遲日疾；㈢日盈日疾；㈣日縮月遲。解決這種現象，可以用「盈縮差」與「遲疾差」相加減，除以「限下」行度，得到「限差」比率，然後求得日分，就可得到正確經朔、弦、望日分，獲得準確月蝕期。這裡有許多表格（立成）可查，都是製曆實測或計算出來的，在這整個曆術，它稱爲「遲疾曆」【註二六】。

七、結　　語

英、李約瑟著，陳立夫主譯《中國之科學與文明》（第四冊）19數學c(2)〈由三國至宋初（第10世紀）〉有云【註二七】：

這個時期最重要的書籍，恐怕要算失傳了的祖冲之的「綴術」。「綴術」這部書的聲名籍甚，但能加以了解的人卻甚少，因爲它較其他任何數學書籍，都需要更高深研究的緣故。這可能與他決定圓周率的值能十分正確，及在天文學與曆法的理論中使用差分法有關。錢寶琮想像祖冲之對於這個分數的近似值推求，提出動人的議論，採用了下列兩個新方程式：

日				
十七日	十二十	益五十五	縮三百八十七萬五百一十四〔五五〕	四千四百七十一
十八日	十二十四	益四十四	縮五百三十萬九千三百八十五〔五六〕	四千五百三十九
十九日	十二十九	益三十二	縮六百四十八萬四百	四千六百二十四
二十日	十三一	益十九	縮七百三十一萬六千六百八	四千七百九〔五七〕
二十一日	十三七	益四	縮七百八十一萬七千九百九十六	四千八百一十一
二十二日	十三三十	損十一	縮七百九十一萬七千六百七	四千九百一十三
二十三日	十三九	損二十七	縮七百六十一萬五千四百四十	五千一十五
二十四日	十四一	損三十九	縮六百九十萬一千四百九十五	五千一百
二十五日	十四六〔五八〕	損五十二	縮五百八十七萬二千七百三十五	五千一百八十五
二十六日	十四十	損六十二	縮四百四十九萬九千一百五十九	五千二百五十三
二十七日	十四十二	損六十七	縮二百八十五萬七千七百三十二	五千二百八十七
二十八日	十四十四	損七十四	縮百八萬二千三百七十九	五千三百二十一〔五九〕

〔五二〕盈五百五萬八千二百八　「二百八」各本並作「三百」。

按大明曆月行遲疾曆表中各數之求法

為：(一)損益率：以一日之月平行分五千二百二十七減各日之月實行分，得損益率小分。以日法乘之，約以通法，小數四捨五入，即得表上之損益率數。(二)盈縮積分：以各日盈縮率小分乘一百一，以三十減之，餘乘三十九，再加三十四或三十五，得各日之盈縮分。以各日前盈縮分累加之，即得各日之盈縮積分。(三)差法：各日之月實行分減以一日之月行分三百九十一，即得各日之差法。本表數字均經校算，以下僅指出其校改之處，其具體運算不贅述。

遲疾曆〈大明曆月行遲疾曆表〉

日	月行度	損益率	盈縮積分	差法
一日	十四行分十三	益七十	盈初	五千三百四
二日	十四十一	益六十五	盈百八十四萬二千三百一十六	五千二百七十
三日	十四八	益五十七	盈三百五十五萬七千二百六	五千二百一十九
四日	十四四	益四十七	盈五百二十五萬八千二百八〔三三〕	五千一百五十一
五日	十三三十四	益三十四	盈六百二十九萬七千八百五十七	五千六十六
六日	十三二十七	益二十二	盈七百二十萬二千六百九十一	四千九百六十
七日	十三十六	益六	盈七百七十七萬二千七百一十〔四四〕	四千八百七十九
八日	十三五	損九	盈七百九十四萬九千五百二	四千七百七十七
九日	十二二十二	損二十四	盈七百六十六萬三千一百	四千六百七十五
十日	十二十六	損三十九	盈七百四萬六千二百七十三	四千五百七十三
十一日	十二十一	損五十二	盈六百三萬五千七百	四千四百八十八
十二日	十二八	損六十	盈四百六十六萬三千一百	四千四百三十七
十三日	十二六	損六十五	盈三百九萬三千二百	四千四百三
十四日	十二四	損七十	盈百三十八萬三千五百八十	四千四百六十三
十五日	十二五	益六十七	縮四十五萬七千六百八十六	四千三百八十六
十六日	十二七	益六十二	縮二百二十三萬七千六百五十五	四千四百二十

$$x^2 - ax = K$$
$$x^3 - ax^2 - bx = K$$

我們關於這部書的消息，主要的來源係出自《隋書》。宋朝的沈括，對它甚感興趣，曾在其所著的《夢溪筆談》中，提出來討論過。

所謂「《夢溪筆談》中，提出來討論過。」也就是本文第四節㈠㈡所徵錄的文字，我結撰本文，可以說是讀了沈括這本書而引起的。

同上書 i 代數學(5)〈二次方程式與差分法〉又云：

在含有二次式的方法中，最有趣味的是找出那天體運動公式中，不定常數的辦法。這個在中國稱爲「招差法」的辦法，就是我們現今所謂的「差分法」。招差法的使用，在中國早到什麼時候，雖不可考，但西元六六五年李淳風作出其「麟德曆」時，確曾使用過。錢寶琮註釋宋、清兩代意見時，斷定它就是祖冲之（五世紀後半期人）的《綴術》。「綴」字的意義是「補綴」，雖能支持這種見解，但缺乏實在的證據。【註二八】

所謂「綴術」的「『綴』字的意義是『補綴』，雖能支持這種見解，」等於替本文作小結，而我的「綴」是「連綴」之「綴」，爲祖冲之「綴合」當年各種天文科學於一體，並非數學而已，於此可以更深廣的探索「綴術」的精蘊了！

天文學的本身，是依靠其他科學技術才能進行研究，其中特別是數學、力學和物理，因此，從本質上來講，天文學實際可以說是應用數學、應用力學和應用物理學的一部分。祖冲之父子的《綴術》也許就包括這幾方面問題，所以它是相當困難、艱深不易教與學的課程。

我們如果對於這樣結論還表示遲疑，不妨再將他們父子傳略，更詳細的涉獵，或是再努力從事蒐集，恐怕他是中國古代唯一具有這種學識與能力的人。

　　本文並沒有獲得太多結論，十分慚愧。只是視「綴」字爲差分的「故事」。本擬將「白塞耳插值公式」列入，無奈其浩繁打字困難，也不一定適於文史讀者閱讀，否則，對本文說明是有裨益。

　　本文發表於民國七十二年（1983年）九月，《中國書目季刊》第十八卷二期，1—21頁。原著並無圖版，現有增輯文字。

附　　　註

註　一　姚燮夔著〈綴術的聯想〉，民國七十一年三月十三日《中央日報》第十版〈中央副刊〉載，全文分爲十段，2000餘言，本文摘錄六段，如有輕重適宜之處，自負文責。

註　二　一個數學教師小箋〈綴術的聯想迴響〉，民國七十一年六月八日《中央日報》第十版〈中央副刊〉的「中副小簡」，全文照錄。

註　三　李東著〈綴術的聯想〉，民國七十二年四月二十一日《中央日報》第十版〈中央副刊〉載。此文也因姚文而引起，其題目也相同。全文3000餘字，有「編者按：作者李東先生現服務於美國新澤西州貝爾實驗室。原文中的遞歸公式，數學符號，FORTRAN程式，以及電腦輸出之詳細數據，皆已刪略。」可見《綴術》這本失傳的古代算經，是相當受人注目的。

註　四　唐魏徵等撰《隋書》，民國六十九年九月，鼎文書局新校本。

註　五　後晉劉昫等撰《舊唐書》，民國六十九年九月，鼎文書局新校本。

註　六　宋歐陽修等撰《唐書》，民國六十九年九月，鼎文書局新校本。以

下史籍再引錄時，不作註記。

註　七　祖沖之父子傳略，在《南齊書》卷五十二，及《南史》卷七十二有
　　　　記載。本文是參考很多書籍寫成的，主要是《中國天文大百科全書》
　　　　——〈祖沖之父子〉（1980年，北京，588-589頁），在這著錄中看
　　　　到一本專書，作者李迪，書名《祖沖之》，惜未讀到。《祖暅之》
　　　　也有傳記的專書。又，《中國古代科技名人傳》張潤生等著，198
　　　　年版，其中祖沖之傳，119-128頁，寫得非常通俗，他希望「初中以
　　　　上文化程度的讀者閱讀」，倡導科技史，不要被視爲專家讀物。

註　八　宋王溥註《唐會要》，民國五十七年三月，商務印書館臺一版。

註　九　唐張九齡註《唐六典》，民國六十五年三月，商務印書館影印四庫
　　　　全書本。

註　十　清戴震校《算經十書》，民國五十四年十一月，商務印書館臺一版。
　　　　「算經十書」爲：《周髀算經》、《九章算術》、《海島算經》、
　　　　《孫子算經》、《五曹算經》、《夏侯陽算經》、《張邱建算經》、
　　　　《五經算術》、《緝古算經》、《數術記遺》，這是中國數學文化
　　　　最重要的遺產，我收藏《算經十書》（見圖版），並有各種零星板
　　　　本，如錢寶琮《九章算經點校》，參酌研讀甚便，都值得珍視它。
　　　　這《算經十書》就是淵源唐代國子監的教科書演變而來的。
　　　　以上註八、九、十並參考李儼著《中國古代數學簡史》的〈隋唐時
　　　　期的數學教育〉123-125頁。版本著錄詳見註二十二。

註十一　錢寶琮著《中國算學史》，民國六十八年，九章出版社。〈綴術內
　　　　容推測〉57-58頁。

註十二　陳遵嬀著《中國天文史》（第一冊），〈中國古代天文學與算學〉，
　　　　1980年出版。

註十三　日本藪內清著《中國算學史》，林桂英等譯，民國七十年，聯鳴文
　　　　化有限公司。〈圓周率的計算與補間法〉，32-33頁。

註十四　宋沈括撰《夢溪筆談》，本稿採用《元刊夢溪筆談及新校注合刊本》，民國六十六年九月，鼎文書局。卷八原刊本7-8頁、卷十八原刊本3頁。

註十五　宋秦九韶撰《數書九章序》，參考註十李儼等著述引錄。

註十六　沈括生平事跡，曾參考一本《沈括》專傳，其著者、年月及出版者疏記出處。

註十七　何丙郁、何冠彪合著《中國科技史概論》，1983年3月，中華書局香港分局。〈三、公元五世紀至九世紀的數學〉87頁。這是我當時所見到最新的一本科技史，作者題贈蘇瑩輝教授，蘇教授轉贈給我，十分感謝他們。

註十八　〈東漢以來中國天文學的史實〉這部分的文字，是參考拙著《中國天文學史纂要》一文而成。此文分上、下兩篇，發表在國立故宮博物院《故宮季刊》第十六卷四期（79-114頁），及第十七卷一期（41-72頁），此文係參考當代天文名家著作結撰而成。當時本省只有一本老舊的天文史書籍在圖書館內，此文用的新出土資料，受到臺北市天文臺審查人的獎掖。

註十九　陳遵嬀著《中國天文學史》見註十二。〈球面天文學〉與〈天體力學—理論天文學〉均見此書〈四、天文學分類〉章，17-18頁。

註二十　清阮元撰《疇人傳》，民國五十四年十一月，商務印書館臺一版。本書卷四十六，〈西洋四〉「杜德美傳」：「夫立垛積、招差以求氣朔消長，即祖冲之《綴術》之遺，然則《綴術》一書，亦當如「立天元術」之流入彼中，吾中土亡之，而彼反得之矣。」600頁。

註二一　日本三上義夫著、林科棠譯《中國算學之特色》，民國五十四年十一月，商務印書館臺一版。〈中國之古算書〉10-14頁。

註二二　李儼著《中國古代數學簡史》，民國六十八年，九章出版社。〈隋唐天文學家的內插法研究〉，104-105頁。

註二三　祁和福編著《經濟統計應用數學》，民國六十六年八月，編著者發行。〈(3)插值法〉308-318頁。

註二四　1.陳曉中等著《中國古代的科技》（上下冊），民國七十年九月，明文書局。〈內插法和垛積術〉127-131頁

　　　　2.李儼著《中國古代數學簡史》（見註二二）〈插值時用公式〉106-108頁。又《中國算學史》及《中算史論叢》共六冊。

　　　　3.日本藪內清著《中國の天文曆法》，1969年，平凡社版。第三部〈天文計算法〉、五「授時曆の計算法」，304-306頁。

　　　　4.《中國天文年曆》，1982年，中國科學院紫金山天文臺本。〈白塞耳內插公式〉496-499頁，及「表10白塞耳內插系數表」。

　　　　5.鄭宏慈著《授時曆算解》博士論文，陳萬鼐指導，民國八十五年六月，中國文化大學文學研究所。

註二五　李東著〈綴術的聯想〉（見註三）。

註二六　楊家駱主編《中國天文曆法史料》（宋書卷十三律曆志下），民國六十六年三月，鼎文書局。「大明曆曆法」本書第三冊，1748-1750頁。

註二七　英李約瑟著、陳立夫主譯《中國之科學與文明》（第四冊數學），民國六十六年，商務印書館。〈(2)由三國至宋初（第十世紀）〉數學史略，64-65頁。

註二八　同註二七，〈(5)二次方程式與差分法〉，231頁。

第四篇　朱載堉與江永的圓周率求法

一、前　　言

　　我三十餘年前，在中學教數學課程，課餘之暇，自修清人戴震校《算經十書》，也一度曾對劉宋大數學家祖冲之（西元429-500年）的「圓周率」（π）作點研究，其實，僅是蒐集一些資料，仔細讀讀而已。近十餘年，我因爲研究興趣，正走向於中國古代科技史方面，先後發表天文、曆法、數學、音律等文稿二、三十篇。現在，所撰此文，也竟然將三十年前一篇殘稿找到了，待檢讀一過，還覺得當年紮下的一點基礎，如今派上用場。如果，將本文視爲當年研究問題的延伸，也並不是自誇，只是個人數十年光陰虛擲，沒有甚麼可觀成績，感到慚愧罷了！

　　「圓周率」的求法，不是一個新的問題，也早已爲有智慧的中國古代人解決了。可是迄今1500多年以來，中外學者，幾乎每一個時代都有人在從事這方面的努力。有人曾說：「爲甚麼有那麼多『瘋子』將精力、金錢投注在這項計算呢？」【註一】我自己知道，我的程度距離「瘋子」程度，還差一大截，也不夠資格當計算「圓周率」的「瘋子」；但我卻相當幸運的，因爲研究音樂史，看到明、清時代的學者，用各種不同的方法，也是我所不知道的求法？如果，我們拿現代數學程度去看它、輕視它、覺得它「毫無價值」，當然就沒有什麼話可講！而我們要反躬自省的，首先摒棄自高自大心理，除了用現代數學以外，能有幾人像本文主旨所敘述的朱載堉、江永這二位古代學人，會

想到這些方法呢？更希望認清楚問題，這是中國算學史上的問題，是值得闡述的一種科技史問題，假使我不是當年曾對這類問題，用過一點工夫，今天也難以注意到它是明、清時代對「圓周率」求法之一。

我這篇文字，應該說是我研究朱載堉發明十二平均律的「副產品」，這種「律學」的內容，包括許多音樂、算學、技術工藝等科學在內。因為，朱載堉是以發明「十二平均律」，享譽於中外，他的成績，有人稱它「很具原創性」，同理，他的數學，也應該同具「原創性」的價值才對。我對於朱載堉研究為時甚久，第一篇論文，發表於民國六十八年（1979年）十一月，其後發表過朱載堉的傳略、碑傳註釋、律學研究、算學研究、樂學研究、曆學研究，以及著作考，算是對朱載堉有點研究的人。要想清晰敘述他幾種求律管的管徑、周長、面積等算法，就必須將這些有關文字詳細摘錄，並列式、解說，才能使讀者對這問題先有一個充份瞭解，然後，才能察覺他未應用「圓周率」（π）！那麼他的「圓周率」究竟是甚麼？這「率值」是多少呢？如此，便是本文所要表達的一點心思！當然我不能做到——朱載堉如何得到這個「圓周率」的所以然？它並非讓我去求證，這中國算學發展過程上的枝節，只希望引起人們的注意而已。我這篇講朱載堉與江永求「圓周率」的目的，在此作一「交代」了！

二、朱載堉傳略

中國偉大的音樂學家朱載堉的生平事跡，在《明史》卷一〇九中僅205字，因為我對他曾作過專題研究，將一丁點心得匯合起來，寫成下面這段傳略：

> 朱載堉字伯勤，號句曲山人，別署山陽酒狂仙客。明太祖朱
> 元璋九世孫，鄭恭王厚烷世子，河南懷慶府河內縣（今沁陽

縣）人。嘉靖二十年（1548年）厚烷上疏世宗厚熜，請「修德」、「講學」、「罷神仙」、「土木」之事，頗觸厚熜逆鱗。又二年，宗人祐橣謀復王爵，怨厚烷不代奏請，乃乘厚熜盛怒之餘，摭厚烷四十大罪，遭削藩，禁錮鳳陽高牆。隆慶元年（1567年）穆宗載垕即位，復爵。載堉性至孝，痛父非罪見繫，築土室於宮門外，席藁獨居十七年。神宗翊鈞萬曆十九年（1591年）厚烷薨逝，載堉應以世子襲鄭王爵，然稟性恬澹，不慕榮華富貴，當厚烷在日，已屢次稱疾，以世孫翊錫代行朝禮。自萬曆十九年（1591年）起，先後十五年，疏凡七上，乞依序讓爵於長宗載璽。恭王先世，為盟津王見濍，及東垣端惠王見濆，俱簡王祁鍈庶子，因嫡系國絕，依次當屬見濍。見濍因母有寵於祁鍈，曾謀奪嫡未成，盜世子金冊而去，革為庶人；見濆得嗣，四傳以迄載堉。尋見濍曾孫新樂王載璽直其冤，載堉因而以國讓之。萬曆三十四年（1606年）詔令載堉及其子翊錫，以世子、世孫終其身，並刺建「讓國高風」牌坊，旌表其志節。

載堉兒時即慧悟過人，復承厚烷家學，益務著述，精研音律之學，並淹貫音樂，數學、天文、曆法，萬曆十二年（1584年）發明「十二平均律」理論，審律製器，妙如神解。嘗具表獻《樂律全書》於朝廷，請正雅樂，修改曆法，均未及施行，宣付史館，以備稽考。

載堉晚年自號道人，隱居邑東丹水，幅巾策杖，雜居漁樵間。生於嘉靖十五年五月十九日（西元1536年6月7日），辛於萬曆三十九年四月二十三日（西元1611年6月6日），享年七十六歲，諡「端清」。葬於紅嶺山，王鐸撰世子碑刻而未立。所著書凡十九種、三十三書（單本）、一〇二卷以上；

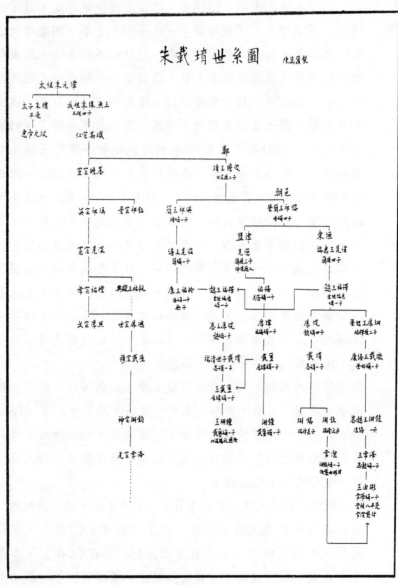

圖版四～一　　　朱載堉世系圖（陳萬鼐繪製）

苔曰譬如春秋之理一而已矣惠公仲子

左氏以為惠公繼妻公羊以為惠公之妾

穀梁以為惠公之母妻妾相去不遠母則

遠甚然據僖公成風書法例同未必無謂

故曆家云觀乎同求其同而異觀乎異求

其異而同斯可謂善觀矣

萬曆庚戌季春清明節林下七十五歲翁

喬友末載堉書

圖版四～二　朱載堉書《邢雲路古今律曆考》序

（明鄭藩刻本）

現存七種、二十一書、六十九卷；佚十二種、十二書、三十
二卷，其中以《樂律全書》享譽於中外。【註二】〔圖版四
～一、二〕

　　朱載堉的音律學程度如何？自不待言喻，他的算術也應該十分優
異才是，不然，他不可能發明震古鑠今的十二平均律。他對於中國數
學史及應用數學，也都有相當研究，譬如《隋書》〈天文志〉〈曆法
志〉，都是熟悉的；祖冲之發明的「圓周率」，當然也充份瞭解。他
的《樂律全書》經常提到兩種「圓周率」的值：㈠「七圓、周二十二」（
$22／7＝3.14285$）；㈡「圓徑一百一十三、周圍三百五十五」（355
／113＝3.14159）；他稱前者爲「約率」，後者爲「密率」（見〈律
學新說〉）。現在本文所敘述他發明的「圓周率」的值—3.14269，
比「約率」爲小，比「密率」爲大（3.14285＞3.14269＞3.14159）。
如果他在《樂律全書》採用了這種「密率」，應用到計算各種律管求
積的方面，那麼計算的結果，都會認爲是正確的答案。他偏偏在〈律
呂精義內篇〉（此書包括在《樂律全書》內）中，逕自發明一系列計
算方法，摒棄舊有的「圓周率」不用，雖然是其個人一項「創獲」，
有時會感覺他過當了。關於他對算學方面的成就，在〈算學新說〉中，可
以看出端倪來。【註三】

三、朱載堉求積所應用的「圓周率 π'」四種

　　音律學中計算各種律管的徑、周、面積等問題（包括測音），是
一種相當專門的學問，本文既無法逐一敘述，諒能獲得讀者之諒解，
惟本文主旨討論「圓周率」的求法，卻不得不將朱載堉《樂律全書》
及江永《律呂闡微》這段原文，詳加列式解說，否則，會令讀者對此
問題，難以瞭解，更何況引起對於中國古代算學史的閱覽興趣。

首先，我們應該知道甚麼是「律管」？「律管」就是一支管子，它具有音樂的功能，也就是一件發音體，正確的被演奏出樂音來，或許是一組樂律的基準，可供定音，決定所須音高的標準；前者如管風琴的每支管子，後者如演奏家，所使用的「定音器」（Pitch pipe）。假使，我們有這樣一支管子（任何質材皆可），管內徑是9.007公釐，管長254.80公釐，噓氣管體發音，其音高為315.03赫（Hz），相當鋼琴中央八度的#d+稍高一點〔圖版四～三〕。

上述管子就是明朝朱載堉，所定十二平均律制，標準的高音，它名為「黃鐘之管」——即一主音「律管」，如圖版中所刻的「黃鐘」律管的明代尺度，已化為上述公制了。

如果，我們要設計一架與現代鋼琴一樣的管風琴，至少要有八十八支律管，要求每支管體發音都很準，合於音律學的標準，想像這其中計算管子的內徑、長度、面冪……等等，一定相當困難，這也就是所謂的「學術」。朱載堉所著的《樂律全書》，最大貢獻就在這方面，並且領先德國弗爾邁斯忒（Andreas Werckmeister）1645 十二平均律發明理論提出，早了107年。

以下，我們開始對朱載堉計算律管的方法進行瞭解，而特別要注意的是他在求積時不用「π」（圓周率）這個現代的值，而另外用一系列他自創的方法。

第一計算題〔圖版四～四〕

「周求徑術」：置黃鐘倍律外周二寸二分二釐二毫二絲二忽二微二纖，九因得二尺，以四十除之，得五分，自乘得二十五分，加倍得五十分為實，開平方法除之，得七分〇七毫一絲〇六微七纖為外徑。【註四】

圖版四～三　朱載堉《樂律全書》〈律呂精義內篇〉正律黃鐘十二律管（c-c'）書影，採自國學基本叢書影印本。此圖正律黃鐘（c）管長一尺，管內徑三分五釐三毫。（合萬國公制 9.007、254.800m/m）。

按題作成算式：

$$黃鐘倍律的外徑 = \sqrt{2 \left(\frac{9 \times 2.\dot{2}}{40}\right)^2}$$

$$= 0.7071067 寸$$

解說：已知黃鐘倍律（低八度的主音）其外周為$2.\dot{2}$，如按現代計算方式，將此數除以π即可求得外徑。然而朱載堉解題的方法，是將已知的周長乘以9，再除以40，再將此數乘方，又乘以2，再將此數開平方，即為所求。顯然它是以周長乘以下列各數：$\sqrt{2\left(\frac{1 \times 9}{40}\right)^2}$ $= 0.318198$，如將此數的$\frac{1}{x}$（倒數）為3.142697，即為本題所應用之「圓周率」（π'表示朱載堉的圓周率）；此圓周率之值，較現代常用的值：3.1415926，大0.0011稍強。

第二計算題〔圖版四～五〕

「徑求周術」：置黃鐘倍律內徑五分，自乘得二十五分，折半得十二分半為實，開平方除之，得三分五釐三毫五絲五忽三微三纖，以四十乘之，得一尺四寸一分四釐二毫一絲三忽五微六纖，九歸得一寸五分七釐一毫三絲四忽八微四纖是為內徑。【註五】

按題示作成算式：

$$黃鐘倍律的內徑 = \sqrt{\frac{(0.5)^2}{2}} \times \frac{40}{9}$$

$$= 1.5713484 寸$$

本題所應用的「圓周率」的值為：

$$\sqrt{\frac{1}{2}} \times \frac{40}{9} = 3.142697$$

解說：請參看第一計算題的解說。本題實爲「周求徑術」的還原問題，故所得之「圓周率」值相等，但列式不同。朱載堉《樂律全書》任何求積問題，在表面上並未如現代人將 π 視爲常數，代入算式中，而他將所應用的「圓周率」，「潛藏」在他所擬算式中，所以他常說：「舊法半圓周徑積互相求，但係圍三徑一者，皆疏舛不可用。」

第三計算題〔圖版四～六〕

1. 「徑求冪術」：置黃鐘倍律內徑五分，自乘得二十五分，又自乘得六百二十五分，以一百乘之得六萬二千五百分，以一百六十二除之，得三百八十五分八十釐○二十四毫六十九絲一十三忽爲實，開平方法除之，得一十九分六十四釐一十八毫五十五絲○三忽是爲面冪。【註六】

2. 「周徑相乘四歸得冪術」：置黃鐘倍律內周一寸五分七釐一毫三絲四忽八微四纖爲實，以黃鐘倍律內徑五分乘之，得七十八分五十六釐七十四毫二十絲，四歸得一十九分六十四釐一十八毫五十五絲是爲面冪。」【同上註】

3. 「半周半徑相乘得冪術：（原文略）。【同上註】

按題示作成算式：

1.   黃鐘倍律內徑面積 $= \sqrt{\dfrac{(5^2)^2 \times 100}{162}}$
$= 19.64185503$ 方分

解說：本題解題方法有三種：第 1. 已解題如上，其第 2.、3. 種解題方法，是中國古代算經，求積常用方法之一，朱載堉亦認爲「二者可用」（同上書），這兩種算法，也是合於現代算法的。

2.   如「周徑相乘四歸得冪術」：
$$S = \frac{2\pi r \times 2r}{4} = \pi r^2 ;$$

3. 「半周半徑相乘得冪術」：

即　$S = r \times \dfrac{2 \pi r}{2} = \pi r^2$

漢朝劉徽〈九章算術〉一書，便是用 2. 3. 此方式求面冪。

第 1. 種解題方法，雖在算式上極繁雜，其「置黃鐘倍律內徑 五分，自乘得二十五分，又自乘得六百二十五分」，恰等於一個圓的半徑自乘 r^2。由此，得知此題之「圓周率」爲：$\dfrac{40}{9\sqrt{2}} = 3.142697$，與第二、三計算題所得「圓周率 π'」的值完全相同。

第四計算題

「桌氏爲量內方尺而圓其外」《嘉量算經》。

這題也不用圓周率，其算式：

$$40 \div 9 = 4.44444\cdots\cdots$$
$$4.\dot{4} \div 1.4142\cdots\cdots（即 \sqrt{2}）= 3.142696805\cdots\cdots$$
$$\therefore \quad \pi' = 3.142696805\cdots\cdots$$

歸納上述三種求積問題中，分析得到下列四種朱載堉的「圓周率」（π' 或簡稱朱率），雖然求法不同，而得數完全相同：

第一種 π' 值：

$$\sqrt{2\left(\frac{1 \times 9}{40}\right)^2} = 0.318198051$$
$$其 \frac{1}{x} = 3.142696805$$

第二種 π' 值：

$$\sqrt{\frac{1}{2}} \cdot \frac{40}{9} = 3.142696805$$

第三種 π' 值：

$$\frac{\frac{40}{9}}{\sqrt{2}} = 3.142696805$$

圖版四～四　《樂律全書》「羃求周術」書影

第一計算題

周求徑術置黃鍾倍律外周二寸二分二釐二毫二絲二忽二

微二纖九因得二尺以四十除之得五分自乘得二十五分加

倍得五十分爲實開平方法除之得七分○七毫一絲○六微

七纖是爲外徑就置所得爲實依後項乘除之

圖版四～五　《樂律全書》「徑求周術」書影

第二計算題

徑求羃術置黃鍾倍律內徑五分自乘得二十五分又自乘得

六百二十五分以一百乘之得六萬二千五百分以一百六十

二除之得三百八十五分八十釐○二十四毫六十九絲一十

三忽爲實開平方法除之得一十九分六十四釐一十八毫五

十五絲○三忽是爲面羃

圖版四～六　《樂律全書》「徑求冪術」書影

第三計算題 (1)(2)

徑求周術置黃鍾倍律內徑五分自乘得二十五分折半得一
十二分半爲實開平方法除之得三分五釐三毫五絲五忽三
微三纖九塵以四十乘之得一尺四寸一分四釐二毫一絲三
忽五微六纖九歸得一寸五分七釐一毫三絲四忽八微四纖
是爲內周就置所得爲實依後項乘除之

周徑相乘四歸得冪術置黃鍾倍律內周二寸五分七釐一毫
三絲四忽八微四纖爲實以黃鍾倍律內徑五分乘之得七十
八分五十六釐七十四毫二十絲四忽得一十九分六十四釐
一十八毫五十五絲是爲面冪

第四種 π' 值：

$$\frac{\frac{40}{9}}{\sqrt{2}}=3.142696805$$

此外，朱載堉《樂律全書》中，還有二種求積問題：㈠求黃鐘倍律的外周、㈡求黃鐘倍律的內徑，題目演算，亦未採用現代「圓周率」；因其所用方式極特殊，僅適合朱氏十二平均律律管算法之用，故不例舉。

我們現代用算術求積，大致採用下列三個公式：

1.	圓周長	$D\pi$	即（$D=2r$）
2.	圓面積	πr^2	
3.	體積	$\pi r^2 h$	

一般計算機的 $\pi=3.141592654$（CASIO f_x $-3600P$型），上述朱載堉的四種求積問題，均未採用 π 值代入算式中，而自成一種體系，在中國算學史內，是從來未被人敘述的。

四、江永與朱載堉

朱載堉的《樂律全書》於明萬曆二十四年（1596年）刊布之後，迄至今年（撰稿年1987）已390年，這段漫長歲月中，我曾檢討過，誰最佩服朱載堉？毫無疑義的，外國人比中國人佩服；中國古人比中國現代人佩服；非音樂界人士比音樂界人士佩服。現在，暫且不談現代中、外國人，祇談清代的兩個人。

清朝初年，河北省靈壽縣，有一位農人朱仲福，他著《折中曆法》

一書，陸隴其（清代理學家，字稼書，1630-1692年）在靈壽縣當知縣，提倡文教，不遺餘力，爲了表揚縣邑學者，決定將朱仲福的《折中曆法》雕板發行，便請當時大曆算家梅文鼎（1633-1721年）審查，文鼎一看這部書是抄朱載堉《曆學新說》三書而成，並將原書朱載堉進呈的斷制之處，如「臣謹按：」三個字，也改爲「余以爲：」，但是陸隴其還是稱讚這位抄書的地方鄉賢：「其時鄭書初出，而仲福能博涉摘錄以自怡，如中郎之寶《論衡》，其後人不察，遂以爲仲福所撰。」試想，如果不是非常欽佩他的人，還會一字不改抄他人著作以「自怡」嗎？

其次，就是清朝鴻儒江永，他佩服朱載堉。江永字愼修，安徽婺源人（1681-1762年），博古通今，是漢宋兼采的經學家，尤專心於《十三經註疏》，戴震是他的學生。他著作二十餘種，條貫三禮，並綜音律、聲韻、天文、曆法之學，備受當時學者尊崇。【註七】

江永一生也致力於音律之學，他不盲從古人，年三十以後，逐漸懷疑宋朝音樂家蔡元定（1135-1198年）所著的《律呂新書》。中年後，以爲古樂律的三分損益、隔八相生、旋宮轉調等法，都不必拘泥；六十歲以後，便大膽毀棄候氣、凌犯等瞽說，別著《律呂新說》。然而他曾聽說朱載堉著有《樂律全書》，直到他七十七歲那年，才在安徽歙縣靈山書院看到。他讀後，使他困惑終身，要想去突破三分損益律的不能「還原」，有一個「古代音差」（23.4619音分）的問題，居然有一位前輩音律學家，先他而解決了，他由衷的欽佩朱載堉，痛悔自己的程度差上那麼一點點！

江永《律呂闡微》自序中，有這樣一段話（節錄）：

昔聞明神宗時，鄭王世子載堉有樂律書（指《樂律全書》——鼎註），屢求不可得。乾隆丁丑（1757年），年已七十有七，

與同志舊友，講業於歙之靈山，屢訪載堉書，乃得之藏書之
家。余讀之則悚然驚，躍然喜，不意律呂眞意，眞數，即在
「巢氏爲量，內方尺而圓其外」一語，何以余之《新義》（
指其自著《律呂新義》──鼐註）中，已繪方圓倍半之圖，已詳
推周髀、漢斛之數，乃不能此也？夫理數之眞，隱伏千數百
年，至載堉乃思得之，猶恐伶倫造律，后夔典樂，其神解耳
聰雖絕人，亦未必能致思及此也。……愚一見即詫爲奇書，
蓋恐於律學研思討論五六十年，疑而釋，釋而未融者已數四，
於方圓冪積之理，幾達一間，猶遜載堉一籌，是以一見而屈
也。

江永的《律呂闡微》對於朱載堉再三推重，見於書中【註八】文
字：「載堉新法，蓋二千餘年所未有。（卷二〈律率〉7頁）」，「
按載堉此論，亦二千年來所未有也。（同上13頁）」，「載堉云：長
短廣狹皆有一定之理，一定之數，此語誠然。先儒算學不精，格物未
至，是以前志（指《漢書·律志》──鼐注）之猶近是，不能發明，
後人之立謬說者，遂爲蔽惑耳。（卷三〈律體〉14頁）」《律呂闡微》可
以說是全面研究《樂律全書》的一部書。

江永此書，似乎透徹瞭解朱載堉著作的精義，也不憚其煩，將載
堉所計算的各律管管長、管內外徑、管內外周長、管徑面冪（積）、
管體積，都重新計算一次，載於《律呂闡微》（卷四、4-14頁）中，
茲不備載。

朱載堉在開方算法上，曾用八十一檔的大算盤從事計算，他得到
小數點後24位數的有效值，其精密的程度是無人能及，包括現代先
進國家實驗室的大型電子計算機在內【註九】。《樂律全書》的各書
都是採用其值：

$$\sqrt{2} = 1.41421356237309504880l689$$

可是，朱載堉他求積所用的「圓周率」（π'）爲：3.142696805，就比較現值 π 大多了，這是事實。曾有人說：「可以猜測，朱氏只是以誤試方式，猜出一個近似值而已。」爲甚麼講這話的人，不去「誤試」一個 π 的近似值，給我們看看？要知道他四種「誤試」值，都是相同的，豈偶然之事。

綜合他的著作，便會發現他計算的各種律管的積，雖不算是準確，但也無礙於律管的施工；所以江永他便用另一種方式，算得新的「圓周率」的值，用這值重新計算律管，無疑是對朱載堉的求周率方法，表示「異議」。總之，這兩位學人，在中國算術史上，留下一段鮮爲人知的記錄。

五、江永求「圓周率」的方法

朱載堉在《樂律全書》求積所用的方法，都是未直接將現在的「圓周率」（π）代入算式，而是他自己輾轉相求所得，如果不是我對於「圓周率」這問題有點興趣，也不會注意它。

朱載堉 π' 的值，顯然比國際性 π 的值大許多（$\pi = 3.141592653$），談不上精確，而且是「開倒車」——不用祖冲之的「密率」？但在方法學有別開生面之處，在算學史上則有其意義！

本文第四節，曾提到江永對朱載堉的律學由衷欽佩，但是，江永的《三角學》（Trigonometry）程度比朱載堉爲強，至少我在《樂律全書》中，並未發現朱載堉對這門學問的應用。所以江永在《律呂闡微》中，提出用「三角學」方式，求得比朱載堉較爲精密的「圓周率」（將它記爲 π'' 或簡稱「江率」）重新改寫朱載堉求律管的徑、周長、

面冪的「眞數」（絕對值）。

江永《律呂闡微》卷三〈周徑冪積密率〉（原書17頁）：

> 西人分周天爲三百六十度，一度又析爲六十分，是分大圓爲
> 二萬一千六百邊也，八線各有相當。正弦與餘割相乘，與半
> 徑全數自乘等積。查表一分之餘割線：三四三七七四六八二，
> 因此；求得一分之正弦；二九〇八八八二〇四五〇一。以二
> 萬一千六百折半，爲一萬〇八百乘之，得三一四五九二六〇
> 八六一八。正弦是直線，圓周是曲線，幾與之等，而曲者必
> 稍嬴，是以比圓周稍朒焉。故徑一、則周三一四一五九二六
> 五，是最密之率，宜用之。〔圖版四～七〕

這種求「圓周率」的方式，就我個人來說，做學生時代也曾經想
到如此，但未實際去計算，等到看到江永這種算法：一是感到並非新
奇之物（我會覺得「我也曾想到如此」——繼而感到自己是這般「無
恥」、別人會了的，我都會）；二是這方法是根據漢朝劉徽《九章算
術》的「割圓術」基礎（並不是某專家說：「源自祖冲之」），將劉
徽的勾股弦方法，改變成三角法，這時清朝《欽定精理精蘊》也已達
到應用的程度，帶給算學家許多方便；江永將一個圓等分後，再利用
三角函數，聚合這些等分角的對邊，即求得「圓周率」。

漢朝劉徽以「弧矢割圓術」求「圓周率」，見於《九章算術》—
—方田章（圓田術）逐步演算，有下列四項原理：

> 一、圓內整六邊形，每邊之邊長與半徑相等。
> 二、兩尖形的面積，爲二對角線相乘積之半。
> 三、直角三角形弦的平方，等於直角旁兩邊平方之和。
> 四、圓內整多邊形之邊數愈多，其面積與圓積愈近，至邊數
> 　　增至無可再增時，則方積與圓積相合。

此最密之率也試借西人八線表驗之

西人分周天為三百六十度一度又折為六十分是

分大圓為二萬一千六百邊也八線各有相當正弦

與餘割相乘與半徑全數句東等積查表一分之餘

割線三四七七四六八二因此求得一分之正弦

二九○八八八二○四五○一以二萬一千六百折

半為一萬○八百東之得三一四一五九二六○八

六一八正弦是直線圓周是曲線幾與之等而曲

者必稍贏是以比圓周稍朒爲欵徑一則周三一四

一五九二六五為最密之率宜用之

朱載堉率法云圓周四十容方九句股求弦數可

知遂以此為求徑率求周求損亦如之謂圓周四十

寸者内容方九寸九寸各自東併得一百六十二寸

開方得斜弦為圓徑也今按此法猶未密正法圓周

三一四一五九二六五内容方七○七一○六七八一

益圓周四十則容方不曾九若容方九則圓周不及

圖版四～七　清江永《律呂闡微》求圓周率書影

此時西方三角函數已採入《數理精蘊》中，江永用西洋方式解「割圜術」實例。

顯然江永是採用第四項的原理，應用三角法，遞求其內接整多邊形邊長，及面積割之彌細，其面積與圓積相差彌少，乃至於「割至不可割，則與圓合體而無所失矣。」從這裡看，江永是受劉徽的影響，還是受祖冲之的影響？可見某些「專家」。也非常不「專」的。現在，學術界並沒有一定資格界限，今天，我是「專家」審查別人；明天「別人」是「專家」，再審查我，審來審去，一些可議的評語，顯示「專家」的不「專」。

茲根據江永《律呂闡微》所敘述求「圓周率」（π''）的算法，試作解題如下：

1. 圓一周為360°，每1°為60′，題示「分大圓為二萬一千六百邊也」；即一圓周分為360×60＝21600等分，則每一等分，即圓周的1′（如圖一）。

2. 「正弦與餘割相乘，以半徑全數自乘等積」，按三角函數公式，為：

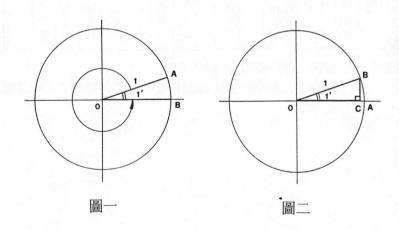

圖一　　　　　　　　　　圖二

$$\sin\angle AOB \cdot \csc\angle AOB=1 \text{（亦如半徑 } r=1 \text{）}$$

$$\csc 1'=3437.74682,$$

又　　　　$$\sin 1'=\frac{1}{\csc 1'}$$

$$\sin 1'=2.908882\times10^{-4}$$

$$21600\times2.908882\times10^{-4}$$

$$=6.283185218 \text{（圓周長）}$$

$$2\pi''r=2\times\pi''\times1$$

$$\pi''=3.141592609 \text{（\textbf{為江永題示所求}）}$$

如：圖的 $\overset{\frown}{AB}$，而且它是 $m\angle AOB=1'$（如圖二）

當：　　$$\sin 1'=\frac{CB}{OB}=\frac{CB}{1}=2.908882\times10^{-4}$$

由圖二的「巨視」觀念，已知：

$$\overset{\frown}{AB}\fallingdotseq\overline{CB}=2.908882\times10^{-4}$$

所以，整個圓的周長即爲：

$$21600\times2.908882\times10^{-4}$$

$$=6.283185218 \text{（圓周長）}$$

$$2\pi''r=6.283185218 \text{（}r=1\text{，見題示）}$$

$$\pi''=3.141592609 \text{（\textbf{亦即為江永所求}）}$$

原書所記載圓周率爲「三一四一五九二六五」（3.14159265這個數，與計算機映窗3.141592653完全相合），的確精密已極，非朱載堉的 π' 所能企及。

中國古代算學解題方式，用現代數學程度去體察它，往往會覺得它有許多「妙」處——很好玩，讓你產生會心的微笑。清代經師多知

算學，其初非欲以算學鳴家，因治經、史有待於算學。此風起於黃宗羲、惠士奇，而盛於錢大昕、戴震，其後考證家，殆無一人不具有算學常識。此輩經師除戴震、孔廣森、焦循外，大率藉以解決經、史上問題，於算學本身無所發明。【註十】

六、清朝人對朱載堉算學批判

清文淵閣《欽定四庫全書》本的朱載堉《樂律全書》，沒有「提要」，而是在全書首頁，冠以「御製乙卯（乾隆六十年，1795年）重題朱載堉琴譜並命入四庫全書以示闚識事」，接著就是「樂律全書校正條例」。所謂「闚識」，就是現代的「批評」，全文一萬一千一百餘字，約普通書籍「提要」的篇幅十倍以上。「闚識」與「校正條例」分別對《樂律全書》中的琴樂、詩樂、律學、數學、樂歌、樂曲……等進行批評：前者由王杰、董誥、彭元瑞執筆，後者由永瑢、德保、鄒奕孝、喜常執筆，都是大臣、專家。這裏面有許多錯誤的批評，咎在批評者未能精於此道，尤其對於十二平均律的理論，也不太懂，並且主觀的臆斷，形成惡意攻訐，如批評求積方面云：

> 此書周、徑、冪、積相求，總不如今法之簡捷，試舉一二以例其餘：如徑求周術，即用此書分寸，依《數理精蘊》以定率比例：徑一〇〇〇〇〇〇〇〇〇為一率，周三一四一五九二五為二率，今周五分〇〇七一五七三為三率，以二率、三率相乘，以一率除之，得四率一寸五分七釐一毫三絲四忽八微四纖，即周數也。彼法則以徑五分自乘得二十五分，折半得十二分半為實，開平方除之，得三分五釐三毫五絲五忽三微三纖九塵，以四十乘之，得一尺四寸一分四釐二毫一絲三忽五微六纖，再用九歸，始得一寸五分七釐一毫三絲四忽八微四纖之周數。蓋今法用一乘一除，彼法則二乘二除也。

　　朱載堉這方法，就是本文第二節「第二計算題」，四庫全書校正條例以它爲例。它的特色是不用「圓周率」。「校正條例」採用《數理精蘊》的比例計算方法。清朝聖祖玄燁敕撰三部科技叢書：《律呂正義》、《曆象考成》、《數理精蘊》，合稱《律曆淵藪》，是相當接近西方科學的論點的讀物，如果用《數理精蘊》方法批評〈算學新說〉，正是犯了邏輯的偏差。假使我們也模倣「校正條例」，批評《數理精蘊》方法也太麻煩，現在我們只要一乘就得了，比「今法用一乘一除」還簡捷更多。

　　　　如：　　　$5.0071573\pi = 15.730448598$分

　　請比較一下《數理精蘊》，誰最簡便？豈非笑談！還有其他三點算學批評，不足道也。

七、結　語

　　「圓周率」在世界數學史上，許多國家的數學家，都曾努力計算，求取更加準確的「圓周率」。一位德國數學家曾說過：「歷史上，一個國家所算的圓周率的準確程度，可以作爲衡量這個國家當時數學發展水準的一個標幟。」從現有的歷史記載：大約西元前2000年，巴比倫人用三又八分之一作爲「圓周率」（$3\frac{1}{8} = 3.125$）。埃及人用九分之十六這個分數的平方，作爲「圓周率」（$[\frac{16}{9}]^2 = 3.160493825$）。中國古代的「圓周率」是「周三徑一」；漢朝《九章算術》便是用「三」爲周率，這是受了圓內接正六邊形影響而來。但歷代天文、曆算學家，也在各種算題中，採用各種不同的眞值，如劉歆爲王莽造銅斛時，其所用「圓周率」是3.1547；張衡（78-139年）用根號10的值作「圓周率」（$\sqrt{10} = 3.16227766$）來計算球體的體積；王蕃（219-

257年）用四十五分之一百四十二爲「圓周率」（142／45＝3.15）。劉徽在〈割圓術〉中，首先從圓內接正六邊形開始，將邊數加倍，他算出來的面積與眞正圓的面積逐漸相合，當他割到192邊時是3.141024。祖沖之發現精確的「圓周率」的值之後，中世紀伊斯蘭國家阿爾卡西算至16位準確；1540-1603年法國維葉特算至10位準確；1540-1610年德國魯道夫算至35位準確，這些都是祖沖之以後近千年之事。

現在，將計算圓周率的小數點後位數錄列後【註十一】：

一、1948年以前，以筆及計算器將圓周率的小數算到808位。1945年電子計算機始問世。

二、1948年美國彈道研究實驗室的 ENIAC 電腦，花了70小時，算到2037位。

三、1954年8月《數學通報》封底載電子計算機算到2035位。（此非林文所載，是參考另一種記載）

四、1955年美國海軍電腦中心（NORC）花了13分鐘，算到3089位。

五、1958年巴黎資料處理中心，用 IBM704 電腦，花了100分鐘，算到10,000位。（一萬）

六、1961年，紐約的 IBM7090 電腦，以魏瑞齊程式，花了8小時又43分鐘，創下了100,000位長的記錄。（十萬）

七、1966年，IBM7030 電腦，在巴黎算出250,000位。（二十五萬）

八、1967年，CDC6600 電腦，在巴黎創下500,000位（五十萬）；然後是100萬位，及日本1600萬位相繼出現。**請注意司馬遷一部《史記》，才是 526,500字。**

《大清國史樂志》稿本（請參見圖版○～一一），臺北國立故宮博物院收藏，纂修官朱鴻，他對於「圓周率」也極有研究，其人值得在這節裡推介與宣揚的【註十二】。朱鴻字雲陸，亦字雲麓，號小梁，浙江秀水人。嘉慶七年（1802）進士，改翰林院庶吉士，散館授編修，擢御史，歷給事中，出官督理湖南糧儲道。朱鴻精研算學，當時的算學家尚不知「橢圓形」求面積方法，朱鴻告董祐誠云：「圓柱斜剖成橢圓，可以勾股形求之。」此種問題現在中學生都會（知其然而已），在當日算是很有見地。朱鴻又曾用杜德美（Pierre Jartoux）〈剖圓九術法〉，求得「徑一者；周三·一四一五九二六五三五八九七九三二三八四六二六四三一八六三六七四七二二七九五一四」：

即　$\pi = 3.14159265358979323846264318636747472279514$

達到四十位數，如此「圓周率」已極精密。朱鴻曾撰算學書數種，為清代有成就之科技史人。

「圓周率」是人類歷史上的一面小巧鏡子，它展示各民族在算學這方面的成果。這類運算得靠人腦來想出合理的計算法，合理的儲存運算結果。我有機會發揚明、清兩位往哲的成就，感到十分高興！

最後，「我有話要說」（當時電視流行的一句廣告辭令）！我感覺結撰古代科技的文章，是件相當費勁喫力不討好的工作，古籍不但沒有標點符號，並且還有些錯字、別字夾雜在內，在這裡面，將文字能看懂了知道「其然」，就我個人而言，已相當不容易，何況又將它用現代科學（如數學的算式等等）語言，重新表達出來，還得考慮到打字、排版、畫圖各種問題；雖然它實質比較艱深一些（已經盡量使它通俗化了），但絕對有讀者去讀它，如果不信，只要文字裡有點錯誤，必然有讀者來信指教。尤其是具有身分地位審查別人文稿的「教

授」，料想到你不一定對這門學問的歷史也懂（如數學史），必須仔細檢讀對方來稿，它的主旨在那裡？如果隨便給人一個「一知半解」的評語，是十分不道德的行為；譬如這作者想申請某種獎助，便被你輕易將他斷送了。事實上，審查人對於這門學術史懂不懂？自己甚清楚，不要在評語中「黑白講」：「如江永求『圓周率』介紹毫無價值，江氏的方法並非原創，源自劉徽、祖冲之，加上西方傳來的三角函數表。」所謂源自漢代劉徽，也許從論文中看到了，源自「祖冲之」，則有問題！還有朱載堉的「圓周率」根據何在？這點在數學史研究上，如祖冲之的「圓周率」根據何在？巴比倫人、埃及人根據何在？大師級數學史家錢寶琮、李儼的書中，都沒有「交代」，豈不也被否定了祖冲之！以上不過是我舉的例子，替研究科技史的朋友代言罷了。

教育部學術審議委員會，也常常請我審查教授升等著作，及高等教育司請我評審大學申請調整系所計畫書，我就是憑我的學識領域，衡情忖理、客觀公正提供建言，給付託機關參考，從來不會在別人作品中，摭拾一兩句，如此這般……不覺自暴其短，以不知為知之，實在可笑。還有一些基金會的委員，對於已詳審作品，高達90分以上，也被這些高高在上的委員刷下來，他們不看審查，憑甚麼判斷其作品優劣？而且這作品又往往在別的地方都得獎，享譽於世（大陸、國外），難道一點不覺得無愧嗎？還有二流學校教授，審一流學校教授作品，真能懂得別人精妙之處嗎？

八、補　記　　清黃鐘直徑面冪周徑的計算方法

我研究《清史稿》〈樂志〉，發現這部書除「樂章」（歌辭）以外，全都是數學解題，在求積方面有「求黃鐘管之縱長體積面冪周徑」一章，也是有關於中國古代「圓周率」的許多問題的特殊解法，一併列在本文〈補記〉中，以見古代數學應用一般的情形。

　　《清史稿・樂志》是張爾田主纂的，全文摘自《御製律呂正義》，有很多地方他未完全瞭解原書意義，不乏錯誤發生；但比起《清史》〈樂志〉（國防研究院印行）標點者，強得太多。這位教授所加標點，在「樂制」、「樂律」方面，很少是對的，爲甚麼這些大學者，不淑愼其事，將白紙黑字，流傳給後代人去疵議！現在，就《律呂正義》原書，對於古代音樂研究最重要的「律管」（黃鐘）部分，計算直徑、面積、周徑方法，列述如下，它們也是普遍不用「圓周率」，這點令人覺得奇怪！：【註十三】

（一）清《律呂正義》求積的方法

一、《律呂正義》上編卷一：

> 漢蔡邕、晉孟康、吳韋昭，皆主徑三圍九，以今所定比例四
> 率法求之，得面冪六分七十五釐（平方定位法：百釐成分，
> 百分成寸，故曰，幾十幾分幾十幾釐——原註），以長九十
> 分乘之，得體積六百零七分五百釐（立方定位法：千釐成分，
> 千分成寸，故曰，幾百幾十幾分，幾百幾十幾釐—原註），
> 比之八百一十分，毋乃太少。

　　《清史稿・樂志》未採用此段文字，固無大礙。按漢朝蔡邕等人，主張「徑三圍九」，爲古代舊說，故其所得的值，極不準確，所謂「毋乃太少」。

　　所謂「以今所定比例四率法求之」，四「率」即「項」，即爲$A:B=C:D$的意思。「面冪」即「面積」。古人在記數時，往往不記明或不統一單位，對於算術算式，產生許多困難。本文在各算式中均予以補正。

　　已知：面積爲六・七五方分，長爲九〇分，則體積爲六〇七・五立方分，自較黃鐘體積八一〇立方分，相差甚遠。這是漢代人的「圓

周率」算黃鐘體積的一種方法，距離實際應用，嫌太小了，也是清人特選的例子而已。

算式： $(1.5)^2×3=6.75$方分 （面積公式 $A=\pi r^2$）

6.75×90＝607.5立方分 （體積公式 $V=\pi r^2h$）

607.5立方分＜810立方分

二、《津呂正義》上編卷一：

宋胡瑗、蔡元定，主徑三分四釐六豪，用定率求之，得面羃九分三十九釐三十九豪，以長九十分乘之，得體積八百四十五分四百五十一釐，比之八百一十分，則又過之。

《清史稿·樂志》也未採用此段文字。按宋朝胡瑗、蔡元定（音樂家）主徑三·四六分，用「周率」乘之，得面積爲九·三九三九方分，這時「周率」是多少？並未說明；因之，求得周率爲三·一三八七。面積乘長九〇分，得體積八四五·五一立方分，較黃鐘體積八一〇立方分，「則又過之」。這是宋人的「圓周率」算黃鐘體積的一種，當時還有精確的算法，清人特選這種例子，以便作比較。

算式： $(1.73)^2\pi=9.3939$方分 （面積）

∴ $\pi=3.1387$

9.3939×90＝845.451立方分 （體積）

845.451立方分＞810立方分

在這題計算題中，得知宋代「圓周率」曾出現過3.1387的。

三、《津呂正義》上編卷一：

惟劉宋祖冲之「密律」，求得徑三分三釐八豪四絲四忽，面冪八分九十九釐九十七豪有奇，其數爲近。但其法以周率二十二‧四之【註十四】，猶用圓田術三分益一起算，故小餘猶未密耳。夫執一說，而不參互相求，則於理有遺，參互相求，而不用密法比例，則於數有遺。

《清史稿‧樂志》也未採用此段文字。祖冲之是劉宋時期的算學家，以徑三‧三八四四分，「密律」是七分之二十二（$\pi = \frac{22}{7} = 3.142857143\cdots\cdots$）面積爲八‧九九九七方分,與九方分已極接近。用這面積乘長九〇分，則體積爲八〇九‧九七三立方分，與黃鐘體積八一〇立方分，相當接近，應屬於較精確的一種計算方法。

算式： $(1.6922)^2 \times 3.1428 = 8.9997 \fallingdotseq 9$ 方分　（面積）

　　　　$8.9997 \times 90 = 809.973$ 立方分　　　　　（體積）

　　　　809.973 立方分 $\fallingdotseq 810$ 立方分

由上面三種方法，所得結論：古代黃鐘的管內徑是三‧三八五一分，面積是九方分，體積是八一〇立方分。達成了清朝樂制14律「復古主義」（黃帝尺）的目的，以便正式計算清制黃鐘的各種尺寸問題。

四、《律呂正義》上編卷一：

今置黃鐘古尺積八百一十分，以九十分歸之，得面冪九方分，用比例四率相求，表內面線相等，面積不同，定數爲比例。

《清史稿‧樂志》對於此段文字剪裁得極凌亂，很不容易瞭解〈樂志〉中所講係何事？必須從《御裝律呂正義》中，查到原始資料，才能知道其所以然。茲將其理由解釋如下：

如：已知黃鐘體積爲八一〇立方分，長九〇分，面積九方分，與

宋祖冲之算法相同。惟所謂「面線相等」，「面積不同」，「定數為比例」是甚麼意思？如圖所示；即內接圓中，四邊形的圓面積徑與邊等長（面線相等），兩者面積大小不相等（面積不同），如果用0.785這個數乘方的面積（定數為比例），便得到圓的面積。這題算術「定數」是從下列文字圖形即可知道。

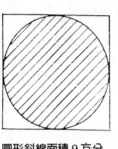

圓形斜線面積 9 方分
方形面積 11.4590 方分

圖一

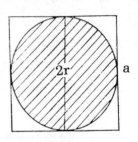

$$\frac{圓形斜線面積}{方形面積} = \frac{\pi}{4}$$

圖二

五、《律呂正義》上編卷一：

> 以圓面積一十萬為一率，方面積一十二萬七千三百二十四為二率，今面冪九方分為三率，推得四率一十一分四十五釐九十毫，為圓、面冪徑線相等正方面積，以開平方得三分三釐八毫五絲一忽，乃黃鐘古尺之徑數也。

將此段文字與《清史稿·樂志》核對一下，看出《清史稿·樂志》的蕪雜情形，甚至於連「徑」與「周」都未分清楚。從此段文字直接看，我個人覺得清朝此時期，只用一圓形的直徑，與一方形的一邊的長相等時，其面積比為十萬比十二萬七千三百二十四，這也就是上項所得「定數」（0.785），即七百八十五比一千。，不用圓周率去求答案。

算式：　　　　　　100000：127324＝9：x

　　　　　　　　　　　x＝11.4590（如圖一所示）

　　∴　　100000÷127324＝0.785　（**「定數」即此**）

這個「定數」（0.785），好像是「方面積」與「圓面積」轉化的「常數」，如果探求它的構成原理，如：

算式：　　圓直徑爲 2r，方邊之長爲a，故 2r＝a（如圖二所示）

$$\frac{\pi r^2（圓面積）}{a^2（方面積）}＝\frac{\pi r^2}{4r^2}＝$$

$$\frac{\pi}{4}＝0.78539816（定數）$$

以上五種都是古代數學重要形式，也是求積不直接應用「圓周率」（π）的顯例。讀了《律呂正義》這種算法，就可以知其大略了。

中國古代算學解題方式，與現代數學教學方式不同，它是一個「命題」接著就是「答案」，然後「解釋」（稱爲「術曰」），這裡面有淺有深的數學問題，讀這類書的人，最好是數學程度超過它一點，還要能識中文（不是認識這個單字），也有標點能力，否則，縱然你是一位偉大的科學教授，也不一定通「中國科學史」。

（二）另外一則古代算術的解題

我前年在美國居留時期，在第三孩子家中，讀到一本《數學史》，好像是「中央文物供應社」出版品（實在記不清楚），書的最後，是作者與他兒子討論算術的「雞兔同籠」問題，希望對這問題有興趣讀

者寫信告訴他。我讀後感覺這位作者是嚴師慈父,對兒子「數學觀念」,是何等重視。特在這〈補記〉中,我願意提出「另外一則古代算術解題」就教於諸讀者先生。

「雞兔同籠」是我六十餘年前,做小學生的算術必作的功課,記得那時候,每個小學生很會背「公式」,甚麼「流水問題」、「童子分桃問題」、「雞兔同籠問題」……,現在國小不知道是不是還有這種問題?當年「雞兔同籠」的公式:

雞數=(4×頭的總數-足的總數)÷(4-2)……(1)
兔數=(足的總數-2×頭的總數)÷(4-2)……(2)

現有雞兔同籠,已知頭的總數是30頭,足的總數是100隻,問雞兔各若干隻?

解題:　將頭數30,足數100　代入上公式中:

雞數　　(4×30-100)÷2=10隻
兔數　　(100-2×30)÷2=20隻

這種問題,用代數一元、二元一次方程都可以算,現在看來很好笑,在當年卻是很「嚴肅問題」!因為,那本《數學史》作者徵求另外種解答,我在清人李汝珍著《鏡在緣》小說中,看到另一種計算燈球解答,用他那種方法去解極簡單:

兔　數=足的總數÷2 -頭的總數　　【100÷2-30=20】
雞　數=頭的總數-兔數　　　　　　【30-20=10】

現在將《鏡花緣》第九十三回〈百花仙即露禪機〉有關此問題原文引錄如下（得耐心看完，再想想）：

話說蘭芬道：「怪不得姐姐說這燈球難算，裏面又有多的，又有少的，又有長的，又有短的，令人看去，只覺滿眼都是燈，究竟是幾個樣子？」寶雲道：「妹子先把樓上兩種告訴姐姐，再把樓下一講，就明白了。樓上燈有兩種：一種上做三大球，下綴六小球，計大小球九個爲一燈；一種上做三大球，下綴十八小球，計大小球二十一個爲一燈。至樓下燈也是兩種：一種一大球，下綴二小球；一種一大球，下綴四小球。」眾人走到南邊廊下，──所掛各色連球燈也都工緻──一齊坐下，由南向北望去，只見東西並對面各樓上下大小燈球無數，眞是光華燦爛，宛如列星，接接連連，令人應接不暇，高下錯落，竟難辨其多少。

寶雲道：「姐姐能算這四種燈各若干麼？」蘭芬道：「算家卻無此法。」因想一想道：「只要將樓上大小燈球若干，樓下燈球大小若干，查明數目，似乎也可一算。」寶雲命人查了：樓上大燈球共三百九十六，小燈球共一千四百四十；樓下大燈球共三百六十，小燈球共一千二百。蘭芬道：「以樓下而論：將小燈球一千二百折半爲六百，以大球三百六十減之，餘二百四十，是四小球燈二百四十盞；於三百六十內除二百四十，餘一百二十，是二小球燈一百二十盞。此用「雉兔同籠」算法，似無舛錯。至樓上之燈，先將一千四百四十折半爲七百二十，以大球三百九十六減之，餘三百二十四，用六歸：六三添作五，六二三十二，逢六進一十，得五十四，是綴十八小球燈五十四盞；以三乘五四，得一百六十二，減大球三百九十六，餘二百三十四，以三歸之，得七十八，是

綴六小球燈數目。」寶雲命玉兒把做燈單子念來，絲毫不錯。大家莫不稱爲神算。又聽女清音打了一套十番，惟恐過晚，都回到凝翠館。

這是中國古代「雉兔同籠」算法（參見圖版三～七說明），只須將「足數折半，減去頭數，便是兔數」。如果不清楚這簡單解法，可畫一個圖看看，其中道理就會明白了。未知這題算法是否對於「數學史」作者有點貢獻？

李汝珍是清代中葉的音韻學家，著有《音鑑》一書，是凌廷堪的學生【註十五】。汝珍學識淵博，兼擅星、卜、曆、數、醫術，「論學說藝、數典談經」、「於學無所不窺」。尤其是提倡女權運動，解放纏足，思想極爲開明，也富於冥思幻想，將古籍中一些寓言神話，用小說人物去實現，在《鏡花緣》中很清楚看得出來。他不但在書中談「雉兔同籠」問題，也談「盈虧問題」，還有「差分法」；也有「聲速」及「物質比重」……用一些簡易解法，他在書中也非常自負的——視爲「老子」以後的「少子」！他姓「李」呀！

本文發表於民國七十九年（1990年）五月，國立故宮博物院《故宮文物》月刊第六卷二期，75-81頁。〈補記〉作於2000年冬季，臺北。

附　註

註　一　林炳炎〈也談圓周率〉，《中央日報》〈晨鐘副刊〉民國七十六年七月三日載。

註　二　陳萬鼐，1986,10，研究朱載堉生平事蹟的第一手資料——鄭端清世子賜葬神道碑註，臺北市，樂典音樂雜誌，第十一期56-73頁，國科

會著作編號：012390-09351284-X02

註　三　陳萬鼐，1982,06，朱載堉算學之研究，臺北市，文化大學華岡文科
　　　　學報，第十四期45-69頁，國科會著作編號：012290-16535717-X02。
　　　　朱載堉所著的算學書有七種之多。

註　四　朱載堉《樂律全書》，民國五十七年，臺北，商務印書館本，其中
　　　　〈律呂精義內篇〉卷二、第24-33頁。

註　五　朱載堉〈律呂精義內篇〉卷二、42-52頁。

註　六　朱載堉〈律呂精義內篇〉卷二、1-13頁。

註　七　錢穆《中國近三百年學術史》，民國五十六年，臺北，商務印書館。
　　　　第八章〈載東原篇〉，307-310頁。

註　八　江永《律呂闡微》，國立故宮博物院藏文淵閣四庫全書，臺北，商
　　　　務印書館影印「四庫全書珍本」別輯本。

註　九　呂國璋譯〈沈柏宏教授用高速電腦證明中國人最早發明十二平均律〉，
　　　　民國七十五年五月，臺灣師範大學音樂系《樂苑》季刊，第十五期
　　　　19頁。

註　十　陳萬鼐，1973,11.凌廷堪年譜，臺北市，中山學術文化集刊，第十二
　　　　集，481-550頁，國科會著作編號：012290-15140153-X02。該文「
　　　　嘉慶元年（1796年）凌廷堪四十歲記事，凌氏在乾嘉時期，是淹博
　　　　天文、曆算的經學家。

註十一　參考註一，林炳炎〈也談圓周率〉，提及計算的位數。

註十二　陳萬鼐，1978,06.清史樂志之研究，臺北市，故宮博物院，307頁，
　　　　國科會著作編號：010390-14210659-X05，該書14頁。

註十三　《律呂正義》一百二十卷，清康熙、乾隆敕撰，民國五十七年，臺
　　　　北，商務印書館本，共65冊。

註十四　祖沖之的圓周率是七分之二十二（$\frac{22}{7}$），這是一個無窮小數，從前
　　　　有一本算術教科書，將七分之二十二的約分，排成一個螺旋形，在

　　小數點後有一百多位數；這周率是「約率」。《律呂正義》所載的「周率二十二‧四之」，實爲「二十二‧七之」之誤，差之毫釐失之千里。按22／7爲周率，算法與本文相合，否則不合。古書中常常錯一個數字，又沒標點，是多麼難讀呢！

註十五　見本文註十，乾隆五十三年（1788年）記事。

PRELIMINARY DRAFT OF A BIOGRAPHY OF CHU TSAI–YU

(Abstract)

Ch'en Wan-nai

The name of the Ming-dynasty musicologist Chu Tsai-yü 朱載堉 (*Tzu*: Po-ch'in 伯勤 ; posthumous name Tuan-ch'ing 端清) is well-known to scholars of music not only in China but throughout the world, due to his lasting contributions to the study of musical theory and most notably his formulation of the twelve-tone musical scale.

Actually, Chu Tsai-yü's learning extended beyond the confines of music. He was also an accomplished mathematician and calendrical theorist, as well as one of the foremost composers, instrumentalists, performers and dancers of his time. It is only because of the overarching fame of his musicological contributions that his accomplishments in these other areas are less commonly known.

Chu Tsai-yü was a son of Chu Hou-wan 朱厚烷 , a ranking member of the Cheng 鄭 branch of the Ming royal house, whose title was Kung-wang 恭王 . As the heir of such high-ranking nobility, Chu Tsai-yü could have had a brilliant political career, but he was personally uninterested in the trappings of wealth and power. He gave his own hereditary title to a relative, Chu Tsai-hsi 朱載璽 , and lived in humble surroundings devoting his days to study and research. He was a prolific writer, producing twelve volumes of works on thirty-three topics, totalling over 101 *chüan*. He wrote three

圖版四～八　　〈朱載堉傳稿〉英文摘要
　　　　　　採自《東吳大學中國藝術史集刊》第十二卷，陳萬鼐原著。

major works in the year before his death at the age of seventy-five. Un-
fortunately, his biography in the official Ming dynastic history runs to a
total of only 205 characters, and he is rarely mentioned at any length in
modern works; as a result, we have known very little up to now of the
life of this great scholar.

I have recently been researching the "Treatises on Music" (*Yüeh-chih*
樂志) in the twenty-five official dynastic histories, and have published
a monograph on that of the *Ch'ing History, Ch'ing-shih yüeh-chih chih yen-
清史樂志之研究*, in the National Palace Museum Monograph Series, IX
No. 2, Winter 1977). In the course of completing the first draft of my sub-
sequent article on the "Essay on Music" in the *Ming History*, I have come ac-
ross much valuable biographical material on Chu Tsai-yü which, although not
entirely unrecorded elsewhere, I have at least not seen used by other
scholars. An example of such material is the text of an inscription on a
votive stele dedicated to Chu Tsai-yü by his sons, entitled *Cheng Tuan-ch'ing
shih-tzu tz'u-tsang shen-tao pei* 鄭端清世子賜葬神道碑, which is included
in the *Ho-nei hsien-chih* 河內縣志. I have used these rare materials in an
attempt to reconstruct the biography of this important musical scholar,
along with fourteen rare illustrations. The outline of this article is as follows:

1. Birth and death-dates of Chu Tsai-yü, and his genealogy
2. Family history of the Cheng-branch princes and their fief
3. Political background of the Ming princes
4. Chu Tsai-yü's youth
5. The Chia-ching emperor's superstitious devotion to Taoism and
   the consequences of Chu Hou-wan's remonstrance about it
6. Living conditions of the Ming princes and the death of Chu Hou-
   wan
7. Chu Tsai-yü's middle age and his deferral of the hereditary title
8. The political, social, military and economic crises of the late Ming
   dynasty
9. Financial difficulties of the descendants of the Ming princes and
   Chu Tsai-yü's proposals for their education
10. Chu Tsai-yü's later years

圖版四～八（續一）〈朱載堉傳稿〉英文摘要

11. Summaries of the content of Chu Tsai-yü's writings on three major topics:
    a) Music theory
    b) Mathematics
    c) Calendrical theory

I have attempted to present the biograpical subject of Chu Tsai-yü in his political, social, economic and cultural context, in order to shed light on his family background, life and contribution to history. I hope that this approach may inspire my colleagues to continue to their study of the history of Chinese music in this broad context.

圖版四～八（續二）〈朱載堉傳稿〉英文摘要

第五篇　清天文學家梅瑴成傳稿逸文的補正

一、楔　　子

我於民國六十九年（1980年）七月二十八日至八月三十一日，由（國立故宮博物院）總務室主任調至圖書文獻處，從事「清史校註」〈疇人傳〉校註工作，先後連例假在內，不過35天；旋又調至該處另一閒散單位，迄至民國七十二年六月三十日，離開該處。因清理文卷，看到當時句逗《清史稿》所留下來的資料，其中有一件是關於校勘的實例，茲承中國圖書館學會邀稿，特地將它整理出來；同時，我也用本文來紀念我最敬愛的長官葉公超先生（這時他任總統府資政兼本院管理委員會副主任委員）。那年，我罹患心臟病，不勝工作煩惱與干擾，屢次請辭總務職務不准，打算離開該院，處境非但未獲得院方長官【註一】同情，反而有一種「我叫你給我做……，你不情願」，大有「逆我者死」之慨，回想起來真令人作嘔！承葉資政悉心關顧著我、「撐著我的腰」，使我平安渡過這重難關，至今我對他感念無已！

二、梅瑴成家世與生平

我點讀到《清史稿》的〈疇人傳〉，發現「梅瑴成傳」稿有下面的小問題。茲先將梅瑴成生平事略敘述於下：

梅瑴成字玉汝，號循齋，安徽宣城人（1681-1763年）。清朝曆算世家梅文鼎（1633-1721年）的嫡孫；他大叔祖梅文鼐攻數學，二

叔祖梅文鼎攻曆學，父親梅以燕對數學有悟入，是祖父治曆的好幫手。兒子梅鈁是製圖專家，他們家裡人所著天文、曆法、算學之書，差不多都由他繪圖。一門四代潛心於中西曆算，學有專長，令人欽崇。按現代人說法，他們是「學者家庭」！

　　瑴成於康熙五十一年（1712年），因能傳承家學，召入內廷，以生員供奉「蒙養齋」，協助編輯《律曆淵藪》這部天文、數學、音樂的科學大全書。緣於他祖父關係，常常親承聖祖玄燁的教導，所以學業精進。五十三年（1714年）欽賜舉人，五十四年（1715年）復賜殿試成進士，改庶吉士，散館授編修，官至左都御史。

　　明史館開館，瑴成參與纂修〈天文志〉、〈曆志〉，議仿明朝「大統曆」例，在志中作圖立說，使天文、曆算立法之妙，義蘊之奧，悉具於圖。年八十三歲卒，諡文穆。所著《增刪算法統宗》十一卷、《赤水遺珍》一卷、《操縵卮言》一卷。又輯梅文鼎著作《梅氏叢書輯要》二十六種六十二卷【註二】。

三、梅瑴成傳稿中一段不通的文字

　　我點讀《清史稿》卷五百六、〈列傳〉一百九十三、「疇人」一、梅文鼎附梅瑴成傳中，有這麼一段文字，它的句逗，可能有下列兩種方式：

> 今擬取天文家精妙，信也，擬削之。（其一）
> 今擬取天文家精妙信也，擬削之。（其二）

　　我將這段文字，依照字面翻譯成白話文：「現在，我想擇取天文家的精妙，它是可信的，想把它刪掉吧！（其一）」或者翻譯成：「現在，我想擇取值得信任的天文家的精妙，想把它刪掉吧！（其二）」因為這句法結構有問題，不太容易用筆譯。它既然是「天文家精妙」，而又可「信也」，為甚麼還要刪掉它呢？天文家之「精妙」，到底是

甚麼樣的「精妙」：是思辨性嗎？言論精彩嗎？著述嚴謹嗎？觀察正確嗎？測算新穎嗎？都並未指明，其字句中，必然有可疑之處；我想它的句型，應該整理成這樣：

今擬取天文家□□（之）精妙，□□□□□……；（其不可）信也，擬削之！

這傳稿很顯然有脫字漏句，否則不會發生如此矛盾現象，讀起來這般不通。於是我便檢調故宮博物院藏「清史館」的傳稿「底本」，來作校對，以便發現它的瑕疵出在那裡？

國立故宮博物院將所藏「清史館」纂修《清史稿》時全部的「紀」、「志」、「表」、「列傳」各種底稿；及清朝「國史館」纂修《國史》的底本，立傳的「傳包」等第一手資料【註三】，編了一本目錄，名為《國立故宮博物院清代文獻檔案總目》【註四】。在此書第232頁「傳稿十一畫」部分，著錄有關梅氏家族現存的傳記資料：

梅文鼎　梅文鼐　梅文鼏　梅瑴〔成〕〔梅鈁〕

（凡加〔　〕號是目錄中遺、誤的，這幾個字就有這麼多的錯，可見科技史是很難研究的。）

這本目錄，只能查到院方所藏清代文獻檔案中，有沒有梅瑴成的傳而已，要是更進一步瞭解，須得查該院圖書館卡片目錄，從紀錄梅瑴成傳的編號，按編號調取原傳，便可知道清朝當年修纂梅瑴成傳的全部經過情形。如：

梅瑴成

㈠	5798(4)	國史館大臣傳	長本（傳稿有的是方形本、長形本）
㈡	6043	清史館臣工傳	
㈢	6753(2)	清史館臣工傳	長本
㈣	7886(7)	清史館疇人傳	長本　附於梅文鼎傳中

　　這四種梅𣌉成傳稿：第㈠種傳稿，與中華書局印行本《清史列傳》卷十七〈大臣畫一傳檔正編〉十四所載相同（？）（我因已離該處未便再麻煩人查閱）。第㈡種傳稿，是清史館總纂馬其昶擬稿。第㈢種傳稿，是纂修姚文樸擬稿。第㈣種傳稿，就是《清史稿》〈疇人傳〉的底稿本，排印本的《清史稿》的內容，與它完全相同。在這個底本上，還清清楚楚看到撿字工友，為了撿字手持原稿的方便，將底本折疊起來，以及手上油墨污痕跡仍在。〔圖版五～一〕！

　　這個「底本」框高22.5公分、寬14.5公分，每半葉10行，每行21字，全葉420字，硃絲欄格手鈔本，現在，將這「圖版五一一」的全文錄在下面，因為圖版只堪作「書影」觀摩之用，原文無標點，又縮小了看不清楚：

　　　　皆逐條籤出。一、天文志不宜併入曆志，擬仍另編。蓋曆以欽若授時，置閏成歲，其術委曲繁重，其理精微，其說深長，且有明二百七十餘年，沿革非一事，造曆非一家，皆須入志，雖盡力刪削，卷帙猶繁；若加入天文之說，則恐冗雜不合史法。自司馬氏分曆與天官為二書，歷代因之，似不可易。一、天文志例載天體、星座、次舍、儀器、分野等事。遼史謂天象千古不變，歷代之志天文者，近於衍其說，似是而非。蓋天象雖無古今之異，而古今之言天者，則有疏密之殊。況恒星去極交宮，中星晨昏隱現，歲歲有差，安得謂千古不易？今擬取天文家精妙，（以上是第31葉下半葉）信也，擬削之。又時憲志用圖論曰：客問於梅子曰：史以紀事，因而不創，聞子之志時憲也，用圖；此固廿一史所無，而子創為之，宜執事以為非體，而欲去之也。而子固執己見，復呶呶上言，獨不記昌黎之自訟乎？吾竊為子危之！梅子曰：吾聞史之道

貴信而直，余本不願爲史官；總裁謂時憲、天文兩志，非專
家不能辦，不以爲固陋而委任之；余既不獲辭，不得不盡其
職。今客謂舊史無圖，而疑余之創？竊謂史之紀事，亦視其
信否耳？創因非所計也。夫後史之增於前者多矣，漢書十志，
已不侔於八書，而後漢皇后本紀，與魏書之志釋老，唐書之
傳公主。（以上是第32葉上半葉）

　　這段文字在「底本」中沒有句點，文上句點是我加的。我讀《清
史稿》覺得「不通」的那幾句，在「底本」上，也看到了，無論如何，只
要點到這裡，讀到這裡，就有一股不通暢之感。茲將《清史稿》〈疇
人傳〉梅瑴成傳稿的部分文字作成圖版〔圖版五～二〕，相形之下，
毫無疑義的，它是根據該傳稿「底本」排印的傳本。

四、梅瑴成傳稿是清史館致稿費託人代撰的

　　我們從「圖版五～一」、「圖版五～二」，證明**《清史稿》與它
的「底本」絲毫不爽，表示《清史稿》的梅瑴成傳並沒錯，「原來」
就如此！「底稿」就是如此！有何疑焉**？我個人卻不如此想，誰敢保
證「底本」沒有錯？

　　我曾經寫作過〈清史樂志纂修考〉一文【註五】，對於清史稿纂
修情形，不能說沒有點概念。《清史稿》〈樂志〉八卷，全文十一萬
一千餘字，如果仔細追尋這些文字的出處，幾乎無一句是找不到其來
源的；只有少數幾句沒有找到它的出處，它卻是編纂者增入的，當然
他認爲有此必要；可是這幾句增加話，就成爲不可解釋「律學」、「
數學」中的問題。我這篇〈清史樂志纂修考〉，後來收納在專書《清
史樂志之研究》第一章中，茲不詳贅。

　　我基於上述信念，懷疑梅瑴成傳是從那裡抄來的？它有下列四點

特異之處：

　　一、這傳稿書寫的文字，與「清史館」、「（清朝）國史館」紀、志、表、列傳的文字工整與風格，迥然不同；雖然它的字體，在現代人看來已很不錯，如果與清朝國史館史稿比較起來，就懸殊大了。

　　二、「國史館（清朝）」的列傳，大都注明資料來源，這篇傳稿沒有注明來源，顯然給人莫測其高深之感？

　　三、「國史館」工作人員，有一種敬事執恭的態度，他們撰稿，無論刪改多少次，都是再抄得端端正正的；我看他們第一次抄本，第二次抄本……。**這傳稿看起來就很草率，會不會少抄了？或是少裝訂了？不無可疑**？

　　四、梅瑴成傳稿為甚麼不用馬其昶與姚文棟的底稿，馬、姚二人結撰的文字，實在不像〈疇人傳〉的體例，其他館員也都可能不懂這些科技，唯一辦法，是致稿費在館外託人代撰，我查到下面一段資料：

> 史館之稿，雖為館員總纂、纂修及協修所共編，然尚有非館
> 員而收買其稿者，如刑法志，為購自許受衡稿。藩部傳西藏，
> 亦臨時約吳燕紹為之，酬以稿費。尚有疇人傳，乃陳棠所撰。
> （張爾田講〈清史稿修纂之經過〉，民國二十七年《史學年報》二卷
> 五期，燕京大學本）。

　　原來「清史館」的〈疇人傳〉是陳棠所撰的，我不想找他的出身，看他有沒有撰科技史文字的能力？如果要找，一定找得到。現在我要找的，是陳棠他所抄的文字，究竟出自那本書中？

　　我找到清‧阮元（1764-1849年）撰《疇人傳》，卷三十九「國朝六」、〈梅文鼎（傳）下　子以燕、孫瑴成、曾孫鈁、弟文鼏、文鼐〉傳【註六】，便極清楚找到一段正是《清史稿》梅瑴成傳所漏脫的文字於下〔圖版五～三〕：

法象之創闢，躔度之眞確，爲古人所未發者著於篇。至於星官分主及占驗之說，前史已詳，概不復錄。一、月犯恒星爲天行之常，無關休咎，不應登載。蓋太陰出入黃道南北各五度，約二十七日而周，則近黃道南北五度之星，爲當太陰必由之道，太陰固不能越恒星飛渡而避凌犯也。使果有休咎如占家言，其徵應當無日無之，而今不然，亦可見其不足信。春秋書日食、星變，而無月犯恒星之文，史家泥於星官之曲說，相沿而未考也。一、五星犯月入月爲必然之事，擬削之。蓋月在前而星追及之，謂之星犯月，是必星行疾於月而後有之，乃五星終古無疾於月之行，即終古無犯月之理。又、月去人近，五星去人以次而遠，安得出月之下而入月中，彼靈臺候直之官，類多不諳天文，且日久生玩，未必親身，委托之人，既難憑信，夜深倦極，瞥見流星飛射，適當太陰掩星之時，遂謂有星犯月、入月，候簿所書，或由於此。康熙某年，蘆溝橋演砲，欽天監誤以東南天鼓鳴，入奏，致受處分，有案可徵。此因奏聞，故知其繆。若星變凌犯之類，彼自書而藏之，其是非有無，誰得而辨？惟斷之於理，庶不爲其所惑。一、老人星江以南三時盡見，天官書言：老人星見，治安；乃無稽之談，疇人子弟，因而貢諛，屢書候簿，不足（接著是「信也，擬削之」）。

　　從「圖版五～三」看，編號㈢，是漏脫應補入的文字，編㈠、㈡是《清史稿》或「疇人傳底本」的文字，證明陳棠所撰的〈疇人傳〉，至少梅瑴成的傳稿，是抄清阮元的〈疇人傳〉（暫時不想牽涉其他的傳）。

　　以上據阮元〈疇人傳〉補來423字，兩頭兩尾就接合無間。雖然傳稿底本上方記有「32」葉碼號，而前面一葉也記有「31」葉碼號，並不足以證明它沒有脫葉，而是先少裝一葉，然後再編號碼，漏掉

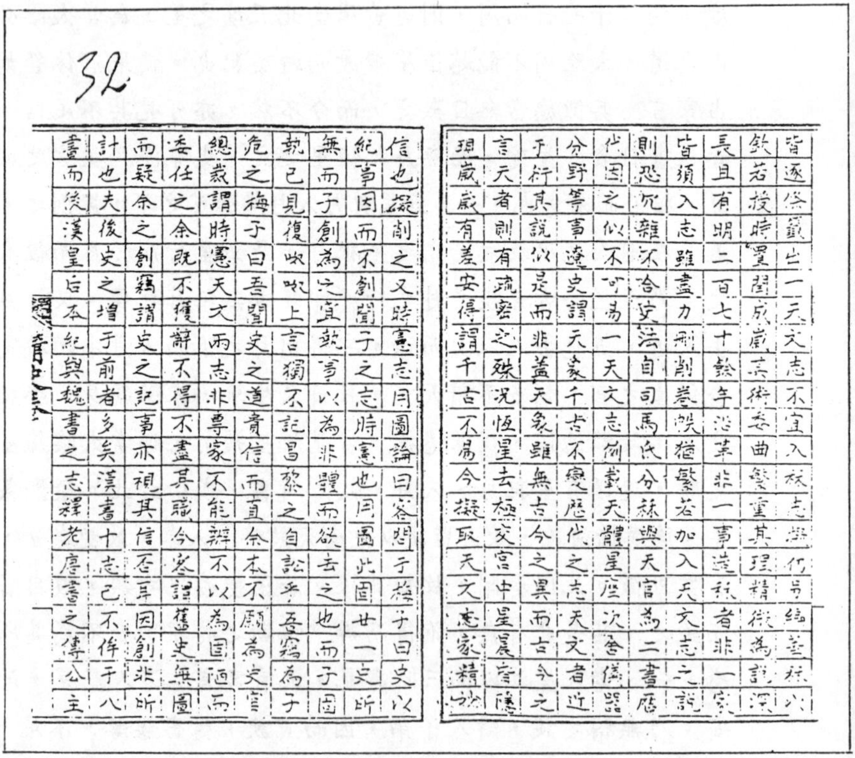

32

皆逐條鑑出一天文志不宜入林志無仍另編並於六
欽若授時置閏成歲其術委曲繁重其理精微為說深
長且有明二百七十餘年沿革非一事遠於者非一家
皆須入志雖盡力刪削卷帙猶繁若加入天文志之說
則恐冗雜不合史法自司馬氏分厤與天官為二書厤
代因之似不可易一天文志例載天體星座次舍儀器
分野等事遼史謂天象千古不變歷代之志天文者近
于行其說似是而非蓋天象雖無古今之異而古今之
言天者則有疏密之殊況恆星去極交宮中星晨昏隱
理歲歲有差安得謂千古不易今擬取天文志家精妙

信也擬削之又時憲志用圖論曰客問于梅子曰史以
紀事因而不創聞子之志時憲也用圖此固廿一史所
無而子創為之宜就旁以為非體而欲去之也而子固
就已見復吹吹上言獨不記昌黎之自訟乎吾竊為子
危之梅子曰吾聞史之道貴信而直余本不願為史官
總裁謂時憲天文兩志非專家不能辨不以為固陋而
委任之余既不獲辭不得不盡其職今客謂舊史無圖
而疑余之創竊謂史之記事亦視其信否耳因創非所
計也夫後史之增于前者多矣漢書十志已不侔于八
書而後漢皇后本紀與魏書之志釋老唐書之傳公主

圖版五～一　《清史稿》〈疇人傳〉的底本有關梅瑴成傳部分（國立故宮博物院藏）

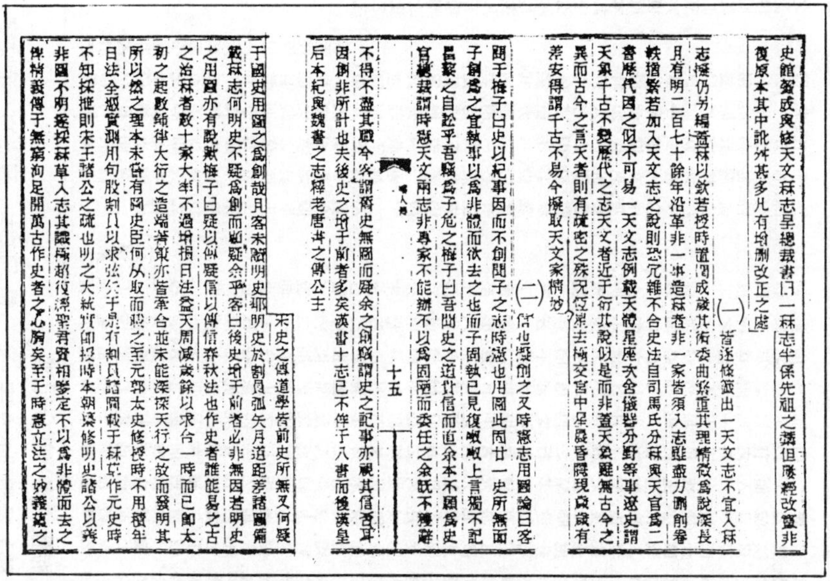

（右半上半葉，圖版文字，由右至左豎排）

復原本其中訛舛甚多凡有增刪改正之處

史館賀成熙修天文志呈總裁書□一天文志不宜入秣志半係先祖之攜但屢經改宜非

皆送恍簑出一天文志不宜入秣
志懐仍另揭蓋秣以欲若授時置囧成歲其術叅曲矫宜其理精祕役毀敓深長
且有明一百七十餘年沿革非一事盡疎查非一家皆須入志蓋盡力嚙前叅
秩摘緊若加入天文志之設則訛雜不合史法自司馬氏分秣奧天官書二
書歷代固之似不可易一天文志載天體星晷廛次各摘叙分野等事設史謂
天象千古不易歷代之志天文者近于衍此說似是而非蓋天象疑廛無古今之
異而古今之言天者則有疏密之祿況历州志埏宫中呈晨昏躔現窩盤可

玆安得謂千古不易今擬取取天文家概妙

（此二）（此一）

任也撰創之又時懸志用圍論曰客

覬于梅子曰史以杞事記之志時滋也用圍此同廿一宝所無宙
子創惑之宜執事也于□執之也後子固執于言謂獨不記
昌蒙之自給乎吾頼爲子危之梅子曰吾閒史之道忭信而直矣余本不窩史
官總裁謂時懸天文志非專家不能辦不以爲圍固而委任之余託不辭避

十五

不得不盡其職今客謂史無圍而疑余之創惑謂史之記事不戚其信否耳
因倒非所計也夫後史之子辟子前者多矣秦越廿三志已不傳于八書而後漢皇
后本紀奧魏薔之志釋老唐毕之傳公主

末史之遼道學若前史所無又何疑
于圉史用圉之爲創裁見見客未詳明史卿朋史於割員弧矢月道滂諸圉備
歎秣志何明史不矣爲割而顧疑余客曰後史于前者必非無圉而史
之用圉亦有殷戴梅子曰疑以傳信桊秋法也後史者誰能易之古
之治秣者敷十家大牛不過培損日疑天周減歲餘以求合一而已卯太
初之起敷顚德大衍之造端蓰衆咸合並未能深探天行之故而發朋其
所以然之理本未崇有岡史臣何以取而殺之至元郭太史嘵嘵時不用發年
日法全窃貰刪用句股制只以求弦公于秣公于旱行割貝諮圉毆于秣窃以義
不知採抵則朱王諸公之疏也明于諸之大統遺印將冥軍酙鑒定不以爲非而去之
悖涭蒇穿于無窮酙足開萬古作史者之心胸矣于時憲立法之妙義旣之

圖版五～二　《清史稿》〈疇人傳〉有關梅瑴成傳部分記述

(一) 是上圖版31葉下半葉部分的文字。

(二) 是上圖版32葉上半葉部分的文字。

可見《清史稿》完全根據上圖版底本印製而成。

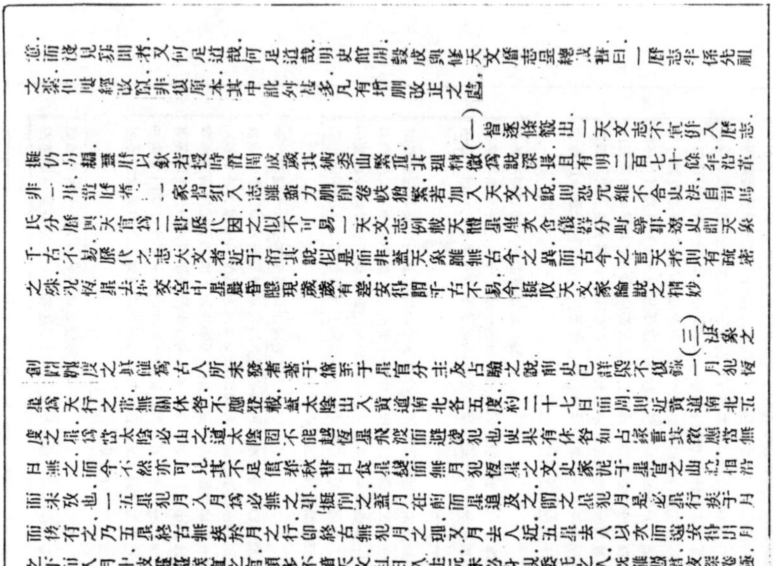

圖版五～三　清阮元《疇人傳》〈梅瑴成傳〉部分記述

(一)、(二)與「底本」及《清史稿》是相同的文字。(三)是「底本」漏掉的一葉文字在這裡。

這葉，正是420字（每葉20行，每行21字）。讀者先生會問阮文423字，多那3個字那裡去了？從前面抄件看，他時常掉字，這三個字是漏抄了。我說陳棠並不是很嚴肅的來從事梅瑴成這傳的寫作，其實是抄作，連抄都不好好的抄。

　　《清史稿》梅瑴成傳「底本」漏裝釘一葉，經過五十年後，我將它找到；這種例子在古代也有，因為本刊（指圖書館學會會報）是供圖書館的同道看（現在我是「逃兵」不夠資格稱「同道」了），值得舉個例子，附兩個圖版作說明：

　　中華書局印行的「四部叢刊」，其中二十四史的《南齊書》，它是根據清武英殿本聚珍仿宋板印的。這《南齊書》〔圖版五～四〕卷十五、「志」第七、〈州郡下〉缺18行，從明朝北監本到毛晉汲古閣本的《南齊書》都是如此闕葉的，從圖版中可以看到「此下闕文」。但是商務印書館百衲本的二十四史《南齊書》〔圖版五～五〕同上卷，是據上海涵芬樓借江安傅氏雙鑑樓藏宋蜀大字本影印；中華本的闕文，在商務本中就不闕，很清楚看到這闕文，在圖版四、五比較下，正是宋版一葉，這闕漏的一葉，從北監本就開始了，也是因為少裝釘一葉，與《清史稿》梅瑴成傳脫文，是相同的例子，在板本學上稱補逸文。類似這種情形甚多，恕不記述。

五、《清史》梅瑴成傳的含糊

　　我平常讀書，很少是用一個本子的，尤其做研究工作，只要能力所及，不惜「上窮碧落下黃泉，動手動腳找東西」（傅斯年語萃）。所以，校讀梅瑴成傳稿，也曾參考國防研究院印行的《清史》第八冊〈清史編纂後記小序〉【註七】；《清史》卷五百五、〈列傳〉二百九十一、「疇人」一、「梅文鼎　子以燕、孫瑴成、曾孫鈁、弟文鼐、文

《南齊書》卷十五　州郡志下

圖版五～四　《南齊書》書影（中華書局聚珍仿宋版印）

該書的編者已知著有脫葉，所以用「此下闕文」，但未尋求異本校勘，將「闕文」補齊。

涪陵郡　漢平　涪陵　漢玫
巴郡　江州　枳　墊江　臨江
沙渠　新鄉
建平郡　巫　秭歸　北井　泰昌
巴渠　新浦　漢豐
巴東郡　魚復　朐忍　南浦　聶陽
屬焉　　三
巴東太守又割涪陵郡屬永明元年省各還本
分荊州巴東建年益州巴郡為州刺史而領
巴校尉以鎮之後省昇明二年復置建元二年
巴州三峽險隘山蠻寇賊宋泰始三年議立三
武寧郡　樂鄉　長林
決寧郡　長寧　上黃
定襄　新豐　廣牧

圖版五～五《南齊書》北宋大字本書影（商務印書館本）
此葉正是圖版五一四聚珍本《南齊書》的「闕文」一葉，這種情形與用
阮元《疇人傳》補《清史稿》的闕文一葉是相同的。

鼐」傳（第5476-5483頁）。《清史》這部書，凡是有增刪及改訂之處，都在第八冊〈清史編纂後記〉中寫下經過情形。有關梅瑴成傳有下列「後記」（第八冊、27頁）：

> 列傳二九一
>
> 　梅文鼎傳
>
> 「安得謂千古不易」下，增補四百四十一字，可就原書參看，勿庸備載。

我們現已知道梅瑴成傳的輯補情形，是怎樣一回事，上述「增補四百四十一字」，使人會覺得它不與本文所研究問題相同，錯覺它是「板本」問題。其實它是與本文同一問題。我據阮元《疇人傳》補423字，《清史稿》「底本」缺420字，《清史》增補441字，孰是孰非？從幾幅圖版中，就一目了然了！

根據〈清史各冊編纂人表〉（第八冊、1頁），〈疇人〉傳這部分的編纂人是：

> 袁帥南　修訂遺逸傳、藝術傳、疇人傳、暨藝文志。補撰譚鍾麟傳。

民國六十九年（1980年）八月（未查本人日記），宋晞教授（我是稱他「院長」）來故宮博物院，我在秘書室馮睿璋主任辦公室內，與他相晤，當時便請教清史編纂人的經過。宋教授告訴我：袁帥南先生是研究詩、詞的，……。但我覺得他的《清史》疇人傳逗點得很不錯，不是一般研究詩、詞的人，所能達到的水準，他可能根據某種有句點的書，來參考點讀。他逝世後，生前藏書捐贈私立東吳大學中文系，《捐贈書目錄》還未經正式分類編目，我此時正在東吳大學音樂系兼課，就在葉永芳助教處先睹為快了。他沒有藏一本科技書。我覺得他給予讀《清史》的後世人最大遺憾：他點《清史》梅瑴成傳，為甚麼不正確註明參考何書？增補的段落記述也不符？如果他在「後記」中

詳細交代清楚，不會有損於他的學識淵博；也不會使我覺得他有點「神秘」感。我不曾掛名，義務幫助中國文化大學句點新刊本《宋史・樂志》（實受總編輯宋晞教授之託，那時宋任中國文化學院院長），任何一個校訂的地方，都詳細敘述理由何在，這樣子做，是否算是很笨拙呢？

六、標點本《清史稿》梅瑴成傳指瑕

近年來，本省坊間影印標點本的《清史稿》【註八】，我當然有極大的興趣，先看〈疇人〉中梅瑴成傳，茲錄一段文字如下〔圖版五～六〕：

> 明史館開，瑴成與修天文、曆志，呈總裁書曰：「一、曆志半係先祖之稿，但屢經改竄，非復原本，其中訛舛甚多。凡有增刪改正之處，皆逐條籤出。一、天文志不宜入曆志，擬仍另編。蓋曆以欽若授時，置閏成歲，其術委曲繁重，其理精微，爲說深長。且有明二百七十餘年沿革非一事，造曆者非一家，皆須入志。雖盡力刪削，卷帙猶繁。若加入天文志之說，則恐冗雜不合史法。自司馬氏分曆與天官爲二書，歷代因之，似不可易。一、天文志例載天體、星座、次舍、儀器、分野等事，遼史謂天象千古不變，歷代之志天文者近於衍，（此處句逗有問題—鼐註。）其說似是而非。蓋天象雖無古今之異，而古今之言天者，則有疏密之殊。況恒星去極，交宮中星，晨昏隱現，歲歲有差，（我對此段句點有疑問—鼐註。）安得謂千古不易？今擬取天文家精妙（請注意此處改動的文字）之說著於篇；其不足信者，擬削之。」

我們對於這部書，用4號宋體，24開本排印，裝成20冊。文字加新式標點符號，是它優點之一，值得我們出版商借鏡、反省。

奉內廷，蒙聖祖仁皇帝授以借根之法，且諭曰：『西人名此書爲阿爾熱八達，譯言東來法

也。』敬受而讀之，其法神妙，誠算法之指南，而竊疑天元一之術頗與相似。復取授時曆草

觀之，乃煥然冰釋，殆名異而實同，非徒似之而已。夫元時學士著書，臺官治曆，莫非此物。

乃歷久失傳，猶幸遠人慕化，復得故物。東來之名，彼尙不忘所自，而明人視若贅疣而欲棄

之。噫！好學深思如唐、顧二公，尚不能知其意，而淺見寡聞者，又何足道哉？」

明史館開，毅成與修天文、曆志，是總裁奮曰：「二曆志半係先祖之篡，但慶經改竄，非

復原本，其中訛舛甚多。凡有增刪改正之處，皆逐條籤出。一，天文志不宜入曆志，擬仍另

編。蓋曆以欽若授時，置閏成歲，其術委曲繁重，其理精微，爲說深長。若加入天文志之說，則

恐冗雜不合史法。自司馬氏分曆與天官爲二書，歷代因之，似不可易。一，天文志例載天

體、星座、次舍、儀器、分野等事，遼史謂天象千古不變，歷代之志天文者近于衍，其說似是

而非。蓋天象雖無古今之異，而古今之言天者，則有疏密之殊。況恆星去極，交宮中星，晨

昏隱現，歲歲有差，安得謂千古不易？今擬取天文家精妙之說著於篇；其不足信者，擬

削之。」

又時憲志用圖論曰：「客問于梅子曰：『史以紀事，因而不創。閏子之志時憲也用圖，此

　　此書雖翻印大陸中華書局排印本，而曾在原書凡有重複記述等

　　處，均加眉註。本圖版加墨線處，係有瑕疵之處。

　　它的缺點，我想僅就〔圖版五～六〕這一面的文字內容，提出幾點淺見：

　　一、這篇文字加標點符號的人，非常大意，漫不經心，他可能未查天文、曆法等書。如：

　　　　況恒星去極，交宮中星，晨昏隱現，歲歲有差，（阮元疇人
　　　　傳也如此）

　　這4句17個字，我想應該是這樣句逗：「況恒星去極交宮，中星晨昏隱現，歲歲有差，……」太陽視行的軌道，稱爲「黃道」，月亮運行的軌道，稱爲「白道」。先民爲了認識星座，及觀測天上的恒星，在「黃道」和「白道」附近，分爲28個區域，所謂「二十八宿」。各宿包括的恒星，並不是一顆，而是每「宿」中選定一顆星，作爲精細測量的標準。28宿是各星宿中的「距星」；下一個宿的距星，與本宿距星之間的「赤道差」，稱爲本宿的「赤道距度」，簡稱「距度」。赤道距度循赤道圈往黃道上的投影所截取的黃道數，稱爲「黃道距度」。如此便構成了中國古代恆星的一對赤道座標分量，如〔圖版五～八〕所示，SP是「去極」，AB是「分宮」。現在所知道的28宿距度數，與天球赤道相吻合的年代，距今約5000年。「中星」指28宿分4宮，每宮中間的一顆星，如《禮記》〈月令〉所載「昏參中」，「旦尾中」之類，所謂「昏中星」、「旦中星」，就是每天黃昏、黎明時，南方天空的恒星。

　　中國古代將這些「距星」，首先是分「二十八宿」，再將「二十八宿」分爲東、南、西、北四方，各方七宿，統合於「青龍」、「白虎」、「朱雀」、「玄武」四神之中，是「分宮」的雛形〔圖版五～七〕。「黃道十二宮」源於4000年前的巴比倫帝國，這種觀察星象的方法，是何時傳於中國，難作定論？大致在唐代已有書籍中對此事記載，如《大乘大方等日藏經》即是。1971年河北宣化發掘一座墓葬，

東宮蒼龍			南宮朱雀		
① 析木	② 大火	③ 壽星	④ 鶉尾	⑤ 鶉火	⑥ 鶉首
尾(18) 箕(11¼)	氐(15) 房(5) 心(5)	角(12) 亢(9)	翼(18) 軫(17)	柳(15) 星(7) 張(18)	井(33) 鬼(4)
天蠍座 μ_1 人馬座 γ	天秤座 α 天蠍座 π 天蠍座 σ	室女座 a 室女座 κ	巨爵座 α 烏鴉座 γ	長蛇座 δ 長蛇座 a 長蛇座 υ_1	雙子座 μ 巨蟹座 θ
寅③	卯④	辰⑤	巳⑥	午⑦	未⑧
攝提格	單閼	執徐	大荒落	敦牂	協洽
亥 十月	戌 九月	酉 八月	申 七月	未 六月	午 五月
亥 十一月	戌 十月	酉 九月	申 八月	未 七月	午 六月
亥 十二月	戌 十一月	酉 十月	申 九月	未 八月	午 七月
立冬 十一月七—八日 二百二十五度	寒露 十月八—九日 一百九十五度	白露 九月八—九日 一百六十五度	立秋 八月七—八日 一百三十五度	小暑 七月七—八日 一百零五度	芒種 六月五—六日 七十五度
小雪 十一月二十二—三日 二百四十度	霜降 十月二十三—四日 二百一十度	秋分 九月二十三—四日 一百八十度	處暑 八月二十三—四日 一百五十度	大暑 七月二十三—四日 一百二十度	夏至 六月二十一—二日 九十度

本表二十八宿距度數，及二十四節氣順序，據淮南子天文訓；三正月建據漢書律曆志；西洋星座、節氣日期、黃度經度，據天文諸書而成，與清人李調元「月令氣候圖說」不同，但與許多古書關於曆年述事皆相合。

圖版五～七　中國古代天區劃分資料一覽表

四(象)宮	西宮　白虎			北宮　玄武		
十二次	⑦實沉	⑧大梁	⑨降婁	⑩娵訾	⑪玄枵	⑫星紀
二十八宿（距度）	觜(2)　參(9)	胃(14)昴(11)畢(16)	奎(16)　婁(12)	室(16)　壁(9)	女(12)虛(10)危(17)	斗(26)　牛(8)
西洋相當星座	獵戶座 λ 獵戶座 δ	白羊座35 金牛座17 金牛座 ε	仙女座 η 白羊座 α	飛馬座 α 飛馬座 γ	寶瓶座 ε 寶瓶座 β 飛馬座 α	人馬座 φ 摩蠍座 β
二十辰	申⑨	酉⑩	戌⑪	亥⑫	子①	丑②
太歲	涒灘	作噩	閹茂	大淵獻	困敦	赤奮若
十二月建　夏曆	巳　四月	辰　三月	卯　二月	寅　正月	丑　十二月	子　十一月
十二月建　商曆	巳　五月	辰　四月	卯　三月	寅　二月	丑　正月	子　十二月
十二月建　周曆	巳　六月	辰　五月	卯　四月	寅　三月	丑　二月	子　正月
二十四節氣 日期 黃經 節氣	立夏 五月五～六日 四十五度	清明 四月四～五日 十五度	驚蟄 三月四～五日 三百四十五度	立春 二月四～五日 三百十五度	小寒 一月五～六日 二百八十五度	大雪 十二月七～八日 二百五十五度
二十四節氣 日期 黃經 中氣	小滿 五月二十一～二十二日 六十度	穀雨 四月二十～二十一日 三十度	春分 三月二十～二十一日 零度	雨水 二月十九～二十日 三百三十度	大寒 一月二十～二十一日 三百度	冬至 十二月二十一～二十二日 二七〇度

採自陳萬鼐〈中國天文學史纂要（上）〉第一次發表於《故宮季刊》第十卷四期88面，〈附表〉。

墓葬主張世卿逝於遼天慶六年（1116年），墓頂壁有一幅星象圖，便有二十八宿及黃道十二宮圖形，它明顯與巴比倫不同，而接近於明史天文志。「分宮」是攏合「去極」星的一種觀測定位問題。

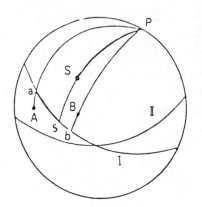

圖版五～八　　中國古代天體赤道座標示意圖
I 是赤道圈，II 是地平圈，P 是天北極。
A、B 是相鄰的甲乙兩宿的距星，ab 表示甲宿的距度，S 是某一天體，as 表示它的入宿度，SP 表示它的「去極」度，AB 表示它的「分宮」度。

　　上述天體運動，都不是等速進行，故「歲歲有差」（長週期性的觀測），每年都會不一樣，我這樣解釋與標點不知對否？還請方家指教。

　　二、正史是不可加添字句的，這責任很大，任何人都擔不起「竄改」歷史的字眼，最好讓它大是大非，不作「調人」。如：點校本《清史稿》，將我認為有問題句子，改成這樣：

　　　　今擬取天文家精妙之說著於篇；其不足信者，擬削之。

　　大致上加了「之說著於篇，其不足」這八個字，將「也」字改為「者」字。可見他也發現原文不通，經過他加了少數文字，又用「者」字代名辭，取代「也」字助辭，的確有「起死回生」之妙。這樣改會事實永遠埋藏了，豈是讀歷史的人所樂見、樂聞之事？

三、《清史稿》重新排印出版，應該找各科專門人才參與工作，並且多方蒐集史料作參校。如中國文化研究所印行的《清史》，應該列為重要參考書之一，這書一度被稱「廿六史」，似未引起標點者注意，阮元《疇人傳》也未參看，如果看了，句逗中「近於衍，其說似是而非」就不會發生，十分可惜！

標點本《清史稿》，在梅轂成傳短短一段271個字，就發現這些缺點，全書類似情形，「想當然」也還有不少。使用這部書的人，得留心些，免得以訛傳訛了。

七、尾　聲

我的「手相當快」，並不是寫稿子快，而是對於手頭資料，凡是認為用不著，留著會佔空間，就「很快」撕掉了。我記得《清史稿》類似這種關鍵性的問題不少！可惜都被手快撕掉了。如果要再找到，得翻原書仔細對一下，因為我頗愛好作「輯佚」這件學術工作【註九】。頃承圖書館學會約稿，我得以將本稿發表，十分高興又感謝。

八、補　記　　蘇東坡〈赤壁賦〉的天文問題

宋朝大文豪蘇東坡（1036-1101年，今年2001年正是他逝世900年祭的）〈前赤壁賦〉（以下逕稱〈赤壁賦〉），是膾炙人口的名篇，而其中牽涉到一則「天文的問題」，恐怕知道的人就不會很多？此文首段有云：

> 壬戌之秋，七月既望，蘇子與客泛舟遊於赤壁之下。清風徐來，水波不興。舉酒屬客，誦〈明月〉之詩，歌〈窈窕〉之章。少焉，月出於東山之上，徘徊於斗牛之間，白露橫江，水光接天。縱一葦之所如，陵萬頃之茫然。浩浩乎如馮虛御風，而不知其所止；飄飄乎如遺世獨立，羽化而登仙。

　　從前，黃得時教授（曾任臺大文學系主任）說：「蘇東坡的赤壁賦，不但文章作得精彩動人，而且字也寫得特別好。」黃教授是中國圖書館學會的監事，對會務熱心，我們常在一起開會，他爲人平實、和藹。爲了證明他所說「而且字也寫得特別好。」是指元趙孟頫或明文徵明的〈前赤壁賦〉碑版，還是指的蘇東坡親筆所書？不得而知？我特地將國立故宮博物院珍藏國寶級的文物——「蘇軾前赤壁賦」一將這段與本文有關的法書，影印出來，供給讀者欣賞【註十】〔圖版五～九〕。（《故宮歷代法書全集》第二冊83頁）。這幀手卷有蘇東坡親筆，跋云：「軾去歲作此賦，未嘗輕出以示人，見者蓋一二人而已。欽之有使至，求近文，遂親書以寄。多難畏事，欽之愛我，必深藏不出也。……」這卷幅前面缺損一段文字，明朝文徵明仿蘇體補了三十六個字；我這件影印本，從「舉酒屬客」四字後，是不折不扣的蘇東坡墨寶。後來這墨寶落入南宋權奸賈似道之手，最後進入清朝內廷，遞藏的經過，是藝術史上問題，茲不敘述。

　　中國古代是以「干支紀年」，賦中所謂「壬戌之秋，七月既望」，是蘇東坡生活的那時段的歲次，這「壬戌」年是宋神宗趙頊元豐五年，西曆1028年，那年他46歲。因在熙寧中反對王安石創行新政，遭到迫害，累經窮治鍛鍊無所證據，便以黃州團練副使安置，〈赤壁賦〉就是作於此處，所謂「多難畏事」即指此而言。「七月既望」，就是「壬戌」年初秋農曆七月十五日，西曆是8月11日。賦中的天文問題，就是發生在這年、這月、這天黃昏時，「月出於東山之上，徘徊於『斗』、『牛』之間」。「斗」與「牛」是兩顆星宿（「三等星」較爲明亮的），就一般人而言，月亮從東山昇起，在某兩顆星宿之間移動（「徘徊」），與我們有什麼重要關係？譬如：形容一個人發脾氣，稱之爲「氣冲牛斗」，「牛斗」就表示天上，這發脾氣的人，是「怒

少焉月出於東山之上裵回
於斗牛之間白露橫江水
光接天縱一葦之所如陵
万頃之茫然浩、乎如馮虛

誦歌窈窕之章
舉酒屬客

圖版五～九　　宋蘇東坡書〈前赤壁賦〉書影
　　　　　　採自〈故宮歷代法書全集〉本。

「氣冲天」罷了！可是，就有些認眞研究學術的人，認爲「壬戌之秋，
七月既望」，「月出於東山之上，徘徊於斗牛之間」，這段記敘文如
果是眞實的，則這〈赤壁賦〉寫作就是蘇東坡與友客確曾「泛舟於赤
壁之下」；反之，這賦便是坐在斗室用想像杜撰的。這個問題，當初
我也未曾在意，迨至1972年讀到清代禮樂學家凌廷堪《校禮堂文集》
【註十一】才發現古代有人提出這問題。

　　凌廷堪（1757-1809年）是清代乾嘉時期的大儒，專治「禮經」，
淹貫天文、曆法、算學、音樂；《漢學師承記》作者江藩，稱他是「
博綜邱索，繼顧炎武、胡渭之後，集惠棟、戴震之大成」的經師。他
有一篇文章〈書蘇東坡赤壁賦後〉云：

　　　　東坡赤壁賦「壬戌之秋，七月既望」下云：「少焉，月出於
　　　　東山之上，徘徊於斗牛之間」。案「壬戌」爲宋神宗元豐五
　　　　年，距乾隆七年「壬戌」，凡十一「壬戌」，六百六十年；
　　　　歲差不過十度，太陽所纏，約在「張」、「翼」左右，則「
　　　　既望」之月，當在「室」、「壁」之間，不當云：「徘徊於
　　　　斗牛之間」也。「壁」在「斗」東，已一象限，初昏時「斗」、
　　　　「牛」正中，月方東，安得「徘徊」於其間？蓋東坡未必眞
　　　　有是遊，特想像而賦之。（凌廷堪著《校禮堂文集》卷三十二、
　　　　跋三，葉九）

　　「朔」是農曆的初一，「望」是十五。「朔」是指月球與太陽的
地心黃經相同的時刻。這時月球處於太陽與地球之間，幾乎和太陽同
起同落，朝向地球的一面因爲照不到太陽光，所以從地球上是看不見
的。「望」是指月球與太陽的地心黃經相差180°的時刻。這時地球處
於太陽與月球之間。月球朝向地球的一面照滿太陽光，所以從地球上
看來，月球呈光亮的圓形，叫作「滿月」或「望月」，「七月既望」

就是七月十五日。現在，這天初昏月亮東昇是不是與從前相同？茲討論於下：

一、淩廷堪文中，提出二十八宿中六顆「距星」，所謂「距星」是經過精密測量作為標準的星宿。下一個星宿（距星），與這星宿之間的赤道差，稱為本星宿的「赤道距度」，簡稱「距度」。距度循赤道圈往黃道上投影，所截取的黃道數，稱為「黃道距度」，中國古代便以此構成恆星在赤道座標上一對分量。

淩廷堪所指的六顆星宿，它的西洋星座相對簡略名稱：「斗」在「人馬座　φSgr」、「牛」在「摩羯座　βCap」；「張」在「長蛇座　ν²Hya」、「翼」在「巨爵座　αCrt」；「室」、「壁」俱在「飛馬座　αPeg　γPeg」，而且是在飛馬方形的腹部兩側，距度只有7度弱（請參看圖版六～六〈中西赤道南北星座〉對照圖及本篇圖版五～八）。

上述六顆「距星」的赤道座標分量：「斗宿」赤經18時43分1秒9，赤緯－27度2分9秒；「牛宿」赤經20時18分39秒，赤緯－14度54分56秒；「張宿」赤經10時3分4秒7，赤緯－12度51分37秒；「翼宿」赤經10時57分43秒5，赤緯－18度4分29秒；「室宿」赤經23時2分40秒，赤緯14度58分44秒；「壁宿」赤經0時11分4秒2，赤緯14度57分1秒【註十二】；（據高平子《學曆散論》〈二十八宿古今距度表〉319面，此文又收入《高平子天文曆學論著選》173面）這表是高平子在1958.0年訂定的。從上列記錄，使我們對於這些「距星」的相關位置，有個明確的認識，然後才能瞭解那天夜裡月亮在那裡「徘徊」的是非了。

二、淩廷堪這篇「書後」，指出了「歲差」問題。東晉（317-2420年）天文學家虞喜，他觀測太陽日影，測得今年冬至環行一週天，至明年的冬至，並不能回復到原點，多少有點差，故謂之「歲差」；所

謂「恆星東行」、「節氣西退」。同時，他在冬至夜裡對恆星中天觀測，核對古書，發現恆星黃道有顯著差異，如「堯時冬至日短星昴，」至今（東晉）二千七百餘年，乃在東壁，則知每歲漸差之所至（宋書律曆志）。所以他提出冬至點，平均每50年退後1度；後來劉宋時代祖冲之算得每45年又11個月平均退後1度；劉焯以75年退後1度，今測值約70年退後1度。

現在，我們知道「歲差」，是地軸長期運動在外力作用下，地球自轉軸在空間並不保持固定方向，而是不斷的發生變化，便產生「歲差」；而其週期運動，別稱「章動」。歲差與章動引起天極與春分點在天球上的運動，對恆星位置有所影響。第一個指出產生「歲差」原因的人是牛頓（1642-1727年）：因太陽和月球對地球赤道隆起部分的吸引，在太陽和月球的引力作用下，地球自轉軸繞著黃道面的垂直軸（黃道軸）旋轉，在空間描繪出一個圓錐面，繞行一週約需26000年。

三、「歲差」這知識，現代每個人都知道，在清朝乾嘉時期學者群中，也許每個人都知道。這是受閻若璩（1636-1704年）所標榜的儒者「一物不知，深以爲恥」的觀念所使然，即使不知也裝著知道。然而凌廷堪則不然，在他〈後學古詩〉十首中，其中就有五首吟詠天文學，其二詩云：

> 虞喜論歲差，莫能言厥故。自晉迨前明，茫如坐雲霧。
> 或云日道縮，臆揣豈足據？近知緣恆星，每歲自東去。
> 所以冬至宿，虞周不同處。歷六七十年，向右移一度。
> 昔賢未發覆，由茲豁然悟。妙哉歐羅巴，談天憑實數。
> 七政同一源，驗候了不誤。古疏今漸密，時人愼推步。

（凌廷堪著《校禮堂詩集》卷十一、葉十）

　　凌廷堪這詩對「歲差」的解釋，還算清楚，很明顯受西方天文學說的啓示，但不知道他會不會「歐羅巴」文？他的數學程度還不錯，在《校禮堂文集》卷廿四〈與焦里堂論弧三角書〉提及戴震《句股割圓記》中的一題「三角（Trigonometry）」問題：「戴氏句股割圓記，惟斜弧兩邊夾一角，及三邊求角，用矢較不用餘弦，爲補梅氏所未及。──矢較即餘弦也，用餘弦則過象限與不過象限有加減之殊，用矢較則無之（原註）。」這問題我在〈凌廷堪年譜〉中有解題（請參見「著作目錄」）按「弧三角」就是「球面三角學」，他計畫寫一本《弧三角指南》，敢寫這種書，眞不簡單，可惜未完成就逝世了，也未見遺稿傳下來。「指南」這名辭不僅在當年很時髦，二十世紀初、中期仍流行著，如《大學入學指南》等等是也。所以，范希曾的《書目答問補注》中有〈清代著述諸家姓名略〉，列他爲通西法的天文曆算家。

　　四、我對「漢學」的認識，是得之於凌廷堪《校禮堂詩集》（請注意這「漢學」二字，並非某「殖民地」的地區，由一些愛國的遺老，教孩子們讀祖國傳統文化的基本讀物，如《三字經》、《百家姓》、《千字文》、《四書》……等的那種「漢學」），其中有〈漢十四經師頌〉及〈與胡敬仲書〉辨漢學流弊、《詩集》中〈學古詩二十章〉的啓導。他生長在中國近三百年來學術成就上的最高峯時期，所接觸到的都是乾嘉的鴻儒碩彥。凌廷堪到京師「遊學」比阮元早，他向上官揄揚阮元。後來阮元成進士，官至體仁閣大學士加太傅，便與凌情逾骨肉，推挽備至。阮纂《清史》〈儒林傳〉將凌也列入傳中，名傳千秋！我由凌廷堪《燕樂考原》音樂研究著手，引發我對於「漢學」的興趣，我近年結撰了二十餘篇以漢代文獻與出土文物研究漢代音樂史論著，實導源於此，不但拜凌氏學術思想之賜，而且對其人格高潔欽佩之至──他三十七歲補殿試，中三甲第二十六名進士，主考官是

朱珪、王杰。朱珪是嘉慶皇帝顒琰的老師,王杰官至兵部尚書加太子太保銜,與朱珪同值內廷,有這麼好的靠山那裡找,如是「現代某人」,還不借重他為陞官橋樑。按例他可以出任知縣,而他「投牒吏部,自改教授」(我好想寫一篇〈**清代教授制度之研究**〉論文)。所以朱珪題〈校禮圖〉詩,稱「君才富江戴」;又云「遠利就冷官」,表示敬重之意。「江戴」是指江永與戴震,本書第四篇就提到這位好學不倦的江永老先生,在朱珪眼中,「江戴」為一代儒學宗師。

以上四點,皆是敘述凌廷堪及其注意到元豐五年「壬戌之秋,七月既望」月出於東山的天文景象,並沒有涉及問題的是非。我從凌廷堪〈書赤壁賦後〉文字中,看不出來他是怎樣推算的?大致上,可以認為他是根據漢曆的歲星宿度,如《淮南子》等書,以乾隆七年「七月既望」,這天早晨太陽東昇(日纏),是在「翼」(「巨爵座」)、「張」(「長蛇座」)兩宿之間穿過,經過6個時辰後(即12小時運行),落於西方,這時月亮就從東方昇起,應是在「室」、「壁」(皆在「飛馬座」,而且在「飛馬」正方形腹部的兩側)兩宿之間。他並且還考慮到「歲差」,每六七十年退後1度,即便是宋元豐的「壬戌」,到清乾隆的「壬戌」,是11個「壬戌」(亦稱「(甲子)紀法」)660年,「歲差」10度計算在內,月亮是在「室」、「壁」之間,不是徘徊於「斗」(「人馬座」)、「牛」(「摩羯座」)之間;還說「壁」在「斗」東已相差1象限(90度)。凌廷堪如此推論,在治學的「方法論」上,是合乎邏輯的,尤其從別人不疑處,而產生疑問?充份證實他研究學術的態度是何等認真!

我研究「漢學」是受凌先生教澤影響而來,對他非常崇敬,但不替他迴護。有關這個問題,我們現代人研究環境,可能比他強許多,我藉助於「星圖」、「星表」……,不用文學欣賞態度讀〈赤壁賦〉,而

站在科學立場，看〈赤壁賦〉的天文問題，覺得「斗牛之間」，的確是蘇東坡用「斗牛」兩宿形容星空，屬於文學家文章辭采而已，說是「特想像而賦之」，未能體貼古人之心，不免武斷了一點。

　　民國八十九年農曆六月十五日，西曆2000年7月16日，發生在上世紀，最後一次歷時最長的「月全食」。據臺北市《中央日報》（楊永妙專稿）載，交通部氣象局天文站表示：「下（七）月十六日的月全食，是二十世紀最後一次月食。最大食分爲月直徑之1.772倍，而在整個月全食的過程中：初虧是發生於晚間7時57分，食既爲9時02分，食甚爲9時56分，生光爲10時49分，復圓則是11時56分。」根據資料顯示，本次月全食，不但是本世紀最後一次，也創下月全食時間持續最久的紀錄，歷時達1小時47分。

　　「天文站技佐鄭振豐表示，宋朝蘇東坡所作的〈赤壁賦〉中，曾提到『月出於東山之上，徘徊於斗牛之間』，今年7月16日正好是這種情形。因爲，當天的月亮適逢望月，於傍晚時分由東方升起，在天球座標上運行，正好移至『人馬座』（斗）及『摩羯座』（牛）交界處——即我們所熟悉三垣二十八宿中的『斗宿』及『牛宿』之間。月亮『徘徊於斗牛之間』的情形，但同時有月全食現象的情況，卻極少見。造成全食時間較久的主因，在於下（八）月二十六日，適逢月球位於遠地點附近，由克卜勒行星運動定律，可知月球在距地球較遠時，月球繞地球公轉的移動速度會較慢，因此穿過地影帶的時間會較久。此外，由於月球也正好從地球影的中心附近通過，使得月球劃過地影的相對距離也較長。」【註十三】

　　我應用「簡易星座圖」板（在天文臺可購得），核對上述2000年7月16日夜間8時的星座，的確，是月亮移至「人馬座」與「摩羯座」交界處（即「斗」「牛」二宿之間）。同理，已知元豐五年農曆七月

十五日，爲西曆8月11日，乾隆七年七月十五日，爲西曆8月15日。「簡易星座圖」板上，顯示月亮出於東方的「飛馬座」（即「室」「壁」兩宿之間），比「斗」「牛」兩宿間更接近。我曾將近二十年來，農曆的七月十五日對照西曆月日，其統計「中數」爲8月25日，這時天上月亮東昇也是在「飛馬座」，與淩廷堪在「室」、「壁」之間吻合。一年的星空，「飛馬座」出現，表示秋天將到了【註十四】。恆星在天球上的位置，是恆遠不變（指短週期），如果以1958.0年英國航海曆書赤緯度分與漢書曆志所載二十八宿的距度相比較，其差數大約在0.4度左右，最多不過2度。「行星歲差」使春分點沿赤道每年東進約0.13秒，也是短週期中微乎其微的分量。

　　民國七十一年（1982年）歲次「壬戌」，十二月三十日黃得時教授在《中央日報》〈副刊〉，發表〈赤壁賦九百年記〉（即本文「補記」第一段引文）；賡續桓來先生發表〈追憶紀念〉也盛讚「蘇東坡赤壁賦是千古妙文。……」並云：「常看到西方人士或社團紀念名人誕生或創作、發明，五十年，百年或數百年不等，有的國際性著名學者、作家或發明家的紀念活動。……紀念誕辰之外，或者於誕辰無可考者，另就其著述創作年代展開紀念活動。」則更具有積極的意義，也值得學術界倡導與推廣。我是後知後覺的人，附驥於兩位先生之後，於壬戌年臘月初五日寫作〈赤壁賦的天文問題〉（上下），屈指算來快二十年了！乘著本書印行機會，將此有關星宿的問題重新結撰一過，如承讀者將我原著與新著兩篇對照一下，前者是敘述一個事實，後者將淩文中六顆「距星」的中西星座位置與日月落起時辰敘述，較以往科學詳細甚多，算是自我督責的一點表現（我曾說別人「因循舊說」）。

　　我的經驗，要知道一位懂天文學的人，其治學的態度，是非常嚴謹的。遠的別談，近年（1973年）《南洋大學學報》第6期〈人文科學〉版，載有友人翁同文教授〈楊基生年考及其詩中木入斗問題〉一

文，接著就是鄭衍通教授〈楊基的生日〉《南洋大學學報》第七期，便以今日天文學方法，逆推當時木星的位置，推算到楊基是1332年陰曆五月廿三日出生。如果讀鄭文，遙想當年凌廷堪對〈赤壁賦〉中的天文，同是相當執著的！

今年是2001年，正是蘇東坡逝世900週年祭，自己感覺這段〈補記〉，還算是很有意義之事！

本文發表於民國七十二年（1983年）十二月，《中國圖書館學會會報》第三十五期，189-199頁，八十九年十二月在〈點校本《清史稿》〉一節中，有增加文字與調整圖版。本文〈引子〉因其中記事的年代，頗不便於現在閱讀，在儘量保持原意情形下，刪訂遭遇「魔鬼打擊」等語，敬請讀者鑒察！

附　　　註

註　一　請看《中外雜誌》一九九四年十二月號，五十六卷六期，自由作家羅盤撰〈蔣復璁二三事〉46-53頁。文中有一些涉及筆者事。

註　二　本傳參考《清史稿》、《清史列傳》梅毂成傳，及《中國學術家列傳》梅文鼎傳等書編寫而成。

註　三　《國立故宮博物院清代文獻檔案總目》序，曾講到院藏「清史館」史料的經過，並請參見註記四。

註　四　《國立故宮博物院清代文獻檔案總目》，民國七十一年六月印行。全書618頁。

註　五　陳萬鼐，1975,03，清史樂志纂修考，臺北市，中山學術文化集刊，第十五集475-520頁，國科會著作編號：012290-15151184-X02。

註　六　清阮元《疇人傳》，民國五十四年十一月，商務印書館臺一版。原

書第485-495頁載。

註　七　《清史》清史編纂委員會編纂，民國五十年二月，國防研究院（中國文化研究所合作）本，全書共八冊。

註　八　標點本《清史稿》，在民國七十年八月間，本省有鼎文書局與洪氏出版社影印。前者增加眉註，參考較爲方便，譬如：某人傳稿在書中曾兩處出現，不看眉批，就不是那麼容易發現，尚得等待趙翼那類學人作「箚記」。

註　九　請參見拙著1995,10，輯補樂記佚文八篇，臺北市，國立臺灣師範大學音樂研究所，音樂研究學報，第四期109-136頁，有輯佚（逸）的方法的敘述。

註　十　《故宮歷代法書全集》㈡，民國六十六年，臺北市，國立故宮博物院編。〈前赤壁賦〉手卷載於83面。

註十一　《校禮堂全集》，清凌廷堪著，三十六卷，清嘉慶十八年（1813年）張其錦刊，其錦爲凌氏最親密的弟子，不負乃師之託，校刊全集，又有安徽叢書第四期《凌次仲先生遺書》本。

註十二　《學曆散論》，高平子著，此文又載於《高平子天文曆學論著選》，民國七十六年，中央研究院數學研究所本，第167—179頁。高氏云此表「赤經」與「經統」「係據1958.0年《英國航海曆書》（The Nautical Almanac for 1958）所引錄。」

註十三　《中央日報》，民國八十九年六月十六日（因疏記正確時間）記者楊永妙專稿，標題「716世紀末最後月全食」。

註十四　《星空一年》，蔡章獻著，民國七十年，臺北市，科學月刊社。

BRIEF HISTORY OF CHINESE ASTRONOMY

(Summary)

Chen Wan-Nai

Astronomy may be considered as the forerunner of science, and the source of culture. Scientific development is due to the advances made in astronomy. Ancient China's advances in astronomy were such that they could be considered of first rank in the histroy of scientific technology. Already in 4500 BC there is evidence of astronomical carvings found on the pottery of that period. Such special celestial phenomena as solar and lunar eclipses, meteorites, meteor streams, comets, novea and super nova, and sun spots are one type of record of the earliest characteristics of the earth. The other manner of recording involves man himself. Activities ranging from the survey and observation of the heavens, geodetic svrveys of the earth, manufacture of scientific apparatus, to the writings of eminent astronomers from each period -all of which are substantiated by plentiful historical documents ane archaeological artifacts - have earned the Chinese the respect of astronomers worldwide.

Formerly, the History of Chinese Astronomy only conerned itself with evolution, and not with historical background. Sometimes only facts were presented without explaining the natural or man made factors affecting the facts. No reference pictures or graphs were included thus making it extremely difficult to understand the material being presented. The style and method of presentation of fact, and the priority given to proofs in this work are all different from that of the previous Chinese History of Astronomy. The new edition includes numerous high quality illustrations, the important symbols employed in devising the calendar system, the key to the synodic period, the interrelationship between astronomy and the calendar, etc., all explained in terms which may be understood by the layman, as well as introducing new concepts, It is hoped that this work will allow the reader to better understand the impressive scope of ancient Chinese understanding of scientific technology.

— 5 —

圖版五～十　〈中國天文學史纂要〉英文提要 (同五—八圖版說明)

第六篇　請看哈雷「秀」

一、英國天文學家哈雷

　　哈雷（Edmund Halley）英國天文學家、數學家，西元1656年（清世祖順治十三年）10月29日出生。科學家牛頓長哈雷十四歲。哈雷的父親，以經營肥皂工業致富。他幼年時代，因家境富裕，喜好研究各種學問，且有發明天才。1673年入牛津大學皇后學院就讀，通拉丁、希臘、希伯來三種文字。最初在故鄉寓所附近的地方，觀測日食，後來觀測到恆星準確的位置，於是他決定從事天文這方面的研究。1676年他中途輟學，赴聖海勒拿島，觀測南半球南極附近星球的位置，測編了第一個《南天星表》，包含341顆南天恆星的黃道坐標，贏得南天「第谷」的美譽。1678年牛津大學授與他碩士學位，並推選他爲皇家學會的會員。1680年他赴歐洲大陸漫遊，結識巴黎天文臺臺長噶西尼，二人共同研究大彗星。1705年發表《彗星天文學論說》，闡述了從1337年到1698年，觀測到的24顆彗星的軌道。他發現1682年出現的彗星軌道，與1531年、1607年的彗星軌道是相似的，這三顆彗星同是一顆星三次回歸；並且預言這顆彗星，將於1758年底，或1759年初再度出現。屆時，他雖已作古，而那顆彗星果然如期而至，它的週期是75年或76年，後人爲紀念他，便將這顆彗星，命名爲「哈雷彗星」。1684年哈雷訪問牛頓，向牛頓提議公布「萬有引力」的研究，牛頓說明一切行星之運行，完全可以太陽引力假設說明之。哈雷的才華，與牛頓在伯仲之間。1720年任格林威治皇家天文臺第二任臺長。哈雷推測1761年將有金星凌日現象發生，由於這項觀察，可以決定太

陽距地球的精確數值。他還發現「天狼」、「南河三」、「大角」這三顆星的自行，以及月球長期加速現象。他晚年患麻痺症，在1739年完成太陰觀測計畫後，便退休隱居。1742年（清高宗乾隆七年）1月14日逝世，享年86歲，葬於坎得教會墓地，與夫人瑪麗杜克合塚。〔圖版六～一〕

二、彗星的現象

「彗星」是在扁長軌道（極少數在近圓形軌道）上，繞著太陽運行的一種質量較小的天體，呈雲霧狀的獨特外觀，它的外貌與光度，隨著距離太陽遠近而顯著變化。當它遠離太陽時，呈現朦朧的星狀小暗斑，其較亮的中心部分，稱爲「彗核」。彗核外圍的雲霧包層，稱爲「彗髮」——它是在太陽輻射作用下，由彗核中，蒸發出來的氣體，與微小塵粒組成的。彗核與彗髮合稱「彗頭」。當彗星走到離太陽相當近的時候，彗髮變大，太陽風和太陽輻射壓力，把彗髮的氣體與微塵推開，而生成「彗尾」。

彗星現象十分複雜，同一顆彗星，在繞太陽公轉的不同時間裡，就呈現出不相同的形態，而不同的彗星，彼此便有很大的差異。關於彗星——尤其彗核的本質，因缺乏資料，使人們對它還不瞭解，所以，科學家要借助「彗星模型」來解釋各種彗星現象：

一、沙礫模型：認爲彗星是一團固體粒子，它們在相似軌道上，各自獨立繞著太陽公轉，粒子向中心密集爲一個彌漫核。這核也並不是一個整體，所以有人戲稱彗星是天空的「垃圾山」。這種模型，可以解釋彗星分裂成流星群的現象，但不足以解釋所觀測到的彗星中的氣體數量。

二、冰凍團塊模型：1949年美國天文學家惠普爾提出。他認爲彗核是「髒雪球」，由冰凍的母分子，和夾雜的細塵粒組成。後來有學

圖版六～一

英國天文學家哈雷（Edmund Halley）1656-1742 年

者更進一步發展這種模型，認爲彗星走近太陽時，太陽加熱作用，使彗核表面的冰，昇華爲氣體，向外膨脹，同時帶出微塵，形成彗髮與彗尾。彗星每次走過太陽時，僅僅彗核表面層被蒸發，它內部仍保持冰凍態。

三、哈雷彗星的質量

哈雷彗星，它公轉的週期是76年，近日距是8,800萬公里（0.59天文單位，一天文單位約一億五千萬公里），遠日距是53億公里（35.31天文單位），軌道偏心率是0.967，原始質量估計，小於10萬億噸；取近似值，如彗核平均密度，每立方公分爲1公克，則彗核半徑，應小於15公里，它每公轉一周，質量會減少20億噸。當哈雷彗星於1910年10月20日出現時，美國立克天文臺首次攝得哈雷彗星光度13等的光譜照片，科學家根據這張光譜照片，分析出彗星頭部的成份含有氰酸，尾部成份含有電離的一氧化碳及碳氣。

歐洲太空總署，於今年（指1985年）7月間，發射一座哈雷彗星探測船「喬陶號」，現在，正沿著行星軌道，向哈雷彗星方向推進，預計在明年（1986年）3月13日與哈雷彗星會合，那時「喬陶號」與彗星本體——彗核，將僅相距500公里，以進行彗核的電視攝影等各種觀察研究。那時對於哈雷彗星的眞象，必然有一番新的瞭解！如果，加上其他國家發射的探測船，如蘇俄的「貝加1、2號」，日本的「先驅號」及「行星A號」各種探測任務完成，當然就可以揭開這顆彗星的神秘面紗！

四、我國正史天文志有關哈雷彗星的文獻

我國是世界上記錄彗星資料最早、最豐富的先進國家。從古代到

清朝宣統二年（1910年），根據正史天文志與地方文獻著錄，初步統計，不下於500次。當我們用肉眼還沒看到彗星時，而專業的天文工作者，卻細心的觀測到；目前，用望遠鏡觀測，每年平均可發現約10次彗星出現，據統計：迄今觀測的彗星，去其重複出現的，約有1600顆，太陽系中，實際存在的彗星，當然不止此數。

我國《廿五史》中的〈天文志〉的編次，有關星際資料的處理，先以星類如〈恆星〉、〈行星〉、〈雜星氣〉等等，然後再將歷朝星空記事，按年份排列，所以，在同一年之中，有各種不同的「彗星」出現，但那一顆是「哈雷彗星」呢？必須經過專家從哈雷彗星的軌道，推算出其近日點，才能肯定。現在，根據我國古籍所載，將專家已經討論爲「哈雷彗星」，最古的四種典籍分別列後：

一、《淮南子》卷十五〈兵略訓〉〔圖版六～二〕：

　　武王伐紂，東面而迎歲，至汜而水，至共頭而墜，彗星出而
　　授殷人其柄。

「彗星出而授殷人其柄」，原註：「時有彗星柄在東方，可以掃西人也。」這是描述武王在伐紂艱苦奮戰中，彗星給虐紂示警，故敗亡在邇。這次彗星，據天文學家張鈺哲推算，是「哈雷彗星」，時在西元前1075年。

二、《竹書紀年》卷下〔圖版六～三〕：

　　（周昭王）十九年春，有星孛於紫微。

周昭王十九年，係西元前948年，較武王伐紂時代，晚127餘年。惟《竹書紀年》是宋以後的人，所依托的僞書，大略與《春秋》相應，也具有參考價值。

賞而後無遁北之刑白晝不見後而天下得矣是
之時十日亂於上風雨擊於中然而前無蹈難之
也隨彗星出而授殷人其柄方可以掃酒人也當戰
淮南鴻烈解　兵略訓　九一
至氾而水大氾地名水有至頭而墜洪頭山名在寅歲墜
之者積怨在於民也武王伐紂東面而迎歲太歲在
里勢位至賤而器械甚不利然一人唱而天下應
不降下天下為之麋沸蟻動雲徹席卷方數千地莫
憺詹鑿斬刻也鑿音斲以當脩戰強弩攻城暴地
有牢甲利兵勁弩強衝也伐天下聚而為矜藂棘矜菜奮
就右臂也稱為大楚而天下響應當此之時非
柄同雕雕刻也鑿音斲同內也鏰鏦鏦鏦也鏦鐵奮

音遼　沛新縣祖右　陳人也大澤
也　戍卒陳勝廣與於大澤攘臂袒右　陳勝字涉汝大澤
地埶無矢道　故兵難強而卒亡

▼

圖版六～二　　《淮南鴻烈解》〈兵略訓〉書影

採自明萬曆八年（1580年）茅氏刻本

（鼎文書局影印）

世界上最早「哈雷」彗星的紀錄。

十六年　錫爾侯役命○王南巡狩至于九江廬山
十九年魯侯賁父薨
二十一年魯築茅闕門
二十四年召康公薨
二十六年秋九月己未王陟

昭王
名瑕
元年庚子春正月王即位復設象魏
六年王錫郇伯命○冬十二月桃李華
十四年夏四月恆星不見○秋七月魯人獄其
君宰
十六年伐楚涉漢遇大兕
十九年春有星孛于紫微○祭公辛伯從王伐
楚天大曀雉兔皆震喪六師于漢○王陟

穆王
名滿
元年己未春正月王即位作昭宮命辛伯餘靡
○冬十月築祇宮于南鄭

圖版六～三　　《竹書紀年》書影(舊刊本)

傳十四年，春頃王崩，周公閱與王孫蘇爭政，
故不赴，凡崩薨不赴則不書，禍福不告亦不
書。

郳昭公來討我南鄙，故惠伯伐邾。子叔姬
無寵於昭公，故惠伯伐邾。

邾文公之卒也。子叔姬。

齊昭公生公孫捷於新城。

齊人定公捷菑奔晉。○六月，同盟于新城，從
於楚者服。○秋七月，乙
卯夜，齊商人弑舍而讓元。○九月，

元曰，爾求之久矣，我能事爾，爾不
可使多畜慝，將免

我乎，爾為之。○有星孛入于北斗。
周內史叔服曰，不出七年，宋齊晉之君皆將
死亂。

劉炫云……晉趙盾以諸侯
之師八百乘納捷菑于邾，

邾人辭曰，齊出捷菑且長，

圖版六～四　　《春秋左傳正義》書影（十三經注疏本）

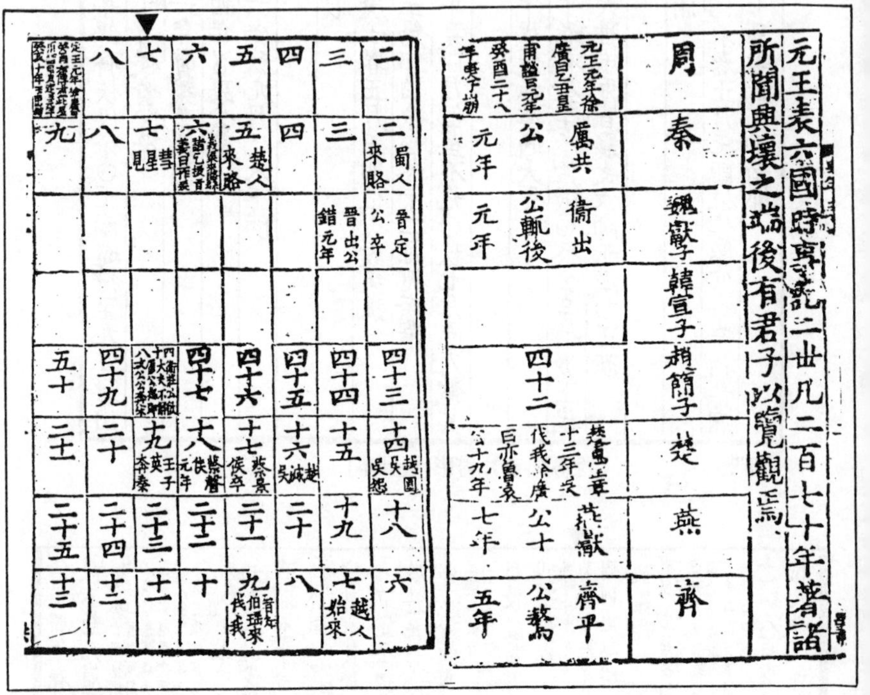
元王表六國時事訖二世凡二百七十年著諸所聞興壞之端後有君子以覽觀焉

周
秦
魏獻子　韓宣子　趙簡子
楚
燕
齊

圖版六～五　　《史記》〈六國年表〉書影
「彗星見」記事。

三、《春秋左傳正義》卷十九下〔圖版六～四〕：

經十有四年，秋七月有星孛入於北斗。

「十有四年」為魯文公十四年，係西元前613年，以往學者，是將這次彗星，視為我國最早「哈雷彗星」出現的正式記錄，其實比武王伐紂時代晚462年。

四、《史記》卷一五〈六國年表〉第三〔圖版六～五〕：

秦屬共公七年　彗星見。

這年是周元王七年，即西元前470年。雖然《史記》僅記秦國「彗星見」三個字，卻不難想像到，它是相當令人驚心動魄的天文「秀」。英國天文學家克勞密林（Crommelin）以為這次彗星，就是「哈雷彗星」，但比武王伐紂時代晚605年。

以上四種都是我國古代最早的「哈雷彗星」記錄，雖年代先後相差六百餘年，然各有論證的依據，可供參考。

茲將克勞密林與卡惠爾（D.Cowell）二氏推算的《哈雷彗星近日點週期表》，本表內含：自秦始皇七年、西元前240年以來，迄民國七十五年、西元1986年，凡2225年，先後30次哈雷彗星回歸的近日點週期，及《廿五史》歷朝〈天文志〉記錄哈雷彗星出沒日期、行道如下【註一】

1.	秦始皇七年	西元前240年	5月15日	史記 6 秦始皇本紀·224頁
2.	漢文帝後元年	163年	8月12日	漢書 26 天文志 6、1303頁
3.	漢昭帝始元二年	87年	8月15日	漢書 26 天文志 6、1306頁
4.	漢成帝元延元年	12年	10月 8日	漢書 27 天文志 7、1518頁
5.	漢明帝永平九年	西元 66年	1月26日	後漢書天文志 11、3230頁

6.	漢順帝永和六年	141年	3月25日	後漢書天文志11、3246頁
7.	漢獻帝建安二十三年	218年	4月 6日	後漢書天文志12、3262頁
8.	晉惠帝元康五年	295年	4月 7日	晉書13天文志 3、392頁
9.	晉武帝寧康二年	374年	2月13日	晉書27天文志 3、394頁
10.	宋文帝元嘉二十八年	451年	7月 3日	宋書26天文志 4、749頁
11.	梁武帝中大通二年	530年	11月15日	魏書105天象志 4、2443頁
12.	隋煬帝大業三年	607年	3月26日	隋書21天文志下、613頁
13.	唐武后光宅元年	684年	11月26日	唐書38天文志下、1321頁
14.	唐肅宗乾元三年	760年	6月10日	唐書36天文志下、1324頁
15.	唐文宗開成二年	837年	2月25日	唐書36天文志下、1333頁
16.	梁太祖乾化二年	912年	7月19日	新五代史59司天考2、706頁
17.	宋太宗端拱二年	989年	9月 2日	宋史56天文志 9、1227頁
18.	宋英宗治平三年	1066年	3月25日	宋史56天文志 9、1227頁
19.	宋高宗紹興十五年	1145年	4月19日	宋史56天文志 9、1229頁
20.	宋寧宗嘉定十五年	1222年	9月10日	宋史56天文志 9、1229頁
21.	元成宗大德五年	1301年	10月22.7日	元史48天文志 1、1014頁
22.	明太祖洪武十一年	1378年	11月 8.8日	明史27天文志 3、404頁
23.	明景宗景泰七年	1456年	1月 8.2日	明史27天文志 3、407頁
24.	明世宗嘉靖十年	1531年	8月25.8日	明史27天文志 3、409頁
25.	明神萬曆三十五年	1607年	10月26.9日	明史27天文志 3、410頁
26.	清聖祖康熙二十一年	1682年	9月14.8日	清史稿天文志14、402頁
27.	清高宗乾隆二十四年	1759年	3月12.6日	清史稿天文志14、403頁
28.	清宣宗道光十五年	1835年	11月15.9日	未見史志著錄
29.	清德宗宣統二年	1910年	4月19.7日	丹陽縣志著錄【註二】
30.	中華民國七十五年	1986年	2月 9日	

　　本表所列各次哈雷彗星回歸動態，見於正史天文志所載頁面；除供讀者檢閱查參外，本文並將於下節提示四次「哈雷彗星」在中國史實中敘述者（從前學者輒用《欽定古今圖書集成》的〈乾象典〉記載，事實上與原書文字略有異差）。

　　哈雷彗星的回歸週期是76年，上列週期有長達79年者4次、78年

者2次、77年者12次（佔百分之41.37），甚者75年者6次。關於這種週期的遲疾，是因大行星的攝動，影響了彗星軌道而發生的。

五、我國正史天文志哈雷彗星過近日點記錄舉例

法國天文學家巴爾得在50年代研究 1428顆的《彗星軌道總表》之後，肯定說：「彗星記載最好的（除極少數例外），當推中國的記載。」這種評語，無疑是公允的！下列是在史志中比較特殊的四次哈雷彗星記錄：

一、第4次　漢元延元年出現的哈雷彗星

元延元年七月辛末，有星孛於東井，踐五諸侯，出河戌北，率行軒轅、太微，後日六度有餘，晨出東方，十三日，夕見西方，犯次妃，長秋、斗、填，鋒火再貫紫宮中，大火當後，達天河，除於后妃之域，南逝度犯大角、攝提，至天市而按節徐行，炎入市，中旬而後西去，五十六日與蒼龍俱伏。（

漢書卷27下天文志7、鼎文本1518頁）

元延元年七月辛末，係西元前十二年八月二十五日【註三】。

《彗星週期表》：西元前12年10月8日哈雷彗星過近日點。中西所記相差44日，極為密合。這次記錄彗星出現工作的地址是「靈臺」──漢朝國立天文臺，遺址在河南省偃師縣崗上村發掘到。記錄日期，是當時實測記錄或追記。這種記錄，如果與西洋所推算過近日點密合，則更好，反之，相差二、三月，亦可認為是同一彗星，因作業方法相異，所使然而已。

這樣彗星出沒，行道的記錄，給中外任何人士讀後，都會認為十分詳細，比起第一次「秦始皇七年」出現及更早的哈雷彗星記錄，相差何啻霄壤！

任何一種彗星，由「夕見」而後「晨見」，或是「晨見」而後「夕見」，它必行過近日點，因距離日近，則距離地球也近。

克勞密林《彗星論》：「哈雷彗星在西元前12年復見之時，中史所載，極為詳細。其行道經北河、軒轅、大角、攝提、天市、房、心、尾。其行度因鄰地球，故初行甚速，後乃甚緩。」其實，克勞密林此著，所推算彗星軌道與位置，都是根據我國《廿五史》的天文志而成。這次彗星的行道可參考〈中西赤道南北星座對照圖〉〔圖版六～六〕，最好用筆將該行道連接起來，那麼印象更深刻了。

二、第15次　唐開成二年出現的哈雷慧星

開成二年二月丙午夜，彗出東方，長七尺餘，在危初度，西指；戊申夜，危之西南，彗長七尺，芒耀愈猛，亦西指；癸丑夜，彗在危八度；庚申夜，在虛三度半；辛酉夜，彗長丈餘，直西行，稍南指，在虛一度半；壬戌夜，彗長二丈，其廣三尺，在女九度；癸亥夜，彗愈長廣，在女四度。三月甲子朔，其夜，彗長五丈，岐分兩尾，其一指氐，其一掩房，在斗十度；丙寅夜，彗長六丈，尾無岐，北指，在亢七度。丁卯其夜彗長五丈，闊五尺，卻西北行，東指；戊辰夜，彗長八丈有餘，西北行，東指，在張十四度。癸未夜，彗長三尺，出軒轅之右，東指，在張七度。（唐書卷36天文志下，鼎文本1333頁）

開成二年二月丙午，係西元837年3月22日，彗星先後38天，前23天遍指西、南、北、東四方；彗星行道是自西往東；彗尾一度曾分裂，比較罕見。最初有學者疑其非哈雷彗星，實則為哈雷彗星。這次彗星距離地球僅500萬公里，是最近的一次！

《彗星週期表》：西元837年2月25日哈雷彗星過近日點。中西

所記相差25天，堪稱密合。

《晉書‧天文志》：「彗星所謂掃星，本類星，末類彗，小者數寸，長者竟天。……彗本無光，傅日而為光，故夕見則東指，晨見則西指，在日南北，皆隨日光而指。」（鼎文本323頁）我國古代早已觀測到「彗頭」朝向太陽，因為晨見則日在東，彗首向太陽而「彗尾」指西；夕見則太陽在西，彗首向太陽而彗尾指東。這種彗尾背日，是因彗星受太陽輻射加熱，解離其脫落物質，受太陽粒子撞擊而造成。彗星背向太陽的規律，我國比西方早900多年前就知道了。

三、第25次　明萬曆三十五年出現的哈雷彗星

> 萬曆三十五年八月辛酉朔，彗星見於東井，指西南，漸往西北；壬午自房歷心滅。（明史卷27天文志3、鼎文本410頁）

萬曆三十五年八月辛酉朔，係西元1607年9月21日。

《彗星週期表》：西元1607年10月26日哈雷彗星過近日點。中西所記相差35天，極為密合。

克白爾（Kepler）測得此彗星行道，由文昌經常陳、左攝提，而入天市垣右，其尾初甚長，東北指，至天市垣漸短，西北指。這次中國發現的時間比較早，行道記載不及西洋詳細。

哈雷認為這次彗星的運行軌道，與1531年（上次），及1682年（下次）的彗星運行軌道極為相似。這次彗星的出現，給哈雷的成功，豎上里程碑。

四、第27次　清乾隆二十四年出現的哈雷彗星

> （乾隆）二十四年三月壬辰，彗星見東南方；甲午出虛第一星下，大如榛子，色蒼白，尾長尺餘，指西南，順行；癸卯體小光微，尾餘三四寸；戊申全消。（清史稿天文志14、鼎文

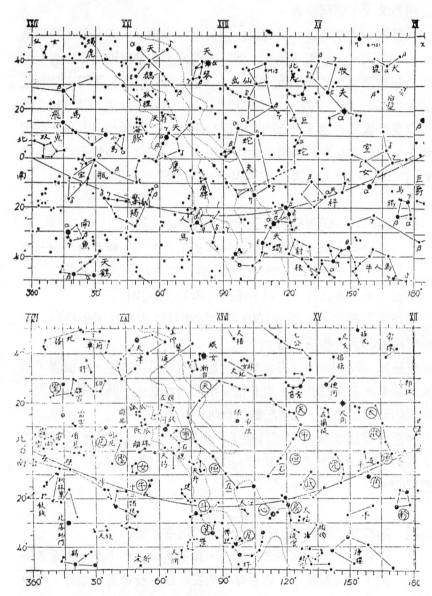

圖版六～六　　中西赤道南北星座對照圖

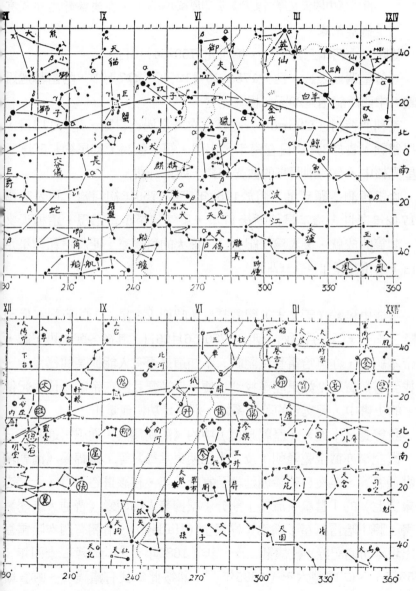

採自高平子《學曆散論》本。

　　　　書局《中國天文歷法史料》影印原稿403頁）、青浦縣縣志亦載有
　　　　簡單記錄。

　　乾隆二十四年三月壬辰，係西元1759年4月8日。

　　《彗星週期表》：西元1759年3月12日，這17天中，哈雷彗過近
日點。中西所記相差29天，極為密合。

　　克利亞荷得（Clairaut）推算這次彗星過近日點，是4月13日，
結果錯誤；實於3月13日在南半天出現，視之甚高，其尾約長50度，
彗星光核中，有特別明亮的曲光如鈎，頗為奇觀。

　　哈雷預測這顆彗星，將於1758年底或1759年初回歸；可是哈雷
於1742年逝世，這年是他逝後17年，果然彗星重新出現。這種天文
學上測算的成就，後人為了紀念這位偉大的科學家，便將這顆彗星定
名曰「哈雷彗星」。【註四】

　　《清史稿》〈天文志〉記載彗星（時稱「客星」）的資料，僅至
乾隆三十五年閏五月己酉，西元1770年6月26日，其後各朝未再記載，
諸帝本紀中，亦無哈雷彗星記載。不知道是否有人能從某種秘笈中，
尋找到這類資料？如果能尋找到，便可以補齊我國在帝制時代「紀傳
體」的史書中，天文志的著述系統，那真是功德無量！

　　我曾查《十通》（歷朝政書）中的《清朝通典‧通志‧通考》三
書，因記事亦截至乾隆朝；及《十三朝東華錄》等；劉錦藻《清朝續
文獻通考》，雖然自乾隆朝延續至宣統三年，在該書卷三百〈天文志
一象緯七〉的「彗星、流星」部分：根據美人楊西愛《普通天文學》
等書，將「哈雷彗星」稱為「好里」（Halley），清朝有四次哈雷彗
星出現年份的記錄：㈠康熙二十一年（1682年），㈡乾隆二十四年
（1759年）、㈢咸豐六年（1835年）（鼐按此年代有錯誤）、㈣宣統
二年（1910年），既不知彗星出沒時期，亦不知彗星行道，空洞無裨

益於實際（新興書局《十通》本〈清朝續文獻通考〉10466頁）

六、中國古代彗星的異名

　　中國許多天文學的名辭，多出自於《晉書》〈天文志〉，這部分晉代天文史料，是唐人李淳風（602-670年）編纂的。李淳風曾親手整理，晉至唐300年來天文臺觀測的記錄，使他見聞大開，博學高明，所以他對於星象所下的定義，也都非常肯切，有科學理識性。我們現在所知的哈雷彗星，在中國歷朝天文志中，稱爲「彗星」、「天欃」、「蓬星」、「孛星」、「長星」（《明史》稱「客星」）。

　　茲據《晉書》〈天文志〉敘述其含意如下：

　　一、彗星：所謂掃星，本類星，末類彗，小者數寸，長或竟天。

　　二、孛星：彗之屬也。偏指曰彗，芒氣四出曰孛。孛者，孛孛然非常。

　　三、天欃：石氏曰，雲如牛狀；甘氏（曰），本類星，末銳；巫咸曰，彗星出西方，長可二三丈。（石氏指魏國人石申；甘氏指楚國人甘德，二人所著的星經，稱《甘石星經》—鼐註）

　　四、蓬星：大如二斗器，色白，一名王星，狀如夜火之光，多至四五，少一二。

　　五、長庚：（鼐按即「長星」屬「妖星」類）如一匹布著天。

　　綜觀上列五種「彗星」的形狀，它似乎很獨特，所以中國自古以來，民間稱「彗星」爲「掃帚星」；國字的「彗」字就是「掃帚」的意思；在天文學中，彗星的符號用「☄ ☄」表示。「掃帚星」外貌常使人感到驚慌與恐怖，碰巧在這年又發生天災人禍，便將它視爲災難的預兆。事實上彗星完全是一種自然現象，與地球上災禍並無關係。

七、迎接明年（1986年）好預兆

　　第30次哈雷彗星將於明年（民國七十五年、1986年）2月9日在
「摩羯宮」通過近日點，距離太陽8800萬公里。今年11月27日越升
交點，距離地球9300萬公里〔圖版六～七〕。（請參見圖版六～六中
西星座對照圖）

　　最近，臺北市立天文臺已經展開哈雷彗星觀測的報導：「十月十
六、十七日凌晨二時發現哈雷彗星的蹤跡，該星目前光度為十一點五
等至十二等，在獵戶座東北方進行（附有圖—十月十六日凌晨二時位
置等二幅）〔圖版六～八〕。」「哈雷彗星最近動向如下：今年（
1985年）十月廿九日通過天蟹座M1星雲南邊，光度九等。要有口徑
十公分以上望遠鏡才看得到；十一月十六日彗星通過金（原作「公」）牛
座的昴（原作昂）星團（七姊妹）南邊二度。預定光度為七等，雙筒
望遠鏡可見。十一月十八日彗星進入金（原作「公」）牛座，日薄西
山時從東邊地平線升起，夜半時在正南邊，拂曉時和日出時西沉，是
連續觀察彗星頭部中心核處的好機會。十一月廿一日地球恰好通過彗
星軌道，十二月十五日彗星光度變六等，在日薄西山時出現在南中天，對
一般人觀察條件良好。廿三日以後彗星光度五等，明年（1986年）一
月十一日日下西後，彗星會出現地平線上，雙筒望遠鏡可見。以後，
彗星漸近太陽，二月九日彗星在近日點，觀察條件便不好。」【註五】
　　這二幅位置圖，我曾向以前天文臺研習會的講師求證；據告：不
是在獵戶座東北方，而是在雙子座東南東方。

　　這次哈雷彗星過境，非但未給我們帶來「掃帚星」的恐懼，反而
讓我們從歷史上，印證到勝利成功的預兆。遠的周武王伐紂不談；近

哈雷彗星運行軌道圖

哈雷彗星運行軌道圖

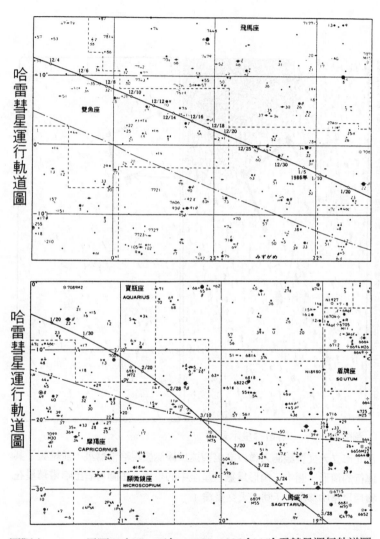

圖版六～七　　民國七十四—五年（1985--1986年）哈雷彗星運行軌道圖
　　　　　　採自《哈雷彗星觀測快報》三—四期（哈雷俱樂部發刊）

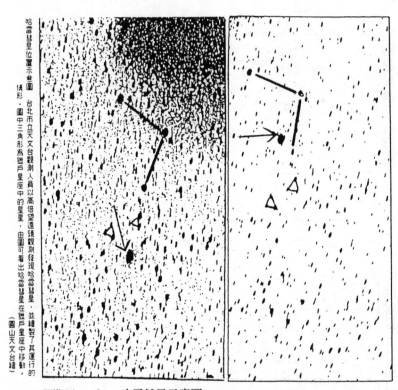

哈雷彗星位置示意圖 台北市立天文台觀測人員以高倍望遠鏡觀測發現哈雷彗星，並繪製了其運行的情形，圖中三角形爲獵戶星座中的星星，由圖可看出哈雷彗星在獵戶星座中移動。（圓山天文台繪）

圖版六～八　哈雷彗星示意圖

台北市立天文臺觀測人員以高倍望遠鏡觀測發現哈雷彗星，並繪製了其運行的情形，圖中三角形爲獵戶星座中的星星，由圖可看出哈雷彗星在獵戶星座中移動。（圓山天文臺繪）

如宣統二年三月十三日，西元1910年4月19日哈雷彗星過近日點，在這年的次年十月十日　國父領導的國民革命軍起義推翻滿清，距離哈雷彗星過境僅570天。

我們再看西洋的歷史，西元1066年（宋英宗治平三年）3月25日哈雷彗星過近日點時，諾曼底公羅伯特之子，與哈雷德二世爭位，他領軍大敗對手，遂入為英王威廉一世（1027-1087年）。戰爭時哈雷彗星出現，他便視為吉兆，後來皇后美泰爾達，將這顆彗星的形態，親手刺繡在帷幕上，慶祝成功。

這次美洲太空總署發射「喬陶號」探測船，探測哈雷彗星的奧秘。為甚麼這探測船叫「喬陶」呢？它是根據文藝復興時期義大利畫家喬陶（Giotto di Bondone, 1276?-1337）而取名的。因為喬陶繪畫耶穌誕生及三賢人的禮讚──「三賢禮嬰圖」（Adoration of the Magi, 1303），畫中馬槽上空就有一顆彗星，一般人認為喬陶的靈感，是得自1301年（元成帝大德五年）出現的哈雷彗星。可見哈雷彗星給人們帶來信心與希望！〔圖版六～九〕

以上文字是民國七十四年十一月七日夜，脫稿。

八、拾　　彗

西洋十九世紀法國大畫家米勒，畫了一幅農家豐收圖「拾穗」，有一些人將「穗」字讀成「彗」音，我現在用這兩字的諧音「拾彗」，將近半年來讀到「哈雷彗星」的文章，收集在這裡，供大家參閱。

（一）哈雷彗星在中國古籍中最早的年代

最近，看到許多敘述「哈雷彗星」在中國古籍中最早的記載；都

圖版六～九　　文藝復興時期意大利畫家喬陶繪「三聖禮嬰圖」
　　　　　　　這是 1301 年(元成宗大德五年)在西方哈雷彗星過近日點的宗教畫。

是引用《春秋‧左傳正義》卷十九下：「（魯文公）十有四年秋七月，有星孛入於北斗。」這年是西元前613年。這項記錄是英國天文學家克勞密林計算哈雷彗星的軌道而創獲的。我在本刊（指《故宮文物》月刊）〈請看哈雷秀〉（三卷九期）文中，曾提出它的較早的年代。

《淮南子》卷十五〈兵略訓〉〔圖版六～一〇〕云：

> 武王伐紂，東面而迎歲，至氾而水，至共頭而墜，彗星出而授殷人其柄。

這年是西元前1075年，比春秋魯文公十四年的西元前613年，早了462年，幾乎是半個世紀。這項哈雷彗星在中國出現最早的記錄，是中國近代天文學家張鈺哲在他所著《哈雷彗星軌道的演化趨勢和它的古代歷史》中，所提出來的。

張鈺哲（1902年生），福建省閩候縣人，1928年發現1125號小行星，命名〈中華〉。1929年以《有一定平面雙星軌道極軸指向在空間的分布》論文獲得博士學位；同年秋返國執教於中央大學物理系、中央研究院天文研究所所長，後赴美進行交食雙星光譜研究。張鈺哲一生致力於小行星，彗星的觀測和軌道計算工作，開展用光電測光方法，測定小行星光變週期，二十多年來，觀測到5000次小行星的位置，著作《變化小行星的光電測光》、《造父變星仙后座CZ的研究》等，他所計算出來哈雷彗星的年代，是值得我們採信的。

武王伐紂的年代，已有許多種說法。如果從「彗星出而授殷人其柄」這句話來論，那時彗頭朝東，彗尾在西方掃殷人；頗與西元616年耶路撒冷在覆亡前，人們看著哈雷彗星，如同「兇刀臨頭」的情形相似。

又因為有用哈雷彗星作歷史記載的考證，如最近聖經學者吉姆‧佛萊明，以哈雷彗星為新證據，顯示耶穌誕生時間，應在西元前12年、漢元延元年，到伯利恆的智者，是哈雷彗星指引的【註六】。所以我們

牢甲利兵勁弩強衝也伐棘棗而為矜周
錐鑿而為刃剗撕笨奮儋鑿
以當脩戟強弩攻城略地莫不降下天下為之麋沸
蟄動雲徹席卷方數千里勢位至於賤而器械甚不利
然一人唱而天下應之者積怨在於民也武王伐紂
東面而迎歲彗星出而授殷人其柄至共頭而
墜山
西人以當戰之時十日亂於上風雨擊於中然而前
無蹈難之賞而後無遁北之刑白刃不畢拔而天下
得矣是故善守者無與御而善戰者無與鬭明於禁
舍開塞之道乘勢因民欲而取天下故善為政者
積其德專用兵者畜其怒德積而民可用怒畜而威
可立也故文之所以加者淺則勢之所勝者小德之

圖版六～十　《淮南子》〈兵略訓〉書影　參見圖版六一二板本說明。

用哈雷彗星確定武王伐紂的年代，既不致陷於孤證，一併爲哈雷彗星
在中國古籍中，找到更早的記錄。（此處有「黃鵠老人」一段親眼得
見，1910年哈雷彗星過近日點的談話，已刪節，讀者如有興趣，可檢
原誌一觀）。

（二）中國漢代的彗星帛畫

　　我在《中央副刊》上讀到劉厚醇先生大作〈藝文裡的彗星〉，非
常博雅。其中敘述惠頓大學美術史副教授烏爾遜女士所著《火與冰——
彗星藝術史》一書，文圖並茂。據「她指出，中國對彗星極加注意，
不但極早就有彗星的記載，而且記載也最詳盡。可是，她卻找不到中
國彗星圖畫，或其他包含彗星的藝術品。她對這一點大惑不解。」【
註七】

　　我對烏爾遜女士所說的「中國彗星圖畫」，不知是指那種「圖畫」
而言？按理應該是指「彗星圖」。我是一個孤陋寡聞的人，從來沒有
直接見過「欽天監」（中國古代天文臺）的觀測日誌與檔案（清代國
史館天文志底本及宮中檔，軍機處批答不算），也不知道他們觀測天
象時，是否須要畫圖？然而在歷代正史〈天文志〉中，記述天象部分，是
不用圖畫的（明朝例外）。清朝天文學家梅瑴成撰《國史天文志》稿
時，曾主張用圖畫以加強說明，後來被刪除了，還有這樣一段記錄：

> 又，時憲用圖論曰：客聞於梅子曰，史以紀事，因而不創，
> 聞子之志時憲也用圖，此固廿一史所無，而子創爲之，宜執
> 事以爲非體，而欲去之也，而子固執己見，復呶呶上言，獨
> 不記昌黎之自訟乎？吾竊爲子危之。（清・阮元《疇人傳》卷
> 三十九〈梅文鼎傳〉）〔圖版六～十一、十二〕

　　這可能算是一種「文化模式」，在史籍中，所以很少會見到有「
彗星圖畫」等傳出來。中國〈天文志〉記載天象的文字，向來都是非

圖版六～十一　清軍機處錄欽天監奏摺副本（國立故宮博物院藏）

宣統三年農曆十二月十八日（中華民國元年一九一二年二月五日）

欽天監奏立春風占摺。「辛亥」是日干，並非歲次。

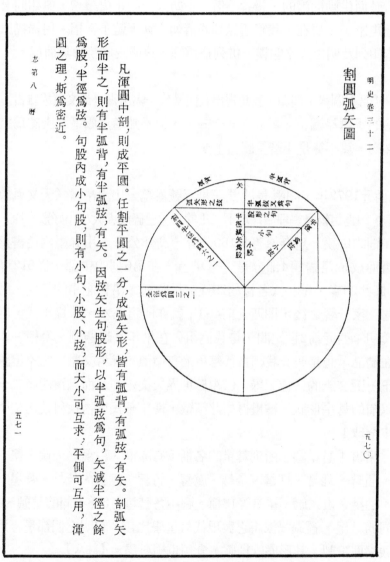

圖版六～十二　清張廷玉《明史》〈曆志〉書影（鼎文書局新校本）
此曆志是有圖繪的，爲數雖少，總比無圖繪者爲佳。

常清楚而生動活潑的，讀者不信，不妨找一段正史讀讀，真如同看「紙上電影」！現在，我將所見到的清朝「欽天監」奏摺，用掃描原件影本印列及明史天文圖畫一併列在這裡，只能說聊勝於無而已。

「彗星圖畫」問題，我想提出我國漢代一幅帛書《天文氣象雜占》內所繪的「彗星圖」〔圖版六～十三），但不知道烏爾遜女士認為這樣的文物，算不算是「彗星圖畫」？

西元1972年，湖南 長沙 馬王堆三號漢墓，出土帛書《天文氣象雜占》，因為這幅帛書埋藏在地下二千餘年，已碎成大大小小好幾十片，經過仔細的併湊，現存原書長150公分，高48公分，用硃墨兩色書寫、繪畫而成。帛書第4部分是「彗星」，在第6列的中部，從612條至640條共29條，是各式各樣的29種彗星圖式。帛書記事的年代，應在戰國三家分晉之後，即西元前403年就作成這底本，抄錄年代，應在西漢初年西元前2世紀間，是我們祖先在早年不斷觀測、累積許多的心血結晶，也是研究我國古代彗星最有價值的參考文獻。它不但讓我們正史天文志的各種記錄，傲視於世界天文史中；而且還能將二千多年以前的彗星形狀，繪畫得如此精緻，使中華民族古代科技之文明，獨步全球！

帛書「彗星圖」所列彗星的名稱：有赤灌、白灌、天箭、蜺、彗星、蒲彗、耗彗、杆彗、帚彗、厲彗、竹彗、篙彗、苦彗、甚星、廥星、枺星、蚩尤旗、翟星等18種。圖中各彗星有3種不同的彗頭、4種不同的彗尾，經過專家將它與現代彗星學比較，證明它們都是經過長期觀察而繪製，其形態既精確，分類也極科學。【註八】

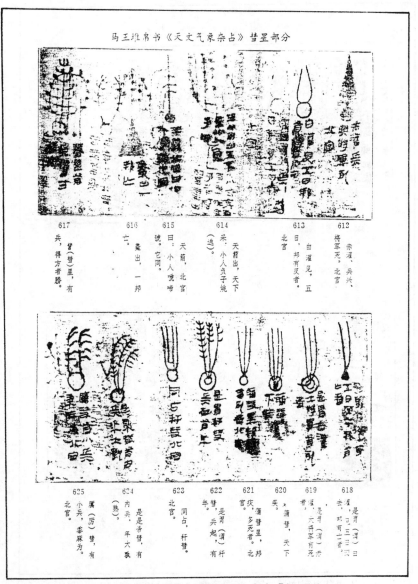

图版六～十三　長沙馬王堆《天文氣象雜占》帛書「彗星圖」

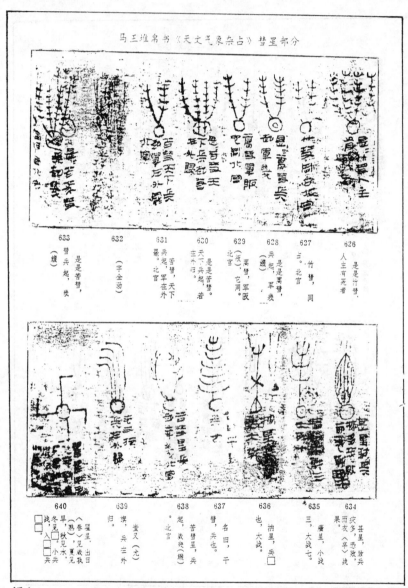

採自〈馬王堆漢墓帛書中彗星圖〉席澤宗撰,《文物》1978 年,二期〈圖版貳、參〉

（三）哈雷彗星的迷信

「哈雷彗星」的出現，去年（1985年）一年在國際上發生的災害，已被人認爲是「哈雷惹的禍」！如：十一月間南美哥倫比亞的瓦杜德魯茲火山爆發，融雪及山崩淹埋了亞梅洛四座城鎮，造成25000人死亡；九月間墨西哥中部地區發生強度8.1級大地震，大型建築物紛紛倒塌，處處烈火騰空，首都墨西哥市有三分之一被毀，死亡逾萬人；還有日本長野山區空難、孟加拉颱風、中東國際恐怖分子劫持等事件，都給哈雷彗星背上「黑鍋」。

不特此也：美國占星家指出，哈雷彗星的再度來臨，加上若干次日蝕與月蝕現象，1986年中，對於幾位世界領袖將是不祥的朕兆。占星家諾爾與史莫林說，英國首相柴契爾夫人，會被迫辭職。迪克森說，美國總統雷根也會遇上若干困難、夫人南施將發生健康嚴重問題、國務卿舒茲解職，而引起軒然大波。《占星雜誌》還認爲西德、波蘭、希臘、印度等領袖，將會在1986年喪失政權。又、諾爾說，美俄關係繼續呈緊張狀態；史莫林說，4月3日的月蝕，表示中東地區將再度爆發戰爭。【註九】

我總以爲這是民主國家的人民喫飽了，撐得胡說八道，而且還「喫裡扒外」，爲甚麼不說極權國家那般狗頭，在這次哈雷彗星來臨與日月蝕時，一個一個死得一乾二淨，天下從此太平了呢！這種心理，正是天文學家唐納德・雅曼斯所說的：彗星的出現，跟一些大人物的死亡有密切關連，所以每當一位帝王去世時，歷史學家們就期待天上會出現甚麼跡象。雅曼斯說：「查理曼大帝西元814年去世時，沒有彗星出現，歷史學家就捏造了一個彗星，硬塞在歷史裡。」

（四）哈雷彗星與科學

　　科學不發達的時代，人類對於宇宙的動態，是深不可測，無從解釋的！許多非人力所能克服的問題，也歸諸於天道，於是便反覆體察以往的重大災異，用警戒方式，去消弭它可能產生的結果；所以記取災異是一種教訓，也是一種充滿痛苦的經驗。時代進步了，科學發達了，這種「經驗」早就不存在，只有日新月異求進步，可是仍然有人給哈雷彗星派不是，一再算它的「舊賬」。尤其現在「太空時代」，像從前是觀察研究彗星回歸行道與出沒，而現在是要發射太空船，去儘量靠近彗星，採取它噴射出來的物質，從事研究工作，使我們進一步瞭解它的眞面貌。例如：彗星的氣體和微塵粒子中含有碳原子，及其同位素碳十三。科學家們已證明太陽系內任何星體，所含的這二種原子的比例大致相同，即太陽系內的星體起源相同。如果我們能測知哈雷彗星微塵粒子中所含的碳十二與碳十三的比例，就可推測出哈雷彗星的出生地。假使哈雷彗星是在太陽系內形成的，那麼這些曾是製造行星的原料之微小星體，一定還保持著46億年前太陽系剛形成的面貌，因此藉著哈雷彗星的研究，即可研究出太陽系形成的過程。【註十】　這才是眞知灼見，這才是迎接哈雷彗星光臨的正確心態！

九、從哈雷彗星與墳墓流星雨看地方文獻的價值

　　「哈雷彗星」於1986年4月，逐漸遠離地球後，還會留下「再見」的禮物，這個「臨去秋波」是在明年五月四日及十月廿日，會有美麗璀璨的「流星雨」出現。「流星雨」一向是一個充滿詩意和幻想的名詞。天文專家陶蕃麟（教過我的講師）指出：「1933年獅子座出現流星雨，一個小時內有一萬多顆流星在天空劃過，比放煙火還壯觀，好

像滿天星斗都掉下來了。而最近哈雷彗星回歸，經過地方散失許多物質，這些物質進入地球大氣層，就形成流星雨。陶蕃麟指出明年地球會有兩次哈雷彗星經過的軌道，由於軌道中，留有大量哈雷彗星遺留的塵埃體，因此會有流星雨出現。他表示：第一次將在明年五月四日，在寶瓶座附近，另一次是在十月廿日，在獵戶座附近，如果晚上天氣好，肉眼也可看到，屆時民眾可留心瞧瞧。」【註十一】上述報導，是相當「迷人」的！

　　當1910年的哈雷彗星過境，雖然中國正史〈天文志〉等書沒有記載，非常遺憾！但在地方志中，卻記有此事，而且還伴著「流星雨」的出現。

　　如《丹陽縣續志》云：

　　　　宣統二年四月，彗星見，夜流如織。

　　這則記錄雖極簡略，而所包括的事件卻相當廣泛。「宣統二年四月」，是西元1910年，正是哈雷彗星越過近日點的時期，同時也是「墳墓流星雨」出現的時期，這種情形，中國稱為「流彗同道」【註十二】。

　　根據觀測發現，有些流星群的軌道，和某些彗星的軌道十分一致，經專家研究，這些流星雨的形成，與彗星有關聯。大多數「流星雨」是以輻射點所在的星座，或附近的恒星命名，如上列報導的「獅子座流星雨」即是其例。地球每年定期的通過彗星與流星群軌道的交叉點，如果流星質點均勻散布在軌道上，那麼每年在大致相同時期，地球上便看到相同程度的流星雨。然而流星在軌道上，分布很不均勻，有些部分特別密集，所以流星雨的出現，平常年份很微弱，個別年份很強烈，顯然今年就是強烈週期之一。〔圖版六～十四〕

圖版六～十五　獅子座流星雨景象
發生於一九九九年十一月十八日　阿拉伯半島阿曼的
天空，一小時一五○○顆流星雨（法新社攝）

七年春。夫人姜氏會齊侯于防。○夏。四月辛
卯夜恒星不見。夜中星隕如雨。恒星者何。列
星也。…

圖版六～十四　《春秋公羊傳注疏》書影（十三經注疏本）
世界天琴座流星雨最早紀錄。

　　與哈雷彗星有關的流星群，就是寶瓶座的 η 流星群；在中國稱爲「墳墓星」，垣宿在「危」的四顆星，「墳墓二」的國際星名48γ Aqr' GC星表編號31257。它的可見日期在5月2日至7日，出現最高率日期是5月5日，輻射點赤經赤緯22時24分·0度，如果有興趣攬勝的人，必須先瞭解這點資料。

　　《丹陽縣續志》所記載：「夜流如織」，這就是1910年哈雷彗星臨去的「秋波」，那時太空曾免費招待地球的觀衆欣賞「世紀大煙火」。由此可證明中國方志中寥寥四字，便包含有許多珍貴資料，可補歷史記述的不足。

　　「流星雨」最早的記錄，也是中國天文學史上創下的。

　　《春秋公羊傳注疏》魯莊公七年（西元前687年）有：「夏四月辛卯，夜，恆星不見。夜中星隕如雨。」〔圖版六～十五〕這是「天琴座流星雨」在世界上最早的紀錄。但不是最詳細的紀錄，有時「流星雨」的出現、流逝、持續的時間、數目、顏色、亮度、方位、響聲，都記載得一詳二細，會使人感覺這是看了一場360°的天象科學電影！

本文發表於民國七十四年十二月，國立故宮博物院《故宮文物月刊》第三卷九期，15-25頁；《拾彗》部分發表同上刊民國七十五年二月，第三卷十一期，74-77頁，文字稍有剪輯。

附　註

註　一　本文發表於《故宮文物月刊》，當時此刊物旨在發行普遍，不用附
　　　　註，亦不列參考書目、文字力求簡明，今重刊此文，已不復憶各資
　　　　料來自何書。惟此段文獻，大率皆參考朱文鑫《天文考古錄》60-80
　　　　頁。至於元代以後出現畸零日，無從質定了！

註　二　本表的頁碼：係鼎文書局新校《廿五史》本，全書113冊；及《清史稿》、《中國天文曆法史料》同上書局出版。

註　三　本文原作「九月十一日」，後承臺北市永和市一位讀者來函指正爲「八月二十五日」，經重新核算確實「八月二十五日」，當即覆函致歉，特在此予以更正說明。

註　四　參見註一朱文鑫《天文考古錄》。

註　五　民國七十四年十月二十六日《中華日報》第二版訊。

註　六　民國七十五年十二月二十一日《中華日報》，載美聯社約旦河西岸伯利恒二十日電訊。

註　七　民國六十四年十二月二十九日《中央日報‧副刊》。

註　八　顧鐵符〈馬王堆帛書「天文氣象雜占」〉，1986年3月《文物》二期，1-頁。

註　九　取材民國七十四年十二月十五日《中央日報》三版，〈古今中外有關彗星故事〉；及二十六日同報五版，〈爲哈雷彗星說些應景話〉。

註　十　1985年10月15日《牛頓雜誌》，〈探測哈雷彗星的眞面目〉86頁。

註十一　民國七十四年十二月九日《中央日報》三版，〈明年五月十日將出現流星雨〉。記憶中臨期有許多人士組團登玉山觀賞，結果流星稀少！

註十二　朱文鑫《天文考古錄》128頁。

第七篇　解開「閏八月」的引號

一、引　言

　　很早就聽說，坊間有一本暢銷書，名叫《一九九五閏八月》，它預言中共會動武，帶給中國人大災難的可能性。不少宗教組織，也出來插上一腳，藉由靈媒來傳達神明示警，令人十分恐懼！據說「有一些道親竟變賣家產，辭去工作，移民躲劫」【註一】。「一般只是以劫運的預言，來證明消災解厄的護持能力，如南部恩主公發爐，指示今年多災多難，信眾必須在三月初前，以七粒湯圓、七粒紅棗、七粒桂圓，加紅糖煮湯服下，謂能避凶除災。北部則傳出某神廟的預言，說是三月底將有大災難，要人們於三月十一日當天，喫麵線來化解危機。中部地區神廟預言，大地震快要來臨，必須採取各種避災方法：有的要人穿紅衣服，有的要人在家門口插下芙蓉等避邪植物，有的要人設香案祭拜天公等。……」【註二】文化界朋友「也不是省油的燈」，便有些期刊、報章、新聞媒體，邀集同文發表著述，惜無法擊中肯綮，連喫「紅棗」的辦法都不會講！我不懂「閏八月」其中的奧秘，就躲在這「尖端科學」背後，靜觀其變。現在「閏八月」夢魘完全消逝，幸好我們中國人今年「倒楣」的日子，也挺了下來，欣慰之餘，我學「新新人類」口語，來篇「解開『閏八月』的引號」，以就教於此道的專家！

二、中國「閏八月」的來歷

　　災難、災害，與一切不祥的事事物物，如果我們事先知道它會在甚麼時候發生，那麼它就不可怕、不恐怖；反之，是突如其來的，那

就非常可怕了！理由很簡單，譬如颱風不可怕，地震非常可怕，因為，地震不知道它甚麼時候會來？它的級數是多少？震央距離我們遠近？都是邈不可及，連地震專家對它也是束手無策！今年「閏八月」這個「災難」代名詞，它在歷史舞臺上，重複演出的次數太多了，也未曾產生大不了作用，至多算是這時期的一種「情結」，讓人感到精神上有所負荷罷了。

這種「閏八月」的情結，只有在「陰陽干支三合曆」的中國裡，才會發生。世界上有十幾種曆法，絕大多數的國家，採用西曆，它只有一種「閏年」，即2月29一天而已。在此時此地，使我們感覺這些國家比較「幸福」，不知道「閏八月」災難是怎麼一回事！

雖然中國曆法如此，從歷史上研究，「閏八月」的來歷，大致是這樣的：

一、先秦時代，沒有「閏八月」，並不是根本沒有閏月，而是將閏月安置在這年的十二月後面，稱為「十三月」【註三】〔圖版七～一〕

二、漢朝在武帝劉徹太初年間以前（西元前104年），閏月是安置在九月後，稱為「後九月」。西元1972年山東省臨沂縣銀雀山西漢木槨墓出土了漢元光元年（西元前134年）曆簡，閏月的確是放在九月後，這是最有力的物證【註四】〔圖版七～二(一)(二)(三)〕，及〔圖版七～三〕。此前只很少數人知道。

三、《漢書》〈律曆志〉上云：「朔不得中，是謂『閏月』，言陰陽雖交，不得中不生。」「中」就是「中氣」，是1年24個「節氣」中的名辭，前面已有詳細的解說與附表。「朔不得中，是謂閏月」，這是中國曆法進步到一定程度後，最科學解決閏月安置的辦法。從前將閏月放在「十三月」及「後九月」，只是苟且過渡期，完全沒有道

| 134 | | | 漢西 | | | 未丁 |
4580			元　光元(徹劉)帝武			2045
10	29	167	2416	己丑	正	己亥
11	28		2446	己未	二	庚子
12	27		2475	戊子	三	辛丑
1	1		2480	癸巳	6	
1	26		2505	戊午	四	壬寅
2	24		2534	丁亥	五	癸卯
3	26		2564	丁巳	六	甲辰
4	24		2593	丙戌	七	乙巳
5	24		2623	丙辰	八	丙午
6	22		2652	乙酉	九	丁未
7	22		2682	乙卯	十	戊申
8	21		2712	乙酉	十一	己酉
9	19		2741	甲寅	十二	庚戌
10	19		2771	甲申	閏	

384

圖版七～一　　西漢武帝（劉徹）元光年元年曆譜書影
採自《中國年曆簡譜》董作賓撰。這時期「閏月」
放在十二月後面，也稱「十三月」。

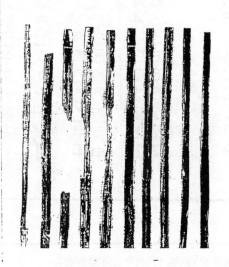

圖版七～二　　　山東省臨沂縣銀雀山西漢墓出土元光元年曆簡

採自〈臨沂出土漢初古曆初探〉陳久金撰,《文物》1974 年三期

59-62 面。這時期出現「後九月」(第一次閏九月)的實證。

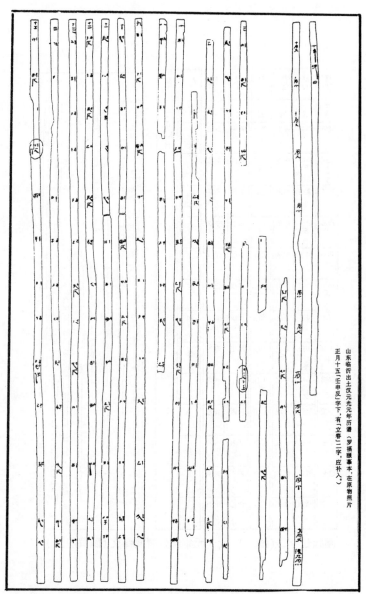

山東臨沂出土漢元光元年曆譜（羅福頤摹本，在原物照片
正月十五「壬申反」字下，有「立卷」二字，应补入。

圖版七～二（續一）　漢元光元年曆簡摹本（同上說明）

簡30	簡17	簡6	簡5	簡4	簡3	簡2	簡1
廿八	十五	四	三	二	一	（旦）	七年視日
辰丙	卯癸	辰壬	卯辛	寅庚	丑巳	十月大	
戌丙冬日至	酉癸反	戌壬	酉辛反	申庚	未己	十一月小	
卯乙	寅壬	卯辛	酉辛	丑己	子戊	十二月大	
酉乙	申壬反	酉辛	申庚反	未己反	午戊	正月大	
卯乙	寅壬	卯辛	寅庚	丑巳	子戊	二月小	
申甲反	未辛	申庚	未己	午戊	巳丁	三月大	
寅甲	丑辛	寅庚	丑己	子戊	亥丁反	四月小	
未癸反	午庚	未己反	午戊	巳丁	辰丙	五月大	
丑癸	子庚	丑己初伏	子戊夏日至	亥丁	戌丙反	六月小	
午壬	巳己	午戊	巳丁	辰丙	卯乙	七月小	
子壬	亥己	子戊	亥丁	戌丙反	酉乙	八月小	
巳辛	辰戊	巳丁	辰丙	卯乙	寅甲	九月大	
亥辛	戌戊	亥丁	戌丙	酉乙	申甲	後九月小	

圖版七～二（續二）　元光元年部分曆簡釋文（陳萬鼐製）

二十史朔閏表　漢　三一　勵耘書屋

年	漢武帝	正	二	三	四	五	六	七	八	九	十	十一	十二	閏
辛丑	建元元	癸巳	壬戌	壬辰	辛酉	辛卯	庚申	庚寅	己未	己丑	戊子	丁巳	丁亥	九戊午
壬寅	二	丙辰	丙戌	丙辰	乙酉	乙卯	甲申	甲寅	癸未	癸丑	壬午	壬子	辛巳	
癸卯	三	辛亥	庚辰	庚戌	己卯	己酉	戊寅	戊申	戊寅	丁未	丁丑	丙午	丙子	
甲辰	四	乙巳	乙亥	甲辰	甲戌	癸卯	癸酉	壬寅	壬申	辛丑	辛丑	庚午	庚子	九辛未
乙巳	五	己巳	己亥	戊辰	戊戌	丁卯	丁酉	丙寅	丙申	乙丑	乙未	甲子	甲午	
丙午	六	癸亥	癸巳	癸亥	壬辰	壬戌	辛卯	辛酉	庚寅	庚申	己丑	己未	戊子	
丁未	元光元	戊午	丁亥	丁巳	丙戌	丙辰	乙酉	乙卯	乙酉	甲寅	癸丑	癸未	壬子	九甲申
戊申	二	壬午	辛亥	辛巳	庚戌	庚辰	己酉	己卯	戊申	戊寅	戊申	丁丑	丁未	
己酉	三	丙子	丙午	乙亥	乙巳	甲戌	甲辰	癸酉	癸卯	壬申	辛未	辛丑	庚午	九壬寅
庚戌	四	庚子	庚午	己亥	己巳	戊戌	戊辰	丁酉	丁卯	丙申	丙寅	乙未	乙丑	

羅馬614　西曆前140

圖版七～三　陳垣《二十史朔閏表》書影

理。現在，將閏月放在沒有「中氣」的月份內，卻發生了「閏八月災害」。

中國出現閏月的規律，是漢太初元年（西元前104年）鄧平等人制定曆術之後；第一次出現「閏八月」是昭帝劉弗陵元鳳六年（西元前75年），以後就陸續出現了，到我們今年（1995）便出現了58次。好在從前都沒有人寫這樣一本「專門著作」「揭發」它的「惡性」，否則，這2070年當中，說不定已經嚇死許多人，給人民如此這般的折騰，想想也蠻「無聊」的！

三、中國曆法重要的數據

敘述中國曆法，必須藉助於一些「曆數」，運用這些曆數，經過加減乘除，便求得寒暑易節，物種交替的平衡點，並且還可以算出天文學中的日食、月食、及日月五星運行的位置，稱它相當精密偉大，應不為過。

中國曆法上的常用而且重要的數據：

一、「歲實」（一年的天數）有三種：

  ㈠　陽曆系年　　　365.25天

  ㈡　陰曆系平年　　354.3702天

  ㈢　陰曆系閏年　　383.9010天

陰曆系以月亮的圓缺為周期，平年是12個朔望月，閏年是13個朔望月。

二、「朔策」　29.5308天（一月的天數）。

「朔望月」大月為30天，小月為29天。「餘分」為0.5308天，相當於現時制12小時44分29秒。

中國曆法稱為「陰陽干支三合曆」的原因，是調和陰曆系（朔望

月）與陽曆系（節氣）的關係，兼顧月亮繞地球與地球繞太陽運動的周期，因此「立多」會寒冷，「立夏」會炎熱；三十夜絕無月色（晦），十五日一定月圓（望）。還有曆日跟著60干支同步進行，幾千年連續不斷，用「甲子」（60）作「紀法」，算曆非常便捷。

三、「節氣」　　15.2187天

　　一年分爲24個「節氣」，是地球繞太陽一週360度，每個「節氣」15度，以「冬至」這天日影最長，作爲太陽年天文起點的標幟。其實，「節」與「氣」應分開來講，各有12個才正確。嚴格說，一個「節氣」應爲30.4374（15.2187×2＝30.4374）天。即30天10小時29分51秒。

　　一般人稱正月的「節氣」是「立春」、「雨水」；二月的「節氣」是「驚蟄」、「春分」，……從「立春」到「雨水」是15.2187天，從「立春」到「驚蟄」是30.4374天。每月節氣由兩個氣候名辭組成，上面一個稱爲「節」—立春，下面一個稱爲「氣」—雨水，如此類推，如〈附表〉，「節」也可稱爲「節氣」，「氣」稱爲「中氣」，簡稱爲「中」；俗稱「無中置閏」，就是沒有「中氣」的月份，便是閏月。「中氣」是本文重要的論點，請注意及此。

附　表　　　　中華民國八十四年節氣（中原時）

節　　氣	意　　　　　義	太陽黃經度	時月	日	時	刻分
小寒(節)	氣候稍寒	285°	1	6	3	34
大寒(氣)	氣候嚴寒	300	1	20	21	0
立春(節)	春季開始	315	2	4	15	13
雨水(氣)	春雨綿綿	330	2	19	11	11

驚蟄(節)	蟲類冬眠驚醒	345	3	6	9	16
春分(氣)	太陽過赤道，晝夜平分	0	3	21	10	15
清明(節)	春暖花開，景色清明	15	4	5	14	8
穀雨(氣)	農民布穀後望雨	30	4	20	21	21
立夏(節)	夏季開始	45	5	6	7	30
小滿(氣)	稻穀行將結實	60	5	21	20	34
芒種(節)	稻穀成穗	75	6	6	11	42
夏至(氣)	太陽到赤道北23.5度，晝長夜短	90	6	22	4	34
小暑(節)	氣候稍熱	105	7	7	22	1
大暑(氣)	氣候酷暑	120	7	23	15	30
立秋(節)	秋季開始	135	8	8	7	52
處暑(氣)	暑氣漸消	150	8	23	22	35
白露(節)	夜涼，水氣凝結成露	165	9	8	10	48
秋分(氣)	太陽過赤道，晝夜平分	180	9	23	20	13
寒露(節)	夜露寒意沁心	195	10	9	2	27
霜降(氣)	露結成霜	210	10	24	5	31
立冬(節)	冬季開始	225	11	8	5	35
小雪(氣)	氣候寒冷，逐漸降雪	240	11	23	3	1
大雪(節)	大雪紛飛	255	12	7	22	22
冬至(氣)	太陽到赤道南23.5度，晝短夜長	270	12	22	16	17

本表採自中央氣象局《天文日曆》

每年節氣日期會有一、二日遊移，如「冬至」在十二月廿二或廿三日等，「夏至」與「霜降」比較固定。

四、「歲餘」（陽曆系年與陰曆系年天數的差）10.8798天

亦即回歸年減陰曆系平年天數

五、十九年中七個閏月共二三五月

（19×12＋7＝235）為使「節氣」與它的月序（正、二月等）正常相合運行，（如三月、清明、穀雨等）每隔三年或二年，陰、陽曆系年的天數，必須調平一次。如一個年是365天，另一個年是354

天，兩者同步起算，第一年年底便相差11天（歲餘），3年後彼此就相差達一個月以上，在此情形下「閏」一個月，便大致得到一次平行。這種情形作長期性的觀察，便是19年中置7個閏月的周期：

　　　　㈠ 365.25×19＝6939.75天

　　　　㈡ 29.5308×235＝6939.7499天

　　以上各種數據都是「平朔」——用短周期性平均率的算法，與宇宙星球實際不定性運行的「定朔」，有些差數，這種漫談性的曆法文字，如此敘述，比較容易讓人接受。

　　這些簡單數據，是講曆法的最簡單而「非常重要」的【註五】。

四、一年中「非常快樂」的兩天

　　每年正月初一，除放假之外，全家人在這天團聚在一起，相當美好，放鞭炮是喜氣不算是驚擾人。其次，八月十五日中秋節，也放假，有時放煙火，全家團聚在天空高掛的皓月下，喫喝玩樂，還可以亂丟垃圾，踐踏草坪；算是一年中「非常快樂」的兩天。這兩天就不講規矩，「講規矩就不好玩了」！（新新人類語）

　　像這樣的好日子，也只有「中國地球村」才享有，也只有採用「陰陽干支三合曆」的國度裡才享有。先民將一年的365天的氣候與人文景觀，概括在24個節氣含義之中，又將有月亮圓缺安排在354天12次之內，再將兩者相互調配，寒來暑往，秋收冬藏，四時周而復始。夜間，我們從「月相」（圓缺）就知道「月齡」（晦弦望朔），日食發生必在陰曆初一，月食必在十五（或十六）。如果要批評這種曆法那裡有「瑕疵」，它就是會有今年恐怖的「閏八月」（從前沒有）！

伍、「閏月」從那裡來

　　為甚麼會有「閏月」？陰曆系的朔望月周期，每月圓一次，平均

是29.5308天，即29天12小時44分2.9秒；平年是354.3702天，即354天8小時53分5秒。陽曆系每年365.25天，即365天6小時，是因爲太陽行抵赤道極南，在北半球的國家，全年日影最長的一天是「冬至」，今年「冬至」到明年「冬至」，便是太陽對最南點回復，這個周期出現，亦稱「回歸年」。將一個陽曆系的年長（回歸年長），分爲正月「立春」「雨水」；二月「驚蟄」「春分」；……臘月「小寒」、「大寒」24個節氣（請參見附表）。「節氣」的天數，如「立春」到「雨水」是15.2187天；「立春」到「驚蟄」是30.4374天；從「立春」的第一天到「大寒」的最後一天是365.25天（請注意兩個節氣的起訖點）；不過，中國曆法是取「冬至」到「冬至」爲「太陽曆系」的年，以它爲「天文歲首」，是各種曆日起算點。中國曆法「太陰曆系」是以月亮圓缺的朔望月爲主，又兼顧及一年四季氣候變化，嚴密掌控月球繞著地球，及地球繞著太陽運動周期的關係，這兩者如果同步運行，3年內產生的差數：

一、陰曆系：

(一)	第一年	354.37天
(二)	第二年	354.37天
(三)	第三年	354.37天
	共　計	1063.11天

二、陽曆系：

(一)	第一年	365.25天
(二)	第二年	365.25天
(三)	第三年	365.25天
	共　計	1095.75天

　　三年後陰、陽曆系相差的天數是32.64天，這時候「節氣」就慢了2個，古時候「欽天監」稱爲「後天」；本來「立春」、「雨水」

是正月的節氣，這時卻變成了十二月的節氣「小寒」、「大寒」。這種「歲餘」導致天候與節氣含義脫節，並且，這種差數16年都不調整，我們的農曆新年會「推遲」在盛夏中過。我們為了每年有兩天「非常快樂」的日子，最簡單的辦法，就是安排一個「閏月」。

　　解開閏月的引號：「朔不得中」或「無中置閏」是「閏月」的前提，那個「朔望月」中沒有「中氣」，就將閏月安置在那個月內，再根據上一個月的月序，稱為「閏×月」，「閏」字的含義，就是多餘的。現在，我們選擇民國八十二年（1993年）閏三月的《曆書》（萬年曆的性質）〔圖版七～四〕書影作為例證【註六】，加以說明。

　　請看「書影」；陰曆三月大，三十日是西曆4月21日，日干「壬申」。三月的「節氣」是「清明」、「穀雨」。「穀雨 H」是「中氣」（在曆書中記 H 為代號），它在陰曆三月二十九日巳時交分。這個「中氣」與下個「中氣」「小滿L」，中間隔著一個「節氣」─「立夏K」，這次兩個「節氣」的天數因有「餘分」累積，卻是 31 天（$15.2187 \times 2 + 1 = 31.4374$），「小滿」在四月初一巳時交分，則三月後的一個小月29天，完全沒有「中氣」。「中氣」在上個月的尾端及下個月的首端，這個月便是「朔不得中」、「無中置閏」的月份，即依照上個月的月序，稱「閏三月」。我們很仔細的觀察到這種特殊情形，來安排「閏月」；也是合於科學原則的方法，但還有一些「變數」，比較複雜一點，恕不詳述。

　　中國第一個閏月，是漢武帝太初三年閏六月，西元前102年，閏六月初一日，日干「戊申」，西曆7月27日，儒略周日是1683475日（《中國年曆簡譜》）。根據司馬遷《史記》〈曆書〉的「曆術甲子

A.D.1993　　（閏）酉癸次歲　年二十八國民華中

陽曆 1月 Jan.	陰曆 12月大 正月小 Lunar	陽曆 2月 Feb.	陰曆 正月小 2月大 Lunar	陽曆 3月 Mar.	陰曆 2月大 3月大 Lunar	陽曆 4月 Apr.	陰曆 3月大 閏三月 Lunar	陽曆 5月 May	陰曆 閏三月 4月大 Lunar	陽曆 6月 Jun.	陰曆 4月大 5月小 Lunar
1	⑨壬午	1	⑩癸丑	1	⑨辛巳	1	⑩壬子	1	⑩壬午	1	⑫癸丑
2	⑩癸未	2	⑪甲寅	2	⑩壬午	2	⑪癸丑	2	⑪癸未	2	⑬甲寅
3	⑪甲申	3	⑫乙卯	3	⑪癸未	3	⑫甲寅	3	⑫甲申	3	⑭乙卯
4	⑫乙酉	4 C寅	⑬丙辰	4	⑫甲申	4	⑬乙卯	4	⑬乙酉	4	⑮丙辰
5 A申	⑬丙戌	5	⑭丁巳	5 E亥	⑬乙酉	5 G丑	⑭丙辰	5 K戌	⑭丙戌	5	⑯丁巳
6	⑭丁亥	6	⑮戊午	6	⑭丙戌	6	⑮丁巳	6	⑮丁亥	6 M子	⑰戊午
7	⑮戊子	7	⑯己未	7	⑮丁亥	7	⑯戊午	7	⑯戊子	7	⑱己未
8	⑯己丑	8	⑰庚申	8	⑯戊子	8	⑰己未	8	⑰己丑	8	⑲庚申
9	⑰庚寅	9	⑱辛酉	9	⑰己丑	9	⑱庚申	9	⑱庚寅	9	⑳辛酉
10	⑱辛卯	10	⑲壬戌	10	⑱庚寅	10	⑲辛酉	10	⑲辛卯	10	㉑壬戌
11	⑲壬辰	11	⑳癸亥	11	⑲辛卯	11	⑳壬戌	11	⑳壬辰	11	㉒癸亥
12	⑳癸巳	12	㉑甲子	12	⑳壬辰	12	㉑癸亥	12	㉑癸巳	12	㉓甲子
13	㉑甲午	13	㉒乙丑	13	㉑癸巳	13	㉒甲子	13	㉒甲午	13	㉔乙丑
14	㉒乙未	14	㉓丙寅	14	㉒甲午	14	㉓乙丑	14	㉓乙未	14	㉕丙寅
15	㉓丙申	15	㉔丁卯	15	㉓乙未	15	㉔丙寅	15	㉔丙申	15	㉖丁卯
16	㉔丁酉	16	㉕戊辰	16	㉔丙申	16	㉕丁卯	16	㉕丁酉	16	㉗戊辰
17	㉕戊戌	17	㉖己巳	17	㉕丁酉	17	㉖戊辰	17	㉖戊戌	17	㉘己巳
18	㉖己亥	18	㉗庚午	18	㉖戊戌	18	㉗己巳	18	㉗己亥	18	㉙庚午
19	㉗庚子	19 D午	㉘辛未	19	㉗己亥	19	㉘庚午	19	㉘庚子	19	㉚辛未
20 B巳	㉘辛丑	20	㉙壬申	20 F亥	㉘庚子	20 H巳	㉙辛未	20	㉙辛丑	20	①壬申
21	㉙壬寅	21 陰曆2月	①癸酉	21	㉙辛丑	21	㉚壬申	21 L酉	①壬寅	21 N酉	②癸酉
22	㉚癸卯	22	②甲戌	22	㉚壬寅	22 陰曆閏3月	①癸酉	22 陰曆4月	②癸卯	22 陰曆5月	③甲戌
23 陰曆正月	①甲辰	23	③乙亥	23 陰曆3月	①癸卯	23	②甲戌	23	③甲辰	23	④乙亥
24	②乙巳	24	④丙子	24	②甲辰	24	③乙亥	24	④乙巳	24 小	⑤丙子
25	③丙午	25	⑤丁丑	25	③乙巳	25	④丙子	25 大	⑤丙午	25	⑥丁丑
26 小	④丁未	26	⑥戊寅	26 大	④丙午	26 小	⑤丁丑	26	⑥丁未	26	⑦戊寅
27	⑤戊申	27	⑦己卯	27	⑤丁未	27	⑥戊寅	27	⑦戊申	27	⑧己卯
28	⑥己酉	28	⑧庚辰	28	⑥戊申	28	⑦己卯	28	⑧己酉	28	⑨庚辰
29	⑦庚戌			29	⑦己酉	29	⑧庚辰	29	⑨庚戌	29	⑩辛巳
30	⑧辛亥			30	⑧庚戌	30	⑨辛巳	30	⑩辛亥	30	⑪壬午
31	⑨壬子			31	⑨辛亥			31	⑪壬子		

A 小寒 Little cold.	E 驚蟄 Excited insects.	K 立夏 Summer begins.
B 大寒 Severe cold.	F 春分 Vernal equinox.	L 小滿 Grain gills.
C 立春 Spring begins.	G 清明 Clear and bright.	M 芒種 Grain in ear.
D 雨水 Rain water.	H 穀雨 Grain rains.	N 夏至 Summer solstice.

圖版七～四　張伯琰編著《考正近百年曆》書影

請注意「閏三月」的「中氣」：穀雨（中氣 H）在三月廿九日，小滿（中氣 L）在四月初一日，整個「閏三月」中沒有「中氣」，這就是「朔不得中，是謂閏月」置閏的科學原則。

篇」統計，閏年是每隔下列年數，便出現一次，這年也稱「閏年」（有閏月的年），下列就是它的一個單位週期：

$$0—3—3—3—2—3—3—2$$

此項系數表示：陰、陽曆年系同時起步，第三年就出現第一次閏月的年，第二次是六年，第三次是九年，第四次是十一年，第五次是十四年，第六次是十七年，第七次是十九年，周而復始，其中也有例外；十九年七閏，是陰、陽曆年系第一次「氣朔」的齊同，曆法上稱為「章」。

六、「閏八月」何處尋

如何求得那年是「閏八月」，最正確的方法，是根據上述理論去精密的排日曆；排到八月的下一個月沒有中氣，就是「閏八月」；或是查《萬年曆》。這樣的話，還用得說嗎？連「傻子」都知道！

關於求閏月的方法？我曾看到南宋人周密（西元1232-1308年後不久逝世）所著《齊東野語》卷十五〈算曆學法〉有云：

古有「數九九」之語，蓋自（冬）「至」後起，數至九九（八十一天），則春己（春）「分」矣。如「至」後一百六日，為寒食之類也（清明前一天）。余嘗聞判太史局鄧宗文云：豈特此為然，凡推算者，皆有約法（最簡單的方法）。「推閏歌括」（訣）云：「欲知來歲閏？先算至之餘；更看大小盡，決定不差殊。」謂如來合合（應該）置閏，止以今年冬至後，餘日為率（準）。如今年十一月二十二日冬至，則本月尚餘八日，則來年之閏，當在八月（周密他隨便舉個例子，就是「

閏八月」眞是嚇死人）。或小盡則止餘七日，則當閏七月。若冬至在上旬（初一至初十之間），則以望日爲斷（算到十五），十二日足（不能超過閏十二月），則復起一數焉。……凡朔望大小盡等，悉有歌括（訣）。惜乎不能盡記（周密己記下三個歌訣），然此亦曆家之淺事耳。若夫精微，則非布算乘除不可也【註七】。

　　元陶宗儀（西元1360年前後在世）《輟耕錄》的〈授時曆法〉一章，也有這類歌括（訣），恕不引錄。

　　上述「推閏歌括」解釋相當詳細，經核對曆書，有時是對的，有時又不對；如民國八十四年（1995年）閏八月，它去年的冬至日，是陰曆十一月二十日，這個月小，應餘九日，今年當閏九月，與實際「閏八月」情形不符。又如七十八年十一月二十五日冬至，月大，應餘五日，七十九年果然閏五月，只算是「遇合」，此法沒有理論基礎，不足爲訓。

　　如何求「閏八月」？這是當前一項重要話題，在報章上看到一家食品公司，作推銷「閏八月」喫月餅的廣告，請參見圖版〇～十三：於「十月二日舉辦的『下次閏八月在公元？年』座談會中，由各專家、學者共同推算所得之結論」——「下一次閏八月將可能出現在公元2052年！」【註八】「可能」兩字極可笑！這是科學問題，又不是猜謎問題，這個結論：是動員了清大歷史研究所教授、氣象局天文站主任（具這種身分的人，不去觀測，用電腦去計算，卻在這裡「鬼混」，應該反省一下）、中研院史語所研究員、天文星象學家、八字星象家、命理學家的「共同解開迷津」。此廣告前一天，同報載「閏八月定凶吉，自由心證論定」〔圖版七～五〕云：「至於下一次的閏八月究竟在何時？（某位教授表示）依其推算下一次的閏八月應在西元二

閏八月定凶吉　自由心證論定

【覃美雲‧臺北】閏八月是否是一種不祥的象徵？一項由食品業者主辦的閏八月效應研討會，昨日在臺北舉行，與會的各界學者專家紛紛就此展開熱烈討論。會中雖然學者對閏八月不祥傳聞的起源，說法不一，但卻一致認同其不祥象徵的說法是一種自由心證，亦即歷史上並無足夠的證據顯示「閏八月動刀兵」說法。

八字星象學家王中和表示，在清朝嘉慶十八年以前，歷史上並無以閏月定吉凶，亦無「閏八月動刀兵」的說法。他指出，閏八月不祥之說應始於嘉慶十八年，白蓮教中的八卦教在該年的閏八月舉事。

但中央研究院歷史語言研究員祝平一則對閏八月不祥傳聞起源提出不同看法。他表示，閏八月應與清朝庚子年間的閏八月所發生八國聯軍有關。黃一農教授並指出，八國聯軍攻入北京，並非天意，而是人謀不臧，因此閏八月不祥之說應起源於此。

黃一農強調，閏八月定吉凶之說，是一種自由心證，歷史記載閏八月中亦有太平盛世，如康熙五十七年即是一例。王中和並認為，現今的社會為何還會相信閏八月不祥之說，甚至造成人心惶惶，這應是我們深思的一點。

至於下一次的閏八月究竟在何時？清華大學歷史研究所教授黃一農博士表示，依其推算下一次的閏八月應在西元二千零五十二年，但天文星相學家黃家騁則提出不同的看法，他認為西元二千零七十一年，二千零九十二年都會出眸八月。

這場推算下次閏八月的座談會，由義美食品公司所主辦。會中，由義美食品公司所主辦。

圖版七～五　「閏八月定凶吉　自由心證論定」剪報影本

採自民國八十四年十月三日《中央日報》。「自由心證」是法學常用的名詞，在曆術科學中，也派上了用場。

千零五十二年，但（某天文星象學家）則提出不同的看法，他認爲是西元二千零七十一年、二千零九十二年都會出眸（？）八月。」

上面我曾提到《曆書》，有了「曆書」可查，一下子大家就知道了，可是目前《曆書》大都推算至2000年爲止，如董作賓《中國年曆簡譜》，陳垣《二十史朔閏表》；張伯琰《考正近百年曆》，（推至民國一○○年），還有一本張培瑜《三千五百年曆日天象》【註九】，也只推算至2050年，看過這曆書的人，已知下世紀50年當中，沒有「閏八月」，那麼「閏八月」第一次出現在「2052年」？第二次「2071年」？第三次「2092年」？……大都能把握了19年7閏的原則，雖不中，向後推十九年總會中的，新新人類曰：「它眞抓得著我！」（表示我這樣子說，去想，一定會想得到。）

那年有「閏八月」，要看《曆書》，這豈不又是一句「廢話」？不看曆書，便不知道它的理由何在；就有一些人，看了曆書，照樣不知道理由所在？我個人從中國曆法的架構，得到推「閏八月」的原則：首先要求這年的「冬至」，是西曆的12月22日，陰曆是十一月初一日，但只允許有一天的緩衝。由「冬至」回溯91天，那天是「秋分」（八月的「中氣」），「秋分」如果在陰曆八月二十九或三十，這年的「閏八月」就形成了。理由很簡單，因爲從「秋分」到「冬至」是6個「節氣」（經過「寒露」、「霜降」、「立冬」、「小雪」、「大雪」、「冬至」），每個「節氣」是15.2187天，共計91整天；然而從八月底到十一月初一（經過閏八月、九月、十月），最多90天，最少88天，如此「秋分」出現在八月二十九或三十，則「霜降」（九月「中氣」）便落在九月初一或以後，九月一整月只「寒露」（九月「節氣」）在十四、十五日，這個九月中便沒有「中氣」，應了《漢書》〈律曆志〉的「朔不得中，是謂閏月」定理了。〔圖版七～六、

圖版七～七　「冬至」之神　　　　圖版七～六　「秋分」之神
兩圖版採自《二十四節氣與農漁民生活》書影（內政部農訓協會本）

　　「秋分」與「冬至」這兩個「中氣」相隔九十一天(15.2187×6=91.3122 天)，
　　是構成「閏八月」的關鍵「中氣」。故友音樂家李振邦神父，所藏書多經
　　其手批，輒有「苦哉學徒」一語！

七〕

　　從報章廣告上，看到由專家、學者替我們「共同解開迷津」，認爲下次「閏八月」在西元2052年出現。距離現在還有57年（19年的3倍、21次閏月），詳細情形卻未說明；現在，我們站在破除迷信立場，試作下面一個命題，探究其結果如何？以免我們這些可憐的老百姓，精神壓力與恐懼感，提前「透支」了！

題　目：試問西元2052年，這年內有沒有「閏八月」出現？

解　說：計算曆日，以最近距離點起算，結果最準確，如用今天去算明天能不準嗎？同理，2052年究竟有沒有「閏八月」？可用下列三種方式求得：

1. 可以今年（1995年）加57年去算，得2052年；
2. 用《中國年曆簡譜》2000年加52年去算；
3. 用張培瑜《三千五百年曆日天象》2050年加2年去算。

　　　自以第(3)法最便捷、正確。

　　張書著錄2050年的「冬至」日，是西曆12月22日，陰曆十一月（大）初九日，日干「丙子」（讀者讀到這裡，應該大致知道在這2年之後，冬至日絕對不會是「十一月初一日」，已不合乎出現「閏八月」的基本要件），用這個數據加2年的「歲實」共730.5天，用「朔策」29.5308天相除，得到陰曆十一月三十日是「冬至」日。又、730.5天除以60（紀法）的甲子，得到日干「丙戌」。這天陽曆是12月22日。

　　最後，用儒略周日去核算兩者是否相符。

算　式：1.　365.25×2＝730.5（2050到2052年的陽曆年系天數）

2.　730.5÷29.5308＝24月……餘0.7371天

0.7371×29.5308＝21.76天，即朔策21天

從十一月初九過21天後，即十一月三十日（即2052年陰曆十一月三十日）即**求得陰曆的月日**。

3.　730.5÷60＝12（甲子周）……餘0.175紀法天數

0.175×60＝10.5天，即10整天，

從日干「丙子」過10天後，是「丙戌」，**（即2052年陰曆十一月三十日，日干「丙戌」）求得日干**。

4.　2052年12月22日（陰曆十一月三十日）

這一天的儒略周日，是2470893.25，經計算日干「丙戌」（23.25朔策日），核與 3.相符（請多參考第一篇各種曆日基本算法並查表）。

討　論：這年的曆日，是不會有「閏八月」出現的基本規則的，本來用不著討論它。試想，陰曆十一月三十日才「冬至」，舊曆年只剩30天，新曆年只剩9天。一般來說，「冬至」在十一月底出現，次年的「立春」一定是在正月十四、五日出現，這年一定有「閏月」出現。

答　案：**根據本文計算，西元2052年的「冬至」日，是在西曆12月22日，星期六，陰曆是十一月三十日，日干「丙戌」，儒略周日2470893.25日。用「平朔」算的曆日，可能有1日的緩衝，又因為是「中途切入」，沒有「回到原點」（新新人類語），便沒有精確的「餘分」數據。）總而言之：這樣的曆日，是近周期計算，很少錯誤，這一年不會出現「閏八月」的**，災難既沒有了！先恭喜大家！

　　曆法是研究時間的科學，是永久性的，幾十年，上百年，在我們紙上筆下一劃，就過去了。它的最近、最短會合周期稱「章」，一「章」是19年，人生有幾個「章」好過呢？譬如西曆12月22日、陰曆十一月初一日「冬至」，這樣氣朔的際會，也難得遇到，但是會遇到。尤其翻檢《萬年曆》，幾十幾百年中，也常常看到這種日子；又往往因一天的差池，便「擦身而過」下次再見，眨眼又是幾十年、上百年了！

　　「閏八月」出現，在早期的規則較準（如史記曆書），中期與近期較不準，不要勉強掌握19年7閏現象。根據漢太初元年（前104年）開始安排閏月起，截至西晉泰始三年（267年），歷兩漢、三國等朝共371年；自漢昭帝元鳳六年（西元前75年）第一次開始「閏八月」之後，共出現14次：

　　0—19—19—38—11—27—38—19—19—
　　19—38—19—19—38—19……

　　如果有人用19年作爲「閏八月」周期，可能不太準。那麼「蔀」、「紀」、「周」的會合週期，都派不上用場了。這次是「它抓不著我了」！

七、漫談漢代的「閏八月」

　　我在本文〈引言〉中，提到社會上對於「閏八月」的恐懼外，沒有隻字敘述它的休咎；我承認自己是一個不知「天高地厚」，不瞭解「宇宙神祕」的人？覺得上述「閏八月」的一些「遊戲規則」，不過如此，正是孔子說的：「天何言哉！四時行焉，百物生焉，天何言哉！

今年「閏八月」已走入時光隧道，我們的父老兄弟姊妹，還是生活好好的，也沒誰給我們「動武」，也沒有感覺到其他危險在那裡？災厄在那裡？「躲劫」的人也回來了！人類對於未來事實不可期，對於過去，可以從歷史記錄裡查證，作反省修爲。

　　宋司馬光（西元1019-1086年）《資治通鑑》，是中國一部極其重要的史書，起自戰國迄於五代，凡1362年，網羅宏富，體大思精，其中有關於「閏八月」記事——漢元帝建昭二年（西元前37年）至後唐明宗天成二年（西元928年）間，共列16次：兩漢5次、東晉4次、六朝6次、唐朝2次、五代1次。茲將漢代閏八月列舉如下：

　　一、建昭二年（西元前37年）「太皇太后上官氏崩」；

　　二、建初三年（西元78年）「西域假司馬班超率疏勒、康居、于闐、拘彌兵一萬人，攻姑墨石城，破之，斬首七百級」；

　　三、永元九年（西元97年）「皇太后竇氏崩」；

　　四、陽嘉四年八月「朔（丁亥），日有食之」；

　　五、建安十六年（西元211年）「曹操自潼關北渡河」。

　　漢以後各朝恕不詳細敘述。這些史實，有兩次是太后老國母死亡，套一句時髦話「那個地方不死人！」（是立法委員質詢國防部長，某部隊有兵喪亡，部長云云）一次日食，日蝕是太陽被月亮所蔽的自然現象，爲中國曆法上「朔日」常見之事。一次班超在西域宣揚大漢天威。一次是曹操出擊西涼馬超，這件事在元羅貫中《三國演義》第五十八回〈馬孟起興兵雪恨，曹阿瞞割鬚棄袍。〉描寫非常生動。司馬光修《資治通鑑》鑑別史料時，可能視此爲天下「大事」，因爲其他「閏八月」沒事可記。最令人困惑不解的，我們在臺灣近四十年內，共發生3次「閏八月」，爲甚麼民國四十六年、六十五年就沒有今年這麼「熱鬧」？其中原因就是本文下節將作的〈結語〉。想必下次

「閏八月」來臨，從這次經驗，一定會「盛大舉辦」！幸好專家們推算不準，未洩露「天機」，只說「可能」，須等待見到別人《曆書》出版後，他才能作正確答案。曾有朋友叫我提出正確答案，我說我不提倡迷信，否則，就不能結撰本文了！

八、結　　　語

　　我個人經驗，預言多於不準，理由是沒有科學根據，不具絲毫價值；甚至預測、預報，雖然是經過考量各種因素後，精心量化的結果，也仍有「失誤」之處，不信看看今年（1995年）9月22日「賴恩」颱風壓境，全省除新竹市、桃園縣外都放「颱風假」，這些縣市天朗氣清，軍公教人員，莫不是嬉笑顏開去逛街、看電影、購物，都說白賺了一天。1986年哈雷彗星在76年回歸周期繞過近日點，中國人對於彗星沒有好感，稱它是「掃帚星」，會帶給人類帶來一些不祥，怎樣的不祥？沒有人講得出來。

　　我個人總覺得這些預言家、占星家等，他們是民主時代的「寵物」，過著資本主義享樂的生活，又會危言聳聽（新新人類稱為亂「放話」），藉機恫嚇我們善良的老百姓，攏高自己身價，成為「專家」；如果有人從旁附和，更助長他們「神氣」。今年「閏八月」的夢魘過去了，我們遭遇到那些災難？各人心中有數，反而可以從這些專家、學者的「推算」，作為我們一面鏡子，讓我們即時整裝出發吧，努力於自己工作，莫作無益以害有益之事，開創國家光明前景！

本文發表於民國八十四年（1995年）十一月，國立故宮博物院《故宮文物月刊》，第十三卷八期，42-55頁。本文此次增列圖版多種。

附　　註

註　一　莊吉發〈閏八月—民間秘密宗教的末劫預言〉，《歷史》月刊，
　　　　1995年九月號，第64頁。

註　二　鄭志明〈末世預言與卯劫觀音〉，同上註第65頁。

註　三　董作賓《中國年曆簡譜》，民國六十三年，藝文印書館本。

註　四　《文物》1974年三期59頁。並詳見陳萬鼐，1984,05，漢武帝元光元
　　　　年曆譜，臺北市，國立故宮博物院〈故宮文物月刊〉，第二卷第二
　　　　期122-125頁，國科會著作編號：012390-09163110-X02。

註　五　請參見本書第一篇《史記曆術》第六節〈結論〉部分文字。

註　六　張伯琰編著《考正近百年曆》，民國六十八年，四維會計師事務所
　　　　本。張會計師是我很要好的朋友，聽說，他的曆學是自學的，有幾
　　　　年曾出版一本《黃曆》發售，那時我們從未曾討論過曆學問題。他
　　　　也會算命、批八字，言簡意賅，毫無江湖氣。

註　七　周密《齊東野語》文淵閣四庫全書影印本，865冊，791頁。上列文
　　　　字中括號譯意，是筆者所加以便解讀。

註　八　民國八十四年十月四日《中央日報》第一版大廣告。

註　九　《三千五百年曆日天象》，1990年，河南教育出版社本。

第八篇　廣西貴縣羅泊灣一號漢墓出土的音樂文物研究

一、廣西貴縣羅泊灣一號漢墓出土概況

　　民國六十五年（西元1976年）六月，廣西省貴縣城東面，鬱江南岸羅泊灣，有兩堆大的封土，當地人士稱爲「大坡嶺」、「二坡嶺」，東西對峙，相距約一公里。南坡嶺因擴建廠房工程，發現大坡嶺有墓葬的「墓道」與「車馬坑」，出土了不少鎏金銅車馬器；隨即進行發掘，編號爲「羅泊灣一號墓」（M1）。1979年又進行發掘「二坡嶺」，編號爲「羅泊灣二號墓」（M2）。

　　「羅泊灣一號墓」的年代，根據出土器物研究，所獲致之結論：此墓的墓葬主，是中原人，生活在戰國晚期至西漢前期，主要活動時間在秦代。今廣西貴縣，爲古西甌駱越之地，在先秦時，此處是百越族群中西甌部族聚居的地區。秦統一嶺南，設桂林、南海、象郡等三郡。貴縣屬桂林郡，郡治在「布山」縣——漢置布山縣，隋置鬱林縣；秦亡後，趙佗割據嶺南，建立半獨立狀態的「南越國」，漢武帝劉徹於元鼎六年（西元前111年）平定南越，改桂林郡爲鬱林郡，布山縣爲鬱林郡治（《漢書》〈地理志〉）。這地帶土地肥沃，交通便利，經濟繁榮，人口稠密，生活富庶，歷代政治中心便設置於此地，故而有許多重要遺址與墓葬的發現。

　　秦始皇略定嶺南之後，用趙佗爲南海龍川令，南海尉任囂卒後，

佗即領南海尉事（故稱「尉佗」）；秦破滅，佗擊併桂林、象郡，自立爲「南越國武帝」。從「羅泊灣一號墓」的墓葬規模、棺槨結構、殉葬人物等各方面考察，這墓葬主他極可能是南越國桂林郡高層級的行政長官。二號墓的墓葬主是女性，出土「夫人」玉印及「家嗇夫印」泥封，根據漢代侯王有「家令」，列侯有「家丞」的制度，認爲這位墓葬主，可能是趙氏王國派駐當地相當於侯王級官吏的配偶。一號墓與二號墓形制相似，時代也相近，是西漢初年南越王國時期的兩座大墓。

　　一號漢墓出土的器物，以銅器、陶器爲主，其餘鐵、金、銀、錫、玉、竹、木、漆器等俱全；二號墓已被盜挖，出土陶器較多，銅、鐵、玉、木、金、漆器稍有遺存。本文主旨，在研究一號墓出土樂器這部分：如「（銅）鼓」2件、「直筒形鐘」2件、「鑼」1件、「羊角鈕鐘」1件、「鼓腔」2件、「竹笛」1件、「筑」1件、「十二弦樂器」（原書假定的名稱）1件，共計11件；這些樂器中的鼓、竹笛、筑、十二弦樂器，相當於中原文化系統的樂器，其他銅鼓、直筒形鐘、鑼、羊角鈕鐘，屬於「西南夷兩粵」（《史記‧列傳》）少數民族文化系統的樂器。這些青銅樂器在墓中保存良好，全無銹蝕，並經過專家測定其音高，反映出當時音樂主調，鼓鐘欣欣，二千餘年猶不絕於耳，尤其器身的花紋，極富於地方性色彩，及少數民族思想圖騰崇拜的意識與審美觀。茲將廣西貴縣羅泊灣一號漢墓出土的音樂文物分別敘述如下。

二、羅泊灣一號漢墓出土完整的青銅樂器

（一）銅　　鼓　二件

羅泊灣一號漢墓出土銅鼓2件，一大一小，造形大致相同。鼓面

小於鼓胸，胸部膨大突出，腰部收縮爲圓柱形，足部擴張大於腰。此類型銅鼓，應屬於雲南省晉寧縣「石寨山（西南夷）型」。

大銅鼓（M1：10）〔圖版八～一〕：鼓面56.4公分、通高36.8公分、足徑67.8公分、重30公斤，出土於西器物坑。鼓足的一側，臥刻隸書「百廿斤」，合30.750公斤，與漢代度量衡制重量相符合（稍輕0.75公斤）【註一】。

銅鼓面的內壁，完全平整，厚薄均勻。經實測頻率：敲擊鼓面正中的「鼓心」，與第七量二分之一處的節線位置的「鼓邊」，可發兩個不同頻率的基音，它的發音測驗數據及振動赫數、音分值，分別是E_4+33，335.97HZ，5233音分鼓心；及爲B_4+23，487.37HZ，5877音分鼓邊，這銅鼓算是「雙音」樂器。該鼓心音高，與「小直筒形鐘」打擊實測的頻率相似，可以視爲同律的音【註二】。

小銅鼓（M1:11）：鼓面28.8公分、通高24.4公分、足徑37公分，出於東器物坑。小銅鼓測音的記錄，實測頻率：敲擊鼓心，其發音爲$\#G_4+50$，427.47HZ，5650音分，敲擊鼓邊（即第一量至第七量），所發之音與鼓心之音相差無幾（不到20音分，4.52HZ），故小銅鼓被視爲「單音」樂器【同註二】。兩鼓音色各具特點，大銅鼓渾厚洪亮，小銅鼓清脆甜美，在當年可能是配套樂器，被譽爲出土音樂文物中之珍品。

（二）直筒形鐘　二件

直筒形鐘2件（M1:35，M1:36），此鐘與中原文化的鐘、鑄樂器外觀形像不相同，也沒有「甬」、「衡」、「旋」、「枚」、「景」、「篆」等各部位特殊的區分，我在〈西南夷民族樂器〉一文中（詳註六），概稱爲「銅鐘」，再冠以外觀形象；如「直筒形銅鐘」正是

如此。此鐘鐘口方中帶圓，合模鑄成，呈直筒形，素面無紋飾，頂平
（即傳統樂鐘稱「舞」的部分），有實心半環鈕；或是在鐘身下端兩
側，對開長方形缺口。這種「缺口」對音響擴散有幫助，當時鑄鐘工
師或設計鐘形者，會想到此科學問題，是我所涉獵到的鐘樂器的資料
中，僅此一類，實令人莫測高深。

　　大直筒形鐘（M1:35）〔圖版八～二〕通高32公分、橫徑12公
分，縱徑10.4公分，正面有篆刻「布八斤四兩」五字，實稱重量爲
2.188公斤。小直筒形鐘（M1:36）〔圖版八～三〕通高29.8公分、
橫徑11公分、縱徑9.5公分，正面有篆刻「布七斤」三字，實稱重
量1.868公斤。按漢代度量衡制度，每1漢市斤爲0.25824公斤，即
258.24公克；可見鐘的鑄造實體重量，稍稍重於篆刻銘文的重量。

　　兩鐘實測頻率：敲擊在鐘的正中節線處，發音㈠M1：35：#C_4
＋10，278.79HZ，4910音分；㈡M1：36：E_4＋25，334.42HZ，5225
音分，兩者之間構成「小三度」音程【註三】。

　　羅泊灣一號漢墓出土不少漆耳杯盤，其底部烙印「布山」二字，
銅器刻有「布」字紋；「布」是「布山」的省文，「布山」烙紋表示
器物產地。據《漢書》卷二十八下〈地理志〉下載：「鬱林郡，故秦
桂林郡，屬尉（趙）陀，武帝元鼎六年（西元前111年）間，更名。」
按鬱林郡原爲桂林郡十二轄縣之一，首縣就是「布山」縣，即今之廣
西省貴縣。因此，亦可證明此墓是西漢初期遺塚，至遲也不晚於文帝
時期（西元前179-前157年）；似與1976年「發掘報告」（簡稱）所
謂：「這座墓出土文物，很多具戰國晚期與秦代的風格，……大量出
土器物中，無西漢中期以後之物。」

　　「直筒形鐘」在基本上，並不完全屬於中原樂器的「鈕鐘」形式
的，將它泛稱「銅鐘」以便與傳統樂鐘有別。西南夷地區出土的銅鐘

，以6件、3件爲1組，也有1件個體出現。鐘的橫斷面，呈扁形、菱形，在聲學理論上，是屬於「合瓦式」的，像是兩片屋瓦，由兩道合范青銅鑄成。其外觀多橢肩，兩端內收，唇口齊平，頂部有三角形鈕、半環形鈕，少數的鈕有紋飾。這種成組的銅鐘，含有「六聲音階」或「七聲音階」因素，又因爲非圓形的鐘胴，它的兩端銳角形成左右兩條稜峰，鐘口斷面呈兩頭尖的葉片形，這種特殊結構，便造成鐘壁的「振動限制」；敲擊正面（隧部）與側面（鼓部），可以發出兩個不同的音響，以「小三度」音程居多，也稱爲「雙音鐘」。這墓出土的「直筒形鐘」，橫斷面是方而帶圓，合模鑄造，平肩，半環形的鈕，鐘面無紋飾，而有篆刻銘文，敲擊時發單音，而兩鐘是保持「小三度」音程的關係。這些構成的條件，均合於西南夷銅鐘通例。請參考本節第(四)結論。

（三）銅　鑼　一件

銅鑼1件（M1:33）〔圖版八～四〕：圓盤形，類似篩子。鑼面外徑33.5公分，沿高7.5公分，鑼心凸徑22公分，面平，壁薄，邊呈弦形稍內斂，邊上有一道突起的繩索紋，及一道鑄痕；邊上還有3個等距離布列的活動小耳鐶。鑼面有一「布」字刻紋，如果將「布」字排正，則上方爲兩耳鐶，下方爲一耳鐶，由此可以判斷鑼架與懸掛的情形。此鑼敲擊鑼心，實測頻率爲$B_4 + 25$，253.44HZ，4745音分【註四】。

銅鑼的前身是「鉦」，鉦的歷史很悠久；宋・陳暘《樂書》卷一二五稱「銅鑼」：是起源北魏宣武帝元恪（500-515年間），他喜好胡音，遷都之後，非常盛行龜茲五弦琵琶，箜篌、胡箏、胡鼓、銅鈸、「打沙鑼」等音樂。而且這些樂器大都來自西域。當時稱爲「打沙鑼」的樂器就是「銅鑼」，所以，《中國音樂史》多以「鑼」起源於

圖版八～一　　廣西貴縣羅泊灣一號漢墓出土大銅鼓 (M1：10) 及其鼓身紋飾

圖版八～二　廣西貴縣羅泊灣一號漢墓出土直筒形鐘及其銘文拓本（M1：35）

圖版八～三　廣西貴縣羅泊灣一號漢墓出土小直筒形鐘（M1：36）

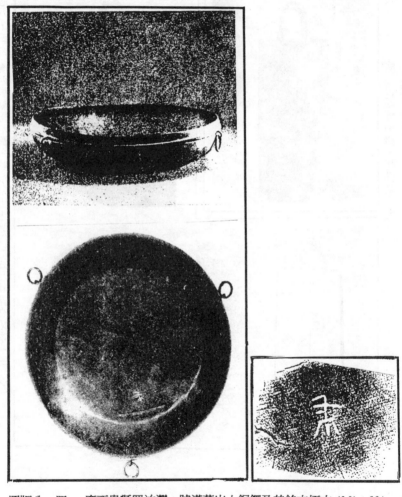

圖版八〜四　廣西貴縣羅泊灣一號漢墓出土銅鑼及其銘文拓本 (M1：33)

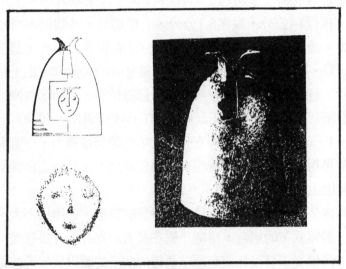

圖版八～五　　廣西貴縣羅泊灣一號漢墓出土
　　　　　　羊角鈕鐘及其人面紋拓本（M1：37）

6世紀，現在羅泊灣一號漢墓出土的「銅鑼」（M1:33），如肯定它是名實相符無誤的文物，那麼「銅鑼」的起源年代與地點，就應該重新檢討證諟了。

（四）羊 角 鈕 鐘 一 件

羊角鈕鐘或稱「羊角鐘」1件（M1:37）〔圖版八～五〕：通高19公分，橫徑14公分，縱徑8.1公分，合模鑄成，外觀似半截橄欖，上小下大，鐘體短矮，頂有羊角形鏊鈕，上端開長方形孔，鼓部正面鑄有人面形，眼、鼻、嘴隱約可見。此鐘歷時2000餘年，出土時銅質完好如新，經實測頻率：敲擊鼓部正中節線位置，與鼓部右側節線位置，可發兩個不同頻率：㈠正鼓#C_5－27，545.79HZ，6073音分；㈡右鼓E_5－4，657.73HZ，6396音分。此羊角鐘雙音與大、小直筒形鐘發音，實可視為一個「八度音程」（相差無幾）。此鐘音色圓潤清徹，是目前出土羊角鈕鐘之冠【註五】。

羊角鐘是一種極古老而富於地方特質的樂器，它體積不大，當時可能是「編鐘式」的組合，用繩子繫在長方形穿孔上，掛在架上供樂師演奏；可惜從未發現任何有關羊角鐘的演奏的圖說與參考文獻。近年，有音樂家用古琴為主奏旋律，以羊角鐘擊節伴奏，可以奏出獨特地方風格美聽的樂曲來。

我對於漢代音樂文化，算是一個有濃厚興趣的人，在《史記》〈南越、東越、西南夷列傳〉，及《漢書》〈西南夷兩粵朝鮮列傳〉中讀到許許多多音樂文獻。這一帶地方，主要在現代的雲南、廣西兩省，次及廣東、貴州、湖南三省，其中所屬的壯族、瑤族、苗族、侗族、黎族、水族、布依族、土家族、彝族、佤族等少數民族；他們的民族性格、風俗人情、宗教、語言、生活習慣，在漢代已與中原文化有

圖版八～六　　雲南省晉寧縣石寨山十二號墓出土虎耳細腰銅貯貝器 (M12：26)
　　　　　　殺人祭銅柱的銅蓋
　　　　　　此器蓋上飾祭祀用「銅鼓」十六面，共一二七人，是世界上最
　　　　　　罕見音樂演奏模型。

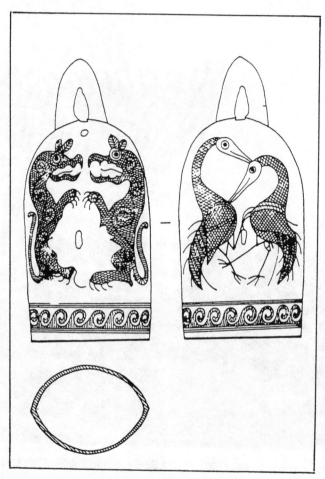

圖版八～七　雲南祥雲檢村虎鶴形紋銅鐘摹本

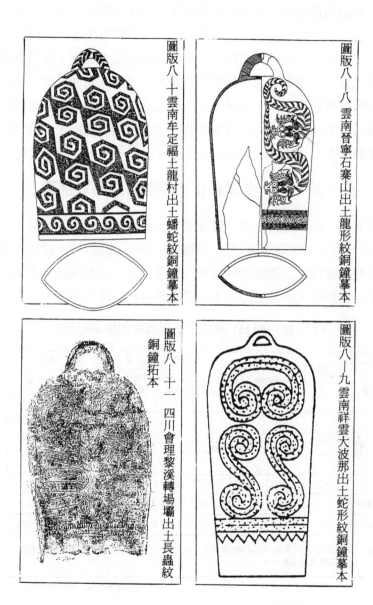

圖版八—八　雲南晉寧石寨山出土龍形紋銅鐘摹本

圖版八十　雲南牟定福土龍村出土蟠蛇紋銅鐘摹本

圖版八—九　雲南祥雲大波那出土蛇形紋銅鐘摹本

圖版八—十一　四川會理黎溪轉場壩出土長蟲紋銅鐘拓本

分別，但這些民族的人民非常喜愛音樂。近年以來先後出土「銅鼓」、「銅鐘」、「錞于」、「羊角鈕鐘」、「銅葫蘆笙」、「鑼」……等音樂文物，這些區域性文物，在形制與紋飾的審美觀，及其圖騰的意識較爲強烈，也可以說，他們是以直觀、感情、想像爲美學的原動力。我曾結撰西南夷出土音樂文物的長篇專文，詳細敘述其起源、流變與藝術特質，演奏方式，聲學頻譜，因本文限於篇幅，已將這部分文字刪節【註六】。僅採其圖版〔圖版八～六──十一〕，恕不詳述。

三、羅泊灣一號漢墓出土樂器實測頻率整理

本文第二節敘述羅泊灣一號漢墓出土樂器4種，共6件，計大、小銅鼓2件、大、小直筒形鐘2件、銅鑼1件、羊角鈕鐘1件，最堪重視的，是這些樂器在地下埋藏2000餘年，器品完整，毫無腐蝕，尤其均經過專家測定頻率，更是難得。本文特將各器實測頻率整理如下：

〈表一〉　羅泊灣 M1 漢墓出土樂器實測頻率紀錄表

原編號	標準音高	M1:10		M1:11	M1:35	M1:36	M1:33	M1:37	
器名		大銅鼓		小銅鼓	直筒形銅鐘（一）	直筒形銅鐘（二）	銅鑼	羊角鈕鐘	
		鼓心	鼓邊					正鼓	右鼓
音高	C_4	E_4+33	B_4-23	$^\flat G_4$+50	$^\sharp C_4$+10	E_4+25	B_3+45	$^\sharp C_5$-27	E_5-4
頻率	261.63	335.97	487.37	427.47	278.79	334.42	253.44	545.79	657.73
音分值	0	432	107.7	850	110	425	-55	1273	1596

註：C_4爲261.63Hz，是鋼琴第40鍵(中央C)，以其音分爲0作計算基準，每半音爲100音分，八度爲1200音分。

陳萬鼐製表　劉佳傑打字

　　本表係以C_4爲「完全一度」（0分）；與《廣西貴縣羅泊灣漢墓》書中記法不同，結果是一致的。關於E_4+33，這是音樂科學計量的一種數據，有人已知道其意義如何，也有人還不知道它是335.97HZ的來歷。大概臺師大音研所音樂學組的同學，選修過我課程的，都應該知道。假如，你認爲有這個必要，建議你去參考一本拙著【註七】。這本書有很多關於音樂科技問題，這種問題，如果沒有認識，對中西音樂史研究就難以深入，後面漢代音樂器竹笛實測，就讀不下去！

　　我整理這段文字時，正是音樂大師許常惠教授逝世噩耗見報的日子（西元2001年1月2日），我非常哀悼！感謝他在人前人後，推挽我是臺灣研究中國音樂史的學者；以後再也不會聽到這句話，沒有像他那種「善與人同」的好人了。我記憶中一首詩：「高調世豈無，知音不常有！」願天主保佑他，在天國安息！他的一生也夠爲中國民族音樂「鞠躬盡瘁」的了！

　　我們都知道，漢朝音樂豈只是具有相當程度了？但要像羅泊灣一號漢墓出土的樂器，既然是如此完善，而且又都經過專家用科學儀器，測定了它的頻率，計算出它的音分值，眞算是空前的「異數」。它不但給我們聆賞到模擬音樂實踐的聲音（見本文第五節吳釗教授原製〈譜例二〉），還在這些可靠資料上，給我們一個探索漢代南越（粵）「樂制」（律與調的研究）的實證。

　　根據此墓出土6件樂器8種測音結果（注意$E_4 E_5$共出現三次），暫時不論這些樂器，在當時是否屬於一個系列的配器，試先按它音階高下秩序排比起來，作成附表：

〈表二〉　羅泊灣 M1 漢墓出土青銅器樂器音高表

固定音階	A	#A	B	c	#c	d	#d	e	f	#f
首調音階	F	#F	G	#G	A	#A	B	c	#c	d
樂器音階			B₃		#C₄			E₄		
古律音階			徵		羽			宮		
簡　　譜			5̣		6̣			1		

g	#g	a	#a	b	c'	#c'	d'	#d'	e'
#d	e	f	#f	g	#g	a	#a	b	c'
	#G₄			B₄		#C₅			E₅
	角			徵		羽			宮
	3			5		6			i

陳萬鼐製　劉佳傑打字

　　應用各種樂器實測的結果，來研究出土樂器的音階或調子的構造，國人一般常使用的方法，就是先將這些高低參差的音階，作有秩序的排列起來，也許從這些排列秩序間，能夠觀察出一些端倪來。看這〈表二〉，就是一個「四聲音階」的組合：「宮」、「角」、「徵」、「羽」；也好像是一個「全音五聲音階」？可是不知是原來就沒有、或是因爲某些原因（如尙未發掘出土之類），卻少了一個「大2度」的「商」音。它的音程組織，也就成爲一個不完全11度（以前我曾一次將「半音」誤寫成「度」，特誌吾過），但包括大2度、小3度、大3度、4度、純5度、大6度、純8度，還有大、小和絃。尤其E₄E₅共出現3次之多，它可能是當時、當地樂調的主要音階，似可視它是E調（角調）的成分較高的音列。

上述音樂，是多種打擊樂器組合，至多是一調到底，不是旋律音樂。所以有人云：「音樂工作者，用它們合奏，取得了良好的、和諧的音樂效果。並試以竹笛爲主奏旋律，鐘鼓演奏音階骨幹音和八度、三度和音，可奏出動聽的樂曲。據此推斷，這種樂器組合，可能是當時實際演奏中存在的配器形式之一。」【註八】

四、羅泊灣一號漢墓出土樂器四聲音階的探索
——兼論古代音樂「無商音說」

我們從上列〈表二〉中，看到「古律音階」階名構成：徵、羽、宮、角、徵、羽、宮；其中缺少一個「商」音。如果原本就是如此形式，那麼，它就是中國音樂史上的一個重要問題！這種「四聲音階」結構，可以追溯到西周雅樂對於「商」音的排斥實例。近三、四十年來，出土西周6件或8件爲一組的編鐘（雙音）音階，在西周中期已形成如：羽宮、角徵、羽宮、角徵、羽宮、角徵、（角徵、羽宮），順序排列成「四聲音階」結構形成。「羽宮」、「角徵」……是表示西周鐘是雙音的，上面的「羽」音發自「隧」部，下面的「宮」音發自「鼓」部，兩音之間多是一個「小三度」關係【註九】。其中值得我們注意的，是沒有「商」音存在，僅羽—宮—角—徵，或是宮—角—徵—羽，與羅泊灣一號漢墓出土樂器排比的音階是相同的。

西周中晚期編鐘，這類型音階結構情形，更是明顯。茲據馬承源教授〈商周青銅雙音鐘〉【註十】有關西周出土六組編鐘實際音響試奏錄音音階五線譜列後（這些鐘按首調概念記譜，未作頻率測試，「○」符頭代表「隧音」，「●」符頭代表「鼓音」——節自原文）〈譜列一〉：

譜例一： 陝西省各地出土西周雙音編鐘試奏錄音音階五線譜

馬承源原製、劉佳傑電腦打字

馬氏對以上音階構成關係的概念云：

　1.這一地區的西周編鐘不用商音，這同部分商鏡不用商音似乎有某些聯繫之處。2.西周中期已運用鼓音，音域已較寬，西周晚期的音階構成爲羽—宮—角—徵—羽—宮，以通用的唱名法來表示，就是la— do—mi—sol—la—do。3.目前知道，西周晚期柞鐘和中義鐘都是八個一組，起首二鐘不用鼓音，起於羽音，止於宮音，音域達三個八度，這大約是西周編鐘發展最典型的例子（同上學報139頁）。

　春秋戰國之際的編鐘進步了，以湖北隨縣曾侯乙墓出土的編鐘爲列，多達60餘件，分3層懸掛在鐘架上，音域寬達5個「八度」。它以姑洗(C)爲宮，在約占3個「八度」的中部音區內，12個半音俱全，可以旋宮轉調，演奏五七聲音階的樂曲，無復「四聲音階」之說了。

　西周音樂是否不具備「商」音呢？據《周禮》卷二十二〈大司樂〉祭祀音樂曲調，分爲「祀天神」、「祭地示」、「享人鬼」三大類，其樂曲主音（起調與畢曲問題）有12種，如祀天神：「凡樂，夾鐘爲宮（相當於西方音樂F調式，餘皆如此類推，不再注明）黃鐘爲角，太簇爲徵，姑洗爲羽」等調，如果仔細研究，除其重複，它實際只有9個調子。這些曲調確實是沒有「××爲商」這個調子—「商調」。任何一個樂章，不論五、七聲音階作曲，都不能五音不全，少一個「商」音；假使「商」音出現次數少一點，或是儘量避免落在強拍或重要音符上，大概是可以的。宋朱熹（1130-1200年）曰：「『五音無一，則不成樂；非是無商音，只是無商調。先儒謂商調是殺聲，鬼神畏商調，故不用，而只用四聲，迭相爲宮。』又、明（江夏—湖北）劉績《六樂圖說》則謂：『周不用商起調者，避殷所爲也，猶亡國之社屋之意。』」【註十一】宋陳暘《樂書》卷一○五〈三宮無商〉論：「周官旋宮之樂；……而未嘗及商者，避其所剋而已（「周以木德王

天下」、「商以金德王天下」，故金剋木一鼎注。）……周之作樂非
不備五聲，其不言商者，文去而實不去也，與春秋齊晉實予，而實不
予同義。」以上是古人對周「無商音」的論說，下面還有些實例可作
補充。

　　周朝《詩經》（距今三千四、五百年至二千六、七百年之間，大
約從商代到春秋中葉）三百篇中，大雅三十一篇皆「宮調」，小雅七
十四篇皆「徵調」，周頌三十一篇及魯頌四篇皆「羽調」，十五國國
風一百六十篇皆「角調」，商頌五篇始用「商調」（見王光祈《東西
樂制之研究》116頁）。明朱載堉《律呂精義外篇》卷五：〈論周樂
忌商，其譜異常〉有云：「惟商頌五篇純用『商調』耳」。《詩經》
樂譜流傳下來的很多，最古的，相傳是唐開元年間的「關雎風雅十二
譜」（存疑），我覺得最完整的，首推清朝乾隆年間，纂修「四庫全
書」本的經部《欽定詩經樂譜》。此譜30卷，係用清制14律記譜，樂
器為「簫、排簫、塤、篪」（合譜）、「笛、笙」（合譜）、「鐘、
磬」（合譜）、「琴」、「瑟」等10種樂器齊奏，每隻曲子中，並不
是無「商聲」，如「凡」（簫譜）、「乙」（笛譜）、「太簇」（鐘
譜）、「苟」（琴譜）、「勾勻」（瑟譜），這些音階，就是「商」
聲的記譜法。

　　馮潔軒碩士論文〈論鄭衛之音〉二「西周雅樂對商音樂的排斥—
—兼論商音」有云：

　　　　在意識形態上，商人崇拜帝，周人卻崇拜天，周就不去繼承
　　　商。音樂也屬意識形態範疇，除了在一定的思想內容方面商
　　　周有別而外，還存在著諸如審美習慣、趣味、民族感情等複
　　　雜的差異，決不是短期內可以硬性加以改變的。而且，在音

樂的諸要素中，音階作爲樂音原素和邏輯形式，又比其它要素帶有更大的保守性（穩定性）。這些都是造成周音階長期保持自己『宮—角—徵—羽』形式不變的原因。【註十二】

此文大意：所謂「商音樂」是指殷商時代的音樂，周朝排斥商代音樂，是意識形態的。「商音」是被周朝指爲「夷俗邪音」（主要是指「商音」），禁止各地方民族音樂「淆亂」了雅樂政策。「鄭衛之音」是源於商音樂的，因鄭衛地方仍保持商代社會的「淫祀」——男女聚會的活動。迨西周禮樂制度崩潰，各地方民族音樂勃興，鄭衛之音便大行其道了。此論敘述西周時期「四聲音階」因果互動的關係，可以補古人訓詁之不足，尤其現代西周編鐘大量出土，擊奏出它的聲音，印證古書，更是古人聞見所不及的。

最後，我想提出羅泊灣出土的樂器也是「四聲音階」：宮、角、徵、羽，這與西周編鐘四聲音階有沒有關聯性？它究竟是必然的、還是偶然的？特藉重李純一教授《先秦音樂史》「西周音樂結語」的卓見，爲我此文作小結【註十三】：

中原地區的庸（鏞）和南方古越族的乳鏞相結合而產生了甬鐘，甬鐘又迅速傳至南方各地，繼而南方古越族的鎛也傳入關中地區，從這一個側面反映出西周各民族之間音樂文化的交流乃至融合。

李氏「以物證史」，爲我將中原與古越的音樂文化，架起一座橋樑，明確的讓它們傳承關係溝通起來，使得我對這問題的討論，不致流於「鑿空立論」（朱熹語萃）了。

五、羅泊灣一號漢墓出土樂器擊奏的推測

吳釗教授〈廣西貴縣羅泊灣M1漢墓墓主的音樂生活與祭祀習俗

（節稿）〉，根據墓中出土「大銅鼓」、「革鼓」、「小銅鼓」、「銅鑼」、「直筒形鐘」、「羊角鈕鐘」6種樂器，爲復原或再現墓主生前音樂生活，與祭祀習俗初步探索云【註十四】：

> 關於這個樂隊演奏的樂曲，及各種樂器之間的互相配合關係，由於年代久遠，史書失載，已難確知，現在只能根據上述樂器的測音結果，與民間現存的演奏方法作如下推測：

譜例二：　　廣西貴縣羅泊灣出土擊奏樂器推測譜

吳釗原製

從上列譜例可以看出：這是一種以青銅定音打擊樂器爲主，與皮膜類打擊樂器相配合的打擊樂合奏。各種樂器可以通過不同節奏，不同音高的聲音組合，構成各種特定的打擊樂曲，在祀神時，傳遞神靈的訊息，爲人們的舞蹈作伴奏。

　　總之，通過上述分析可以看出：羅泊灣墓墓主既遵循中原舊俗的房中樂；也有來自西甌本地的「蓋板直簫」與銅鼓等打擊樂。其中尤其是後者，充份說明在西甌人的心目中，最神聖的音樂，並不是以旋律的優美動聽爲特徵的「蓋板直簫」；而是以節奏和某種特定音高和音程組合爲特徵的打擊樂合奏。這種情形至今在中國西南許多少數民族中仍可見到。它對於我們研究中國上古音樂的發展歷史頗具價值。

　　我與吳氏是至契之友。他作的「復原或再現」的打擊樂合奏的譜例，以探索墓葬主，生前音樂生活，與祭祀習俗，正是我樂於見到的事，十分欣慰。至於「在西甌人的心目中，最神聖的音樂，並不是旋律的優美動聽爲特徵的『蓋板直簫』，……」所謂「蓋板直簫」，就是指羅泊灣一號漢墓出土的「竹笛」，然在吳氏所有論著中，並未見到這「竹笛」的複製實驗，或測試頻率記錄？究竟能不能從雲南少數民族樂器「唄處魯」（Boichulu），確定與「竹笛」是類似之物？這正是我要結撰本文最主要追求科技的主題——〈羅泊灣一號漢墓出土「竹笛」複製品實驗〉的目的；同時，也是我近數年來陸續發表〈試以漢代音樂文獻及出土文物資料研究漢代音樂史〉的初衷。

　　我的「竹笛」複製品實驗，如果有一丁點價值，對於此墓樂器發現研究更形完整；反之，就是「狗尾續貂」，也無損於他珍貴皮「貂」的形像；宋周必大詩：「公詩如貂不須削，我續狗尾句空著」罷了。

六、羅泊灣一號漢墓出土殘存革絲樂器

（一）革鼓腔二件與鼓槌一件

　　革鼓腔2件，就其外形可分爲㈠「扁鼓」（M1:297）〔圖版八～十二〕，出土於墓葬槨室頭箱內。鼓面直徑55.5公分，鼓腹匡外突，

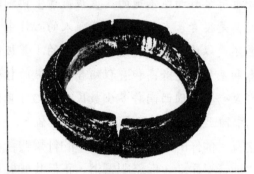

圖版八～十二　　廣西貴縣羅泊灣一號漢墓出土
「扁形」革鼓腔 (M1：297)

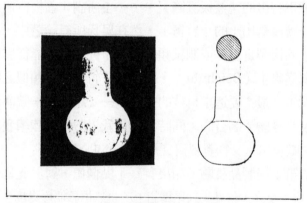

圖版八～十三　　廣西貴縣羅泊灣一號漢墓出土
鼓槌殘件 (M1：599)

匡徑72公分，厚19公分，是相當大型的鼓。鼓以整段樟木挖空作匡，釘蒙皮（已腐朽），鬃黑色漆，可以兩面擊奏；出土時僅存斷裂的鼓腔。㈡「圓形鼓」（M1:319），出土於西器物坑，與銅鼓（M1:10）共出。鼓面直徑50公分，鼓腹匡稍外突，厚22.2公分。鼓匡釘蒙皮（亦腐朽），左右有銅鋪首耳鐶各一，供懸掛用，亦可兩面擊奏。出土時鼓腔基本完整。

　　鼓槌1件（M1:599）〔圖版八～十三〕與扁鼓腔同時出土，槌頭圓形，徑4公分，殘存柄長3公分，柄徑1.8公分，合於打擊功能，是革鼓演奏的工具【註十五】。

　　「從器志」〔圖版八～十四〕漢代的達官貴人，非常重視厚葬，對於陪葬物品列有「清單」，詳載其種類與數量；這本是中原文化的一部分，在兩越與西南夷也竟然如此。此墓出土「從器志」的木牘，就是陪葬物清單性質的文物（M1:161），該木牘的正面倒數第二行，記錄「大畫鼓一繪囊」，這裡的「大畫鼓一」，可能指的是「扁鼓」（M1:297）；所謂「繪囊」就是盛裝「大畫鼓」的袋子。「繪」是秦漢時期的「布帛」，也稱「繪帛」。《漢書》卷四十一〈灌嬰傳〉：「灌嬰，睢陽販繪者也。」顏師古注：「繪者，帛之總名。」原來從高祖劉邦開國的大將軍，就是販賣布匹出身的。《說文》等書，常將「帛、繪互訓」、「帛者繪素之通名」，「大帛之冠」注「厚繪也」今人謂之「綢子」（《說文解字詁林正續補合篇》等書，鼎文書局本）。所以盛「大畫鼓」的「繪囊」，可能是綢布製作的。

（二）「捁」的考證——「揮」古本音「熏」（壎）

　　漢代陪葬品豐富的墓葬，都曾同時出土詳細記載陪葬品的名稱、數量，類似「清冊」式的竹簡或木牘，這種簡牘，稱爲「遣冊」。據

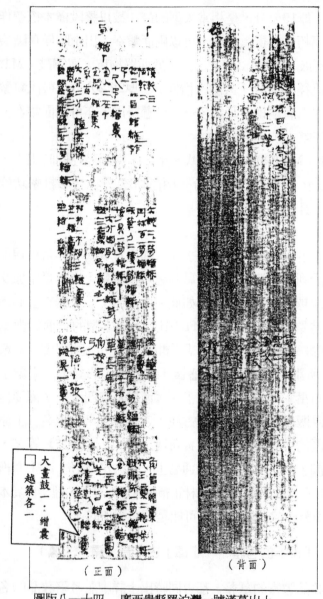

（正面）　　　　　　　　（背面）

圖版八—十四　　廣西貴縣羅泊灣一號漢墓出土
「從器志」木牘（M1：161）

《儀禮注疏》卷三十九〈既夕禮〉——在「喪禮」之後，相當於現代的殯儀，有云：「書賵於方」、「書遣於策」。「賵」讀「送」音，贈死者之物。「方」是「方冊」，記載「賵奠、賻贈之名與其物」，相當於現代喪家「收禮簿」或稱「賻金」（「以財物助喪儀」）。「遣策」是「簡冊」，記載「遣送死者明器、贈死者玩好之物名」，「明器」是陪葬之器物。如此，「遣冊」中所記載的物件，是死者生前的親戚朋友贈送的禮品，現代「新新人類」，惡詆這種禮儀是「馬屁文化」；難怪長沙馬王堆軑侯夫人墓中的陪葬品，多達一千餘件。羅泊灣此墓也相當風光，其品級官階，可由「既夕禮」的「遣」「贈」，就知其所以然了。

羅泊灣一號漢墓的「從器志」（參見圖版八～十四），就是「遣冊」性質的文獻。從這裡知道此墓陪葬樂器的記錄，在「大畫鼓」以外，還有一條併排的木牘文字——經我辨識爲「掬越築各一」）；《廣西貴縣羅泊灣漢墓》28頁，根據該墓「從器志」牘文的「考釋」，對於此條則云：「□（表示不是「掬」字）字不識，從與越筑並列看，可能是一種樂器名稱。」此〈考釋〉似有更詳盡的敘述，係由「中山大學張振林、張榮芳二同志研究，……未發表。」惜我未能知道其正式發表時間及出版處所？又因我想早日結束此項研究工作，難以久等，先作一點嘗試，一併就教於音樂史家及精於此道的文學家！

「掬」這是我辨識這件樂器文字的字形，〈考釋〉的寫法與原木牘文字不一致〔圖版八～十五〕。此字「手」旁的「勹」中的「廿」與「火」，「廿」字寫法甚多變化，「火」字可以寫成「灬」或「⺌」，因爲「從器志」文字漫漶，仔細看我所辨識的字，未必是對的（？）。如果是錯的，下文請不必閱讀。

羅泊灣一號漢墓木牘上的字體，當然與「漢隸」不相干：它的撇

「捾」——「揮」古本音「熏」（壎）

接	陶	庶	展	盧	火	黑
揺	陶	庶	展	盧	火	星
居560.1	流廩19	居新	居562.15	武 47	武87乙	居89.13A

圖版八～十五　集漢簡文字

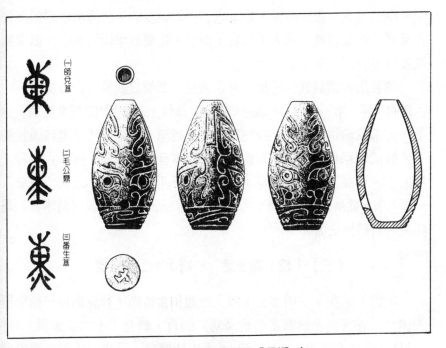

(一)師兌簋
(二)毛公鼎
(三)番生簋

圖版八～十六　「壎」即「熏」（殷商時期的「骨壎」）

捺（波磔）類以東漢碑版上的「曹全碑」等；在帛書方面類似馬王堆三號墓〈戰國縱橫家書〉；在簡牘上類似1972年居延新發現的漢簡（以上俱西漢時期）。至於「捯」字的構體，在居延、武威、流沙墜簡中，隱然可見。書法藝術，是講求姿勢與氣度的，我這種舉證顯而失於呆滯，作繭自縛，落人「口實」而已，這屬於學術的良心，但求無愧就好！

倘若讀者認為我的辨識，可以接受，那麼它就是《古奇文字》中古寫的「揮」字。現代人不識這個字，在漢代（一般人知識程度更差）也不一定都認識這個字。字既然不一定能認識，要求寫法筆畫無誤就難了。按清朝顧炎武《音學五書》引〈詩本音〉云：「『揮』古本音『熏』」。可見這件樂器就是「壎」，合乎「同聲通訓」之例〔圖版八～十六〕。此墓未發現「壎」之遺跡，疑為泥胚「明器」？〈詩本音〉是顧炎武最精核之著。

（三）「越」的考證──辨「十二弦樂器」

「越」字在「從器志」木牘上形體相當清晰，我認為是一種樂器的構件。在《廣西貴縣羅泊灣漢墓》63頁，載有「十二弦樂器」1件（M1:359）〔圖版八～十七〕：「出於槨室，已殘破，現存腔體殘片，表面髹黑漆，有首部1塊，經脫水收縮後，寬23公分、厚3.5公分。存1排12只弦孔、孔距0.2-0.6公分。此孔向下，垂直橫向側出。此器因不同於一般琴瑟，暫名之為『十二弦樂器』。」我對「越」這件器物，並沒有想到它與「駱越」、「粵」這地名有關，因想到是3件樂器並列的1件。首先，《史記》卷二十四〈樂書〉（樂本論）即《樂記》：「清廟之瑟，朱弦而疏『越』，一倡而三歎，有遺音者矣。」〈史記集解〉鄭玄注：「越，瑟底孔，盡疏之使聲遲。」〈樂記〉我看到有10種以上不同的板刻，「清廟之瑟」這段文字是從《呂氏春秋》

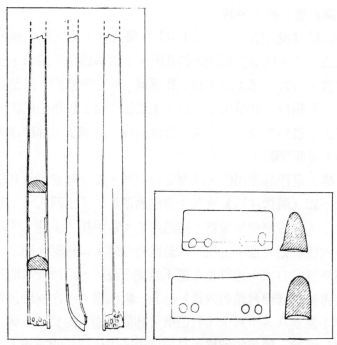

圖版八～十七　　「越」(原題「十二弦樂器」)(M1：359)
及「岳山」(M1：601.5)

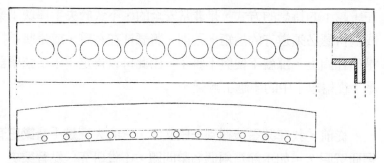

圖版八～十九　　筑 (原牘作「築」) 殘段 (M1：600)

卷五〈適音篇〉抄得來的。

吉聯杭《樂記譯注》【註十六】今釋爲：「清廟裡的瑟，上面按著朱紅色的弦，底部有著疏朗的孔眼。」這解讀是正確的，一般訓詁小學之書，皆言「越」是「瑟下孔爲越」。它與瑟的「底部有著疏朗的孔眼」正相符，此墓出土這塊「十二弦樂器」也正是此物。如果將此「越」字視爲地址，與「筑」合併稱爲「越筑」，那麼這塊「十二絃樂器」是甚麼呢？

「越」是作甚麼用的，除繫瑟弦以外，還是扛瑟挎（音枯）手用的功能。如《儀禮注疏》卷九〈鄉飲酒禮〉：「工四人，二瑟，瑟先。相者二人，皆左何瑟後首，挎越內弦；右手相。」注：「越，瑟下孔也，內弦側擔之者。」疏：「瑟底有孔越，以指深入謂之挎也。」這是講持瑟的方式，也許有人還不能完全瞭解，可以參考明朱載堉《樂律全書》的《律呂精義內篇》卷九一幅板畫：「左何瑟後首右手相工圖」〔圖版八～十八〕。我徵引〈鄉飲酒禮〉的文字，與《律呂精義內篇》圖繪，簡單的解釋：是描述中國古代持瑟的方法，圖中弟子用左肩扛（「何」）著瑟，瑟的「後首」（尾部）向前、左手挎在瑟底部孔眼「越」的地方，右手扶著瞽矇（盲者）樂師。這種手「挎」在「越」的持瑟的方式，是非常安全的，不致於失手摔壞了樂器，也成爲持瑟必須遵守的規矩。否則，將瑟扛在右肩，或是雙手捧著，或是頂在頭上，那就不便與不雅了。由此可以肯定「十二弦樂器」，就是「從器志」中的「越」無疑。

從前，我在某書涉獵到一段文字，它的大意是「**音樂史有甚麼值得研究呢？**」如本節這兩個名辭問題，不曾研究一點音樂史，就會造成「郢書燕說」之弊。許常惠教授曾說：「**音樂史乃是一門學術，以嚴肅、準確、周密、理智的態度來研究音樂藝術的學術，它是藝術的**

圖版八～十八

「左何瑟後首右手相工圖」挎「越」後首版畫

童子左手挎著瑟的尾部「越」，右手扶著瞽目樂師

採自樂律全書本。

科學。」【註十七】又說：「**當我看到西洋大師終日不倦地尋找他們古代音樂或民謠，而我們的音樂家卻皮毛地在模仿西洋的時候，是何等的遺憾。『回去中國重新看自己的東西』，這確實這幾年來，我在西方所得到的最大收穫之一。中國音樂過去的遺產，無疑是創作現代音樂的最大泉源。**」【註十八】這應該算是一位智者身體力行的箴言！

（四）「築」就是「筑」

簡體字將「建築」的「築」，寫成樂器的「筑」，該墓「從器志」卻將樂器的「筑」，寫成「建築」的「築」。「筑」是擊弦樂器，此墓出土一段木器的殘體，經專家認爲它是「從器志」中的「築」。

「筑」（M1:600）1件〔圖版八～十九〕，僅存筑體殘段，細長條狀，出於槨室，殘長42.5公分，寬2.9-3公分。正面平、上部兩側起稜，形成納弦的槽道，筑頭向後彎，已殘，但仍存弦孔部分，弦眼5個，下端已殘。

「筑」在唐以後就失傳了。1973年11月至74年初，湖南長沙馬王堆三號漢墓，出土一件木製品的「明器」，經專家們研究，認爲它就是「筑」。後來各地陸續發現許多件筑的實物，知道的人就很普遍；而且還有5種以上漢代出土文物的紋飾上，刻畫著極爲生動擊筑的圖像，由於這些圖像，清楚辨認羅泊灣漢墓出土的「細長條」狀、「殘段」木器，的確是「筑」〔圖版八～二〇、二一〕。

我在「從器志」中，發覺一件很有趣味的問題，就是志中所載的樂器，僅「大畫鼓」及「掏越築」兩條文字，難道其他樂器如：「銅鼓」2件，「直筒形鐘」2件，「銅鑼」1件，「羊角鐘」1件，其價值比不上「大畫鼓」嗎？何以未載入，抑是漏記了呢？從《儀禮》〈既夕禮〉云：「書賵於方」，「書遣於策」；「賵」是金錢，「遣」

圖版八～二十　河南南陽唐河漢墓出土擊筑吹竽畫像磚

圖版八～二一　河南新野出土荊軻易水別燕丹畫像磚

是物品，所謂「遣送死者明器，贈死者玩好之物名。」（參考本文第六節一㈡），根據這樣解釋，「大畫鼓」是別人贈予死者明器或玩好之物；「銅鼓」等是死者自己生前擁有之物，生後用來殉葬的，「遣冊」就不載入「非禮品」之物。不知道這個想法對不對？得靠那些自豪所謂「曾親自參加發掘的專家」去求證了。

七、羅泊灣一號漢墓出土竹笛及其複製品實驗

（一）竹笛與「蓋板直簫」（唄處魯）

本節所敘述羅泊灣一號漢墓出土「竹笛」複製品試吹實驗，爲本文重要探究此墓音樂文物問題之一。

該墓殉葬一號棺內死者「胡偃」（因棺蓋上刻著「胡偃」兩字，疑爲死者名字）其骸骨右臂側有「竹笛」1件（M1:313）〔圖版八～二二〕，是用一段帶有兩個「竹節」的竹管製成。管底的「竹節」已打通。另一個「竹節」仍保留在管胴內。笛管體共開8個孔，其中7個孔在竹節的左邊，另1個孔在竹節右邊。凡開孔的地方，將竹青刮去，從圖版上看，它是下凹的，構成三組凹面上開孔情形，第一組3孔（稱第1、2、3按孔），第二組3孔（稱第4、5、6按孔），第三組2孔（稱第1、2吹孔），各孔的距離並不相等，尤其第1、2吹孔分別在一個竹「節」的兩旁，彼此不相通。這隻笛子全長爲36.3公分，竹管的外徑2.2公分，內徑1.7公分。第2吹孔距笛右管口爲7.8公分，第1按孔距笛左底口爲9.3公分，每孔孔徑爲0.3公分【註十九】。有人認爲：「按孔太小，孔距甚短，體內竹節未打通，所以它不是實用樂器，是一具明器。」

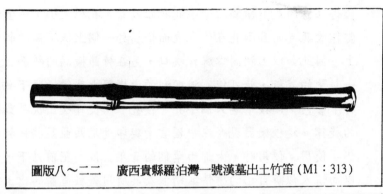

圖版八～二二　廣西貴縣羅泊灣一號漢墓出土竹笛 (M1：313)

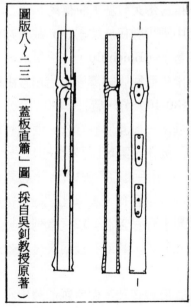

圖版八～二三　「蓋板直簫」圖（採自吳釗教授原著）

圖版八～二四　基諾族吹管樂器「唄處魯」

　　吳釗教授《廣西貴縣羅泊灣M1漢墓墓主的音樂生活與祭祀習俗（節稿）》237頁，稱此「竹笛」為「蓋板直簫」〔圖版八～二三〕：

> 值得注意的是，橫隔兩旁小孔孔距較寬，孔徑太小，不宜於當作吹孔。而且兩孔在管身表面恰屬於一個上低下高的斜面上，因此如以上端開口處作吹口，另在竹節橫隔的斜面上加一封閉的蓋板，就可使氣流順利的由橫隔上孔經橫隔下孔流於下管內，開按下端六個小孔（按孔），便可吹出悅耳動聽的旋律。這種樂器現今在中國雲南與印度尼西亞某些民族中仍在使用。使用時，大都由單個的青年女性，花前月下，用以向情人似訴自己的戀情。胡偓及其所用蓋板直簫的出土說明，這種樂器和其習俗有著極為悠久的歷史和傳統。

　　根據吳氏「注釋6」，我查到《中國少數民族樂器誌》載有類似「蓋板直簫」的民族樂器——「唄處魯」（Beichulu）〔圖版八～二四〕：「基諾族吹管樂器。流行於雲南省西雙版納傣族自治州景洪縣悠樂山。管體用泡竹或白竹製作，長30-40公分，管徑1.3-2.2公分。距上端3-10公分處有一竹節，節邊竹壁烙一橢圓形發音孔，使被竹節相隔的上下管腔相通。管身下段開兩個按孔，第1孔距末端約4公分，第2孔距第1孔約5公分。吹奏時，豎吹。兩手食指各按1孔，下唇蓋住吹口的大部，留一空隙讓氣流進入管內經發音孔，衝擊孔下端邊稜發音。」這樂器構造簡單，可以吹出E調「五聲音階」12度音列，據說其音色渾厚柔和（以兩個按孔，有如此效果，其演奏技術真是熟練高超）。

　　「唄處魯」在竹節中間烙一個橢圓形發音孔，似與羅泊灣出土「竹笛」的竹節間左右各一孔，用「蓋板」蓋在上面，使兩孔之間氣流貫通，在理論上可以這樣想，而事實上能否使氣流暢通，達到衝擊按孔邊稜發出樂音效果，能吹出「悅耳動聽的旋律」？只有經過實驗才

能知道（後詳）。「唄處魯」對於橢圓形發音孔的運用，還有一些必要措施，如：「演奏前，用蜂臘貼發音孔上方外壁，蓋住發音孔上端一小部分，以調整發音孔大小，能調節發音靈敏度和音色變化。」關於用蜂臘貼在發音孔上方，從圖版上也可以看出來，它是搪住吹入的氣體不致從上孔外洩，而能進入下孔，如此才可能發出聲音。

　　有一年，我到歐洲旅行，在瑞士一家商店，爲孫輩購得一袋精緻包裝的食品，回家後打開，其中有各種形象的巧克力糖果，還有許多小玩具。玩具中與本文有關的，是白、黃二色塑膠體的「口哨」一個，哨子分兩段組合，上段是哨頭，下段是哨體，哨子下段管體上，有模製的許多國家不同的文字，大概是介紹性的，頗有紀念價值，一直留待贈與收藏口哨的朋友。這個「口哨」的哨口，就是「唄處魯」用蜂臘貼在上孔作用的說明。我將口哨底管加長，封閉底端，可以吹響，不封閉底端，就吹不響；將管下方開兩個按孔，也吹不響。吹不響的原因，是物理問題，因哨口距離發音孔太靠近，氣流不易貫入管體，而產生激發作用。

（二）竹笛複製品

　　中國古代音樂數學〈律學〉成績還不錯，是靠了一批優秀的天算家，如錢樂之（西元438年間）、何承天（西元370-447年）劉焯等人，律曆淹通的副產品；音樂工藝（製造發明）就不甚發達。拙著《中國古代音樂研究》曾統計從遠古至清季，凡4200餘年，中國樂器計646種。這些樂器載於古籍的，僅是一個名辭或簡介而已；近代有些出土的音樂文物，連名辭都未見於著錄。至於「樂器圖說」之類的書籍，那更是鳳毛麟角，絕無僅有了。

　　中國最早講到樂器製作理論的一篇文字，應算是晉朝音樂家荀勗（西元289年）《晉泰始十二笛律》。荀勗是音樂世家，他祖父是漢

朝射聲校尉；他在晉朝掌樂事，又修律呂，泰始十年（西元274年）與中書令張華、部太樂郎劉秀等，試校御府銅、竹律，他「謹依典記」著〈十二笛律〉。《晉書》卷三十九有〈荀勗傳〉，但他笛律的製作理論與尺寸，最初是載入《宋書》卷十一〈律曆志〉中。為甚麼晉代人的著作不先載入《晉書》？因為《晉書》是唐代纂修的，《宋書》纂修於梁代。《晉書》也有荀勗的十二笛律理論文字，那是抄自《宋書》的，應該是屬於「第二手資料」。《宋書》〈律曆志〉是宋代大樂律學家何承天的手筆，故而「分釐畢具」，是中古時期講樂器的書籍，從來沒有如此詳盡深邃的。

　　凡是研究律學的人，都知道管體發音，與弦上發音不一樣，因為管內的「氣柱」在振動時，氣柱的動能，並不能在尾端或者音孔部位遽然消逝，它往往要突出管口或者音孔下方一點，從而使「氣柱長」無法等於「管長」，為了使氣柱能符合律度，就必須將管長截短一點，或是將音孔位置提高一點，這在律管上截短的部分，就是該律管的「管口校正」。從《宋書》〈律曆志〉等書，可以清楚認識荀勗，是瞭解這理論的音樂家；這問題在現代有物理知識的人來看，並不是高深的學問，而在1700多年前，能注意到這問題，並且還得到初步解決的理論，卻不得不佩服他是科學思想敏銳的人。

　　荀勗的十二笛律製作的理論，大約有八百餘言，讀起來頗為深奧但可以將它歸納成5個要素，作為製作直管多孔豎吹樂器的基準。本文因為複製「竹笛」，一則藉它作為參考，一則是說明中國樂器製作的文獻，實在太少，值得將這種問題提出來，讓有心從事音樂史研究的人，作為努力的取向。

　　劉宋時代（西元420-479年）荀勗以後，比較值得推崇的「樂器

圖說」的書，就是清朝乾隆時期《欽定律呂正義後編》。這是中國一部偉大的音樂百科全書，我最佩服它的〈樂器考〉，對於每種樂器先繪樂圖，再敘述歷代沿革，及清朝如何制定這樂器的尺寸，最後還有樂器的律分—重要尺寸的圖解，如該書卷六十四有「姑洗笛」、「仲呂笛」、「姑洗簫」、「仲呂簫」的尺寸，是依清制14律黃鐘同形管而來，它的周備嚴謹，凌駕於宋陳暘《樂書》，與明朱載堉《樂律全書》之上，其他便無足道也。

　　研究羅泊灣一號漢墓出土的「竹笛」，在漢代沒有類似晉荀勗〈十二笛律圖說〉作為參考的，所幸《廣西羅泊灣漢墓》這本專書，有「竹笛」的照片及圖形、重要尺寸等，可以按照它圖形的比例，作為複製品施工的依據。現在，將「竹笛」複製的重要事項敘述於下：

　　1. **材　質**：硬塑膠體，經仔細加工，完全合乎於原器尺度。

　　2. **管內徑**：1.7公分，亦合於圖形比例尺寸，施工的「公差」（Tolerance）皆在規定標準範圍之內。

　　3. **管外徑**：2.2公分，公差值同上。根據吳釗所敘述竹笛的內外徑非正圓，大小稍有偏差，因竹材是自然體。本文所敘述複製品，為人工機械體，規整劃一，沒有偏扁。

　　4. **管　長**：36.3公分。

　　5. **孔距與孔徑**：複製品孔距，完全按原圖比例尺寸施工，並以孔中心點為「距點」，誤差極小。惟原器孔徑為0.3公分，已不合一般笛、簫吹孔、按孔的要求，為便於吹奏，本複製品改用0.6公分「鑽頭」（Drill）鑽孔，以適於管體，也未採用現行如楊蔭瀏等人用0.7-0.9公分橢圓形為吹、按孔。

　　6. **竹　節**：塑膠管體本無「竹節」之物，特以脫脂棉溼濕，加壓成0.25公分薄片，視實驗時需要，調整在管體「濕棉」（竹節）的位置。

　　我製作的「竹笛」複製品，按圖施工，是非常準確的，甚且將笛表面三個凹面，都依樣製成〔圖版八～二五〕。關於如何製作管樂器？在拙著《清史樂志之研究》第八章〈清制姑洗仲呂笛的製作〉理論與方法及實驗數據，均有詳細敘述（249-276頁），「真實不虛」（心經），值得向讀者介紹。也許因為我學識弇陋，胸襟卑微，所以生長了一個技藝百工的腦袋，對於雕蟲小技，壯夫不為──漢揚雄《法言》〈吾子第二〉：「彫蟲篆刻，少年之事，壯夫不為」，還特別感到興趣；而且對於社會上一些喫了河豚，自我膨脹的阿貓、阿狗，也「不鄙視」他們，只可恨「俺爹娘沒給俺，生就那個膽量」（此語採自蘇曉康「河殤」影帶中一位鄉下青年的警策對白）罷了！

（三）竹笛複製品實測頻率說明

　　我應用上節所敘述的「竹笛」複製品作實驗，試用各種方式，探求它在漢代的原始吹奏形式及其實測頻率：

1. 實　驗　條　件

　　(1) 日　期：民國八十七年（1998年）三月廿七日上午（這是最後一次作實驗記錄的日期）。

　　(2) 地　點：臺北市外雙溪故宮博物院乙舍。

　　(3) 天　候：天氣晴朗，室內氣溫攝氏27度。

　　(4) 人　員：劉佳傑，陳萬鼐。

　　(5) 機　具：BOSS／Chromatic Tumer／TU12／Digital／
　　　　　　　　Processing

2. 實驗方法──五種吹奏方式

　　(1) 在管胴內用濕棉壓縮 0.25 公分類似「竹節」的小片，姑名

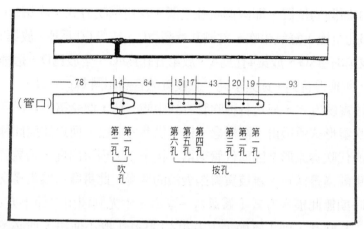

圖版八～二五　　竹笛復製品尺寸及按吹孔位置圖

圖版八～二六　　山東武陽東關樂舞百戲（橫吹管樂器）畫像石拓本
　　　　　　　　此圖線雕紋極不清楚特附演奏人輪廓對照圖

「棉節」，放置在管胴內，充當「竹節」之用。第一次將「棉節」按「竹笛」原圖的位置，即兩個吹孔之間，採用橫吹方式，吹第1「吹孔」：6孔全掩，舒氣平吹，實測其音高為C、放第1孔為E、放第2孔為F、放第3孔為G、放第4孔為A、放第五孔為#C、全放為D。這種吹管方式，所獲得音列，竟與李純一教授實驗音高相同【註二三】。

　　上述實驗方式，只是各種吹管方式中的一種，懷疑這不是漢朝人，原始吹奏形式所獲得音高概念，僅可供參考而已。何以知道此種方式，非漢代吹奏原形？因漢代管樂器（笛子？）橫吹出現，始見於山東武陽東闕漢畫像石、雜技與舞蹈表演的伴奏，此畫像石為東漢文物，西漢時期無此橫吹方式〔圖版八～二六〕；尤其運用竹節下方第1「吹孔」為吹孔，則「竹節」上方第2「吹孔」既不使用，何必多開此孔，增加不必要之麻煩。

　　(2) 將「棉節」推移至第2「吹孔」上方，將第1「吹孔」封閉或貼上竹膜，採同上述橫吹方式：順序放第1、2、3孔，發音與第1式相似，放4、5、6孔，較不易於發聲。漢人決不致將竹節打通後，又在竹節上方，加新的竹節？此種吹管方式，為實驗必須探試程序之一，不具實質意義，故不記錄其實測頻率。

　　(3) 將「棉節」從管胴中取出，在管體中空情形下，將兩個「吹孔」封閉或貼上竹膜，用兩手食、中、無名指按孔，採直吹方式，下嘴唇堵住管口一部分，留著適當的吹口繃緊上嘴唇，向前稍突，口風從管口進入管內，衝擊按孔邊稜發音；吹奏時用傳統式按孔法（放第6孔時，須開第3孔，其餘各孔皆閉），得到下列各種音高：6孔全掩，實測其音高為$#G_4$、放1孔為B_4＋、放2孔為$#G_5$、放3孔為D_5、放4孔為E_5、放5孔為$#F_5$－、放6孔掩3孔為G_5＋。這種吹奏方式測得音

列，是比中央C高8度的D調；#4～6—7ⷴⅰ—⁻2—3⌄⌄4，相當於民間音樂的「小工調」高一個音級：下六—五—乙—仩—伬—仜—仞，其中應該檢討的，是6孔全掩#G_4與放第1孔B_4＋，相差一個「小三度」音程，相隔音程太遠不合律，不應攔入實驗音列中。

　　現在，就上述6孔所發之音，趨近於準確，如善用吹奏指法，及運氣調節得宜（將#F重吹），便能用耳音感覺其爲良好的「腔調旋律」——如吹小調「孟姜女」、及臺灣民謠等，均能辨聽清晰。這種方式吹管，相當於南管的洞簫吹奏法，恐亦不是漢代原始形式；果眞如此，它的構造就不必打兩個吹孔，要「竹節」阻於兩孔之間？

　　(4) 採用「蓋板直簫」方式試行吹管，先將移動過的「棉節」置回原處，因「蓋板」貼在管面上，難以密合，吹氣會外洩，很不容易吹響，正如初學吹笛，其按孔不嚴密露氣情形相若。於是可採用硬紙片，先封住兩個「吹孔」，再用膠帶固定，其道理與「蓋板」作用相同。此吹管方式採用直吹式，固可吹響，其發音與(3)式大致相同（較高）因氣流貫入管體，經過滯礙，發音生澀不明朗，吹氣時斷時續；同時懷疑此亦非漢代「竹笛」吹奏的本像原形。

　　(5) 首先，我們應該肯定這隻「竹笛」的「竹節」與管口就是「吹口」，皆是正常狀況，不一定是「明器」，它出土於樂伎陪棺胡偃身旁，應該是當時付諸應用的樂器，我們後世人作實驗，不可在原件上恣意挪動，似應採取下列方法作吹管實測。

　　用一張紙片，貼在兩「吹孔」之間的管面上；事先將紙片用細木棍壓成一道像瓦楞紙的小槽，將槽口正對著第1「吹孔」上。用嘴含住「管口」，將氣吹入管胴，氣體經由第2「吹孔」的小槽口，通向第1「吹孔」，從6孔全掩開始，然後陸續放第1孔至第6孔，便自然發

出音列，槽口越小，越容易發音。當年漢人可能是用蜂蠟，黏在這兩「吹孔」之間，再用小木棍打一個通氣孔，相當於基諾族「唄處魯」用蜂蠟黏在竹節中橢圓發音孔上方，蓋住這發音孔上端一小部分，以便氣體流入另一發音孔中發音。

　　我之所以主張用第5式種吹管方式，旨在探求事物之本原，以合乎樂器由簡入繁進化之軌跡；也就是最初使用這樂器的人，不需要經過任何訓練，完全由不待學而具有的「本能」（Instinct），只要心慾有所「衝動」（Impulse），其動機一發，即可見諸理想實踐。這種「本能」與「衝動」，表現在原始藝術工作上最爲明顯；譬如誰不想看到鋼琴就會彈、看到提琴就會拉、看到長笛就會吹，但必須學而後知，因非「本能」也。茲將本項(5)實驗結果詳列如下：

〈表三〉　　羅泊灣 M1 漢墓出土笛複製品實測頻率紀錄表

按孔指法						實測紀錄		音　分		音　階	
六	五	四	三	二	一	音高	頻率	音分值	音分差	固定	首調
●	●	●	●	●	●	$C_5^\sharp \pm 0$	554.37	100.00		#do	La
●	●	●	●	●	○	$F_5 + 30$	701.92	508.53		Fa	Do
●	●	●	●	○	○	$G_5 + 35$	800.31	735.64	227.10	Sol	Re
●	●	●	○	○	○	$A_5 + 20$	890.44	920.39	184.75	La	Mi
●	●	○	○	○	○	$C_6 + 15$	1055.83	1215.53	295.20	Do	Sol
●	○	○	○	○	○	$D_6 + 20$	1188.66	1420.49	205.15	Re	La
○	○	○	○	○	○	$F_6 + 5$	1401.10	1705.16	284.66	Fa	Do

註：　C_5 爲 523.26Hz 是鋼琴中央 C 的高八度，以其音分爲 0 作計算基準，每半音爲 100 音分，八度爲 1200 音分。

　　　六孔全掩發音 $^\sharp C_5$ 與一孔發音相差 408.53 音分，爲一個「大三度音程」不合律，故不列入吹奏音列中。

　　　以首調 F 調計，其音五聲音階，每音程値的差，都在允許標準範圍內，八度之間亦爲 1197 音分。

陳萬鼐製　劉佳傑打字

本表係以C_5為「完全一度」（0分）計算，從音分值可以看出羅泊灣漢墓出土的竹笛音列，將全掩#C_5摒除在外，其餘6孔是一個「完全五聲音階」。它的「大二度」音程在200音分左右，「小三度」音程在300音分左右，「八度」音程爲1197音分（應爲1200音分），算是相當準確的音樂；如果用F調吹奏民謠歌曲〈茉莉花〉〈譜例三〉（用大二度音程較少），其旋律相當美好。中國古代音律中，「半音」有兩種：「大半音」（114音分），「小半音」（90音分），因此，「全音」有「大」、「中」、「小」三種，這隻「竹笛」似有這種古音律的現象，它可能是「三分損益律」下的產物？

上述「竹笛」複製品實驗，其中第(5)種原始形式「猜想」的吹奏法，由劉佳傑君負責完成，其餘是我完成。劉君係國立藝術學院音樂研究所三年級卒業（修畢學分）研究生，擅小提琴，有絕對音感能力，兼任臺北市愛樂交響樂團團員，對於中國音樂史研究，有高度興趣，現由我指導結撰《先秦音樂律名研究》碩士論文，即將脫稿畢業，本文所有表格及譜例，均係其親手用電腦打字，我撰稿期間，邀其參加意見。以往我寫作皆機抒獨運（如撰《清史樂志之研究》與《朱載堉研究》吹律管千次以上，未嘗假手於人），難得此文有佳傑參與，特誌其辛勞與感謝。

3. 實　驗　結　論

本項竹笛實驗，共有5種方式進行吹管，以其中第3與5兩式，有「腔調旋律」與準確音階可循，但前者爲「學而知之者」；後者爲「生而知之者」，似較接近漢人「竹笛」吹奏事實。尤其此笛按孔距離並非相等，可能在當時有所學理根據（如荀勗笛律），或經驗法則（長久以來音樂實踐），中國上古時期此實物出土，流傳於後世，實屬

譜例三： 民謠歌曲〈茉莉花〉

難能可貴；如果不相信，你去找一根竹子，打幾個孔吹吹看如何？

　　我在某處，看過一部以陝西省扶風縣，唐憲宗、懿宗（西元806-874年）當時迎佛骨的遺寺，拍攝考古發掘爲背景的影集，名爲「法門寺猜想」，覺得該劇編者不自誇，命題富有創見—「猜想」，我頗有「見賢思齊」之感。這則漢代「竹笛」複製品實驗結論，其中必然存在諸多瑕疵：如材質問題、製作問題（包括按孔大小、 笛面凹形造成管體的厚薄，笛長與孔距關係，沒有「出音孔」等等）、演奏技術問題（口勁、風門的節制與指法補救等），實驗次數問題（次數太少，儀器簡單，未能將逐次所得的數據，用統計方法，求「標準偏差」值（Standard Deviation），凡此對於笛的音高測量，均有影響，無論如何？它只能算是一件具有科學基礎的音樂考古「猜想」罷了！

八、後　　記

　　我從民國八十三年（1994年）7月開始，在《美育》與《故宮文物》月刊上，相繼發表有關〈漢代音樂史研究〉系列的論著，迄至本文刊載應有20餘篇了。（《師大音樂學報》二篇，漢代樂學論著未列入）。這些文字屬於人文性質居多，科學性質居少；難得廣西貴縣羅泊灣一號漢墓，出土音樂文物10種，其中青銅樂器6種完整如新，並經專家測定頻率，計算出音分值，且運用民間現存演奏方法，推測此墓墓葬主的生前音樂生活，覺得非常徵實，爲前人之所未言。美中不足的，是該墓出土的「竹笛」迄未見到測試記錄。後來，我讀到李純一教授《中國上古出土樂器綜論》才知道李氏大作已有竹笛「試吹印象表」，然而，我此文結撰甚早，對於「竹笛」研究，是以音樂科學爲基礎，利用各種吹管方法，測量音高，分析音調，試奏旋律。「猜想」這「竹笛」在漢代當年的風韻。此外，羅泊灣出土樂器，是「宮」、

「角」、「徵」、「羽」四聲音階，獨無「商」聲，我即用陝西出土編鐘音樂，證明此項事實，是爲先儒朱熹、陳暘、朱載堉等，聞見所未及，我等生於斯世，何其幸運。至於該墓出土「從器志」木牘，著錄樂器兩種「搯」、「越」名辭的考證，不失爲言必有物，言人之所未言，難免「孤芳自賞」（並非自我陶醉），能否得到後世人青睞所不計也！

　　總之，我近年來研究漢代音樂史的心路歷程：追求科學的眞理，是我一向治學、治事的基本態度；同時也因爲我對於物理、數學微有根基，常常要求自己作到科學與史學並重、考古與考據並重；這種用「樸學」方法研究漢代音樂名物度數，衡情勘理，探求學術本源，孰曰不宜？可是我不知究竟做到了幾分，尚待專家鑑定與批評指教！

本文發表於民國八十七年（1998年）十二月，及八十八年（1999年）元、二月國立故宮博物院《故宮文物月刊》第十六卷十一、十二期，及第十七卷一期，108-123；21-33；42-55頁。原刊本有關考古藝術、書影等圖版34種及其文字，今已刪節，特此說明。

附　註

註　一　〈廣西省貴縣羅泊灣一號墓發掘報告〉，1978年，《文物》九期25-34頁；及《廣西貴縣羅泊灣漢墓》，1988年，28頁。又、《史記》、《漢書》等，鼎文書局新校本，相關列傳。

註　二　同註一《廣西貴縣羅泊灣漢墓》〈附錄二〉，「貴縣羅泊灣一號墓青銅樂器音高測定及相關問題」125、126頁。

註　三　同註二。

註　四　同註二。

註　五　同註二。

註　六　陳萬鼐，1998,06，試以漢代音樂文獻及出土文物資料研究漢代音樂史㈥──討論漢代擊奏樂器與西南夷民族樂器，臺北市，國立臺灣藝術教育館，美育月刊，第九六期23-40頁，共發表二篇。

註　七　陳萬鼐，1986,06，樂器篇（中華五千年文物集刊）十六開本，臺北市，故宮博物院，294頁，國科會著作編號：010390-14530435-X05。本書第二章〈鐘的科技〉40-51頁，有詳細計算方式。

註　八　《中國樂器圖志》，1987年，95頁。

註　九　蔣定穗〈試論陝西出土的西周鐘〉1984年，《考古與文物》，五期86-100頁；此文又見於《中國藝術研究院首屆研究生碩士論文集》。

註　十　《考古學報》，1981年，一期131-146頁。

註十一　王光祈《中國音樂史》，民國四十五年，104頁引錄。

註十二　《中國藝術研究院首屆研究生碩士論文集》，1987年，51-87頁。

註十三　《先秦音樂史》，1994年，98頁。

註十四　《銅鼓和青銅文化的新探索》，1993年，237-239頁。

註十五　《廣西貴縣羅泊灣漢墓》，1988年，63頁。

註十六　《樂記譯註》，1958年，6頁。

註十七　許常惠，《西洋音樂研究》前言部分。

註十八　許常惠，《中國音樂往那裡去》，民國七十一年，37頁。

註十九　《廣西貴縣羅泊灣漢墓》，1988年，63頁。

註二十　《中國樂器圖志》1987年，93頁，插圖57。

註二一　《中國少數民族樂器誌》，1988年，臺北，音樂中國出版社（授權）本，52頁。弁端有陳萬鼐序言。

註二二　《中國古代音樂研究》，民國八十九年（2000年）五月，文史哲出版社，369頁。

註二三　《中國上古出土樂器綜論》，一九九六年，第十四章第二節，表八十三「貴縣羅泊灣M1:313，笛複製品試吹印象表」，365頁。

重要參考書籍目錄

一、中國音樂史圖鑒　中國音樂研究所編　1988年　人民音樂出版社

二、中國樂器圖志　劉東升、胡傳藩、胡彥久編著　1987年　輕工業出版社

三、少數民族樂器誌　中央民族學院編　1988年　臺北　音樂中國出版社

四、中華五千年文物集刊——樂器篇　陳萬鼐著　民國七十五年　國立故宮博物院

五、廣西貴縣羅泊灣漢墓　廣西壯族自治區博物館編　1988年　文物出版社

六、雲南晉寧石寨山古墓群發掘報告　雲南省博物館編　1959年　文物出版社

七、中國音樂史　王光祈著　民國四十五年　臺灣　中華書局

八、中西樂制之研究　王光祈著　民國六十年　臺灣　中華書局

九、先秦音樂史　李純一著　1994年　人民音樂出版社

十、中國上古出土樂器綜論　李純一著　1996年　文物出版社

十一、陽蔭瀏音樂論文集　楊蔭瀏著　1984年　上海藝術出版社

十二、馮漢驥考古學論文集　馮漢驥編著　1985年　文物出版社

十三、銅鼓和青銅文化的新探索——中國南方及東南亞地區古代銅鼓和青銅器文化第二次國際學術討論會論文集　中國古代銅鼓研究會編　1993年　廣西民族出版社

十四、中國藝術研究院首屆研究生碩士學位論文集（音樂卷）　中國藝術研究院研究生部編　1987年　文化藝術出版社

十五、荀勗笛律研究　王子初著　1995年　人民音樂出版社

十六、說文解字詁林正補合編　楊家駱輯　民國六十四年　鼎文書局

十七、漢代簡牘草字編　陳錫與編著　1989年　上海書畫出版社

十八、中華五千年文物集刊－帛書篇㈡　吳昌廉著　民國七十五年　國立故宮博物院

十九、中國音樂往哪裡去　許常惠著　民國七十二年　百科文化事業有限公司（本文徵引〈從西洋音樂史看目前中國的幾個問題——獻給張錦鴻老師〉等章）

二十、清史樂志之研究　陳萬鼐著　民國六十七年　國立故宮博物院

二一、朱載堉研究　陳萬鼐著　民國八十年　國立故宮博物院

諸凡經史古籍（如《史記》《漢書》等……）均已著錄於徵引文字之後，爲節省篇幅，恕不列入此目。

陳萬鼐學術著作目錄
行政院國家科學委員會編製　　TPAGE：33，SRNO：23

陳萬鼐，1960，04，**明惠帝出亡考證**，高雄市，百城書局，116 面。
著作編號：010390-10520216-X05

陳萬鼐，1965，10，談元劇中的「貨郎旦」，台北市，中央日報副刊，7 日載。
著作編號：010390-15070047-X05

陳萬鼐，1965，10，元人貨郎詞的體製，台北市，中央日報副刊，25 日載。　　　•
著作編號：010390-15095682-X05

陳萬鼐，1965，11，元劇中之「八仙」（上、下），台北市，中央日報副刊，5-6 日載。
著作編號：010390-15135380-X05

陳萬鼐，1965，12，製造「悲劇」，台北市，中央日報副刊，20 日載。
著作編號：010390-15170496-X05

陳萬鼐，1965，12，述永樂大典著錄元劇六大家二十三種雜劇，台北市，大陸雜誌，第三十
著作編號：010390-15304596-X05　　　　　　　　　　　「一卷，第十一期，14-21 面。

陳萬鼐，1965，12，中國現代圖書館分類法總議，台北市，中國圖書館學會會報，第十七期
著作編號：010390-15212955-X05　　　　　　　　　　　　　　　　「10-12 面。

陳萬鼐，1966，01，元代戲班瑣言（上、下），台北市，中央日報副刊，30-31 日載。
著作編號：010390-15371914-X05

陳萬鼐，1966，01，中國古代的喜劇，台北市，中央日報副刊，11 日載。
著作編號：010390-15324405-X05

陳萬鼐，1966，02，談大頭和尚戲柳翠的燈源，台北市，中央日報副刊，20 日載。
著作編號：010390-15420157-X05

陳萬鼐，1966，02，**元明清劇曲史**，台北市，中國學術著作獎助委員會，540 面。
著作編號：010390-11032151-X05

陳萬鼐，1966，03，中國古典劇中的文士氣質（上、下），台北市，中央日報副刊，20-21
著作編號：010390-15445361-X05　　　　　　　　　　　　　　　　　「日載。

陳萬鼐，1966，05，古劇的戲衣（上、下），台北市，中央日報副刊，6-7 日載。
著作編號：010390-15511064-X05

陳萬鼐，1966，06，元劇曲詞中的論語章句，台北市，孔孟學會，孔孟月刊，第四卷第十期，
著作編號：010390-16012463-X05　　　　　　　　　　　　　　　　　　「13-17 面。

陳萬鼐，1966，09，中國古代的鬧劇（上、下），台北市，中央日報副刊，15-16 日載。
著作編號：010390-16060315-X05

陳萬鼐，1966，10，中國古代的歌劇（上、下），台北市，中央日報副刊，25-26 日載。
著作編號：010390-16092528-X05

陳萬鼐，1966，11，孔尚任與桃花扇，台北市，現代學苑月刊，第三卷第十一期，7-10 面。
著作編號：010390-16162931-X05

陳萬鼐，1966，11，元劇的聲樂與器樂（上、下），台北市，中央日報副刊，17-18 日載。
著作編號：010390-16200849-X05

陳萬鼐，1967，01，清代大戲劇家洪昇（上、中、下），台北市，中央日報副刊，8-9-10 日
著作編號：010390-16230168-X05　　　　　　　　　　　　　　　　　　　　　「載。

陳萬鼐，1967，03，關於洪昇，台北市，中央日報副刊，29 日載。
著作編號：010390-16304756-X05

陳萬鼐，1967，04，從歷代史志的著錄談中文圖書編目問題，台北市，商務印書館，出版月
著作編號：010390-16283444-X05　　　　　　　　　　　「刊，第二卷第十一期，79-83 面。

陳萬鼐，1967，07，「孟母三移」雜劇研究，台北市，孔孟學會孔孟月刊，第五卷第十一期
著作編號：010390-16283445-X05　　　　　　　　　　　　　　　　　　　　　「12-22。

陳萬鼐，1967，08，疑心多心治學之鑰，台北市，大華晚報讀書人週刊，14 日載。
著作編號：010390-16454969-X05

陳萬鼐，1967，08，古劇中的二郎神，台北市，中央日報刊，10 日載。
著作編號：010390-16430612-X05

陳萬鼐，1967，09，讀書重眼力，台北市，大華晚報讀書人週刊，18 日載。
著作編號：010390-16475700-X05

陳萬鼐，1967，11，關於元劇「趙氏孤兒」，台北市，大華晚報讀書人週刊，13 日載。
著作編號：010390-16533055- X05

陳萬鼐，1968，01，中國的莎士比亞關漢卿，台北市，現代學苑月刊，第五卷第一期，13-1
著作編號：010390-16590884- X05　　　　　　　　　　　　　　　　　　「面

陳萬鼐，1968，01，「律呂譜」釋義，台北市，孔孟學會孔孟月刊，第六卷第五期，22-25 作
編號：042790-15381988-PP7　　　　　　　　　　　　　　　　　　　　「面。

陳萬鼐，1968，01，「清史列傳」洪昇傳的商榷，台北市，大華晚報讀書人週刊，29 日載。
著作編號：012290-10462129-X02

陳萬鼐，1968，03，洪昇「家難」質疑，台中市，東海大學圖書館學報，第九期，171-182 面
著作編號：012290-10525651-X02

陳萬鼐，1968，04，洪昇「稗畦集」卷數的探究（附校勘），台北市，國立中央圖書館館刊
著作編號：012290-10544196-X02　　　　　　　　　　　　「新第一卷第四期，44-54 面

陳萬鼐，1968，04，洪稗畦先生年譜稿（上），台北市，幼獅學誌，第七卷第二期，1-52 面
著作編號：012290-10570269-X02

陳萬鼐，1968，10，述「文殊菩薩降獅子」雜劇，台北市，國立中央圖書館刊，第二卷第二
著作編號：012290-11010423-X02　　　　　　　　　　　　　　　「期，34-54 面

陳萬鼐，1968，11，洪稗畦先生年譜稿（下），台北市，幼獅學誌，第七卷第三期，1-46 面
著作編號：012290-10581001-X02

陳萬鼐，1969，05，孔東塘先生著述考，台中市，東海大學圖書館學報，第十期，105-121 面
著作編號：012290-11025992-X02

陳萬鼐，1969，10，「人瑞錄」（孔尚任著作之一），台北市，中央日報副刊，24 日載。
著作編號：012290-11071610-X02

陳萬鼐，1969，10，「八仙」（元人散典集粹），台北市，中央日報副刊，31 日載。
著作編號：012290-11082033-X02

陳萬鼐，1969，10，孔東塘先生家世述要，台北市，國立故宮博物院季刊，第四卷第二期，
著作編號：012290-11054871-X02　　　　　　　　　　　　　　　　　「47-59

陳萬鼐，1970，01，孔東塘先生畫友，台北市，國立故宮博物院故宮季刊，第四卷第三期，
著作編號：012290-11102266-X02　　　　　　　　　　　　　　　　　「21-43 面

陳萬鼐，1970，03，孔東塘與龔半千，台北市，中國書畫月刊，第十二期，14-17 面。
著作編號：012290-11124727-X02

陳萬鼐，1970，03，孔東塘先生年譜稿，台北市，中山學術文化集刊，第五集，651-742 面。
著作編號：012290-11193209-X02

陳萬鼐，1970，03，論孔尚任「因事罷官」疑案，台北市，國立故宮博物院故宮文獻季刊，
著作編號：012290-11170664-X02　　　　　　　　　　「第一卷第二期，35-41 面。

陳萬鼐，1970，04，**洪昇研究**，台北市，中山學術文化基金董事會獎助出版，350 面。
著作編號：010390-11181164-X05

陳萬鼐，1970，05，孔東塘先生書友，台北市，中國書畫月刊，第十四期，10-15 面。
著作編號：012290-11213354-X02

陳萬鼐，1970，07，「古今雜劇」輯者「息機子」考，台北市，國立故宮博物院圖書季刊，
著作編號：012290-11250025-X02　　　　　　　　　　「第一卷第一期，31-36 面。

陳萬鼐，1970，07，四書中的「此」字問題，台北市，孔孟學會孔孟月刊，第八卷第十一期，
著作編號：012290-11233668-X02　　　　　　　　　　　　　　「14-17 面。

陳萬鼐，1970，09，孔東塘先生著作續考，台北市，學生書局書目季刊，第五卷第一期 25-30
著作編號：012290-14512141-X02　　　　　　　　　　　　　　　　「面。

陳萬鼐，1971，01，「蘇小卿月夜販茶船」雜劇拾零，台北市，國立故宮博物院圖書季刊，
著作編號：012290-14543237-X02　　　　　　　　　　「第一卷第三期，30-38 面。

陳萬鼐，1971，02，孔尚任著述記，台北市，包遵彭先生紀念論文集，135-154 面。
著作編號：012290-14553750-X02

陳萬鼐，1971，03，中國古劇樂曲之研究，台北市，中山學術文化集刊，第七集 687-828 面。
著作編號：012290-15000926-X02

陳萬鼐，1971，06，知見法國學者拔殘譯述元劇目錄，台中市，東海大學圖書館學報，第十
著作編號：012290-15014541-X02　　　　　　　　　　　　「一期，273-292 面。

陳萬鼐，1971，07，中國近六十年來元明雜劇之發現（上），台北市，國立故宮博物院圖書
著作編號：012290-15031206-X02　　　　　　　　　　「季刊，第二卷第一期，45-62 面。

陳萬鼐，1971，08，**孔尚任研究**，台北市，商務印書館，156 面。
著作編號：010390-11230647-X05

陳萬鼐，1971，10，中國近六十年來元明雜劇之發現（下），台北市，國立故宮博物院圖書
著作編號：012290-15050090-X02　　　　　　　　　　「季刊，第二卷第二期，19-45 面。

陳萬鼐，1972，03，明雜劇一五四種敘錄（上），台北市，中山學術文化集刊，第九集，403-476
著作編號：012290-15071745-X02　　　　　　　　　　　　　　　　　　　　　　「面。

陳萬鼐，1972，07，淩廷堪著述考（上），台北市，國立故宮博物院圖書季刊，第三卷第一
著作編號：012290-15091359-X02　　　　　　　　　　　　　　　　　　「期，23-35 面。

陳萬鼐，1972，10，淩廷堪著述考（下），台北市，國立故宮博物院圖書季刊，第三卷第二
著作編號：012290-15111617-X02　　　　　　　　　　　　　　　　　　「期，31-42 面。

陳萬鼐，1972，11，明雜劇一五四種敘錄（下），台北市，中山學術文化集刊，第十集，385-468。
著作編號：012290-15063761-X02

陳萬鼐，1972，12，淩廷堪傳，台北市，國立故宮博物院故宮文獻季刊，第四卷第一期 39-56
著作編號：012290-15124650-X02　　　　　　　　　　　　　　　　　　　　　　「面。

陳萬鼐，1973，04，**孔東塘先生年譜**，台北市，商務印書館，130 面。
著作編號：010390-11292420-X05

陳萬鼐，1973，11，淩廷堪年譜，台北市，中山學術文化集刊，第十二集，481-550 面。
著作編號：012290-15140153-X02

陳萬鼐，1974，04，**中國古劇樂曲之研究**，台北市，中山學術文化基金董事會獎助出版，374
著作編號：010390-14015778-X05　　　　　　　　　　　　　　　　　　　　　　　「面。

陳萬鼐，1974，10，**元明清劇曲史**，增訂再版，三版等，732 面。
著作編號：010390-11101890-X05

陳萬鼐，1975，03，清史樂志纂修考，台北市，中山學術文化集刊，第十五集，475-520 面。
著作編號：012290-15151184-X02

陳萬鼐，1975，05，**「中國音樂史料」**六巨冊，2654 面，楊家駱主編，陳萬鼐執行編探。
著作編號：042890-09380166-X02

陳萬鼐，1975，05，「中國音樂史料」代序—律呂簡說，台北市，鼎文書局，1-5 面。
著作編號：012290-15195517-X02

陳萬鼐，1975，08，「中國古劇樂曲之研究」提要，台北市，文化大學華學月刊，第四四期，
著作編號：012290-15184370-X02　　　　　　　　　　　　　　　　　　「29-30 面。

陳萬鼐，1975，08，**斷**送功名的長生殿傳奇，香港，萬象月刊，第二期，11-17 面。
著作編號：012290-15171553-X02

陳萬鼐，1976，01，**洪稗畦先生年譜**（附四嬋娟雜劇），台北市，文史哲出版社，164 面。
著作編號：010390-14154228-X05

陳萬鼐，1976，11，元末明初雜劇十二種敘錄，台北市，中山學術文化集刊，第十八集，447-
著作編號：012290-15451619-X02　　　　　　　　　　　　「478 面。

陳萬鼐，1976，12，中國圖書館史料輯要初稿，台北市，中國圖書館學會會報，第二十八期，
著作編號：012290-15462051-X02　　　　　　　　　　　　「23-25 面。

陳萬鼐，1977，12，清史音樂志的研究—清樂制十四律理論的探討，台北市，國立故宮博物
著作編號：042890-09483839-X02　　　　　　　「院故宮季刊，第十二卷第二期，5-50 面。

陳萬鼐，1978，05，**孔尚任**，台北市，河洛圖書出版社，188 面。
著作編號：010390-14243949-X05

陳萬鼐，1978，06，**清史樂志之研究**，台北市，故宮博物院，370 面。
著作編號：010390-14210659-X05

陳萬鼐，1978，11，**中國古劇樂曲之研究**，增訂再版，三版等，455 面。
著作編號：010390-14070432-X05

陳萬鼐，1978，11，清史樂志之研究提要，台北市，文化大學華學月刊，第八三期29-34 面。
著作編號：012290-15490945-X02

陳萬鼐，1979，07，明律曆學家朱載堉著作考（上），台北市，文化大學文藝復興月刊，第
著作編號：012290-15504080-X02　　　　　　　　　　　「一〇四期，56-61 面。

陳萬鼐，1979，09，明律曆學家朱載堉著作考（中），台北市，文化大學文藝復興月刊，第
著作編號：012290-15532577-X02　　　　　　　　　　　「一〇五期，44-49 面。

陳萬鼐，1979，10，明律曆學家朱載堉著作考（下），台北市，文化大學文藝復興月刊，第
著作編號：012290-15540850-X02　　　　　　　　　　　「一〇六期，49-55 面。

陳萬鼐，1979，10，談中國曆法上幾個重要數據（上、下），台北市，中央日報副刊，25-26
著作編號：012290-15553297-X02　　　　　　　　　　　　「日載。

陳萬鼐，1979，11，史記曆書「曆術甲子篇」理論之研究—悼念故前國立中央圖書館館長
　　屈翼鵬先生，台北市，中山學術文化集刊，第二四集，627-664 面。
著作編號：012290-15561619-X02

陳萬鼐，1979，11，**「全明雜劇」**全套十二冊，陳萬鼐主編，收集明代雜劇 168 種，7867 面。
著作編號：042890-09293014-X02

陳萬鼐，1979，11，**全明雜劇提要**，台北市，鼎文書局，346 面。
著作編號：010390-14321936-X05

陳萬鼐，1979，12，古代學者讀書生活瑣記，台北市，中國圖書館學會會報，第三一期，23-31 面。
著作編號：012290-15591329-X02

陳萬鼐，1980，01，有關「中國曆法上的問題」，台北市，中央日報副刊，1 日載。
著作編號：012290-16055023-X02

陳萬鼐，1980，02，冬至日影問題解，台北市，中央日報文史週刊，第九二期，12 日載。
著作編號：012290-16085144-X02

陳萬鼐，1980，03，**竇娥傳奇**，台北市，中國時報人間副刊，15 日載。
著作編號：012290-16103607-X02

陳萬鼐，1980，07，泛論朱載堉的數學，台北市，中央日報文史週刊，第一一〇期，1 日載。
著作編號：012290-16120642-X02

陳萬鼐，1980，07，我國天文界的先驅—朱載堉，台北市，中央日報文史週刊，第一一二期，22 日載。
著作編號：012290-16133194-X02

「中華簡明百科全書」，張其昀監修，台北市，1981 年陸續出版，中國文化大學中華學術
　　院編印，陳萬鼐執筆元明雜劇資料集等 22 項款目，合計 22840 字。
著作編號：012290-16142883-X02

陳萬鼐，1981，06，朱載堉之曆學，台北市，中國文化大學華岡文科學報，第十三期，89-113 面。
著作編號：012290-16402626-X02

陳萬鼐，1981，07，漢京房六十律之研究，台北市，東吳大學中國藝術史集刊，第十一期，1-25 面。
著作編號：012290-16422704-X02

陳萬鼐，1981，09，中國古典劇曲簿錄二十種解題，台北市，中國文化大學中華學術院，中
　　華學術與現代文化叢刊第六冊「音樂影劇論集」，547-572 面。
著作編號：012290-16450388-X02

陳萬鼐，1982，04，中國天文學史纂要（上），台北市，國立故宮博物院故宮季刊，第十六
　　卷第四期，79-114 面。
著作編號：012290-16502037-X02

陳萬鼐，1982，04，中國上古時期的音樂制度（西元前十一世紀至前二二二年）—試釋「古
　　樂經」的涵意，台北市，東吳大學文史學報，第四號，35-70 面。
著作編號：012290-16470897-X02

陳萬鼐，1982，05，**孔尚任**，台北市，國家書店有限公司，188 面（版權轉移）。
著作編號：010390-14290170-X05

陳萬鼐，1982，06，中國音樂史研究方法舉隅，台北市，東吳大學音樂系刊第七期，48-59
著作編號：012290-16485739-X02　　　　　　　　　　　　　　　　　　「面。

陳萬鼐，1982，06，朱載堉算學之研究，台北市，中國文化大學華岡文科學報，第十四期，
著作編號：012290-16535717-X02　　　　　　　　　　　　　　　　「45-69 面。

陳萬鼐，1982，07，朱載堉傳稿，台北市，東吳大學中國藝術史集刊，第十二卷，111-160 面。
著作編號：012290-16551846-X02

陳萬鼐，1982，07，中國天文學史纂要（下），台北市，國立故宮博物院故宮季刊，第十七
著作編號：012290-16522796-X02　　　　　　　　　　　　「卷第一期，41-72 面。

陳萬鼐，1982，08，關於「中國歷代主要計量單位變遷表」，台北市，木鐸雜誌，第四期，
著作編號：012290-16565076-X02　　　　　　　　　　　　　　　　「16-17 面。

陳萬鼐，1983，02，赤壁賦的天文問題（上、下），台北市，中央日報副刊，5-6 日載。
著作編號：012390-09044227-X02

陳萬鼐，1983，03，中國古代音樂研究序篇—中國古代音樂變遷史資料輯錄，台北市，中山
著作編號：012390-09025287-X02　　　　　　　　「學術文化集刊，第二十九集，319-390 面。

陳萬鼐，1983，06，商代的樂器，台北市，國立故宮博物院故宮文物月刊，第一卷第三期，
著作編號：012390-09073423-X02　　　　　　　　　　　　　　　　「64-67 面。

陳萬鼐，1983，10，隨縣曾侯乙墓出土的樂器，台北市，國立故宮博物院故宮文物月刊，第
著作編號：012390-09095944-X02　　　　　　　　　　　　「一卷第七期，42-50 面。

陳萬鼐，1983，11，中國古代音樂研究分篇（上），台北市，中山學術文化集刊，第三〇集，
著作編號：012390-09112307-X02　　　　　　　　　　　　　　　「197-280 面。

陳萬鼐，1983，12，清天文學家梅穀成傳稿逸文的補正，台北市，中國圖書館學會會報，第
著作編號：012390-09125447-X02　　　　　　　　　　　　　「三五期，189-199 面。

陳萬鼐，1984，01，**麥積山石窟**（中華五千年文物集刊之四）十六開本，台北市，國立故宮
著作編號：010390-14492740-X05　　　　　　　　　　　　　　「博物院，303 面。

陳萬鼐，1984，01，中國古代音樂的基準─談馬王堆的竽律，台北市，國立故宮博物院故宮
著作編號：012390-09143138-X02　　　　　　　　「文物月刊，第一卷第一〇期，49-55 面。

陳萬鼐，1984，05，漢武帝元光元年曆譜，台北市，國立故宮博物院故宮文物月刊，第二卷
著作編號：012390-09163110-X02　　　　　　　　　　　　「第二期，122-125 面。

陳萬鼐，1984，09，祖沖之「綴術」的探討，台北市，中國書目季刊，第十八卷第二期，1-
著作編號：012390-09185600-X02　　　　　　　　　　　　　　　　「21 面。

陳萬鼐，1984，11，唐代偶戲的研究，台北市，中韓偶戲觀摩展特刊，26-33 面。
著作編號：012390-09204275-X02

陳萬鼐，1985，03，撤談「韓熙載夜宴圖」，台北市，國立故宮博物院故宮文物月刊，第二
著作編號：012390-09221670-X02　　　　　　　　　　　「卷第十二期，41-52 面。

陳萬鼐，1985，03，中國古代音樂研究分篇（下），台北市，中山學術文化集刊，第三二集，
著作編號：012390-09250362-X02　　　　　　　　　　　　　　「61-146 面。

陳萬鼐，1985，11，公孫大娘舞劍器，台北市，國立故宮博物院故宮文物月刊，第三卷第八
著作編號：012390-09263660-X02　　　　　　　　　　　　　　「期，74-81 面。

陳萬鼐，1985，11，記述楊蔭瀏先生音樂生活，台北市，音樂與音響月刊，第一四九號，110-
著作編號：012390-09281419-X02　　　　　　　　　　　　　　　「115 面。

陳萬鼐，1985，12，請看「哈雷秀」，台北市，國立故宮博物院故宮文物月刊，第三卷第九
著作編號：012390-09293168-X02　　　　　　　　　　　　　　「期，15-25 面。

陳萬鼐，1986，05，黃公望與富春山居圖卷的故事，台北市，國立故宮博物院故宮文物月刊，
著作編號：012390-09324316-X02　　　　　　　　　　「第四卷第二期，31-38 面。

陳萬鼐，1986，06，**樂器篇**（中華五千年文物集刊）十六開本，台北市，國立故宮博物院，
著作編號：010390-14530435-X05　　　　　　　　　　　　　　「294 面。

陳萬鼐，1986，06，拾彗，台北市，國立故宮博物院故宮文物月刊，第三卷第十一期，74-77
著作編號：012390-09300225-X02　　　　　　　　　　　　　　　　「面。

陳萬鼐，1986，10，研究朱載堉生平事蹟的第一手資料--鄭端清世子賜葬神道碑註，台北市，
著作編號：012390-09351284-X02　　　　　　　　「樂典音樂雜誌，第十一期，56-73 面。

陳萬鼐，1986，10-1987，09，中國古代音樂文物圖介（一至十），台北市，樂典音樂雜誌，
　　　　第十期─第十九期（停刊），（每期1500至1000字，先後介紹原始時代石磬、舞
　　　　蹈紋彩陶盆、新石器時代骨哨、陶塤舞蹈紋巖畫、夏殷時期古樂器，等共十種，封
　　　　底頁刊彩色圖版
著作編號：012390-09371712-X02

陳萬鼐，1987，06，明雜劇中的曲藝，台北市，國立中央圖書館漢學研究，第六卷第八期，
著作編號：012390-09431198-X02　　　　　　　　　　　　　　　　　　「53-65面。

陳萬鼐，1987，07，中國戰爭圖書劫，台北市，國立故宮博物院故宮文物月刊，第五卷第四
著作編號：012390-09455446-X02　　　　　　　　　　　　　　　　「期，34-37面。

陳萬鼐，1988，03，從古劇的塗面到國劇的臉譜，中央日報海外版華夏週刊，第九十三期，
著作編號：012390-09475523-X02　　　　　　　　　　　　　　　　　　「13日載。

陳萬鼐，1988，05，中國大陸近三十年來先秦音樂文物的發現，台北市，音樂中國，第一期，
著作編號：012390-09512903-X02　　　　　　　　　　　　　　　　　「54-66面。

陳萬鼐，1988，05，朱載堉與江永的圓周率求法，台北市，國立故宮博物院故宮文物月刊，
著作編號：012390-09500342-X02　　　　　　　　　　　「第六卷第二期，73-81面。

陳萬鼐，1988，08，**天文篇**（中華五千年文物集刊）十六開本，上冊，台北市，故宮博物院，
著作編號：012390-14572440-X05　　　　　　　　　　　　　　　　　「195面。

陳萬鼐，1988，08，清代宮廷畫家郎世寧，台北市，國立故宮博物院文物月刊，第六卷第五
著作編號：012390-09523359-X02　　　　　　　　　　　　　　　　「期，29-41面。

陳萬鼐，1988，10，**天文篇**（中華五千年文物集刊）十六開本，下冊，台北市，國立故宮博
著作編號：012290-10420608-X02　　　　　　　　　　　　　「物院，196-376面。

陳萬鼐（筆名韓北新），1988，10，郎世寧繪畫繫年（一），台北市，國立故宮博物院故宮
著作編號：012390-09534954-X02　　　　　　　「文物月刊，第六卷第七期，90-101面。

陳萬鼐（筆名韓北新），1988，11，郎世寧繪畫繫年（二），台北市，國立故宮博物院故宮
著作編號：012390-09554555-X02　　　　　　「文物月刊，第六卷第八期，127-137面。

陳萬鼐（筆名韓北新），1988，12，郎世寧繪畫繫年（三），台北市，國立故宮博物院故宮
著作編號：012390-09575369-X02　　　　　　「文物月刊，第六卷第九期，104-111面。

陳萬鼐（筆名韓北新），1988，12，郎世寧繪畫年代質疑，台北市，私立輔仁大學宗教與藝
著作編號：012390-10032363-X02　　　　　　　　　　　　　　「術研討會論文集。

陳萬鼐（筆名韓北新），1989，01，郎世寧繪畫繫年（四），台北市，國立故宮博物院故宮
著作編號：012390-09585338-X02　　　　　　　　　「文物月刊，第六卷第十期，118-123 面。

陳萬鼐（筆名韓北新），1989，02，郎世寧繪畫繫年（五），台北市，國立故宮博物院故宮
著作編號：012390-10002429-X02　　　　　　　　　「文物月刊，第六卷第十一期，68-76 面。

陳萬鼐（筆名韓北新），1989，03，郎世寧繪畫繫年（六），台北市，國立故宮博物院故宮
著作編號：012390-10015074-X02　　　　　　　　　「文物月刊，第六卷第十二期，48-57 面。

陳萬鼐，1990，01，中國民曆溯源（上），台北市，國立故宮博物院故宮文物月刊，第七卷
著作編號：030491-10502788-X08　　　　　　　　　　　「第十期，70-83 面。

陳萬鼐，1990，02，中國民曆溯源（下），台北市，國立故宮博物院故宮文物月刊，第七卷
著作編號：030491-10520504-X08　　　　　　　　　　「第十一期，102-117 面。

陳萬鼐，1990，03，朱載堉律學之研究，台北市，東吳大學文史學報，第八號，267-326 面。
著作編號：030491-10543695-X08

陳萬鼐，1990，05，西周時期的音樂文化，台北市，國立故宮博物院故宮文物月刊，第八卷
著作編號：030491-10564548-X08　　　　　　　　　　「第二期，20-37 面。

陳萬鼐，1991，04，郎世寧繪畫年代質疑，輔仁大學「郎世寧之藝術—宗教與藝術研討會」
著作編號：033193-10540228-X01　　　　　　　　　　「論文集，125-150 面。

陳萬鼐，1991，10，漢代樂府之研究，台北市國立藝術學院，藝術評論第三期，117-158 面。
著作編號：033193-10551301-X01

陳萬鼐，1992，01，**朱載堉研究**，台北市，故宮博物院，247 面（英文提要 8 面）。
著作編號：033193-10564990-X01

陳萬鼐，1992，06，我怎樣從事清史樂志整修工作，台北市，國史館館刊，復刊第十二期，
　　205-220 面，整修「清史樂志一」稿例載於 187-204。
著作編號：033193-10590327-X01

陳萬鼐，1992，06，朱載堉年譜，台北市，國立臺灣師範大學音樂研究所，音樂研究，第一
著作編號：033193-11002152-X01　　　　　　　　　　「期，29-83 面。

陳萬鼐，1994，02，辛酸鹹苦話「管家」（上、下）—記蔣復璁、屈萬里、包遵彭三位館長
　　行誼，台北市，國立中央圖書館，館訊季刊，第十六卷，第一、二期，22-24/28-30 面。

陳萬鼐，1994，07，試以漢代音樂文獻及出土文物資料研究漢代音樂史（一）─以鐘樂器爲例，台北市，國立臺灣藝術教育館，美育月刊，第四九期，47-52面。

陳萬鼐，1994，08，試以漢代音樂文獻及出土文物資料研究漢代音樂史（二）─以鐘樂器爲例，台北市，國立臺灣藝術教育館，美育月刊，第五十期，44-56面。

陳萬鼐，1994，12，試以漢代音樂文獻及出土文物資料研究漢代音樂史（三）─鼓樂器的研究，台北市，國立臺灣藝術教育館，美育月刊，第五四期，19-36面。

陳萬鼐，1994，11，是真似假假是真─漫談漢墓出土陶女舞俑，台北市，國立故宮博物院，故宮文物月刊，第十二卷第八期，66-79面。

陳萬鼐，1995，10，輯補樂記佚文八篇，台北市，國立臺灣師範大學音樂研究所，音樂研究學報，第四期，109-136面。

陳萬鼐，1995，11，解開「閏八月」的引號，台北市，國立故宮博物院故宮文物月刊，第十三卷第八期，42-55面。

陳萬鼐，1996，06，試以漢代音樂文獻及出土文物資料研究漢代音樂史─沂南漢墓樂舞百戲畫像論叢（一），台北市，國立故宮博物院故宮文物月刊，第十四卷第三期，22-33面。

陳萬鼐，1996，07，試以漢代音樂文獻及出土文物資料研究漢代音樂史─沂南漢墓樂舞百戲畫像論叢（二），台北市國立故宮博物院故宮文物月刊，第十四卷第四期，112-123面。

陳萬鼐，1996，08，試以漢代音樂文獻及出土文物資料研究漢代音樂史─沂南漢墓樂舞百戲畫像論叢（三），台北市，國立故宮博物院故宮文物月刊，第十四卷第五期，24-41面。

陳萬鼐，1996，09，試以漢代音樂文獻及出土文物資料研究漢代音樂史─沂南漢墓樂舞百戲畫像論叢（四），台北市，國立故宮博物院故宮文物月刊，第十四卷第六期，40-51面。

陳萬鼐，1996，10，試以漢代音樂文獻及出土文物資料研究漢代音樂史─沂南漢墓樂舞百戲畫像論叢（五），台北市，國立故宮博物院故宮文物月刊，第十四卷第七期，18-29面。

陳萬鼐，1996，11，試以漢代音樂文獻及出土文物資料研究漢代音樂史─沂南漢墓樂舞百戲畫像論叢（六），台北市，國立故宮博物院故宮文物月刊，第十四卷第八期，96-109面。

陳萬鼐，1997，07，試以漢代音樂文獻及出土文物資料研究漢代音樂史（四）─討論吹管樂器六種，台北市，國立臺灣藝術教育，美育月刊，第八五期，37-42面。

陳萬鼐，1997，09，試以漢代音樂文獻及出土文物資料研究漢代音樂史（五）─討論吹管樂器六種，台北市，國立臺灣藝術教育，美育月刊，第八七期，11-28面。

陳萬鼐，1997，10，介紹曾侯乙墓中的樂器，台北市，台北市立國樂團，北市國樂月刊，第五十期，6-9 面。

陳萬鼐，1997，09，琵琶─漢代絃樂器五種及「相和歌」傳衍研究（一），台北市，國立故宮博物院故宮文物月刊，第十五卷第六期，18-31 面。

陳萬鼐，1997，10，琴、箏─漢代絃樂器五種及「相和歌」傳衍研究（二），台北市，國立故宮博物院故宮文物月刊，第十五卷第七期，18-31 面。

陳萬鼐，1997，11，箜篌、筑─漢代絃樂器五種及「相和歌」傳衍研究（三），台北市，國立故宮博物院故宮文物月刊，第十五卷第八期，34-47 面。

陳萬鼐，1997，12，漢代相和歌的傳衍─漢代絃樂器五種及「相和歌」傳衍研究（四），台北市，國立故宮博物院故宮文物月刊，第十五卷第九期，44-57 面。

陳萬鼐，1998，06，漢代音樂文獻目錄解題─漢書藝文志詩賦略歌詩詮釋，台北市，國立臺灣師範大學音樂研究所，音樂研究學報，第七期，23-40 面。

陳萬鼐，1998，06，試以漢代音樂文獻及出土文物資料研究漢代音樂史（六）─討論漢代擊奏樂器與西南夷民族樂器，台北市，國立臺灣藝術教育館，美育月刊，第 96 期，11-28 面

陳萬鼐，1998，11，試以漢代音樂文獻及出土文物資料研究漢代音樂史（七）─討論漢代擊奏樂器與西南夷民族樂器，台北市，國立臺灣藝術教育館，美育月刊，第一〇一期，9-24 面。

陳萬鼐，1998，12，廣西貴縣羅泊灣漢墓出土音樂文物研究（一），台北市，國立故宮博物院故宮文物月刊，第十一卷第十一期，108-123 面。

陳萬鼐，1999，01，廣西貴縣羅泊灣漢墓出土音樂文物研究（二），台北市，國立故宮博物院故宮文物月刊，第十六卷第十二期，21-33 面。

陳萬鼐，1999，02，廣西貴縣羅泊灣漢墓出土音樂文物研究（三），台北市，國立故宮博物院故宮文物月刊，第十七卷第一期，42-55 面。

陳萬鼐，1999，06，懷念我的曲學「老師」曾達聰先生，台北市，復興劇藝學刊，第二十八期，47-57 面。

陳萬鼐，2000，02，**中國古代音樂研究**，台北市，文史哲出版社，481 面。本書獲 2001 年中正文化學術著作獎。

陳萬鼐，2002，01，**陳萬鼐科技史論著選集**，台北市，文史哲出版社，447面。

陳萬鼐，未著錄年月，**新清史樂志**（上、下），台北市，國史館（清史整修單行本），512面（硃絲欄清搞本）。

陳萬鼐未刊稿

一、**元明清劇曲史總目**（上中下三冊），1679面（著錄劇曲款目16000條）
二、**中國古代音樂記譜法圖錄**（一、二、三、四匣），450面。
三、**漢書藝文志樂類歌詩書目解題**（整理完成未寫作）。
四、漢代音樂文化論文：
　　1.候氣研究（未完成）
　　2.樂府人物考（已完成）
　　3.樂記作者考（已完成）
　　4.樂記依託考（已完成）
　　5.漢鼓吹鐃歌與漢興以來兵所誅滅歌詩研究（已完稿）